KB080564

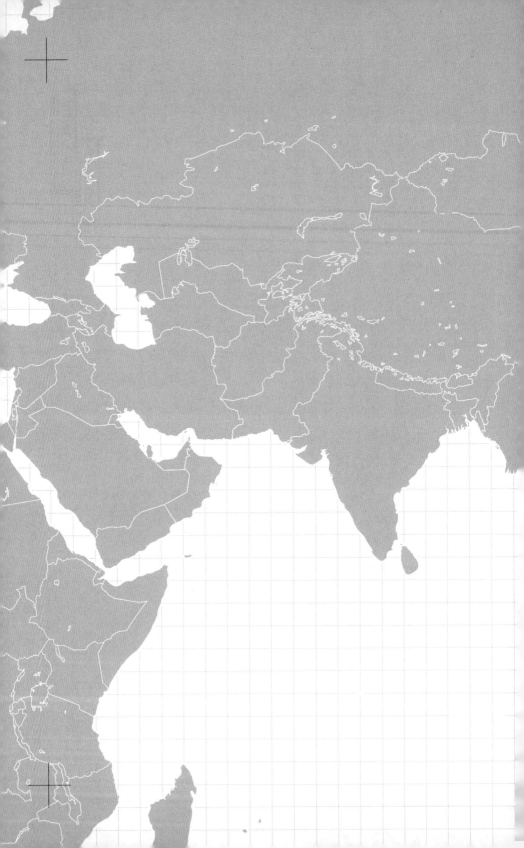

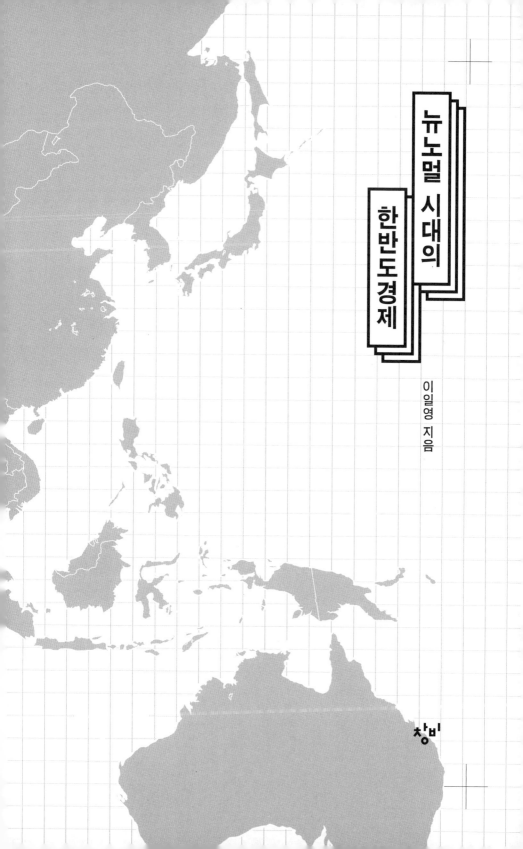

뉴노멀 시대의
한반도경제

이일영 지음

창비

이 책은 10년 전 출간한 『새로운 진보의 대안, 한반도경제』의 후속편에 해당한다. 10년 전 책을 펴내면서 한반도경제를 "남북한 각각을 개혁할 뿐 아니라 남북한을 통합하며 세계와 공존하는 새로운 체제"로 논의한 바 있다. 기본적인 문제의식에 큰 변화가 있는 것은 아니다. 그러나 지금 시점에서 뒤돌아보니, 2008년경부터 세계적 차원에서 매우 중대한 변화가 진행되었고 그러한 변화가 한반도 전체에 함께 작용하고 있다. 특히 사드 배치 이후 진행된 미중-남북-국내, 정치·군사-경제의 상호작용을 관찰하면서 그간의 체제적 시각이 좀더 명료해졌다. 이제이 정도로나마 한반도경제론의 방법과 과제를 정리해볼 수 있겠다 싶어 책을 내놓는다.

이번 책의 제목은 『뉴노멀 시대의 한반도경제』라고 정했다. 애당초 '한반도경제'라는 개념을 들고나온 것은, '체제' 전체를 보는 관점에서 '한반도'의 특수성을 포착해보자는 뜻이었다. 체제 전체를 본다는 것은 학문 단위 차원에서 구획된 사고를 넘어서자는 것이다. 한반도 차원에서 본다는 것은 일국 단위로 사고하는 틀을 넘어서자는 것이다. 또 한편으로 체제에는 경제적 영역과 정치·군사적 영역이 모두 포함되어 있으며, 한반도에는 세계체제-분단체제-국내체제의 층위가 중첩되어 있다. 한반도경제는 다층·다영역을 포함한 하나의 체제이며, 다층·다영역에서 추진되는 체제혁신을 통해 새로운 단계로 발전한다.

'뉴노멀'은 세계체제와 경제체제와 과학기술체제의 대변동을 동시에 포착하기 위해 채택한 개념이나. 한반도경제는 제2차 세계대전과 한국전쟁을 거치면서 형성된 정치·군사-경제체제라고 할 수 있다. 2008년은 세계질서의 중대한 전환이 시작된 시점이다. 대침체, 4차 산업혁명, 지정학적 갈등의 메가트렌드가 한반도경제에 새로운 압력으로 작용하기 시작했다. 이러한 흐름이 진정한 의미에서의 '역사적' 전환점이 될 것인지는 계속 지켜봐야 한다.

한반도경제라는 개념을 내놓은 후 자주 접한 질문들이 있다. 그중 하나가 한반도경제론이 학문적 이론을 추구하는가 하는 것이다. 이에 대해서는 "물론 그렇다"고 분명히 대답하고 싶다. 이론을 만들기 위해서는 추상화와 구체화의 작업을 충분히 반복해야 한다. 이런 기준에서 한반도경제론이 단단히 완성된 이론 수준에 이미 도달했다고 자신할 수는 없다. 그러나 기존의 패러다임을 넘어서기 위해 '묻고 공부하는 방법'을 추구하는 것은 학문과 이론 영역이 감당해야 할 본연의 임무다. 한반도경제론은 '새로운 지식'과 '개입적 실천'을 함께 추구하는 학문적 비평의 형식을 만드는 것을 중요한 사명으로 여기고 있다.

한반도경제론이 너무 많은 문제 영역들을 함께 다루고 있어서 현실적 적용성이 떨어지는 것 아닌가 하는 질문도 있다. 이에 대해서는 "그렇지 않다"고 분명히 대답하고 싶다. 거듭 말하지만, 한반도경제론은 현실인식과 현실 변화를 동시에 지향한다. 연구나 실천 현장에서, 전문가, 관료, 이해당사자 들은 각자 구역의 상세 지도를 들고나와 그곳이 세계 전체인 것처럼 강변하는 경우가 많다. 이렇게 해서 우왕좌왕, 허둥지둥하기 일쑤다. 한반도경제론은 전체 지도와 나침반을 마련하려는 것이다. 한덩어리로 연결된 세계체제-분단체제-국내체제를 혁신하는 방향과 방책을 선별하는 도구를 제공하려는 것이다.

한반도경제론은 기존의 여러 이론과 담론을 뿌리로 하고 있다. 여러 갈래의 뿌리 중에서도 특히 중요한 것은 민족경제론과 분단체제론이다. 1960~70년대에 형성된 민족경제론의 민족주의는 개방적인 재구성이 필요하다. 그러나 분단 극복을 지향하는 자본주의 분석의 과제는 아직 어떤 경제학도 감당하지 못하고 있다. 분단체제론은 남북한 두 국가가 모두 한반도 분단체제 속에 있다고 본다. 남북한 내부의 핵심적 모순이 분단체제 극복의 과제와 분리되지 않는다는 점은 이론·실천의 진전에 필요한 통찰이다. 민족경제론과 분단체제론이 공유하는 문제의식은 분단과 자본주의를 분리해서 접근하지 않는다는 점이다.

한반도경제론은 앞선 논의들의 문제의식을 발전시켜 여러 층위에서 중첩된 자본주의의 체제 문제에 대응하려는 시도이다. 현시대의 자본주의는, 물(物)·기술 요소, 관계·조직·제도 요소, 의식·문명 요소 등에 의해 구성된다. 이들 요소의 결합방식이 자본주의의 특정한 형태를 구성하는 것이다. 체제혁신은 이들의 결합방식을 변화시키는 것이다. 한반도경제론은 한반도의 여러 층위에서 이루어지는 자본주의 체제혁신의 과정을 기획하기 위한 방법이다. 한반도경제론은 현재 체제의 조건에서 자본주의를 개선하는 한편으로 자본주의를 넘어서는 요소를 확대하려는 문제의식을 제기한다.

1부에서는 한반도경제론의 글귀에 내한 논의를 학문적 비평이라는 형식으로 전개했다. 최근 동향과 정세에 밀착하면서 책 전체를 관통하는 문제의식과 접근방법을 제시했다. 2부에서는 지금까지 형성된 발전모델에 대한 대안으로서의 한반도경제 모델을 논의했다. 3부에서는 새로운 조직원리에 의해 구성된 한반도경제로서의 네트워크경제·국가 개념을 제시했다. 4부에서는 한반도경제의 법적·제도적 체계와 거버넌스 혁신에 관한 논의를 다루었다. 여기 실린 글들은 대부분 『동향과전망』과 『창작과비평』에 발표한 것을 수정·보완한 것이다. 돌이켜보니 이들 지면이 있어 시대적 과제에 대해 묻고 대안을 고민해올 수 있었다. 지식활동의 시민적 제도를 함께 가꾸어온 선후배들께 감사드린다.

훌륭한 선생님들께 배운 것은 커다란 복이었다. 고(故) 박현채 선생님은 30여년 전 『동향과전망』의 창간을 적극 격려해주셨다. 이론을 위한 이론이 아니라 실사구시하는 담론을 만들자는 뜻을 기억하며, "민족적인 것은 민중적이면서 또한 세계적·지역적인 것"이라는 나름의 공부 말씀을 올리고 싶다. 정영일 선생님은 학인으로서의 출발을 이끌어주셨다. 제도로서의 학문 방식과 정책 현실을 가늠하는 분별력을 함께 가르치셨다. 백낙청 선생님은 『창작과비평』이라는 큰 학교에서 큰 산과 같은 역할을 해주셨다. 그동안 선생님의 글과 말씀에 공감하고 이의를 제기하고 다시 공감하고 하면서 안목을 넓혀왔다. 제자의 능력이 미치지 못해 크나큰 은혜를 축내는 것 같아 송구한 마음이 든다.

이 책을 내면서 한반도사회경제연구회 동료들의 가르침도 기록해두고 싶다. 연구회는 1997년 시작해서 2004년 확대하여 지금에 이르는 공부모임이다. 인격과 식견의 후퇴를 조금이라도 늦출 수 있었다면, 이 모임을 통해 나눈 지식과 지혜와 우정 덕분이라고 생각한다. 특히 여러 방면에서 새로운 관점을 제기하고 연구회에 활력을 불어넣어준 후배들,

김양희 교수, 김석현 박사, 박성원 박사, 안병진 교수, 정준호 교수에게 감사드린다. 이 책의 출간을 격려하고 이끌어준 편집진에게도 감사 말씀 올린다. 창비의 편집자들은 최고의 능력을 지니고 있다. 제목과 구성에 대한 조언은 물론 문장 구석구석까지 세심하게 살펴 부족한 상태의 원고를 개선해주었다.

마지막으로 가족들에게 인사를 전하고 싶다. 항상 무조건적인 사랑과 믿음을 주지만 그간 제대로 대답해주지 못했다. 지금껏 책을 낸 여러 기회에서도 쑥스러워 말하지 못했다. 이번에는 아내 김선여, 딸 이윤우, 아들 이원우에게 고맙다, 말하고 싶다.

2019년 7월
이일영 씀

| 차례 |

제3부

조직·체제 네트워크경제·국가로의 전환

제4부

제도·거버넌스 혼합적 체제와 지역발전

새로운 한반도체제의 길

1부는 학문적 비평이라는 새로운 글쓰기 방식을 실험해본 것들이다. 동향과 정세에 대해 더 가까이 밀착하면서 한반도경제론의 시각에서 체제혁신의 대안을 제시하고자 했다. 1부를 읽으면 책 전체를 관통하는 한반도경제론의 요지와 접근법을 좀더 쉽게 파악할 수 있을 것이다.

보통 신문 칼럼에는 200자 원고지 10매 남짓의 분량을 담는다. 최근에는 15~20매 정도의 글을 요청하는 경우도 있다. 이 정도 분량이라면, 어떤 사건이나 인물을 중심으로 날렵하게 터치해야 잘 읽히는 좋은 글이라고 평가받는다. 그런데 이렇게 해서는 체제 전체를 보는 인식 틀을 전달하기가 쉽지 않다. 통상적인 사회과학 학술논문은 100매 이상을 쓴다. 질적 분석을 행하는 경우에는 분량이 더 늘어나서 150매를 넘게 된다. 전문성이 깊어지고 분량도 늘어나면 독자의 접근성은 떨어질 수밖에 없다. 60~70매 정도의 글이면 호흡을 짧게 하면서 어느정도 분석적 내용을 담을 수 있지 않을까 생각했다.

1부 앞의 두개의 글은 한반도경제론의 이론적 논의에 해당한다고 할 수 있다. 첫번째 글 「한반도경제, 어디로?」는 이 책 전체의 골격을 보여주기 위해 쓴 것이다. 다소 길어졌지만, 한반도경제론 또는 한반도체제론의 문제의식 전반을 논의했다. 두번째 글 「양국체제인가, 한반도체제인가」에서는 양국체제론과의 논쟁 속에서 그와 대립되는 한반도경제론의 핵심적 논지를 전개했다.

이어서 운동, 정부 차원에서 필요한 체제혁신의 관점을 이야기했다. 1부 세번째 글 「협동조합, 사회혁신, 체제혁신」은 사회운동에 한반도경제의 총체적 인식과 체제혁신을 위한 리더십 전략이 필요함을 논했다. 네번째 글 「정부 지지율과 경제정책 리더십」은 체제변동기에 정책 당국이 리더십을 발휘하려면 체제적 비전의 형성과 실행이 필요하다는 점을 지적했다.

제1장

한반도경제, 어디로?
— 관점과 전략

1 한반도경제 또는 한반도체제의 관점

우리는 체제변동의 대전환 시대 속에 있다. 세계체제 차원에서도, 생산과 과학기술 체제의 차원에서도 종래와는 다른 체제가 형성되는 중이다. 거대한 경제적 변화가 정치·사회적 전환과 연결되어 진행되고 있다. 국내적으로도 세계적으로도 사회 전반에 불안감이 만연해 있다. 불안감의 근원은 실제의 변화가 폭발적으로 진행되어서라기보다는 변화의 실체를 파악하고 대응할 체제적 인식과 접근법이 마련되어 있지 않기 때문이다.

기존의 관점은 대체로 근대 국민국가를 기본 단위를 하고, 근대 사회과학의 분과학문별 접근법에 서 있다. 그러나 일국적 관점 또는 부문 모델의 관점은 세계체제의 규정을 받는 한반도의 지정학적·지경학적 조건을 제대로 포착할 수 없다.

남북관계가 경색되는 시기에 특히 부각된 양국체제론 역시 일국적 관점에 서 있다.[1] 양국체제론은 통일과 평화공존을 분리하고 평화를 구현하는 방법으로 남북관계를 국가간 관계로 재정립할 것을 제안한다. 이 경우 상정할 수 있는 것은 중국-대만의 경쟁국가 관계, 미국-캐나다의 우호국가 관계 등이지만, 어느 경우도 한반도의 조건과 부합하기 어렵다. 또 독일, 베트남, 예멘과 같은 일국 통일국가로의 진전을 상정하는 것도 현실적이지 않다.[2]

정책 분야에서는 일국적 체제모델의 인식 틀이 더욱 강고하다. 그리고 전통적 사회과학의 영역별 사고의 틀 속에서 정책이 수립되고 집행된다. 문재인정부의 국정과제 역시 일국 모델, 부문 모델에 기초한 인식과 대응의 틀에서 벗어나지 못하고 있다.

문재인(文在寅)정부에서 남북관계는 역사적 전환점을 마련했다. 군사적 긴장 완화는 중대한 진전이다. 그러나 남북관계를 한·미·중·일 관계와 정교하게 연결하여 인식하는 접근법은 확립되어 있지 않다. 국가 이외의 행위주체가 새로운 질서에 어떻게 기여할지에 대한 고려도 미흡하다. 이에 따라 남북정상회담에 대한 기대와 부담이 지나치게 커졌다. 남북관계도 군사·안보 부문과 경제 부문을 함께 통찰하는 고민이 부족하다.

국내정책에서도 일국 차원의 관점에서 과도한 의욕으로 빗나간 방향을 설정했다고 할 수 있다. 일자리정책의 경우 일의 성격이 변화하는 노동체제의 변동을 심각하게 감안해야 했다. 종래의 노동과 직장 개념에 입각해서 비정규직의 정규직화를 추진할 경우 협소한 기회 때문에 일자

---

1 양국체제론 비판에 대해서는 이일영(2018a) 참조.
2 국회미래연구원 '한반도의 미래 공론조사' 주요 결과(2018. 12)는, 남북한 관계에 따른 미래 시나리오를 경쟁국가, 우호국가, 경제통합국가, 군사·외교통합국가, 느슨한 연방국가, 연방국가 등 6개 유형으로 제시하고 있다.

리 자체에서 지대 문제가 발생하게 된다. 경제체제 변동의 차원에서 정책 비중을 감안한다면 최저임금정책 추진도 좀더 신중할 필요가 있었다.

문재인정부가 앞장세운 소득주도성장 의제도 임금소득 분배분에만 초점을 두기보다는 소득 전체의 형성 기제, 자산체제의 작동 기제 속에서 핵심적인 요소들을 선별하는 것이 먼저 이루어져야 했다. 혁신성장 의제는 더욱 모호하게 제기되어 규제 완화 차원으로 후퇴하는 경향이 있는데, 과학기술체제 변동의 핵심에 접근하는 노력이 필요하다. 공정경제 의제도 전통적인 자본간 관계(재벌 또는 중소기업)의 시각을 넘어 새롭게 형성되는 부(富)와 산업에서의 공정성 문제에 주목해야 한다.

필자는 남북관계 및 국내정책 모두에서 일국(양국)적·부문적 시각에서 벗어나는 것이 중요하다고 생각한다. 체제적 인식방법 또는 접근방법을 단련하는 것이야말로 지금 이루어지는 시대 대전환의 성격을 이해하고 대응하는 데 핵심적인 일이다.

'한반도경제' 또는 '한반도체제'는 필자가 제기하는 체제적 인식의 방법이자 담론이다. 같은 내용이지만, 경제 쪽 측면에 주목할 때는 한반도경제를, 경제를 포함한 체제 전체 측면을 강조할 때는 한반도체제라는 말을 사용하기로 한다. 한반도경제(체제)는 분단체제론에서 거론한 체제의 요소들을 좀더 구체화·명료화한 개념이다.

분단체제론의 핵심적 문제의식은 분단이 체제적 문제이며, 이는 세계체제 및 국내체제와 유기적으로 연결되어 있다는 것이다. 여기에서 좀더 나아가 필자는 한반도경제(체제)는 세개의 층위와 두개의 핵심 부문으로 구성되어 있는 것으로 개념화하고자 한다. 세개의 층위는 세계체제, 분단체제, 일국적 국내체제(남한, 북한)로 구성되며, 이들은 상호 연동하는 결합체이다. 또 각각의 층위에는 정치·군사적 영역과 경제적 영역이 존재하지만, 이는 독자적 영역이 아니라 각 층위에 통합적으로 연결되어 있다.

한반도경제(체제)는 새로운 체제모델로 이행하는 전망을 포함하고 있다. 대안으로서의 한반도경제(체제)는 다층적인 경제체제이다. 이는, 첫째 세계체제 변동에 대응하는 동아시아·태평양 경제네트워크, 둘째 분단체제를 넘어서는 남북연합과 경제네트워크, 셋째 기술 및 생산체제의 변화에 대응하는 새로운 산업·자산체제, 노동·사회체제, 지역체제 등을 포함한다. 새로운 한반도경제(체제)는 다층적인 체제혁신의 과정이다.

2 한반도경제의 전개과정

먼저 새로운 한반도경제의 형성이란 관점에 입각해서 현재 한국경제 체제모델의 발전과정을 재구성(backcasting)해보기로 하자. 그러면 그 출발점은 한국전쟁과 분단체제의 형성으로 거슬러 올라간다. 한국경제의 발전모델은 동아시아 모델로 통칭되는데, 동아시아 모델의 핵심 요소를 제공한 일본 산업정책의 원형도 1950년대에 형성된 바 있다. 이후 한반도체제는 크게 3개 단계의 시기를 거치면서 진화의 과정을 밟아왔다. 한국경제는 물론 동아시아 각국의 발전모델은 당시 세계체제의 조건과 각국 고유의 특수성에 기반하고 서로 연동하면서 형성되었다. 한반도경제(체제)의 첫번째 단계는 1950년대~80년대 말이다. 냉전시대에 둘로 갈라진 세계체제는 한반도에서는 남북한 분단체제의 수립으로 귀결되었다. 제2차 세계대전의 군사적 유산인 원자폭탄과 전략폭격 공군력이 지정학의 구조를 형성했으며, 이어진 한국전쟁의 결과 양대 진영 내에서의 심층적 통합과 방위동맹이 급속히 진전되었다.[3]

그리고 동아시아에서 벌어진 국제적 열전 속에서 동아시아의 경제발전 모델이 형성되었다(동아시아 모델 1.0). 동아시아 발전모델은 일본, 한국, 대만에서는 자본주의 버전으로, 중국, 북한에서는 국가사회주의 버전으로 나타났다. 한국전쟁을 뒷받침하는 과정에서 일본의 산업정책과 발전모델이 형성되었다. 한국의 산업정책과 발전모델은 베트남전쟁의 전개와 종결, 남북간 경쟁의 과정에서 중화학공업화를 통해 만들어졌다.[4] 중국과 북한은 한국전쟁 이후 급속한 사회주의화를 거치면서 중공업 우선 전략을 수립했다.

두번째 단계는 1980년대 말~2008년이다. 이때는 미국 절대 우위의 세계체제가 형성되었다. 미국은 구소련 붕괴, 걸프전, 군사혁신 등으로 '유일한 초강대국'이 되었으며, 이같은 미국의 존재를 전제로 하면서 다자간 협의주의, 상호의존성 현안, 비정부적 행위주체 등이 부각되었다(오스터하멜/페테르손 2013). 미국의 절대 우위를 뒷받침한 것은 전쟁의 신기원을 개척한 군사혁신이었다. 걸프전을 전후로 디지털혁명에 의한 '정밀전쟁'이 현실화되었으며 미국이 전후의 근본적 임무로서 추구한 '비대칭적 기술 우위'가 확립되었다.(다우어 2018)

---

3 제2차 세계대전에서는 이후 전쟁의 성격을 바꾼 새로운 파괴기술이 등장했다. 여기에서 중요한 것은 원폭을 사용하는 총력전을 위한 작전상·기술상 혁신인데, 고속 전투기, 급강하 폭격기, 소이탄 (중형)폭격기, 중(重)폭격기 등을 이용한 전략폭격을 핵심으로 한 공군전략이 총력전의 최고 수단이 되었다.(다우어 2018)
4 일본을 모델로 한 한국형 산업정책에서 핵심적인 정책수단은 특정 산업의 선별적 육성을 추구하는 투자정책이었고, 금융정책, 무역정책, 조세정책 등은 이를 위한 보조인 정책수단으로 동원되었다(이일영 외 2002)

이 시기에 동아시아 발전모델은 종래의 발전주의에 글로벌주의가 결합됨으로써 새로운 생산체제를 만들어냈다(동아시아 모델 2.0). 아세안(ASEAN, 동남아시아국가연합)의 선도적 개방과 중국의 세계경제에의 참여, 한국과 대만의 호응 등이 결합하여 거대한 동아시아 생산네트워크가 진전되었다(이일영 2015). 생산과정의 분할과 네트워크는 특히 전자, 전기기계, 자동차 등 제조업 분야에서 급속히 진전되었다. 이는 수입대체나 산업보호 속에서 형성된 산업집합체가 아니라 무역자유화의 환경 속에서 비조직화된 그룹으로부터 진화한 것이었다. 한편 북한은 1990년 전후를 분기점으로 급속한 경제 후퇴가 나타났고, 동아시아 생산네트워크에 참여하지 못한 채 중국으로만 주로 연결된 불안정하고 편향된 개방경제가 전개되었다.

세번째 단계는 2008년 이후이다. 이 시기는 아직 뚜렷한 실체가 확립되지 않은 불안정의 '뉴노멀'(new normal) 시대라 할 수 있다. 미국의 입장에서는 미국의 군사적 우위에 도전하는 '불안정의 포물선'이 등장했다. 이는 구소련 붕괴 이후 미국이 새롭게 인식한 적의 개념으로, 2005년경부터 '핵무장 국가들의 공고한 전선'이라는 포물선 개념(이란-파키스탄-인도-중국-북한-러시아)이 분명해졌다. 2009년경부터 시작된 미국의 아시아 재균형 정책은 경제적 재균형과 군사적 재균형이 함께 추진되었다.[5]

---

5 2008년 위기 이후 미국은 자국 산업경쟁력 강화와 제조업 르네상스를 지향하는 방향을 추진했다. 군사적 재균형 정책은 2011년 이라크에서의 미군 철수로부터 본격화했고 2011년 11월에는 '아시아로의 회귀'(Pivot to Asia) 전략이 공표되었다. 2013년 미·인도 전략 대화에서 '인도·태평양 경제회랑'이 개념화됐고, 2017년 말 발표된 국가안보전략 보고서에 '인도·태평양'이라는 용어가 사용됐다.

경제적·군사적 재균형이 과학기술상의 진보를 매개로 상호 연관되어 진행된다는 것이 중국 역시 지정학적 경쟁의 방향으로 전략 변경을 모색했다. 세계경제 위기에 대응하고 산업고도화를 추진하는 방향으로 성장전략 전환을 추진하고 있다. 특히 시 진핑(習近平) 집권 이후 미국과는 '신형대국관계(新型大國關係)' 정립을, 중앙아시아 및 동남아시아에 대해서는 '일대일로(一帶一路)' 구축을 표방했다. 또한 비슷한 시기에 군사력의 '현대화, 정보화, 합동화'를 본격적으로 추진하기 시작했다. 중국의 의지와 능력과는 별개로 미국은 중국을 지정학적 경쟁자로 인식하고 있다고 볼 수 있다.[6]

경제체제 측면에서는 매우 근본적인 변화가 진행되고 있다. '뉴노멀'로 지칭할 수 있는 거대한 변화의 근원에는 세계체제 변동과 4차 산업혁명에 의한 경제체제 변동이 자리잡고 있다(이일영 2017).

세계체제 변동의 핵심 운동은 미중관계 변동이다. 전세계적으로 미국의 중심적 위치가 강력하지만, 동아시아에는 미국을 중심으로 하는 네트워크와 중국을 중심으로 하는 네트워크의 경쟁이 심화되고 있다.

필자의 가설이다. 4차 산업혁명의 진전과 관련하여 생산과 기술의 표준 경쟁이 격화되었고, 신기술 관련 거래·혁신·생산네트워크의 집중화·대형화 현상이 나타나고 있다. 현대전에서 차지하는 IT, AI 기술의 비중도 높아지고 있다. 드론은 코소보전쟁(1998), 아프가니스탄전(2001), 이라크전(2003)을 통해 등장했는데, 중요성이 크게 부각된 것은 오사마 빈라덴을 사살한 넵튠 스피어 작전(2011. 5)에 스텔스 드론이 투입되면서이다. 이 작전을 마무리하고 미국은 이라크 철수와 '아시아로의 회귀'를 추진했다.

6 중국정부는 2010~11년경부터 '성장전략의 전환'을 언급했다. 이는 성장률의 하향 안정화, 내수 기반의 안정적 수요 육성, 산업구조 조정과 제도개혁 등을 내용으로 한다. 시 진핑 주석은 2013년 6월 오바마(Barack Obama) 미국 대통령과의 첫 정상회담에서 '신형대국관계'를 언급했고, 2013년 9~10월 중앙아시아 및 동남아시아 순방에서 '일대일로' 구상을 제시했다. 중국 군사과학원에서 지능전(知能戰) 준비에 관한 출판물이 나온 것도 2013년이다. 2017년 10월 19차 당대회에서는 'AI 적극 도입을 통한 경제·사회·군사 영역에서의 인공지능화'를 공식화한 바 있다.

2008년 세계경제 위기 이후 미중관계는 갈등국면으로 전환했고 이는 동아시아 네트워크를 분기시키는 쪽으로 작용하면서 분단체제의 변동에 영향을 주고 있다. 미·중 분쟁, 중국의 성장 둔화, 미국의 양적 완화 중단 등이 겹치면서 저성장 압력이 강화되었다.

다른 한편으로는 다양한 정보와 자료를 연계한 초연결성을 특징으로 하는 4차 산업혁명이 근본적인 변화의 동력이다. 이에 따라 조립가공 생산시스템에 기초한 전통적 제조업의 구조조정, 이른바 플랫폼 자본주의와 공유경제의 확산, 그리고 자동화와 가상화의 심화 등 격변이 예상된다. 4차 산업혁명이 진전되면서 글로벌 도시가 혁신과 자산축적의 중심지로 기능하는 정도가 높아지고 있다. 여기에 고령화와 저출산의 파도가 본격화하면 생산과 고용에서의 새로운 관계가 확산될 것이다.

3 한반도경제의 위치와 남북 네트워크의 발전방향

한반도경제는 세계체제 속에 위치해 있다. 세계체제는 정치·군사적 차원은 물론, 무역·투자, 통화·금융, 과학기술 차원의 하위체제를 포함하고 있다. 우선 무역데이터를 중심으로 한반도경제의 위치를 살펴보자.[7] 무역네트워크 분석은 보통 부가가치 기준의 무역자료를 이용하여 글로벌 가치사슬(Global Value Chain)을 분석하는 방식으로 이루어지고 있다. 이일영·양문수·정준호(2016)의 분석과 이일영(2018a; 2018b)의

---

7 이는 데이터가 존재하는 영역에서의 무역분야 분석 결과에 국한한 것이다. 세계체제와 분단체제의 연결고리에 대해서는 좀더 종합적인 접근이 필요하다.

분석 결과를 요약하면 다음과 같다.

첫째, 글로벌 무역네트워크는 집중화되어 있으며 비대칭적인 구조를 지닌다. 무역네트워크는 크게 북미-동아시아 네트워크와 유럽 네트워크로 양분되어 있다. 그리고 네트워크 안에서 미국, 독일, 영국, 프랑스 등의 주요 국가들은 해외 부가가치 공급자로서 그 위상과 영향력이 확고하다. 정치·군사, 금융·통화, 과학기술 네트워크의 비대칭성은 무역네트워크의 그것보다 훨씬 더 클 것으로 추측된다.

둘째, 글로벌 무역네트워크의 관계는 점점 더 복잡해지고 있다. 그러나 미국이 북미-동아시아 네트워크와 유럽 네트워크를 연결하는 중심 또는 허브 역할을 한다는 점은 변화가 없다. 그러한 가운데 중국이 네트워크의 중심부 가까이에 진입하고 있고, 동아시아 경제네트워크에서의 허브 역할이 강화되고 있다.

셋째, 한국은 글로벌 네트워크의 반주변부에 머물러 있고, 북한은 완전히 주변부에 위치해 있다. 중국은 북한이 연결된 동아시아 무역의 중심부에 위치하며, 이 네트워크에서는 한국도 중심부 쪽으로 진입한 위치에 있다. 남북한 모두 중국과의 네트워크 비중이 크고 특히 북한의 편중성이 훨씬 더 크다. 북한은 중국 이외의 네트워크 연결이 모두 사라진 상태이지만, 북한이 한국과 연결되면 동남아 국가들과 형성된 네트워크에 참여할 수 있다.

이러한 한반도경제의 위치를 고려할 때 어떤 네트워크 전략이 현실적으로 가능하고 유효한지를 생각해보자.

첫째, 새로운 한반도경제는 네트워크경제이고, 남북연합은 한반도 네트워크경제의 중요한 요소이다.[8] 남북연합 또는 남북 네트워크는 남북관계를 한 국가로의 통일 또는 두 국가로의 분리라는 차원에서 보는 양 극단의 접근법을 넘어서고자 하는 것이다. 제도·조직경제학 개념에 비추어보면, '남북연합'은 두개의 국가 독립체와 단일국가 통일체 사이의 중간·혼합 형태이다. 이러한 다양한 중간·혼합 형태의 제도·조직을 통칭하여 '네트워크'라고 부를 수 있다(이일영 2009).

둘째, 북방정책보다는 남방정책이 효과적인 네트워크 방식이다. 남북 네트워크를 중국 동북지역 및 유라시아로 연결하는 방안은 네트워크의 이익이 크지 않고, 미국과 중국 사이에 벌어지고 있는 지정학적 경쟁 상황과 충돌할 가능성이 높다. 동남아·태평양 공간은 정치·군사적 이익보다는 경제적 이익의 비중이 높다. 이들 국가와의 연결은 미·중 분업체제 속에서 발전해온 기존의 동아시아 모델을 개선하고 중형국가연합 또는 네트워크로 진화시키는 계기를 마련할 수 있다.

셋째, 그간의 개성공단 및 금강산사업과, 새로이 구상되고 있는 '한반도 신경제 지도'는 세계체제-분단체제-국내체제[9]의 제약조건을 종합적으로 반영해서 재평가해야 한다. 이들 사업을 남북 양자간의 문제, 경제협력의 문제로만 접근해서는 안 된다. 미국이 북한을 제재하고 있는 법체계와 UN 차원의 대북 제재는 북핵 문제가 전개되는 동안 형성된 국제법 체제이다. 세계체제에 들어가서 세계체제를 개선하는 이중적 과제를 수행한다는 관점이 필요하다.

'한반도 신경제 지도' 구상에 따라 서해안벨트, 동해안벨트, DMZ벨

---

8 "남북연합 건설은 진행중"이라는 주장에서는, '남북연합'은 2000년 6·15선언에서 '남측의 연합제'가 언급된 이래, 2007년 10·4선언으로 시작되었고, 2018년 판문점선언으로 재개되었다고 한다(백낙청 2018, 18~20면).

9 세계체제-분단체제-국내체제를 하이픈(-)으로 연결한 것은 이것이 하나의 체제로 연결되어 있다는 의미이다.

트를 건설한다거나, '동아시아 철도공동체'를 형성한다는 발상은 글로벌 네트워크의 현실에 부합하기 어렵다. 네트워크의 결과로 선이나 면이 형성되는 것이지, 그 반대로 프로세스가 진행되는 것은 아니다. 특히 철도는 북한 내부와 남북 네트워크 차원에서 효과를 판단해야 한다. 동아시아 네트워크 차원에서는 거점 항만도시의 역할이 중요하다.

비핵화 문제만을 놓고 북·미·일간 그리고 남북간 이익의 균형점을 발견하기는 쉽지 않다. 북·미·일간 그리고 남북간의 정치·군사적 이익과 경제적 이익이 모두 플러스썸 효과를 낼 수 있는 지점이 어디일까? 필자는 동해안, 특히 원산항이라고 생각한다. 근대 초입에 개항장 입지로 선택된 세곳은 인천, 원산, 부산이었다.[10] 원산은 통상항과 군항의 기능을 겸비한 천혜의 입지를 지니고 있다. 원산은 현재 조건에서 북한이 바다와 내륙을 연결하여 미국·일본의 세계체제와 접합하고 남북 분단체제를 완화할 수 있는 최적의 실험실이 될 수 있다. 한반도경제의 도시 거점을 형성하는 좀더 대담한 발상이 필요하다.[11]

---

10 1882년 임오군란을 수습하면서 조선정부는 외교·통상 등 국제사무에 대응하기 위해 독일인 묄렌도르프(P. G. von Möllendorff)를 차관급 고문으로 초빙했다. 그는 3년간 (1882~1885) 일하면서 영국, 독일, 이딸리아, 러시아, 프랑스와의 조약 협상 실무를 주도했다. 그가 조선에서 가장 먼저 실행한 것은 관세를 징수할 해관을 설립하는 것이었다. 묄렌도르프는 스스로 총세무사(Inspector General of Customs)가 되었고, 인천, 원산, 부산의 순서로 지역별 해관을 설치했다.(김윤미 2017)

11 중국 근대사의 시발점이 된 상하이 사례에서 시사점을 구해볼 수 있다. 상하이 건설 당시 영국과 미국이 관장하는 공공조계(公共租界)에서는 동양 최대의 금융무역중심과 수많은 근대 공업기업이 설립됐고, 프랑스조계는 새로운 인문사상과 문화풍조를 형성하는 데 영향을 미쳤다. 중국인들이 건설한 화계(華界)에서는 외국인 조계와 경쟁하는 민족자본과 신문화운동이 전개되었다.

4 한반도경제의 체제혁신 방향

한반도경제는 기존 남북한 경제(체제)의 단순한 연결로 이루어지는 것이 아니라 새로운 체제원리를 포함하면서 이루어져야 한다. 뉴노멀의 글로벌체제와 4차 산업혁명의 생산체제 대전환에 대응하는 새로운 힘이 형성되어야 체제의 개신이 이루어질 수 있다. 체제의 개선 또는 혁신은 기존의 시장원리, 국가원리 이외에 커먼즈(commons)라는 제도·조직을 도입·확대하는 것을 의미한다. 커먼즈는 시장·국가가 혼합된 공동자산·공동영역을 지칭하는 것으로, 새로운 산업·자산체제(혁신체제), 노동·사회체제, 지역체제의 기반이 된다.[12]

첫째, 산업·자산체제와 관련해서는 새로운 재산권 제도를 구축해가야 한다. 4차 산업혁명의 시대, 즉 융·복합의 시대에 새롭게 창출되는 부를 효율적으로 활용할 수 있게 하는 새로운 재산권 제도를 구축해야 한다. 무언가를 소유권 개념의 절대적 위치에 놓는 것은 각 영역들 간의 경계를 구획화하는 것을 기본적으로 전제한다. 그러나 사회경제적 융·복합화에 따른 외부효과가 증대될 경우 재산권을 둘러싼 갈등이 심화되고 혁신활동이 둔화될 수 있다. 4차 산업혁명의 진전이 촉진되려면 자원을 효과적으로 이용할 수 있도록 하는 법률과 판례가 다수 형성되어야 하고 이를 가능케 하는 헌법적 논의가 필요하다.[13]

4차 산업혁명에서는 산업혁신을 촉진하는 준(準)공유재(semi-commons)

---

12 2000년 중반 이래 시민운동 내부에서 사회혁신 개념이 등장했다. 필자는 커먼즈 형성이 사회혁신(체제혁신과 리더십 형성)의 핵심 요소라고 본다.
13 법적·제도적 개혁과 함께 새로운 자산에 의해 발생하는 이윤을 공동화하고 이를 부의 분배 확대와 연계하는 다양한 실험이 이루어져야 한다.

를 창출하는 것이 중요한 과제이다. 인공지능의 발전에는 빅데이터의 존재와 이를 활용해서 학습하는 알고리즘 개발이 관건이라 할 수 있으며, 결국 빅데이터의 사용과 소유에 대한 권리가 중대한 문제로 부각될 수밖에 없다. 빅데이터에 기반한 기술자산의 사용을 특정인이 독점하거나 국가가 중복 규제하는 것을 막아야 한다. 정부나 기업이 가진 휴면 특허를 공동이용(pooling)하고 개방형 혁신을 가능케 하는 권리를 규정하고 플랫폼을 만들 필요가 있다.(이일영 2017)

둘째, 노동·사회체제는 새로운 생산체제에 대응하는 방향으로 조정되어야 한다. 제조업과 유통, 금융 등에서 전통적 산업, 기업 구조의 해체와 조정이 진행되고 있다. 또한 자동화와 가상화 등의 진전에 따른 고용의 축소 추세가 나타나고 있다. 이른바 플랫폼노동, 클라우드(cloud)노동, 긱(gig)노동, 종속적 자영업자, 프리랜서 등 다양한 일의 방식이 출현하는 중이다. 따라서 전통적 임금노동뿐만 아니라 모든 일하는 자를 포괄하는 보편적인 노동의 권리를 보장하는 방식으로 전환해가야 한다.

복지체제 역시 새로운 생산체제에 대응할 수 있도록 좀더 보편적 보호시스템을 구축하는 쪽으로 방향을 잡아야 한다. 임금노동에 기초한 사회보험 방식에서 조세와 국가지분 투자에 기초한 사회적 보호시스템으로 전환해야 한다. 사회보험의 사각지대를 해소하는 정책만으로는 장기적 대응이 어렵다. 조세(구글세, 로봇세 등)와 중앙·지방정부의 지분투자 방식을 통한 보편적 보호시스템을 구축하는 실험을 진행해야 한다.

셋째, 좀더 분권적이면서도 효율적 성과를 낼 수 있는 지역체제를 형성함으로써 혼합적 네트워크경제의 기반을 마련해야 한다. 지역은 비시장적·비국가적 공공활동의 주체이다. 지역이 지속·발전하기 위해서는 운동과 제도를 포괄하는 거버넌스(governance), 지역 단위에서 보유하고 관여하는 집합적 재산권으로서의 공동자산이 필요하다.

지역은 규모에 따라 로컬과 광역으로 구분될 수 있다. 로컬커먼즈는 정치적·운동적 과정에서 형성된다. 광역커먼즈는 새로운 경제체제 형성의 기반이 된다. 광역 차원에서 지역성장 전략, 공간계획 등을 추진하고자 하는 지역연합을 결성하고 중앙정부와 함께 광역개발기구를 제도화하여 커먼즈를 확보할 수 있다.[14] 광역 차원에서 중앙정부, 지방정부, 기업, 연구·교육기관, 시민사회가 함께 참여하는 개방적·협력적 플랫폼(준공유재)을 형성한다. 또한 광역 차원에서 사회적 시민권과 보편적 보호시스템 구축을 위한 정책 실험을 실시하도록 한다.

5 요약 및 결론

지금까지 논의한 한반도경제(체제)의 문제의식은 다음과 같이 요약할 수 있다. 첫째, 한반도경제는 기존 체제를 넘어서고자 하는 체제혁신의 관점, 접근법, 담론이다. 한편에서는 동아시아 발전모델을 진화시키고 혁신하면서 또 한편에서는 시민과 지역의 활동이 중시되는 복합국가를 지향하고자 한다. 둘째, 한반도경제의 경계는 한국 또는 남북한 국경에 고정된 것이 아니다. 남북연합을 포함하면서 동아시아·태평양의 네트워크 공간으로 확장되어 형성된다. 셋째, 한반도경제는 글로벌 네

---

14 이에 대해서는 영국의 광역분권화 실험 사례를 참조할 수 있다(정준호·이일영 2017).

트워크 및 기술체제의 변동에 대응하는 새로운 산업·자산체제와 노동·사회체제를 포함한다. 한반도경제 형성을 위해 광역지역을 형성하고 정책 실험을 수행한다.

마지막으로, 한반도경제(체제) 담론의 성격과 유용성에 대해 다시 강조하고 싶다. 첫째, 한반도경제론은 학문적 지식을 추구하는가? 물론 기존 학문연구 차원에서 형성된 지식과 이론 활동의 성과를 적극적으로 활용하려고 한다. 중요한 것은 기존 지식에 연결과 해석을 반복해서 새로운 관점과 비평적 담론을 만들어가는 것이다. 이러한 과정을 '개입적 실천'의 방식이라고 할 수 있다.[15] 둘째, 한반도경제론은 추상적인 담론인가? 그렇다. 세계체제-분단체제-국내체제를 종합적으로 통찰하려면 추상화 작업이 필수적이다. 그러나 이러한 추상화는 체제혁신의 전략적 실천 프로젝트를 선별해내기 위한 것이다. 구체적 현실은 복잡하고 현장의 프로젝트들은 너무 많다. 체제의 관점을 가져야 프로젝트의 중요성과 실현 가능성을 가늠할 수 있다.

---

15 영문학연구에서 학문연구와 비평의 긴장관계는 오랜 논쟁거리였다. 프레드릭 윌스 베이트슨(Frederick Wilse Bateson)이 문학연구 학술지 『비평집』(Essays in Criticism)을 창간하여 학자-비평가를 지향했다면, F. R. 리비스(Leavis)는 '개입적(interventionist) 실천'으로서의 비평이라는 학문 형식을 추구한 『검토』(Scrutiny)지를 운영했다(Mulhern 2018).

제2장
양국체제인가, 한반도체제인가

1 들어가며

지난 2017년 12월 7일 (사)다른백년은 촛불혁명 1주년을 기념해 '한 반도 평화를 위한 시나리오들 2nd: 한반도 양국체제와 동북아 데탕트' 라는 포럼을 열었다. 여기에서 경희대 김상준(金相俊) 교수는 「'독재의 순환고리' 양국체제로 끊어내자」(이하 「양국체제로 끊어내자」, 김상준 2017a)라 는 발제문과 함께 「한반도 양국체제와 동아시아 데탕트」(이하 「양국체제 와 데탕트」, 김상준 2017b)라는 보조발제문을 발표했다. 그리고 신문 칼럼을 통해 나와 의견을 나눈 바도 있다(김상준 2017c). 양국체제론의 기본 관점 과 골격은 이 세개의 글에 제시되어 있다고 본다.[1]

---

[1] 나는 2017년 12월의 포럼에 토론자로 참여했고, 토론 중 일부 내용을 「'양국체제'는 실현 가능한가」(경향신문 2017. 12. 14)라는 칼럼으로 발표한 바 있다. 이에 대해 김상준 교수는 「누가 한반도의 빌리 브란트가 될 것인가」(경향신문 2017. 12. 23)라는 칼럼을 통해 양국체 제론을 다시 옹호했다. 이러한 논지는 학술지 『사회와 이론』에 논문으로 게재된 바 있다(김 상준 2017d). 여기에 나는 다시 「'양국체제'인가, '한반도체제'인가」(경향신문 2018. 1. 11) 라는 칼럼을 써서 양국체제론을 비판·보완하며 한반도체제론을 제안한 바 있다. 이하의 논

「양국체제로 끊어내자」와 「양국체제와 데탕트」는 얼마간의 시차를 두고 집필된 것이지만, 기본적으로는 일관적 시점에 서 있고 서로 보완적 관계에 있는 것으로 생각된다. 「양국체제로 끊어내자」는 주로 현실의 구조 또는 체제적 측면을 논했고, 「양국체제와 데탕트」는 정세 또는 전략 문제에 집중하고 있다. 이 두개의 글의 논지는 크게 두가지이다. 첫째, 지금까지의 현실 구조를 분단체제의 시각을 참고하여 해명했다. 둘째, 그러나 기존 분단체제론에는 분단체제로부터의 출구전략이 없거나 모호하다고 주장하면서 양국체제론을 제기했다.

양국체제론은 분단체제론과의 긴장 속에서 한반도-한국 현대사는 물론 동아시아사와 세계사에 대한 견해를 내놓고 있다. 이하에서는 김상준 교수의 두개의 글에서 제기된 양국체제론의 쟁점들을 검토·비판하면서, 이러한 논의에 대한 대안으로 '한반도체제'와 그 혁신의 요소들을 구성해보고자 한다.

2 촛불혁명을 어떻게 볼 것인가

김상준 교수는 촛불혁명에 대해 '합헌적 혁명' 3단계론을 제시한다. 그에 의하면 촛불혁명의 제1단계는 헌법재판소가 박근혜(朴槿惠) 전 대통령에 대한 파면 선고를 내림으로써 완료되었다. 탄핵·파면 이후 제2단계인 '대선국면'으로 이행했고, '촛불정부'가 들어서고 합헌적 혁명으로서의 촛불혁명의 제3단계가 진행 중이라고 보고 있다(김상준 2017a).

의는 내가 쓴 두개의 칼럼을 보완하고 발전시킨 것이다

이렇게 촛불혁명을 3단계로 구분하는 논의는 백낙청(白樂晴) 교수의 주장과 흡사하다. 백낙청 교수 역시 촛불항쟁으로 박근혜 탄핵을 이끌어낸 것으로 촛불혁명의 제1기가 성공적으로 완수되었다고 보았다. 뒤이어 벌어진 대선국면이 제2기인데, 문재인정부 탄생으로 이 역시 성공적이었다고 본다. 그리고 새 정부 출범 이후의 제3기 촛불혁명의 핵심 과제는 한반도의 평화 만들기라고 주장한다.(백낙청 2017)

촛불혁명을 3단계로 구분하고 제3단계의 과제로 한반도 평화를 제시하는 것은 양국체제론과 분단체제론이 다를 바 없다. 그러나 평화 만들기의 방식은 서로 매우 다르다. 김상준 교수는 양국체제적 상황이 절반 정도 진척되어 있으므로 촛불혁명의 동력으로 이를 더 진전시키자는 것이다. 백낙청 교수는 분단체제의 존재가 촛불혁명의 진전을 가로막으므로 분단체제에 근본적으로 접근해야 한다는 것이다. 평화와 통일의 관계에 대해 양국체제론과 분단체제론의 관점의 차이가 크다. 분단체제론에서는 한반도가 점진적·단계적 과정으로서의 통일마저 외면하며 남북 양국의 항구적 평화공존을 주장한다고 해서 평화가 달성되는 지역이 아니라고 본다.

이러한 인식의 차이는 어디에서 오는 것일까? 나는 이러한 차이가 양국체제론은 독특한 순환론에 입각해 있고, 분단체제론은 말 그대로 체제론에 서 있기 때문에 생기는 것이라고 생각한다.

김상준 교수는 촛불혁명의 세가지 차원의 역사적 위상을 제시하는데, 이것이 순환론 또는 변동론의 관점이라고 할 수 있다. 첫째, 한국 현대사에서는 명시적으로 '순환'을 언급한다. '마(魔)의 순환고리'라 할 수 있는 '독재의 반복고리'가 작동한다는 것이다. 둘째, 기존 민주주의 시스템의 세계적 오작동 속에서 촛불혁명이 선도자의 힘을 발휘한다고 한다. 이는 세계적 순환과 한국의 순환이 서로 엇갈려 교차하고 있다는 인식이다. 셋째, '서구 주도 근대' 단계(일극중심)를 넘어 '후기 근대'(다극균형)로 들어서는 상황에서 촛불혁명이 표출되었다고 본다. 이 경우 독재나 민주주의 시스템과는 또다른 순환의 고리를 제시하고 있다.

나는 순환을 구성하는 체제를 구체화해야 한다고 생각한다. 체제의 구성을 분석해야 단순반복의 순환인지 새로운 체제로의 진전인지도 분명해진다. 이렇게 볼 때, 촛불혁명은 87년체제의 퇴행을 저지하는 흐름과 87년체제의 극복을 추진하는 흐름이 결합되어 있다.

촛불혁명의 단계를 체제적 관점에서 구분해보면, 촛불항쟁과 정권교체까지의 시기를 제1라운드, 그리고 새 정부 출범 이후의 시기를 제2라운드라고 하겠다. 촛불혁명 제1라운드는 87년체제 대 반(反)87년체제의 대결이 주축이었고, 제2라운드는 87년체제 대 초(超)87년체제의 구도라고 할 수 있다. '한반도체제'라는 관점에서 보면, 87년체제를 넘어서려는 촛불혁명의 과제는 세계체제-분단체제의 혁신과도 연결되어 있다.

3 순환론인가 체제론인가

양국체제론의 현실인식은 순환론에 입각해 있다. 김상준 교수는 주로 정치사의 흐름에 주목하면서 '마의 순환고리'를 언급했다. 김교수는 '민주의 대분출과 독재의 회수(回收)'라는 사이클이 30년 주기로 반복되고 있다고 보고, '독재가 민주를 회수하는 장기 메커니즘'의 작동 등 정치사적 변동을 파악하는 거대 시야를 제시했다(김상준 2017a). '한반도적 상황'을 동서(동방/서방), 남북(코리아) 간의 극단적인 대립이 중첩되어 있는 상황으로 본 것도 현실을 좀더 종합적으로 인식하려는 시도로 볼 수 있다.

다만 거대 시야에서 볼 때 독재와 민주가 순환한다는 인식이 그간의 현실을 충분히 잘 설명하는가는 좀더 따져볼 필요가 있다. 순환론에 입각하다보니, 김교수는 2016년 4·13 총선의 결과가 박근혜 체제의 유신회귀 시도를 멈추게 한 것은 아니라고 낮추어 평가한다. 총선 결과에도 불구하고 대통령 지지율은 콘크리트 밑바닥인 30%대를 굳건하게 유지했다는 것이다.

그러나 2016년 4·13 총선과 2016년 11월 이후의 대중행동은 하나의 연장선상에 있다고 보는 것이 좀더 설득력이 있다. 순환의 사이클을 30년 주기로 지나치게 단순화하는 것도 경계해야 한다. 1987년 이후만 보더라도 1997년 노동법 저지, 2002년 촛불집회(효순·미선 추모)와 노무현 돌풍, 2004년의 탄핵 저지 행동, 2008년 촛불집회(광우병 관련 항의), 2012년 안철수 현상, 2016~17년 촛불항쟁(박근혜·최순실에 대한 항의) 등의 연관된 흐름이 있다. 이러한 움직임은 순환적 흐름이라기보다는 체제에 내재한 선형적 흐름이라고 여겨진다.

김교수는 박근혜정권의 보수동맹이 임기 중반(대략 2015년경)부터 내부로부터 흔들리기 시작했다고 지적했다. 이는 대체로 사실과 부합하는 관찰이다. 그런데 혹시 이러한 균열의 구조적 조건이 있는 것은 아닌지를 좀더 따져볼 필요가 있다. 김교수가 언급한 '역사적·지정학적 내외 조건'을 그저 외부적 배경으로 간주하지 말고 균열의 구조적 조건과 관련이 있는 것으로 파고들어볼 필요가 있다.

1987년 이후의 현실에 대한 김교수의 인식도 한반도체제의 관점에서 검토해볼 수 있다. 김교수는 한반도와 유럽의 지정학적 차이를 과소평가한다. 그래서 분단체제나 87년체제와 같은 체제적 접근을 시도하지 않는다. 동서간 진영대립은 동구권 붕괴와 소련 해체로 이미 종식된 것으로 보고 한반도에도 유사한 조건이 형성된 것으로 본다.

또한 양국체제론은 국내체제의 현실을 일국적 차원의 순환론 시각에서 관찰한다. 1987년 민주화 이후 실패의 싹을 1987년 민주화 동력의 분열에서부터 찾는다. 이 분열 때문에 '북방정책'은 사라지고 공격적인 흡수통일 노선이 등장했다는 것이다. 그리고 이후 북한의 핵무장은 일관된 과정이었다는 것이다. 1987년 이후 남북 모두에서 반민주화, 군사화로의 순환이 이루어지는 것으로 인식한다. 그러나 남북 각각의 순환을 연결하여 사고하는 체제적 관점은 존재하지 않는다.[2]

양국체제론에서 높이 평가하는 1991년 남북한 유엔 동시가입과 노태우정부의 북방정책에 대해서도 세계체제-분단체제-국내체제 차원에서 점검해볼 수 있다. 김교수는 1991년 정세에서 최초로 양국체제의 초기 형태가 출현했으며, 당시 양국체제로의 진행은 그다지 멀지 않은 것이었다고 본다. 유엔헌장이 이미 남북 양국의 주권과 영토를 보장하고 있다는 점에 주목하는 것이다.(김상준 2017b; 김상준 2017c)

그런데 과연 그런가? 세계체제 차원의 냉전은 동아시아에서는 열전의 양상이었고 1987년 이후에도 그 구조는 유지되었다. '냉전 해체'라는 개념은 오로지 서구적 관점에서만 존재하는 것이다. 유엔 역시 세계체제의 일부이다. 유엔은 주권국가들이 평등하게 참여하는 형식을 취하지만, 강대국들에 특별한 지위를 부여하고 있기도 하다. 현재 북한에

---

2 북방정책이 사라진 이후 북의 핵무장 노선은 확고했다는 주장도 사실에 부합한다고 보기 어렵다. 김대중(金大中)정부의 포용정책이 한계도 있었지만 중요한 성과도 있었음을 객관적으로 평가할 필요가 있다.

대한 국제제재 역시 유엔 안보리의 결의와 대북제재위원회를 통해 이루어지고 있다. 유엔 등 국제기구, 군사동맹, 지역협정과 복잡해진 경제 관계를 포함한 세계체제는 국가주권을 제약하는 기능을 강화하고 있다. 국가주권을 절대시하던 국가간체제에 세계주의적 원칙이 편입·확대되는 경향도 있다.[3]

4 양국체제는 실현 가능한가

양국체제론이 이른바 '독재와 민주의 순환고리'를 끊기 위해 제시한 해법이 한반도 양국체제이다. 김상준 교수는 순환고리의 구조적 원인을 분단체제에서 구하지만 해법은 양국체제에서 찾는 논법을 구사한다. 김교수가 기술하는 바, "한반도에서 '비상국가체제'의 존립 근거를 없애야 한다"는 문제의식은 분단체제론과 공통성을 많이 가지고 있다. 그러나 이러한 비상국가체제 극복의 핵심 고리는 분단체제 극복이 아니라 양국체제 정립이라고 주장한다.

김교수가 분단체제론에 대해 문제를 삼는 것은 분단체제 출구전략이 없거나 모호하다는 점이다. 김교수에 의하면, 기존의 분단체제론이 제시하는 분단체제 극복의 경로와 방법의 두 축은 남북 민중(또는 시민) 연대와 국가연합론인데, 이 두 축은 거꾸로 '분단체제적' 긴장과 갈등 재생산 구조의 일부로 역이용되곤 했다는 것이다. 이는 긴장과 갈등이

---

3 인권준칙, 전쟁규칙, 전범 및 반인도적 범죄에 관한 법, 환경 및 기후 관련 규칙 등도 국가주권을 압박하는 규범에 해당하는 것들이다. 유럽연합 같은 것은 주권국가들이 주권을 공동 출자하여 새로운 규칙을 만든 네트워크조직이다.

분단체제에 의해 발생하지만, 기존의 분단체제론이 제시하는 해법은 분단체제의 효과를 강화했다는 것이다.(김상준 2017a; 김상준 2017b)

양국체제론의 논지는 분단체제론의 현실인식은 공유하되 출구전략을 양국체제론으로 보완하겠다는 것으로 해석된다. 그런데 분단체제론의 현실인식과 해법은 긴밀하게 결합되어 있다. 양국체제론의 분단체제론 비판은 분단체제론의 핵심적 성격을 오해한 것이라고 할 수 있다. 분단체제론은 1980년대 후반 이후의 자주파·평등파 간의 사회구성체 논쟁에 대한 비판적 문제의식에서 형성된 것이다. 분단은 '체제' 차원의 문제이기 때문에 이를 극복하기 위한 대안을 단순한 민족해방론이나 통일론, 또는 계급해방론이나 사회민주주의론으로 가져갈 수 없다는 것이다.

분단체제론에서 제기되는 해법은 단시일 내의 통일이 아니라 '변혁적 중도'이다. 이때 '변혁'은 한반도적 차원의 것이고 '중도'는 남한 차원의 것이다. 분단체제 극복은 단기·중기·장기의 과정을 통하여 '한반도식'으로 이루어져야 하고, 최종적·장기적으로 이루어지는 '통일'이라는 것도 분단 이전의 단일민족국가로 회귀하는 것이 아니라 기존의 근대국가를 넘어시는 복합성을 지니는 형태로 이행하는 것을 의미한다.[4]

양국체제론의 독특성은 분단체제의 출구로 양국체제를 설정하자는 주장에 있다. 그런데 이러한 양국체제로의 전환이 분단체제의 작동에 의해 저지된다는 것이 분단체제론의 관점이다. 김상준 교수는 양국체

---

4 백낙청 교수의 언급을 그대로 인용해보면 다음과 같다. "분단시대가 마치 없었던 것처럼 8·15 당시의 민족사적 목표로 되돌아갈 수 없음은 물론이려니와, 분단체제 극복의 방편으로 채택되는 연방 또는 연합 체제는 '국가' 개념 자체의 상당한 수정을 동반하는 새로운 복합국가 형태의 창출이 아니어두 곤란한 것이다."(백낙청 2016, 61~62면)

제로 가는 첫 고리는 한국이 먼저 북측(조선)의 주권을 인정해주는 것이라고 한다. 이를 위해 헌법 조항(3조, 4조) 개정 등을 포함한 적절한 절차를 통해 국민적 합의를 이룬 후 이 합의를 북측(조선)과 주변국으로 확장하자는 것이다. 이런 일을 수행하는 것은 '한반도의 빌리 브란트' 정책이라는 것이다.

국민국가의 영토주권을 신성불가침으로 생각할 필요는 없지만, 각국의 영토분쟁 사례를 간과할 수는 없다. 한국이 실효적으로 지배하고 있는 독도를 일본이 계속 영유권 분쟁의 대상으로 가져가고 있는 것이 현실이다. 제헌헌법에서부터 명문화된 영토조항을 삭제하는 것은 한국의 정치지형에서는 시도되기 어려운 일이다. 북한의 헌법 개정도 쉽지 않다. 남북한 모두 한반도에 두개의 국가가 존재한다는 규정을 헌법에 규정하는 문제는 각자의 국내체제의 문제가 아니다. 이는 세계체제-분단체제-국내체제의 문제이다.

남북 각자 국내적으로 "한반도에 두개의 국가가 존재한다는 것을 '새로운 국시'로 선포"하는 일은 현실적으로 일어나기 어렵다. 헌법 3조와 4조 영토조항의 변경 문제는 분단체제와 세계체제의 변동 이후에나 다룰 수 있는 문제이다.

헌법의 영토조항은 굳이 쟁점화할 필요가 없는 문제이다. 이미 현대의 영역국가는 법제적으로 헌법·일반법률 규범과 국제법 규범의 이중적 기초를 지니고 있다. 이미 헌법에서 국제법 주체 사이에 합의한 조약의 효력을 인정하고 있다. 20세기 초에는 국가만이 국제법 주체로 인정되었지만, 현재는 국제기구, 비정부기구, 개인, 사기업 등도 국제법 주체로 인정된다. 글로벌 국토, 북한과의 네트워크국토 등은 다양한 국제법 주체들의 협약에 의해 형성되는 영역이다. 이미 영토 문제는 남북

양국 또는 글로벌 네트워크 차원에서 접근할 통로가 열려 있다.(이일영 2017a)

5 한반도체제와 체제혁신

양국체제론과 분단체제론은 모두 거시적 구조 또는 체제에 관한 문제의식을 지니고 있다. 그러나 인식방법과 해결책에서는 차이가 있다. 양국체제론은 분단의 악영향이 순환적으로 발현한다고 보면서 남한 일국 차원의 정치적·법제적 행위에 초점을 맞추고 있다. 분단체제론은 분단이 체제적 문제이며, 이는 세계체제 및 국내체제와 유기적으로 연결되어 있다고 본다. 그리고 백낙청 교수는 분단체제 극복의 방안으로 포용정책 2.0을 제시한 바 있다.

나는 분단체제론에서 거론한 체제 요소들을 좀더 구체화·도식화하여 '한반도체제'로 개념화해보고 싶다. 한반도체제는 세계체제-분단체제-국내체제라는 세개 층위의 결합체이며, 각각의 층위에는 정치·군사적-경제적 계기의 두개의 축이 존재한다. 한반도체제는 지금까지 세개의 단계로 전개되어왔다. 첫번째 단계는 1950년대~80년대 말의 열전·냉전과 급진적 산업화의 시기이고, 두번째 단계는 1980년대 말~2010년경의 동아시아 네트워크의 형성과 북한이라는 구조적 공백의 존재 시기이며, 그 이후 미·중 세력전이, 북한 핵무장화, 저강도 공황, 4차 산업혁명의 뉴노멀 단계로 진전되어왔다.(이일영 2017a)

체제혁신은 뉴노멀 단계의 한반도체제의 세개 층위, 두개 축에서 이루어지는 것이다. 남북관계를 개선하는 것은 매우 중요한 제제혁신의 과제이다. 그러나 남북관계는 세계체제-분단체제의 한 요소로, 한미 및 한·중·일 관계와 연동되어 있다. 남북관계는 비핵화체제로의 진전 속에서 개선될 수 있고, 이를 위해 한미동맹과 한·중·일 협력, 안보와 경제의 균형의 경로를 함께 만들어야 한다. 한국·중국·일본이 경제·안보 협력체를 구성하려는 노력 자체가, 한미동맹과 남북관계를 평화적인 방향으로 개선하는 지렛대가 될 수 있다.

한반도 차원의 지역화·분권화를 위한 개혁은 분단체제-국내체제를 연동시키는 체제혁신이라고 할 수 있다. 분단체제-국내체제를 혁신하는 기본 방향은 남북 사이에, 그리고 남북 각각의 내부에 다양한 네트워크관계를 확대하는 것이다.(이일영 2009)

네트워크관계의 확대는 새로운 체제의 미시적 조직원리이기도 하다. 네트워크 확대를 통해 혁신된 체제는 시장·국가와 중첩된 영역을 지니는 복합적 의미의 공공성을 지닌 공동체를 포함한다. 이는 공유적 거버넌스와 공유적 재산권으로 구성된 커먼즈가 중시되는 체제이다. 커먼즈라는 조직·제도는 시장과 국가, 사유와 국유와 구별된다는 의미에서 '중간'적이며, 여러 경제 형태들의 중첩·융합이 이루어진다는 측면에서 '혼합'경제의 성격을 지닌다.(이일영 2017b)

6 덧붙이는 글: 분단체제, 양국체제, 한반도체제[5]

2018년에는 세차례의 남북정상회담(2018. 4. 27, 5. 26, 9. 18~20)과 한차례

---

5 2018년 6월 백낙청 교수를 중심으로 분단체제론과 변혁적 중도주의에 대해 토론한 내용을

의 북미정상회담(2018. 6. 12)을 통해 한반도 평화에 큰 진전이 이루어졌다. 그러나 2019년 2월 27~28일 개최된 제2차 북미정상회담 이후 한반도 정세가 다시 긴장국면으로 들어섰다. 빈손으로 귀국한 북측은 깊은 고민에 빠진 것으로 보인다. 회담 직후 북측의 기자회견, 최근의 협상 중단 가능성 언급은 난감한 북측의 상황을 보여준다. 협상 타결을 예상하고 '신(新)한반도체제'를 공언한 한국정부도 곤경에 처했다.

노딜 후폭풍은 상당 시간 이어졌다. 북이나 남이나 상황 인식의 틀을 재점검할 필요가 있다. 때마침 분단체제론과 양국체제론 사이에 인식틀을 놓고 논쟁이 다시 벌어졌다. 이를 통해 한반도 정세의 핵심을 다시 짚어보자.

논쟁은 『변화의 시대를 공부하다』(창비 2018)라는 단행본 출간에서 시작되었다. 이 책은 백낙청 교수의 분단체제론을 중심에 놓고 토론한 내용을 담은 것이다. 여기에 대해 경희대 김상준 교수는 2018년 말~2019년 초에 이들 논의에 대해 반론을 제기했다(김상준 2018; 김상준 2019). 이어 서울대 김명환 교수가 『녹색평론』 2019년 3-4월호에서 분단체제론의 입장에서 해명과 반론을 전개했다(김명환 2019). 감정에 치우치지 않는다면 논쟁은 쟁점을 분명히 해주는 효과가 있다. 논쟁 과정에서 부각된 것은 다음과 같은 사실이다.

첫째, 분단체제론과 양국체제론이 공유하는 대목이 많다는 점이다. 한반도 문제는 체제 차원의 문제다. 따라서 체제전환의 과제를 제기한다. 체제전환의 과제에는 평화공존, 국가연합, 평화통일의 지향이 포함

담은 단행본이 출간되었으며, 이에 대해 김상준 교수가 다시 반론을 제기했다. 이하는 이 과정에 대해 논평한 필자이 신문 칼럼을 보완한 것이나(경향신문 2019. 3. 20).

된다. 그리고 통일의 과정에는 중간단계가 필요하다는 것이다. 남북간 교류에는 정부간 교류뿐만 아니라 민간교류가 큰 의미를 지니며, 근대적 국가체제의 존재적·인식적 기반의 변화가 동행한다는 것도 공통점에 해당한다.

둘째, 평화통일로 가는 중간단계가 남북연합인가 양국체제인가 하는 차이가 핵심적 문제로 부각되어 있다. 백낙청 교수와 김명환 교수는 한반도 문제를 해결하기 위한 경로로 남북연합 발상을 제기하였다. 이 흐름이 1989년 한민족공동체통일방안, 2000년 6·15선언, 2007년 10·4선언, 2018년 판문점선언으로 이어져온다는 것이다. 이에 대해 김상준 교수는 양국체제 형성의 흐름을 중시한다. 그는 이제 양국체제로의 대세가 형성되었다고 본다. 그리고 양국체제가 성립하기 이전의 남북연합은 양국 수교 이전의 사전 접촉 성격을 지니는 것으로 파악한다.

나는 분단체제론의 문제의식을 계승하면서 '한반도체제' 또는 '한반도경제'라는 개념을 적극 사용할 것을 제안한 바 있다. 이렇게 하면 분단체제를 구성하는 요소와 분단체제로부터 벗어나 어디로 가는 것인지를 좀더 분명히 해줄 수 있기 때문이다.

김상준 교수는 분단체제론과는 구분되는 분단체제 개념을 사용하고 있다. 1987년 민주화체제 성립 이후에도 민주화가 역진하는 '마의 순환고리'가 작동하는데 이는 바로 분단체제를 통해 작동한다고 한다. 그에 의하면, 분단체제는 미소 냉전과 남북 적대라는 두개의 동력(선행조건)으로 작동한다. 미소 냉전이 종식되었지만 여전히 존속하고 있는 남북 적대를 해소해야 하고, 냉전의 여파인 북미 적대도 풀어야 한다는 것이다. 적대 해소의 현실적 방법은 수교이고, 남북수교와 북미수교가 이루어지면 분단체제는 해소되고 양국체제로 이행한다는 것이다.

나는 분단체제론의 핵심 개념을 더 명료하게 보완해나가는 작업이 필요하다는 입장이다. 김상준 교수도 지적하는 것처럼, 많은 사회과학자들이 분단체제론을 "이해하기 어려운 심오한"것으로 치부하기 때문이다. 그래서 '한반도체제'라는 개념을 통해 현실을 해석하자는 것이다. 한반도체제는 세계체제-분단체제-국내체제라는 세개 층위와 정치·군사-경제의 두개 부문이 상호 작용하는 하나의 체제다. 체제의 이행은 각 층위와 각 영역이 서로 연동하면서 이루어진다. 이는 동아시아·태평양 네트워크, 남북 네트워크, 네트워크 정치·경제의 확대 과정을 포함한다.

분단체제 개념이 제기된 원래의 취지는 남북한 사이의 분단, 그리고 남북한 간의 통일에만 초점을 두는 시각에서 벗어나자는 것이다. 남북한의 분단이 한편으로는 세계체제와 연결·중첩되어 있고, 또 한편으로는 남한 및 북한의 국내체제와 연결·중첩되어 있다는 문제의식이다. 그런 점에서 분단체제(광의)가 세계체제-분단체제(협의)-국내체제의 세개 층위의 연결로 구성되어 있다고 해도 좋다. 체제의 작동범위를 지역공간으로 설정하여 세계체제-한반도체제-국내체제의 세개 층위로 정의할 수도 있다.

나는 미래를 향한 전략적 프로젝트를 감안하여 한반도체제에 세계체제-분단체제-국내체제의 세개 층위가 있는 것으로 개념화하는 것이 장점이 크다고 본다. 분단체제 해소를 위한 정치·군사 및 경제 프로젝트를 중심에 놓되, 이를 세계체제·국내체제 차원의 혁신과제와 연결하는 관점을 부각시키는 것이다. 이를 통해 새로운 한반도 지역이라는 '글로벌-로컬'을 형성해가자는 것이다. 분단체제를 세계체제·국내체제와 연결되는 층위로 설정함으로써 세계체제·국내체제 문제가 협의의 지역문제가 아니라 정치·군사 및 경제 차원의 체제혁신 과제를 포함하고 있음을 상기시킬 수 있다.

남북 모두 제2차 북미정상회담을 낙관했다가 회담의 성과를 거두지 못하자 향후의 방향 설정에 대해 고민하고 있다. 그러나 체제 차원의 관점을 지닌다면 애초의 낙관이 섣부른 것이었음을 알 수 있다. 세계 층위와 양 부문이 연동된 한반도체제의 구조를 감안하면, 비핵화와 제재 완화, 남북·북미 수교가 단시간에 이루어지기는 어려운 일이다. 여러 방향에서 꾸준히 네트워크의 진전을 이뤄나가는 과정이 필요하다.

미국 국내의 분열과 미·중 경쟁의 구도는 체제적 조건이다. 현 상황에서 북·중 교역을 촉진하는 대북 제재 완화가 이루어지기에는 많은 장벽이 가로놓여 있다. 세계체제의 추이를 고려할 때, 북한 당국이 연락사무소 개설 대신 제재 완화를 들고 나온 것이 적절했는지 살펴봐야 한다. 한국정부도 한반도체제 이행의 차원에서 국제 협조와 국내 협치 기반 조성을 함께 추진하는 전략적 관점을 가다듬을 필요가 있다.

제3장

협동조합, 사회혁신, 체제혁신[1]

1 들어가며: 신세대 운동의 등장

협동조합을 중심으로 한 사회적 경제는 자본주의 위기의 산물이다. 한국의 사회적 경제는 한국 특유의 자본주의 모델을 혁신하려는 신세대 운동이라 할 수 있다. 한국에서의 신세대 협동조합운동은 1997년 외환위기의 상처 속에서 새로운 발전의 계기를 만들었다. 그리고 2010년의 사회적기업육성법 개정, 2012년의 협동조합기본법 제정은 2008년 세계경제 위기의 소산이기도 하다. 사회혁신운동도 역사적으로 자본주의의 위기에 대응하여 사회적 차원의 해결방안을 모색한 것이다. 한국에서의 사회혁신운동은 2000년대 중반부터 활성화되기 시작한 신세대 운동이다.

---

1 이 글은 아이쿱생협에서 발행하는 『생협평론』에 기고한 글(이일영 2016)과 아이쿱생협 20주년 심포지엄에서 행한 기조강연(이일영 2018c)의 내용에 기초한 것이다. 아이쿱생협은 1998년 6개의 지역생협이 연합해서 설립한 후 빠르게 성장하여 내부에 각 조합생협, 생협사업연합회, 소비자활동연합회, 자회사 등을 포함하게 된 대표적인 신세대 협동조합 그룹이다.

협동조합은 오랜 역사적 기원을 지니고 있지만, 꾸준한 실험을 통해 계속 새로운 모습을 만들어왔다. 신세대 사회혁신운동은 전통적 사회운동의 침체와 위기를 돌파하는 과정에서 활성화되었다. 지난 2세기 동안 수많은 사회혁신 움직임이 사회의 외곽에서 중심부로 이동했다. 노동조합도 중세로부터 이어져온 길드 모델이 19세기 산업화 과정에서 재구성된 사회혁신 조직이었다. 서구의 경우 협동조합이나 사회적 기업은 시민사회가 주도하여 결성한 사회혁신 조직이다.

한국의 경우 1987년 이후 제도권에 정착한 노동운동·농민운동·시민운동이 점차 각각의 부문운동으로 고착되면서, 2000년대 이후 협동조합운동과 사회혁신운동이 혁신적인 신세대 운동으로 성장했다. 그러나 협동조합운동과 사회혁신운동 역시 향후 체제 전체를 혁신하는 운동으로 진전되지 않으면, 지속적으로 발전하기는 어려울 것이다.

사회혁신은 체제혁신의 전망을 지닌 것이어야 한다. 협동조합은 혁신, 사회혁신, 체제혁신을 일상적 활동으로 삼아야 한다. 경제적 혁신과 사회적 혁신, 마이크로 혁신과 매크로 혁신을 연결하여 좀더 높은 수준의 체제혁신으로 진전하는 과정에서 신세대 운동은 생존하고 발전할 수 있다.

2 협동조합의 혁신 실험의 역사적 사례[2]

1844년 설립된 영국 로치데일(Rochdale)의 소비자협동조합은 협동

---

2 로치데일, 몬드라곤, 사회주의 러시아 등에서의 협동조합의 역사적 전개과정에 대해서는 이일영(2015)의 제10장을 참조.

조합의 원리를 형성한 성공적 혁신 실험으로서의 상징적 지위를 지니고 있다. 그런데 협동이란 원리가 현실에 적용되려면 구체적인 수준에서의 실패와 적응 과정을 거쳐야 한다. 로치데일에서도 실패가 있었다.

전통적인 로치데일의 양모공업은 새롭게 성장한 면직물공업에 의해 괴멸적 타격을 입었다. 전통산업에 종사하던 노동자들이 증기기관의 도입으로 일자리를 잃었다. 기계파괴운동, 시위와 폭동, 탄압과 희생이 로치데일에서 이어졌다. 하지만 전면적 투쟁의 성과는 나타나지 않았고 일상생활을 개선하는 일은 시급했다. 로치데일 노동자들은 자본주의체제에 대한 저항·투쟁에서 자조·자활로 주된 행동방식을 전환했다. 거대한 '협동사회'를 추진하는 대신, 조합원들의 점포를 만들고 현실적 이해관계를 반영한 배당제를 도입함으로써 생존 가능한 조직기반을 만들어냈다.

로치데일 조합이 단번에 성공한 것은 아니다. 18세기 말부터 시작된 영국 산업혁명의 격변과 갈등의 한가운데에서 실패를 거듭하면서 결국 새로운 실험을 성공시킨 것이다. 당시 급진적이고 전면적인 투쟁은 관행적인 것이었다. 로치데일 노동자들은 온건하고 일상적인 투쟁으로 전환함으로써 새로운 시대에 적응하고 낡은 관행을 넘어선 혁신 모델을 만들어냈다.

스페인의 몬드라곤(Mondragón) 협동조합도 위기 속에서 새로운 길을 낸 사례이다. 1936~39년의 스페인내전을 거치고 난 후 바스끄 지역은 대대적인 탄압을 받았다. 내전에서 승리한 프랑꼬(F. Franco) 정권은 반대파 수만명을 처형했는데, 분리독립을 위해 공화파에 가담한 바스끄 지역은 혹독한 보복의 대상이 되었다. 철 산업이 발달해 있던 바스끄 지역 경제 전체가 큰 타격을 입었다. 게다가 바스끄에 위치한 몬드라곤에서는 한 가문이 지배하는 세라혜라 유니언이라는 기업이 압도적 지위를 차지하고 있었다.

이로 인해 몬드라곤에서는 종종 파업이 발생했으나 철저한 탄압과 희생으로 귀결되곤 했다. 더이상 노동조합을 통한 개혁이 불가능하다고 판단한 몬드라곤 노동자들은 노동자 협동조합 기업을 만드는 혁신석 실험을 시도했다.

몬드라곤은 로치데일과 다른 조건에 있었다. 몬드라곤 노동자들은 민족적 차별과 계급적 차별을 동시에 받고 있었다. 계급운동만으로는 정권과 자본의 탄압을 극복하기 어려운 상황이었다. 반면 민족적 저항의 정서는 도시 전체를 협력적 공동체로 전환시킬 수 있는 토대가 되었다. 몬드라곤 사람들은 정권과 자본에 대한 투쟁의 길 대신에 자활과 노동자 공동체를 만드는 방식의 대안을 추진했다.

국가사회주의하의 협동조합은 또다른 역사적 경로를 걸었다. 사회주의혁명 이전의 러시아에서는 토지를 공유하는 농민공동체의 전통이 존재했고 19세기 말부터 협동조합운동에 대한 관심이 고조되었다. 인민주의자들은 맑스주의자들에 비해 협동조합에 우호적이었고 협동조합을 사회주의화의 방도로 인식했다.[3]

러시아의 협동조합주의자들은 견고한 소농경제를 무리하게 해체해서는 안 된다는 입장이었다. 농업 부문에서의 자본에 의한 집중은 상인과 농민 사이에서 나타나는 현상이며, 농민경영 자체에는 영향을 미치지 않는다는 것이었다. 따라서 자본집중에 대한 투쟁은 상인의 착취에

---

3 러시아혁명을 주도한 레닌(V. I. Lenin)은 러시아에서 농촌공동체는 해체되고 자본주의화의 길을 걷는다고 주장했으나, 혁명 이후에는 소농경제와 협동조합의 역할을 인정하는 쪽으로 입장을 변경했다.

맞서는 협동조합의 형태로 이루어져야 한다는 것이었다. 그러나 이러한 협동조합론은 스딸린(I. V. Stalin)의 집단화 노선에 대립하는 것이었고, 이를 주장한 이들은 체포되고 처형되었다.

스딸린주의는 국가사회주의 형태로 인근 국가들에 전파되었다. 국가사회주의는 선진자본주의를 대체하는 대안이라기보다는 그를 추격·모방하는 급진적인 근대화·산업화 전략이었다. 국가사회주의와 대결했던 동아시아 국가들도 국가에 의한 동원 전략을 채택했다. 국가가 경제적 결정을 주도하면 협동조합도 국가체제의 부속품으로 기능하게 된다.

그러나 일단 성공한 체제도 성벽을 쌓고 변화와 적응을 거부하면 붕괴의 길에 들어선다. 완고한 국가사회주의체제는 1990년대 이후 해체의 길로 나아갔고, 소농경제가 전면 부활하고 자본주의 요소가 확산되었다. 국가사회주의에 대한 자본주의체제의 승리 또한 완전한 것이 아니었다. 2008년의 세계경제 위기 후 자본주의체제의 지속가능성에 대한 고민도 깊어지고 있다. 체제적 위기는 한편으로는 협동조합 방식에 대한 관심을 증가시키면서, 다른 한편으로는 과거와 현재의 협동조합에 새로운 모습으로 혁신할 것을 요구한다.

3 혁신과 사회혁신의 개념

적응과 혁신은 유기체의 생존을 위해 필수적인 활동이다. 기업도 정부도 사멸하지 않기 위해서는 혁신해야 한다. 혁신은 새삼스러운 현상은 아니고 아주 오래전부터 공기처럼 존재해온 것이다. 협동조합과 같이 생존 이상의 목표를 추구하는 조직이라면 혁신이 너 중요한 의미를 지니게 된다.

그렇지만 혁신의 중요성에 대한 관심은 아주 최근에 일어난 것이다. 혁신을 주요한 동력으로 해서 형성된 근대세계에서조차 그에 대한 학문적 관심은 크지 않았다. 글로벌화, 정보화, 네크워크사회 등에 대한 문제익식이 제고되면서 혁신의 중요성도 새롭게 인식되었다고 할 수 있다. 지금은 혁신에 대해서 사회학, 조직과학, 경영학, 경제학 등에서 함께 다루지만, 논의의 출발점은 모두 고전학자들이다. 애덤 스미스(Adam Smith)나 칼 맑스(Karl Marx)도 혁신을 중요한 경제현상으로 다루기는 했지만, 그 개념을 과학적 차원에서 본격적으로 정립한 것은 슘페터(Joseph A. Schumpeter)라고 할 수 있다.[4]

슘페터는 자본주의의 작동방식을 설명하기 위해 기업가란 존재를 상정했다. 정체된 순환경제에서 성장과 진보는 이루어지지 않는데, 기업가의 혁신이 경제성장과 진보를 가져온다고 보았다. 기업가는 혁신을 통해 경기순환과 경제발전을 가져온다. 슘페터는 자본주의의 성공으로 기업가의 혁신 기능이 사라지면 자본주의의 성벽이 무너진다고 보았다. 실패해서 붕괴하는 것이 아니다. 더이상 실패하지 않아서, 성공에 도취해서, 혁신을 중단해서 붕괴하는 것이다.

슘페터가 말한 혁신은 기업가가 만들어내는 '새로운 결합'(new combination)이다. 새로운 결합은 신제품 발명, 새로운 생산방법 도입, 새로운 시장 개척, 새로운 원료공급처 정복, 새로운 산업조직 창조와 같은 것들이다. 이는 기술혁신만을 말하는 것이 아니고, 시장혁신이나 경영혁신 같은 내용도 포함할 수 있다. 그리고 앙트러프러너십(기업가정신)과

---

4 슘페터의 혁신 개념에 대해서는 이일영(2015)의 제3장을 참조.

같은 일종의 가치혁신의 내용도 지니고 있다.

넓은 의미의 사회혁신은 노동조합, 사회적 경제, 사회운동, 사회정책 등을 모두 포함하지만(멀건 2011, 41~48면), 현재 일반적으로 받아들여지는 좁은 의미의 사회혁신 개념은 1960년대와 70년대 초 유럽과 미국에서 태동했다. 당시 저항적인 미국의 학생운동과 노동운동에서는 기업 위주의 혁신이 대중들의 삶과 괴리되어 있다는 문제를 제기했다. 이때부터 서구에서 혁신은 하향식 의사결정이 주된 경제사회에서 이루어지는 것, 사회혁신이란 상향식이 더 주도적 역할을 하고 창조적·참여적인 사회로 이끄는 것이라는 구분법이 생기기도 했다(Moulaert et al., eds. 2013).

그러나 현실에서 혁신활동과 산업의 변화는 매우 복합적인 상호작용으로 이루어졌다. 실리콘밸리와 같은 사례는 혁신에 대한 인식을 크게 변화시켰다. 기술진보의 역사가 매우 복합적 과정이었다는 연구도 진전되었다. 이전에는 산업화 과정이 개인 발명에 의한 '영웅적'(heroic)인 것으로 인식되었으나 점점 더 '익명적'(anonymous)이고 사회적인 기술변화를 강조하는 의견이 많아지고 있다.

또한 혁신에는 매크로적인 것과 마이크로적인 것이 함께 존재한다. 매크로 혁신이 완전히 새로운 영역을 열어젖히는 것이라면, 마이크로 혁신은 매크로 혁신 이후 전개되는 점증적인 진보라고 할 수 있다. 혁신도 경제적인 것과 사회적인 것, 마이크로적인 것과 매크로적인 것이 함께 또는 교대로 이루어진다고 볼 수 있다. 어느 수준에서건 매크로 혁신은 마이크로 혁신에 비해 더 비약적이고 사회적인 성격을 가진다.[5]

한국사회는 전통·근대·후기 근대의 성격을 모두 지니고 있다. 이 때

5 마이크로 혁신과 매크로 혁신의 개념에 대해서는 미일닝(2015)의 제11장을 참조.

문에 여러 차원에서 마이크로 혁신과 매크로 혁신이 모두 필요하다. 또한 한국 상황에서는 기술혁신과 사회혁신을 쉽게 구분하기도 어렵고, 그들이 상충적인지 아닌지 그 방향들도 뚜렷하지 않다. 제도나 가치 측면에서 기술적 창의성을 억압하는 면도 있고, 기술변화가 사회적 변화와 맞물려 있는 상황에 처해 있기도 하다. 따라서 사회혁신 개념을 구성하는 요소에는 기술, 조식·제도, 가치·문화 부문 내부와 각각이 연결되는 지점의 마이크로·매크로 혁신이 모두 포함되어야 한다.

4 사회혁신에 대한 비판적 시각

'사회적 경제'나 '사회혁신' 모두 비교적 근래에 부각된 담론이자 실천운동이다. 사회혁신 담론의 기원은 많은 부분 서구의 논의에 닿아 있다. 무엇보다도 '혁신'에 대한 현실의 관심과 중요성이 부각된 것이 사회혁신 담론의 배경이라고 할 수 있다.

혁신은 좁게는 과학기술상의 혁신을 의미하지만, 이는 곧 기업·산업과 비즈니스 혁신으로 확장되었다. 이에 따라 혁신은 기업 중심의 개념이 되었다. 피터 드러커(Peter Drucker)에 의하면, 혁신은 경영혁신이며, 과학기술에 의한 새로운 지식은 일곱가지 혁신기회 중 1개에 해당하는 것이다. 드러커는 혁신기회의 원천을, 예상치 못했던 일, 불일치, 프로세스상의 필요, 산업구조와 시장구조, 인구구조의 변화, 개념의 변화, 새로운 지식 등 일곱가지로 개념화한 바 있다.(피터 드러커 2004)

혁신을 통해 사회적 가치(social value)를 추구하고자 한 노력은 2000년대 초반 서구에서부터 시작되었다. 이때부터 혁신은 과학기술이 아니라 해결되어야 할 사회적 난제로부터 출발한다는 문제의식이 등장한 것이다. 사회혁신은 과학기술지상주의를 '사회를 위한, 사회와 함께하는 과학'(science for society, with society) 개념으로 변화시켰다. 사회혁신 개념을 먼저 활용한 곳은 제3섹터나 사회적 경제 분야였지만, 이러한 흐름은 점차 공공부문·민간기업·시민사회 등 전영역으로 확대되었다.(정서화 2017)

한국에서는 시민운동의 재편이라는 맥락에서 사회혁신 개념이 도입되었다. 2000년대 중반 시민운동 내부에서 '90년대식 시민운동'이 한계에 봉착했다는 문제의식이 확산되었고, 운동의 위기에 대한 시민운동 진영의 대응책으로 사회혁신 담론이 수용되었다. 2006년 설립된 희망제작소는 한국에서 사회혁신을 의제화하는 데 핵심적 역할을 담당했고, 2012년 서울시장 직속의 서울혁신기획관이 신설되면서 마을만들기, 사회적 경제, 청년 허브, 민관 거버넌스 등의 사업들이 서울시 정책으로 추진되었다.

한국의 사회혁신운동은 단시간에 급성장했다. 신세대 협동조합도 급속히 성장했다. 사회적 경제 분야가 근본적으로 개량주의적이라는 비판적 평가는 여전히 남아 있다. 사회혁신운동 역시 뿌리가 깊지 않고 방향이 불분명하다는 평가가 있다. 사회혁신의 공학적·경영적 한계에 대한 비판적 시각도 해소되지 않고 있다.[6]

이러한 비판의 논점 중 하나는 사회혁신운동이 총체적 변혁을 외면한다는 것이다. 사회혁신운동은 "각자의 터전"에서의 "구체적인 해결책"을 중시하고(김병권 2017, 113면), 다양한 현상들을 "단 하나의 이론"으

---

[6] 이하 사회혁신 비판의 요점은 김은지(2018)에 의거하여 서술함.

로 설명할 수 없다고 본다는 것이다(멀건 2011, 170~72면). 사회혁신운동
은 일상의 미시적 실천에 몰두하면서 각각의 사례별로 구체적인 개선
책을 축적해나가는 것만을 유일한 대안으로 생각한다고 비판한다.

또다른 비판의 논점은 사회혁신운동이 정치와 권력의 문제를 외면한
다는 것이다. 사회혁신의 구체적인 의미를 고정하는 메타포에서 중요
한 것이 '디자인'이다. 사회혁신의 방식은 희망 '제작'소, 리빙 '랩', 사회
'창안' 등의 이름과 연관되어 있다. 해나 아렌트(Hannah Arendt)에 의
하면 '제작'은 타인들과 고립된 공간에서 모델을 구현하는 것이고, '행
위'는 타인들과의 상호작용 속에서 그 누구도 자신의 의도를 완벽히 구
현하지 못하는 것이다. '제작'을 '행위'에 앞세우면, 갈등이 있는 세계
에서 정치와 통치, 관리와 비판의 경계를 사라지게 하는 효과가 생긴다
는 것이다.(김은지 2018)

5 사회혁신과 체제혁신

사회혁신이 미시적·관리적 실천에만 집중되어 있다는 비판은 경청
할 필요가 있다. 그러나 사회혁신에 총체적 변혁과 정치적 행위에 대한
상상력을 담아낼 수 있는 가능성이 아예 없다고 단정할 수도 없다. 사회
혁신을 위한 접근이 매우 다양한 차원에서 이루어지기 때문이다.

주로 영미권에서 이루어진 사회혁신에 대한 미시적인 접근은, 사회
혁신의 개념을 기업을 중심으로 사회문제를 해결하기 위한 노력으로
정의한다. 유럽의 연구집단은 중범위 수준에서 사회문제를 해결하기
위한 새로운 관계의 형성 및 협력을 강조하기도 한다. 더 나아가 거시적

수준에서 일어나는 사회혁신의 경우 시스템 변환과 사회혁신 생태계 등이 논의되기도 한다.(정서화 2017)

한국에서의 사회혁신 논의는 운동적 관점에서 제기된 것이다. 한국의 87년체제는 1980년대 말 이후의 세계체제 변동 속에서 형성되었고 이러한 변화 속에서 운동이 전개되었다. 노동·농민운동 등 전통적인 부문 이외에 새로운 섹터가 등장하게 된 것은 글로벌·동아시아 차원에서 형성된 자본주의와 관련이 있다. 자본주의체제 자체가 새로운 연결과 사회관계를 만들어내면서, 운동도 이에 대한 대응이 필요하게 되었다. 운동에서의 적응과 혁신의 필요성, 이것이 한국에서는 사회혁신과 사회적 경제에 대한 관심으로 나타났다.

필자는 사회혁신운동이 미시적 접근과 거시적 접근을 함께 갖춘 체제혁신의 담론과 운동으로 진전될 가능성이 있다고 본다. 사회혁신이 체제혁신의 접근법이 되려면, 자본주의체제에 대한 총체적 인식과 체제혁신을 위한 리더십 전략이 필요하다.

우선 체제적·구조적 차원에서 보면, 한국 자본주의는 글로벌체제하에서의 동아시아형 발전모델의 한 형태로 인식할 수 있다. 필자는 일국 차원, 경제 분야로 시야를 한정하지 말고 '한반도체제' 또는 '한반도경제'의 관점에서 한국경제를 인식할 것을 제안한 바 있다. 한반도체제는 세계체제-분단체제-국내체제라는 세개 층위의 결합체이며, 각각의 층위에는 정치·군사 부문을 중심으로 작동하는 국가체제와 시장·기업 부문을 포함한 경제체제의 두개의 축이 존재한다.(이일영 2018b)

2008년 이후 세계체제는 새로운 국면에 들어섰다. 이는 미국의 절대 우위가 약화되면서 유동성과 불안정성이 높아진 '뉴노멀'의 시기라고 부를 만하다. 글로벌체제의 변동과 함께 소위 '4차 산업혁명'이 생산체

x

제를 근본적으로 변화시키고 있다. 이는 자본주의의 성격을 새롭게 바꿀 매우 근본적인 기술진보의 과정이다. 기존의 생산요소인 자본·노동·토지에 더해서 디지털·데이터·인공지능이 매우 중요한 자원이 되었다. 지금까지의 자본·노동, 생산자·소비자, 국가·도시·지역의 위치와 관계가 변하고 있다.

이렇게 체제 차원의 거대한 변동이 이루어지는 가운데 사회혁신은 시민(민중)이 참여하는 체제혁신을 지향하는 것이 되어야 한다. 사회혁신, 즉 체제혁신의 기본 방향은 크게 두가지 축(그리고 세가지 층위)에서 '네트워크'를 형성하는 것이라고 할 수 있다.

첫째는 세계체제-분단체제-국내체제의 각각의 층위에 시민이 주도하는 네트워크경제 영역이 확대된 체제를 만들어가는 혁신이다. 국가 차원에서는 발전지상주의 국가에서 네트워크국가로 이행하는 것이다. 남북연합과 한반도경제는 한편에서는 동아시아 발전모델에 적응하면서 또 한편에서는 시민이 주체가 되는 복합국가를 지향해야 한다.(이일영 2018a)

둘째는 과학기술혁명에 의해 새로운 산업독점이 진행되고 있는 자본주의체제 안에 국가와 시장을 넘어서 '공동의 것'(커먼즈)을 확대하는 체제혁신이다. 커먼즈는 수평적·수직적 관계가 혼합된 '공동의 네트워크'로 지역과 산업에서 만들어질 수 있다. 지역은 시장·국가와 구별되는 공간이자 조직·제도·활동·과정(시간)의 총체로, 공동의 자원과 권력이 되어야 한다. 기술혁신 과정에서 발생하는 새로운 디지털자원을 공동의 것으로 만드는 네트워크가 필요하다.(이일영 2017)

6 체제혁신과 리더십

사회혁신을 체제혁신 지향의 담론으로 발전시켜가는 중에 포함되어야 할 것이 행위의 주체 문제이다. 현실의 사회혁신 담론이 정치나 권력 개념을 사상한 것이라는 비판도 있지만, 그것이 운동정치의 진화과정에서 나온 것이라는 점도 감안할 필요가 있다. 사회혁신의 일부 프로그램이 공학적·경영적으로 작동하기도 하지만, 사회혁신의 동력은 체제변화를 열망하는 운동정치 과정에서 형성된 것이다.

사회혁신이 지향하는 새로운 형태의 네트워크는 경제적 조직·제도이면서 권력적 관계이기도 하다. 네트워크나 리더십은 유사한 개념이다. 이 모두 두개의 대표적·극단적인 경제조직인 시장과 위계조직(하이어라키hierarchy)의 중간에 있는 중간형·혼합형 존재로 유형화될 수 있다. 이때 리더십은 네트워크와 유사하지만 네트워크보다는 위계적 집중성이나 통솔력이 강한 조직관계를 의미하기도 한다.(이일영 2009)

네트워크 사회학에서는 네트워크 체계 안에서 형성되는 리더십의 성격에 주목하고 주어진 사회관계의 체계와 그 성격을 중요하게 다룬다. 좀더 일반적으로 통용되는 리더십 개념은 제도화된 민주주의 조건 속에서 권력이라는 의미보다 더 안정적이고 긍정적인 호소력을 갖는다. 그러나 리더십은 제도 안팎에서 변화에 대한 요구가 고조되는 시기에는 새롭게 형성되는 관계와 권력 개념이 되기도 한다.(홍성태 2011)

세계적으로 조직·제도 및 운동 차원에서 변화를 이끄는 리더십에 대한 관심이 높아진 것은 1980~90년대이다. 1970년대까지는 전통적인 영웅이론(특성이론)을 보완·대체하여 리더의 행동에 주목하는 행동이론과 상황이론, 리더와 추종자의 교환관계에 주목하는 거래적 리더십 이론이 발전했다. 그러나 1980년대 이후 세계경제의 변동은 경제조직은 물론 공공부문에도 네오카리스마 또는 변혁적 리더십 이론을 발전시켰다.(나이 2008)

한국에서 리더십에 대한 관심은 2000년대에 들어 폭발적으로 증가했다. 경제·경영조직과 정부부문의 변화와 함께 경영학과 행정학 분야에서 리더십 연구를 주도하였고, 리더십 프로그램은 사회 전부문에서 재교육과정의 중요한 요소로 자리잡았다. 또다른 한편 운동정치 차원에서 새로운 리더십의 중요성이 부각되었다. 87년체제의 불완전한 민주화체제가 고착화되면서 새로운 정치와 리더십에 대한 열망이 강하게 형성되었다.

한반도체제의 전개는 한국에서의 운동리더십을 형성한 조건이다. 1950년대~80년대 말 냉전 시기의 위계적 발전주의하에서는 과두적·엘리트적 운동리더십이 형성되었다. 한국의 사회운동에서 리더십의 원초적 형태는 4월혁명의 '집합적 행동주의'였는데, 5·16쿠데타를 기점으로 4월혁명의 저항주기가 막을 내렸다. 이후 1964년의 한일회담반대운동을 통해 재조직된 반정부운동의 리더십은 '과두적 행동주의'로 나타났다. 유신체제의 탄압은 저항운동 내부의 조직화 전략과 엘리트주의를 강화했다. 1980년대 중반 이후 운동부문·정치권의 엘리트들의 '전략적 연대주의'는 6월항쟁을 이끌어냈다.

87년 민주화체제가 형성되고 글로벌 자본주의가 발전하면서 저항적 연대주의는 빠르게 해체되었다. 대신 개별 부문의 전략을 중심으로 한 사회운동(조직)의 분화와 운동리더십의 분산이 가속화되었다. 이 과정에서 전문가 활동을 중심으로 한 시민운동이 급성장했으나, 그 핵심에는 엘리트주의에 입각한 영향력의 정치가 이어졌다. 그러나 엘리트를

중심으로 위계화된 운동리더십에 대한 시민(민중)의 관심과 신뢰는 지속적으로 감소했다.[7]

2008년 세계경제 위기 이후 글로벌체제와 자본주의는 다시 변동하고 있다. 분단체제 모순의 격화, 과학기술혁명 중의 저성장·불평등 추세 속에서 무질서와 불안의 정도가 높아졌다. 새로운 정치와 경제에 대한 시민적 요구가 사회적 경제 및 사회혁신운동의 동력으로 작용했다. '미시정치'의 새로운 역동성은 일련의 촛불집회들에서부터 촛불혁명으로 이어졌으며, 사회혁신을 체제혁신으로 이끌어가는 리더십 패러다임을 요구하고 있다.

7 나가며: 체제혁신과 문명의 전환

한국에서 진전된 '사회적 경제'는 한편으로는 자본주의의 위기에 대응한 신세대 운동이며, 또 한편으로는 시민운동의 위기에 대응한 사회혁신운동의 진전과 중첩되어 발전했다. 사회혁신의 접근법에 대한 비판의 핵심은 총체적 변혁에 부관심하며 정치와 권력 문제를 회피한다는 것이다. 사회혁신에 대한 비판적 시각은 사회적 경제에도 그대로 적용될 수 있다. 그러나 사회혁신은 체제에 대한 총체적 인식과 운동정치가 결합된 체제혁신의 이론과 전략으로 발전할 수도 있다.

필자는 체제혁신으로서의 사회혁신 접근법의 구성요소로서 한반도 체제의 총체적 인식과 체제혁신을 위한 리더십 전략을 논의했다. 한반

---

7 한국에서의 운동리더십의 전개과정에 대해서는 홍성태(2017)를 참소하여 서술함.

도체제는 세계체제-분단체제-국내체제의 세개의 층위, 국가체제-경제체제의 두개의 축으로 구성되어 있다. 체제혁신으로서의 사회혁신은, 이러한 세개 층위, 두개 축에서 새로운 네트워크관계를 형성하는 것이다. 이 과정에서 새로운 형태의 리더십 또는 권력을 형성할 필요가 있다.

이 글에서 본격적으로 다루지는 못하지만, 빼놓을 수 없는 근본적인 문제가 있다. 사회혁신·체제혁신은 결국은 문명의 전환이라는 문제에까지 연결된다는 점이다. 사회 또는 체제를 변화시킨다는 발상 자체가 기존의 문명 전통에 입각한 것일 수 있다.[8] 사회나 체제를 투쟁·혁신의 대상으로만 인식하는 것은, 독단주의나 반지성주의의 한계에 갇힐 수 있다. 인간과 세계의 동시적 변화를 추구하는 문명의 대전환이라는 시야를 지니고 이론·실천상의 공부를 계속해가야 한다.(백낙청 2016)

---

8 로베르토 웅거(Roberto M. Unger)에 의하면, 기존 문명은 세계종교에 의해 형성된 것이다. 대표적인 세개의 문명전통이 있는데, 첫째는 세상을 극복·초월하고자 하는 베다·불교 전통, 둘째는 세상을 인간화하고자 하는 유교 전통, 셋째는 세상과 투쟁하는 유일신교 전통이다.(백낙청 2016)

제4장

정부 지지율과 경제정책 리더십

1 '제왕'과 '레임덕' 사이?

1987년 민주화 이후 출범한 정부들은 예외 없이 '제왕'과 '레임덕' 사이를 오고갔다. 왜 이런 패턴이 반복되었는가 대해서는 몇가지 가설이 있다. 대통령제하에서 '제왕적' 통치까지 가능하게 하는 권력자원으로는 대통령의 정당권력과 헌법·제도적 권력의 양 측면이 논의되어왔다. 정당권력 측면에서는 여대야소인가 아닌가, 집권당에 대한 통제력이 어느 정도인가가 쟁점이 되었다. 헌법·제도적 권력 측면에서는 대통령의 행정입법 권한, 광범위한 인사권 행사의 정도가 주요한 쟁점이다.

한국의 경우 대통령의 광범위하고 자율적인 인사권이 문제라는 새로운 관점이 논의되고 있다. 한국의 대통령들은 행정부, 권력기관, 중앙 공공기관의 모든 직위에 대해 거의 완전한 자율적 인사권을 행사하고 있다. 이러한 독점적 인사권이 대통령들의 '제왕'적 성격을 구성하는 핵심 요소였다. 이러한 공식적·비공식적 인사권이 관료집단 및 권력기관의 전략적 충성은 유도하기만, 이는 임기 밀토 사넌서 이늘에게 전략적 배반으로 전환하도록 하는 유인을 제공한다. 거대한 인사권이 효력을 발휘하지 못하는 시점부터 '레임덕'이 시작된다는 것이다.(이선우 2019)

문재인정부는 촛불혁명을 거치면서 탄생한 정부, 엄청난 기대와 지지 속에서 출범한 정부라는 점에서 여타 정부와는 다른 잠재적 권력자원과 가능성을 지니고 있었다. 그러나 2018년 지방선거 대승 이후 문재인정부 지지율이 급락하고 반대세력이 다시 결집하는 모습을 보이고 있다. 이에 따라 문재인정부도 '제왕'과 '레임덕' 사이의 순환고리에서 벗어나지 못하는 것 아닌가 하는 논의가 등장하고 있다.

그러나 2018년 7월 이후 문재인정부 지지율 하락 추세를 '레임덕' 국면으로의 전환으로 보기는 어렵다. 여소야대의 단점정부(unified government) 구조가 변화한 것도 아니고 대통령과 집권당 사이의 결속력이 이완된 것도 아니다. 집권자의 인사권 행사에 대한 불만이 확산되었을 수는 있지만, 집권 1년 남짓한 시기에 인사권을 둘러싼 관료집단과 권력기관의 전략적 배반 국면이 시작된 것으로 보기는 어렵다.[1] 그러면 문재인정부 지지율 하락의 주요한 원인은 무엇일까? 나는 탄핵연합을 제도화하지 못한 점, 그리고 경제정책 리더십이 부족했던 점이 크게 작용했다고 생각한다. 탄핵 문제가 매우 특수한 상황 요인이라면, 정책 리더십은 정당권력, 헌법·제도적 권력 이외의 제3의 권력 요소라 할 만하다.

문재인정부 지지율 추세의 중요한 변곡점은 2018년 7월이다. 2018년

---

[1] 청문회 과정에 나타난 고위 공직후보자들의 문제점, 공공기관 등에 이루어진 인사권 행사 과정의 누적된 결과가 문재인정부 임기 후반부로 가면서 증폭될 가능성은 남아 있다.

6월 지방선거에서 문재인정부와 민주당은 대승을 거두었으나, 이후 지지율은 급격한 하락세로 돌아섰다.[2] 경제정책에 대한 평판이 나빠지면서 9월 들어 지지율 50% 선이 깨졌다. 9월 18~20일 남북정상회담으로 잠시 60%대를 회복하지만 다시 경제정책이 논란이 되면서 9월 말 이후 곧바로 하락 추세로 전환했다. 이어 11월 말에는 다시 50% 선이 무너졌다. 정부 지지율보다 경제정책에 대한 국민들의 지지도가 더 낮아지면서, 경제정책 평가가 정부 지지율을 끌어내리는 상황이 다시 전개되었다.

추세를 보면 남북관계 요소가 지지율 상승에 기여하는 정도는 낮아지고 있고 경제정책에 대한 논란이 지지율 하락에 미치는 영향은 확대되어왔다. 2016년 겨울~2017년 봄의 박근혜 전 대통령 탄핵, 2018년 4월 남북정상회담은 워낙 역사적으로 중대한 계기였다. 이 정도의 특별한 효과가 재연되는 것을 평상시에 기대하기는 어렵다. 향후 문재인정부 운영의 향방에 경제정책 리더십을 어떻게 정비할 수 있는가가 중요한 요소로서 작용할 것이다. 국정 운영의 큰 기둥은 정치구조, 외교 및 남북관계, 경제정책이라 할 수 있는데, 정책 지지율의 하한선을 좌우하는 것은 경제 분야라고 할 수 있다. 문재인정부가 경제정책 운영에서 새로운 프레임과 계기를 만들어내지 못하면, 지지율의 하락 추세가 계속되고 '레임덕' 국면으로 전환될 수 있다.

---

2 문재인정부는 출범한 2017년 5월에는 80% 전후의 지지율을 기록했다. 이는 박근혜 전 대통령 탄핵에 대한 지지 여론과 비슷한 수치로, 정권교체에 대한 희망과 기대를 반영한 것이라 볼 수 있다. 새 정부 출범 직후의 열기가 진정되면서 지지율은 60% 후반~70% 초반 선으로 조정되었다. 그러다 2018년 2월 평창올림픽, 4월 남북정상회담을 거치면서 다시 출범 초의 80% 수준으로 뛰어올랐다.

2 정책 리더십을 구성하는 요소

정부의 힘을 뒷받침하는 것은 대중의 광범한 지지라고 할 수 있다. 정부 지지율을 구성하는 주요 요소 중 하나가 정책 리더십이다. 정부 권력의 요소로 정당에 대한 통제력, 행정입법의 권한, 광범위한 인사권 등이 거론되고 있는데, 정책 리더십 요소를 새롭게 추가해서 볼 필요가 있다. 정책 리더십의 힘은 정책담론의 체계성·일관성, 그리고 정책 실행과 성과에 의해 결정된다. 전자가 소프트파워 차원의 능력이라면, 후자는 하드파워 차원의 능력이다. 양자는 서로 연관되어 있는데, 보완적일 때도 있고 대립적일 때도 있다.[3]

정책담론은 여러 정책들의 의미를 집합하고 응축함으로써 새로운 차원의 의미를 총괄할 수 있도록 하는 힘이다. 정책담론을 구성하는 요소는 개별 정책들만이 아니다. 더 중요한 것은 감성(공감), 커뮤니케이션(설득, 수사학), 비전(아이디어, 영감)과 같은 것들이다. 막스 베버(Max Weber)의 방식으로 말하면, 정책담론은 카리스마의 영역에 있다.

정책 실행과 성과의 문제는 조직기술과 정치기술에 관련된 것이다. 조직기술은 조직구조, 정보 흐름, 보상체계 등을 관리하는 능력이며, 정치기술은 유인·위협의 도구를 가지고 관계자들과 협상하는 능력이다. 막스 베버는 정치지도자가 갖춰야 할 것을 열정, 통찰력, 책임윤리에 기초한 합리적·합법적 권위라고 언급한 바 있다. 그러나 관료제는 민주주

---

3 조지프 나이(Joseph Nye)는 리더십의 원천으로 하드파워 이외에 소프트파워에 주목했다. 그는 소프트파워를 동의를 유발하는 친화력, 위협이나 보상 없이 설득하는 힘, 매력이나 사랑에 의존하는 것, 정당성에 관한 가치에 호소하는 것, '요청의 힘' 등으로 설명했다.(나이 2008, 제2장)

의와 마찰하는 측면도 있다. 선출된 정치지도자는 관료제를 적절히 통제하고 이용하면서 정책을 추진해야 한다. 이때 조직·정치기술과 같은 하드파워뿐만 아니라 정책담론을 중심으로 한 소프트파워가 중요하다.

글로벌화와 정보화의 물결 속에서 네오카리스마 및 변혁적 리더십 이론은 리더십 이론의 주요한 흐름으로 등장했다.[4] 2010년을 전후로 나타난 세계체제 변동과 4차 산업혁명의 흐름도 변혁적 리더십의 중요성을 다시 부각시켰다. 정책 차원에서 변혁적 리더십의 요소를 분류해 보면, 첫째는 이상화된 시대정신을 반영하는 담론·비전, 둘째는 담론·비전을 현실화하기 위한 의제·과제, 실행체계·조직을 말할 수 있다. 담론·비전은 전형적인 소프트파워에 해당한다. 담론·비전이 이상화된 영향력(idealized influence)과 지적·감성적 자극의 힘을 유지하려면, 지도자는 실행 가능한 의제·과제를 선정하고 실행을 위한 조직시스템을 설계·유지해야 한다. 이는 하드파워의 영역에 속한다.

또한 브뤼노 라뚜르(Bruno Latour) 등이 발전시킨 행위자-네트워크(actor-network) 이론은, 비인간 사물의 적극적인 행위성에 주목한다. 인간은 물론 기술적 도구, 기관, 조직, 담론 등 다양하고 이질적인 행위자가 네트워크를 형성함으로써 권력을 만들어간다는 것이다. 정책담론과 실행체계·성과 사이에도 네트워크관계가 존재한다. 특히 정책담론·실행과 관련된 네트워크는 소프트파워 흐름의 향방에 큰 영향을 미친

---

4 변혁적 리더십은 거래적 리더십에 대비되어 성립된 개념이다. 변혁적 리더십은 카리스마를 원천으로 하며, 높은 이상, 도덕적 가치, 공통 관심사에 초점을 두고, 소프트파워에 의존하는 경향이 있다. 거래적 리더십은 이기심에 호소하여 추종자의 동기를 유발하고, 개인 관심사에 초점을 두며, 하드파워에 의존하는 경향이 있다(나이 2008, 제3장). 변혁적 리더십 이론에서는 보통 그 하위 요소로 카리스마(이상화된 영향력), 지적 자극, 영적 고무, 구성원에 대한 개별적 배려 등이 있다고 논의한다(강혜지·이수성·심문수 2012).

다. 실행체계가 작동하는 데에는, 인사권을 둘러싼 위협과 보상 이외에 정책담론이 불러일으키는 공감, 설득, 영감의 힘이 중요하다.

정책담론 중에서 특히 핵심고리 역할을 하는 존재가 있다. 이를 '의무통과지점'(obligatory passage point)이라고 하는데, 이는 정책네트워크상에서 다른 행위자들을 반드시 거치게 하여 자신의 편으로 끌어들이고 연결하는 노드(node, 결절점)라 할 수 있다. 또 '불변의 가동물'(im-mutable mobiles)이라는 개념도 있다. 이는 여러 행위자들 사이에서 맥락을 변형하고 의미를 응축시키는 데 중심적 역할을 하는 행위자이다. 이는 네트워크상에서 먼 거리를 쉽게 돌아다니며 지배력을 유지시키는 데 사용될 수 있는 물건이라고 할 수 있다(김종욱 2015, 307~308면).[5] 행위자-네트워크 이론을 응용해보면, 정책 리더십은 인간 및 비인간의 행위자와 그 네트워크로 구성되고 그중에서도 '의무통과지점'이 중요하다고 할 수 있다.

3 문재인정부 2년의 경제정책 리더십

문재인정부 경제정책의 첫번째 국면은 2017년 5월에서 2018년 말까지로 볼 수 있다.[6] 문재인정부가 출범과 함께 제시한 경제정책 담론은

---

5 실제 정책이 실행되는 과정에서 인간-비인간 네트워크 전체를 조정·통제하는 행위자가 부각되기도 한다. 과거 전두환정부 시기 '평화의 댐' 사건에서 서울이 물에 잠긴 상황을 충격적으로 묘사한 침수도, 천안함사건에서 인양된 천안함의 비참한 몰골 등이 반(反)북한 정책네트워크에서 수행한 역할이 그러한 사례이다.(김종욱 2015; 박순성 2015)

6 2018년 11월 9일 문재인정부 초대 경제정책 책임자들인 김동연 기획재정부 장관, 장하성 청와대 정책실장의 퇴임이 동시에 발표되었다. 2019년 1월 8일 노영민 비서실장이 임명되

소득주도성장, 혁신성장, 공정경제라는 의제였는데, 이 중에서도 소득
주도성장이 가장 핵심적인 정책담론으로 부각되었다. 혁신이나 공정
등의 개념은 이전 정부에서도 다양한 방식으로 논의된 바 있다.[7] 그러나
소득주도성장은 문재인정부에서 처음 등장한 개념이며, '새로운 패러
다임으로의 전환'이 내세워지면서 격렬한 논쟁을 불러일으켰다.

소득주도성장 담론을 지지하는 연구자들의 경우에도, 이 담론이 지
금까지의 선성장·후분배의 반대 담론으로서의 의미가 있지만 구체적
인 정책패키지와 실행경로를 갖추지 못했다는 점을 지적한다. 그리고
'소득주도성장＝최저임금 인상'의 프레임에서 벗어나는 것이 필요하
다고 주장한다.(주상영 2019, 11~12면) 필자는 특히 정책 리더십의 행위
자-네트워크 관점에서 문제점을 논의하고 싶다.

첫째, 소득주도성장 담론은 이론적 네트워크에서 고립되었다. 소득
주도성장은 경제성장론의 계보에서 볼 때 포스트케인즈주의 이론의 흐
름에 있다. 아직까지는 아이디어를 발전시키는 차원의 정책 가설이기
때문에 누적된 경험적 사례가 부족한 편이다. 따라서 구체적 정책 개발
이 미진하고 정책들 사이의 관계에 대한 검증도 충분히 이루어지지 않
은 상태이며, 체계적인 정책패키지를 만들기에는 한계가 있었다. 혁신
성장 담론은 고전파와 신고전파의 성장론 계보에 근거를 두고 있지만,
소득주도성장과 혁신성장의 이론적 관련은 제시되지 않았다.

이 때문에 학계, 언론, 관료는 물론 경제원론 수준의 경제학 지식을

면서 2기 청와대 비서진 진용이 갖추어졌다.

7 혁신 담론은 이명박정부에서는 녹색성장으로, 박근혜정부에서는 창조경제로 나타난 바 있
다. 공정 관련 담론의 경우에도 이명박정부에서는 동반성장으로, 박근혜정부에서는 경제
민주화로 일시적으로 부가된 바 있다.

지닌 일반 시민들 사이에 소득주도성장에 대한 비판·반대 담론의 네트워크가 쉽게 형성되었다. 소득주도성장 담론은 이론 논쟁의 전선에서 발목이 묶이면서 다양한 정책 관련 행위자를 조정·통제하는 네트워크로까지 발전하지 못했다.

둘째, 고용·노동정책 및 그와 관련된 통계가 문재인정부 경제정책 네트워크의 의부봉사시점이자 불변의 기동 틀이 되고 말았다. 소득주도성장 담론이 체계적 정책패키지를 갖추기 전에, 비정규직의 정규직화, 최저임금제, 주 52시간 근로제 등이 추진되었다. 이들 정책은 구체적 실행의 세계와 직접 연관됨으로써 정책 수혜자와 피해자를 확연히 드러내는 정책이다. 구체적인 피해 사례가 곧바로 가시화될 수 있는 사안들이다.

정책 리더십에서 중요한 비중을 차지하는 것은 상황지능이다. 이는 상황에 대한 인식 능력, 위기 상황과 긴급성을 분별해내는 능력이다.[8] 통계자료는 현실에 후행하기 마련이다. 2019년에 들어서야 통계청은 국내 경기가 2017년 2~3분기에 정점을 찍고 내려오고 있었다는 점을 확인했다(중앙일보 2019. 2. 25; 서울신문 2019. 5. 13). 고용·노동정책에 속도를 내던 시기에는 이러한 상황을 인식하지 못했을 것이다.

2018년 최저임금 16.4% 인상, 특히 2019년 최저임금 10.9% 인상의 경우, 경기하강 추세와 자영업자·중소기업의 위기 상황이 제대로 인식되

---

8 1960년대 이후 리더십 이론에서는 '상황이론'이 개발되었다. 파워는 상황에 의존하며, 상황에 따라 리더의 성패가 다르게 나타난다는 것이다. 조지프 나이에 의하면, 리더십은 "상호작용의 예술"이며, 상황지능은 "변화하는 환경을 이해하고 그 트렌드를 자본화하는 능력"(메이오A. J. Mayo/노리아N. Nohria), "신의 섭리를 알아채고 그 옷자락을 잡을 수 있는 능력"(비스마르크), 판단력이나 지혜, 창문이 열리기를 기대하며 기다리는 사람, 파도에 올라타기 위해 감각 준비성을 결합하고 통제력 이상의 힘을 이용할 줄 아는 것 등으로 표현될 수 있다.(나이 2008, 제4장)

지 못한 채 추진되었다. 이에 따라 2017년과 2018년 내내, 통계데이터를 놓고 소득과 고용의 추세, 최저임금과 고용상황의 인과관계를 따지는 논쟁이 전개되었다. 논쟁이 격렬해질수록 최저임금 문제는 더 집중적으로 부각되었다. 경제상황이 나쁘다고 감각하는 계층·부문에서는 '최저임금 인상=소득주도성장'의 담론이 경제 현실 악화의 맥락으로 연결·재해석되는 '번역의 중심'이 되었다.[9]

셋째, 실행체계의 혼선이 소득주도성장 담론의 정책네트워크상의 지배력을 약화시켰다. 최저임금 인상 등 고용·노동정책은 과도한 속도를 냈고, 이 때문에 최저임금위원회에 청와대와 정부가 영향력을 행사했는가를 놓고 논란이 이어졌다. 반면 청와대와 기획재정부는 최저임금과 소득주도성장을 둘러싸고 계속 갈등을 노출했다. 여기에 2018년 통합재정수지가 흑자로 나타나자, 소득주도성장 지지그룹에서는 기획재정부가 실질적으로 재정긴축을 실시했다는 비판을 제기하고 있다.(주상영 2019; 조영철 2019)

청와대와 기재부의 갈등에는 각자의 역할에 대한 선입견이 작용하고 있다. 기재부가 재정균형성을 중시하는 것은 동아시아 발전모델에 내재한 경제안정성 중시 경향과 관련이 있다. 또한 기재부는 정치권과 정부 부처들의 재정책임성이 약하다는 불신감도 갖고 있다. 그리고 단기세수 전망을 정확히 한다는 것이 기술적으로 쉽지 않은 일이기도 하다. 재정지출의 방향과 내용을 체계적·현실적으로 제시하는 정책담론을 제공하지 못하는 것도 재정 확장의 걸림돌이 된다.

---

9 '번역'은 권력 또는 영향력을 획득하는 과정이다. 이는 한 행위자의 이해·의도를 다른 행위자의 이해·의도에 맞게 그의 언어로 치환하는 프레임을 만드는 행위이다.(홍민 2015, 56면)

성장정책을 분배와 재정 분야에서만 추구할 수는 없다. 핵심적 정책 영역은 산업과 생산시스템의 영역을 포함해야 한다. 박근혜정부의 창조경제, 문재인정부의 혁신성장 정책이 제시된 바 있으나, 정책목표와 개념이 분명치 않고 뚜렷한 실적을 거두지 못했다. 문재인정부는 출범 2주년을 맞이하면서 산업정책 개념을 구체화하는 방향을 잡아가고 있다. 비메모리 반도체, 바이오, 미래형 자동차 등 3대 분야를 '중점 육성 산업'으로 선정하고 정책 역량을 집중하겠다는 것이다.

생산시스템에 관여하는 산업정책은 매우 중요한 정책 영역이다. 산업정책은 과거 동아시아 발전모델에서 핵심 정책 역할을 수행했다. 그러나 최근에는 생산의 성격이 변하고 있기 때문에 산업정책의 틀도 바꾸어야 한다.

특히 다음과 같은 점을 강조하고 싶다. 첫째, 특정 분야의 '국가대표 기업'을 만드는 것을 산업정책의 목표로 삼아서는 안 된다. 산업정책은 생산시스템 또는 산업생태계를 구축하는 데 초점을 두어야 한다. 즉 제조업, 제조업 관련 서비스, 인력훈련기관, 연구기관, 지원 공공기관 등의 유기적 관계 구축에 정책자원을 집중해야 한다. 둘째, 혁신과정에서 공간의 중요성이 증대하고 있으므로, 생산과 지역공간이 중첩된 정책 영역을 재구축해야 한다. 글로벌 차원의 혁신공간과 산업공유자산 구축을 목표로 하는 광역 차원의 전략 단위를 만들고 중앙부처와 협력하는 체계를 갖추는 것이 현실적 방안이라고 본다.(이일영 2019b)

4 '신한반도체제'와 정책 리더십

문재인정부의 정책 리더십에서 담론·비전에 해당하는 것은 소득주도성장 또는 혁신적 포용국가라고 할 수 있다.[10] 이러한 정책담론이 논의되는 조건, 지향하는 목표는 일국적 거시경제, 일국적 복지국가 모델에 기반을 둔 것이다. 그런데 세계체제-분단체제의 규정을 강하게 받는 한반도 상황에서 이러한 담론·비전이 구체적 정책의제와 실행체계를 형성할 수 있을지 의문을 품게 된다. 실행과 효과에 대한 의심은 정책의 카리스마와 영향력을 약화시킨다.

문재인정부의 담론·비전 중에서 세계체제와 분단체제의 현실을 고려한 것은 '신(新)한반도체제'이다. 문재인 대통령은 2019년 3·1절 제100주년 기념사에서 '신한반도체제로의 담대한 전환'을 선언했다. 이어서 5월 7일에는 독일 『프랑크푸르터 알게마이네 차이퉁』(*FAZ*) 출판부에 기고한 「평범함의 위대함 — 새로운 세계질서를 생각하며」라는 글에서 '신한반도체제'를 다시 언급했다.[11]

---

10 문재인정부는 출범 당시 '모두가 누리는 포용적 복지국가'를 주요 국정전략으로 제시했다. 2018년 9월 6일에는 사회정책 분야 전략회의인 '포용국가전략회의'를 개최해 '혁신적 포용국가'를 선언하고, '포용국가 3대 비전과 9개 전략'을 발표했다.

11 2019년 3·1절 기념사에서는 신한반도체제를 '우리가 주도하는 100년의 질서' '새로운 평화협력의 질서' '새로운 평화협력공동체' '새로운 경제협력공동체' 등으로 설명했다(동아일보 2019. 3. 1). 5월 7일의 『프랑크푸르터 알게마이네 차이퉁』(*FAZ*) 출판부 기고문에서는 신한반도체제를 '평화와 공존, 협력과 번영의 신질서' '한반도의 지정학적 대전환' '수동적인 냉전질서에서 능동적인 평화질서로의 전환' '평화경제, 즉 평화가 경제발전으로 이어져 평화를 더 공고히 하는 선순환적 구조' 등으로 규정했다(이데일리 2019. 5. 7). 기고문과 3·1절 기념사의 차이는, '우리가 주도하는 100년의 질서'라는 대목이 빠진 점, '평화경제'의 요소를 남북간 철도와 도로 연결, 동아시아철도공동체 결성과 동북아시아 에너지공동체·경제공동체로이 발견, 신남방정책과 신북방정책 등으로 구체적으로 거론한

'신한반도체제' 담론은 일국경제의 틀을 넘어서는 정책 리더십 비전을 제시하고 있다는 점에서, 문재인정부 2년간의 정책적 한계를 넘어설 수 있는 계기를 지니고 있다. 그럼에도 불구하고 '체제'를 보는 관점과 '평화경제'를 구성하는 요소와 관련해서 수정·보완해야 할 점이 여러 개 있다.

　첫째, '신한반도체제'와 세계체세의 관련성에 관해 심화된 토론이 필요하다. 소득주도성장은 물론이고 '평화경제'를 논의할 때도, 암묵적으로 전제된 것은 국가 단위를 경계로 해서 내부와 외부로 구분하는 관점이다. 소득주도성장 개념은 '한국'과 '경제'를 각각 별도로 구획하고 독자의 정책 영역이 될 수 있는 것으로 상정한다. 신한반도체제 담론에서도 한국을 독자적이고 능동적인 행위 주체로 부각하고 있다. 이렇게 할 경우 한미 공조, 남북관계, 동아시아공동체 등이 한국을 중심으로 한 각각의 관계로 설정되게 된다.

　필자가 제기한 '한반도경제' 또는 '한반도체제'라는 개념은 그 자체로 하나의 단위이고 체제이다. 여기에서는 정치·군사 부문-경제 부문이 상호 작용하고 있고, 세계체제-남북분단체제-국내체제의 세개 층위가 중첩되어 있다. '한반도체제'에서 각각의 부문과 층위는 독자적으로는 작동하지 않는, 하나의 체제를 구성하는 요소이다. 세계체제가 더 큰 규모의 것이고 그 속에 분단체제와 국내체제를 포함하고 있다는 의미가 아니다. 국내체제 외부에 분단체제, 세계체제가 존재하는 것이 아니다. 한반도라는 지역 단위에서 세개 층위의 계기가 결합되어 있는 것이다.

　점 등이다.

둘째, '신한반도체제'가 현재의 경제체제를 어떻게 혁신하는가, 어떤 경제체제 원리를 지향하는가를 점검해야 한다. 일단 신한반도체제를 구성하는 경제체제의 핵심 요소는 평화경제로 설정된 것으로 보인다. 그런데 평화경제가 자본주의 경제의 핵심 원리와 어떤 관계가 있는지는 불분명하다. 남북관계에 한정해서 평화와 발전이 체제 작동의 원리가 되고 그 결과로 모두 함께 잘 살게 된다는 것은, 이론적으로도 현실적으로도 설득력을 지니기 어렵다.

'한반도경제' 또는 '한반도체제'는 특수한 자본주의 '체제'이다. 현재 진행되고 있는 체제 변동의 구조와 근원에는, 정치·군사-경제적 계기를 동력으로 하는 세계체제-분단체제의 변동, 그리고 4차 산업혁명의 흐름으로 대표되는 기술체제-경제체제의 변동이 함께 존재하고 있다.[12] 거대한 전환의 압력이 자본의 활동방식 변화, 성장 정체, 불평등 확대의 상황을 만들어내고 있다. 새로운 한반도 경제체제 개념은 세계체제 차원에서 진행되는 생산시스템 변동과 연관지어 구성할 필요가 있다.

셋째, '평화경제'의 실행과 관련된 과제·의제의 현실성을 검토해야 한다. 그간 평화경제 프로젝트로 제시된 것은 남북 경제협력 차원의 것과 동아시아 경제공동체 차원의 것으로 나누어볼 수 있다. 남북 경협과 관련해서는 금강산관광과 개성공단 재개, 남북간 철도와 도로 연결 등 사업이 있다. 동아시아 공동체와 관련해서는 동아시아철도공동체, 남·북·러 가스관 연결 사업, 신북방·신남방정책이 논의되었다.

---

12 체제들 사이에 하이픈(-)을 넣어 표시한 것은 각각의 체제가 별개의 체제가 아니라 서로 연결된 하나의 체제라는 점은 강조하고자 함이다.

우선 확인할 것은, 평화경제가 정치·군사적 해법과 분리되지 않으며, 경제협력만이 독자적인 프로젝트로 추진되기는 어렵다는 점이다. 현시기 한반도 문제의 핵심은 북한의 핵·미사일 위협과 한미동맹·군사훈련의 위협이 대립하는 데 있다. 서로간에 위협 강도를 낮추는 것이 중요한 교환 품목이다. 경제협력은 이러한 핵심적 거래 과정과 병행될 때에 강력한 실행력을 가질 수 있다.

한반도체제는 남북관계만으로 구성되는 것이 아니다. 따라서 남북경협을 통해 남북 네트워크를 진전시키고 동시에 이를 글로벌 네트워크에 연결하는 것을 새로운 체제 형성의 기본전략으로 삼아야 한다. 철도나 도로는 주로 국내경제의 밀도를 높이는 효과를 낳는다. 글로벌 차원의 네트워크에서는 해운과 항만의 역할이 크다. 따라서 금강산관광은 원산(元山) 지구 세계도시 프로젝트로, 개성공단은 임진강·한강 수변(水邊)도시 프로젝트와 연결·확대하는 것을 고려해볼 만하다.[13]

넷째, 실행 과제 선정에서 동아시아-한반도의 특성을 감안해야 한다. 유럽연합의 사례를 참고하여 동아시아철도공동체와 동북아에너지공동체를 추진하는 것은 현재의 세계체제 상황에 잘 부합하지 않는다. 기존의 글로벌 네트워크는 크게 동아시아-북미 네트워크와 유럽 네트워크로 양분되어 있다. 유럽에서의 여러 공동체 실험은 기본적으로 유

---

13 원산항의 의의에 대해서는 이일영(2019a) 참조.
　개성공단은 기존의 가공조립 라인을 복원하는 데에 그치지 말고 새로운 차원의 글로벌 지역공간을 형성하는 비전을 갖는 것이 좋다고 본다. 프로젝트는 세 차원으로 생각해볼 수 있다. 가장 대규모 차원에서 서울-인천-개성의 대삼각 도시네트워크를 구상하고, 그 하위에 파주-김포-개풍의 소삼각 도시네트워크 차원에서 제조업과 서비스업 프로젝트를 만들수 있다. 가장 소규모로는 파주·한강·임진강 수변지역에 개성과 연결되는 도농복합 수변도시 프로젝트를 추진할 수 있다.(이일영 2016, 67~68면)

럽 네트워크 속에서 이루어지면서 확대·강화의 추진력을 얻을 수 있었다. 그러나 동아시아에서의 네트워크는 동아시아 영역 내에서만 만들어진 것이 아니고 북미지역과의 연결을 통해서 진전된 것이다. 동아시아-북미 경제네트워크의 가장 핵심부에는 미국이 위치해 있고, 중국, 일본이 그다음으로 중심적이며, 한국은 좀더 바깥쪽에 있다(이일영 2018, 58~63면). 동아시아 철도공동체나 에너지공동체는 글로벌 네트워크로의 확장성이 제한되어 있다.

게다가 2010년을 전후로 해서 미·중 협조에서 미·중 대립으로 세계체제의 변동이 진행 중이다. 현재 미·중 간 무역분쟁이 치열하게 전개되고 있고, 기술·금융·통화·에너지·군사 등 분야에서도 대립과 경쟁이 격화되고 있다. 이런 조건에서 신북방정책은 정치·군사 분야에서 일부 효과를 거둘 수 있지만, 경제네트워크 확장의 효과가 크지 않다. 미·중 간 갈등 격화는 남북 모두에게 위기이자 기회가 될 수 있다. 남북 모두 미·중 갈등에 선제적으로 적응·대응하면서 남북 네트워크를 동아시아-북미 네트워크로 연결해야 한다. 이러한 점에서 신남방정책의 전략적 역할을 기대할 수 있다.

5 정부 지지율 하락을 막으려면

문재인정부는 촛불혁명의 과정을 통해 탄생했으며, 스스로 '촛불정부'를 자임한 바 있다. 문재인정부에 대한 지지는 변혁적 리더십에 대한 기대에 입각해 있다. 기대에 부응하는 정책 리더십이 발휘되지 못할 경우, 정부 지지율은 유지되기 어렵다. 정부 지지율 하락은 정부를 뒷받심하는 정당권력, 헌법·제도적 권력의 약화를 가져온다.

역대 정부의 2년째 지지율에 비하면 문재인정부 지지율이 낮은 것은 아니다. 그러나 정부 지지율의 상당 부분이 문재인 대통령의 특성에 기반하고 있다. 정책 능력, 특히 경제정책에 대한 지지도는 정부 지지율보다 높지 않다. 경제정책 담론과 실행의 프레임을 쇄신하지 못하면 지지율 하락의 추세가 이어질 수밖에 없다. 이러한 추세가 계속되면, 어느 순간 정책이 비현실적 목적, 비효과적 수단, 나쁜 결과의 덩어리라는 판단이 굳어지게 된다. 정책 능력에 대한 경멸의 감성이 정착되면, 정부 신뢰의 기반이 무너진다.

지지율 하락을 막으려면 우선은 정책적으로 위기에 처해 있다는 인식을 가져야 한다. 위기란, 정부의 정책 능력에 대한 위협이 커졌고 이에 대해 적절하게 대응할 수 있는 기회가 있는 상황이다. 위기란 시간적으로 긴급한 상황이지만, 통상의 제약조건을 벗어날 수 있는 기회이기도 하다. 위기의 본질을 인식하면 새롭게 공유할 목표가 형성된다. 좋은 정책은 종종 위기 상황에서 나오게 된다.(나이 2008, 제4장)

지금과 같은 체제변동기에는 체제적 비전의 형성과 실행이 필요하다. 그러나 핵심 추종자, 관료, 이해관계자 집단은 기존 프레임에서 쉽게 벗어나지 않는다. 문재인정부는 이전 대통령 탄핵에 따라 갑자기 출범하게 되어 준비가 부족한 측면도 있고, 정부 출범 이후 형성된 고정관념과 내부 집단도 존재한다. 그러나 위기감을 가진다면, 새로운 체제모델과 이행전략을 구상하고 실행하는 것이 불가능한 일은 아니다. 위기는 기존의 가치와 시스템에 도전하는 과정이기도 하다.

정책 능력 훼손을 막고 체제적 인식과 실행에 접근하려면, 상황의 핵심을 짚어야 한다. 균형을 파괴하는 극단과 치우침을 경계하되, 체제 변동에 대응하는 핵심 프로젝트를 선별해 일관성 있게 추진해야 한다. 정책 프로젝트가 상황의 중심을 적시에 꿰뚫어야 담론과 실행이 연결될 수 있다.

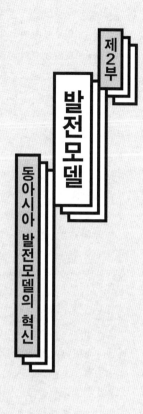

발전모델

동아시아 발전모델의 혁신

2부에서는 동아시아 발전모델의 대안으로서의 한반도경제 모델을 논의했다. 동아시아 발전모델은 기본적으로 일국적 모델이다. 그간의 한국경제는 동아시아 발전모델의 전형적 사례로 거론되어왔다. 그러나 동아시아 국가들의 발전은 각국 독자적인 경로로 이루어진 것이 아니라 상호 연결과 영향 속에서 이루어진 것으로 보아야 한다. 또한 일국적 접근법으로는 새로운 발전경로를 탐색하는 것이 어렵다고 할 수 있다.

주류 경제학의 신고전파 성장모델에서는 노동이나 자본과 같은 투입요소가 증가하여 경제성장이 이루어진다고 보았다. 여기에 기술요인을 모델에 집어넣은 것이 내생적 성장모델이다. 그런데 동아시아 국가들의 고도성장은 시장경제 내부 요인만으로 설명하기는 어렵다. 그래서 동아시아 국가들의 선택적인 산업육성 정책에 주목한 것이 동아시아 발전모델이다. 한반도경제론에서는 일국 차원의 산업정책을 독립변수로 보지 않는다. 한국에서 출현한 동아시아 발전국가는 세계체제-분단체제-국내체제의 전개 속에서 나타난 것이다. 새로운 발전모델의 형성은 이 체제 전체의 변동과 연동하여 이루어질 수 있다.

2부 첫번째 글에서는 '동아시아 자본주의'라는 개념을 제기했다. 이는 일국 모델이 동아시아 지역 전체의 구조와 분업 속에서 성립된 자본주의체제임을 강조하기 위해 사용한 용어이다. '동아시아-한반도' 차원에서 문제를 보는 관점을 세우고, 1990년대 이후 형성된 '동아시아 자본주의'와 연결된 한국과 한반도 차원에서 자본주의의 핵심 문제를 파악하고자 했다.

두번째 글에서는 새로운 경제체제 모델로서의 '한반도경제'를 논했다. 여기에서는 세계체제-분단체제-국내체제를 일종의 네트워크구조로 파악했다. 한반도경제는 새롭고 다양한 네트워크조직·제도를 가져오는 체제혁신을 통해 형성되는 것이다. 이러한 시각에서 글로벌·동아시아 네트워크의 구조 속에서 남북한의 위치를 분석하고, 기존의 발전모델과 제도·조직 형태를 개선하는 동아시아 및 남북 경제협력 모델을 구상해보았다.

세번째 글에서는 '뉴노멀'이라는 개념을 통해 한국경제가 당면한 구조적 위기 조건을 인식하고자 했다. 동아시아 발전모델은 거시적 성과, 산업·기술체제, 글로벌 분업체제의 조건 등의 결합체였다. 뉴노멀은 단순한 순환적 위기를 표현하는 용어가 아니다. 이는 기존 발전모델 전체가 제대로 작동하지 않게 하는 구조적 조건이다. 이에 대해 회복과 적응의 양면에서 전환 전략이 필요하다는 것이 여기에서의 주장이다.

제5장

'동아시아 자본주의'의 현재와 미래

1 '동아시아-한반도'라는 관점의 중요성

2008년 세계경제 위기 이후 세계 각국은 급한 불을 끄는 데 힘을 썼지만, 근본적으로 믿음을 주는 대책은 나오고 있지 않다. 2008년 위기는 주로 미국의 금융시스템으로부터 시작되었지만, 미국 달러와 월스트리트, 그리고 신고전파 수리경제학자들의 헤게모니는 크게 흔들리지 않았다. 그렇지만 위기감이 커지는 것은 분명한 현실이다. 서구 선진국에서는 '장기침체'(secular stagnation)가 당면한 현실 문제로 등장했다.

'장기침체' 개념은 대공황기인 1938년 앨빈 한센(Alvin Hansen)이 제기한 바 있는데, 2014년 2월 래리 서머즈(Larry Summers) 전 미국 재무장관이 이를 다시 언급하면서 인구에 회자되고 있다. 1970~90년대에 주요 선진국들의 명목 GDP(국내총생산) 성장률은 8%를 상회했는데, 지난 10년간은 4% 이하로 떨어졌다. 2차대전 이후의 인구성장, 금융적 팽창과 낮은 이자율에 기초한 성장 추세가 꺾이는 것은 일시적인 부진이 아니라 만성적이고 구조적인 현상이라는 것이다.(Summers 2014a; Summers

2014b)

선진국들의 침체 상태는, '위기'의 심화와 자본주의의 '종말'이라는 역사사회학자들의 논의에 설득력을 더해준다. 그러나 또 한편에서는 시스템의 복잡성 때문에 자본주의의 미래를 단순하게 확정해서 말하기는 어렵다는 지적도 있다. 사회는 경제적·이데올로기적·군사적·정치적 네트워크의 상호작용이며, 다양한 지정학적 범위와 예측할 수 없는 인간의 행위라는 변수도 있다는 것이다.[1]

동아시아 지역에서 전개된 생산네트워크는 자본주의의 다양성과 복잡성을 더욱 증대시켰다. 주요 선진국들이 침체를 거듭하는 동안 동아시아는 세계 자본주의에 활력을 불어넣는 장소였다. 중국과 한국은 2008년 세계경제 위기의 충격을 비교적 짧은 시간에 넘어선 바 있다. 그러나 추세를 보면 2010년경 이후 동아시아 경제의 성장세가 꺾이는 것으로 나타난다. 2015년 초 현재 미국경제에 대해서는 바닥을 쳤다는 기대감이 있지만 유럽과 일본의 전망은 여전히 어둡다. 동아시아 경제의 저성장 추세가 점차 굳어지는 것으로 보는 견해가 많아졌다.[2]

---

1 이매뉴얼 월러스틴(Immanuel Wallerstein)은 세계시장의 과포화 상태와 투자의 사회적·생태적 비용을 거론한다. 랜들 콜린스(Randall Collins)는 정보기술의 진전과 중간계급의 구조적 실업이 자본주의의 정치적·사회적 완충장치를 제거하고 있다고 본다. 한편 마이클 맨(Michael Mann)은 미래에 대한 예측은 어렵다고 주장하면서 있을 수 있는 대안 제시에 중점을 둔다. 월러스틴 외(2014) 참조.
2 미국은 2014년 1분기에 −2.1%의 성장률로 추락세를 보였지만, 이 추세는 다시 반전했다. 2014년 2분기 4.6%, 3분기 5.0% 성장이라는 예상 밖의 성과를 거두었다. 2014년 4분기에는 2.6% 성장으로 주춤했지만, 2015년 안에 3% 성장률과 완전고용을 달성할 것이라는 기대감이 강하다. 중국은 2014년 국내총생산 성장률을 7.4%로 확정해서 발표했다. 이는 공식 집계가 시작된 1990년 이후 24년 만의 최저 성장률이다. 중국정부는 경제가 '뉴노멀'(new normal, 新常態) 상황에서 안정된 상태로 발전했다고 설명했지만, 이는 성장 둔화를 정상적인 것으로 공언한 것이기도 하다.(이일영 2015b)

한국은 저성장 추세가 더 뚜렷하다. 통계청에 따르면, 2014년 전(全)산업생산은 2013년에 비해 1.1% 증가했다. 그런데 이는 5개 산업군을 포괄한 전산업생산 통계를 작성하기 시작한 2000년 이후 최저치에 해당한다. 또한 2014년 광공업생산 증가율은 0%로, 2009년에 -0.1%를 기록한 이후 가장 낮은 수치로 내려갔다. 이에 대해 한국의 산업엔진이 멈췄다는 자극적인 언급이 나오기도 했다.

좋은 의사는 예견 능력과 치료 능력을 두루 갖추는 법이다. 경제를 다루는 데에도 이런 능력이 필요하지만, 쉬운 일은 아니다. 경제를 구성하는 주요 변수들이 정확하게 계산되고 예측될 수 있다는 관점은 신고전파 우파 경제학이나 국가사회주의 좌파 경제학이 공유하는 바였다. 그러나 이들의 예견은 기존 시스템에 대한 이데올로기적 신념을 전제로 했다. 신념에 기초한 예측이 너무 자주 빗나가면 그 신념의 효용성은 오히려 약화된다. 자본주의는 점점 더 복잡해져서 그 본질적 추세를 논의하는 것도 그만큼 어려워지고 있다. 자본주의는 지정학적 범위에 따라 서로 다른 과제와 시간대가 설정되고 있는 것이 현실이다.

현 단계 자본주의의 핵심 문제는 격차 확대와 대침체의 불안이다. 그런데 성장과 분배에 관해서도 어느 위치와 어느 범위에서 문제를 보는가에 따라 진단과 처방이 달라질 수 있다. 한 국가 차원에서, 또는 세계전체의 범위에서 문제를 볼 때 해결책이 묘연해질 수도 있다. 필자의 핵심적인 문제의식은, '동아시아-한반도' 차원에서 문제를 보는 것이 중요하다는 점이다. 그리하여 이 글에서는 1990년대 이후 형성된 '동아시아 자본주의'와 연결된 한국 및 한반도 차원에서 자본주의의 현재와 미래의 문제를 파악하면서, 새롭게 전개된 자본주의 환경에 대한 적응과 개선·극복의 방향을 생각해보려 한다.

2 1990년대라는 전환점

우선 한국의 경제 현실부터 짚어보자. 먼저 분배상황을 보면, 전세계적으로 1970년대 이래 불평등이 심화되었는데, 한국은 이와 달리 1990년대 중반 이후에야 세계적 추세에 합류했다. 가구소득 분배가 1990년대 중반을 기점으로 악화 추세로 전환했고 외환위기 이후 가파르게 나빠졌다. 성장률 추세는 특정 시점을 확연한 전환의 계기로 잡기가 쉽지 않다. 1997년 위기, 2008년 위기가 성장 추세에 충격을 주었지만 곧이어 반등세가 나타났다. 성장률 수준으로 보면, 1980년대 중반까지는 고성장 단계, 1980년대 후반~2000년대 중후반은 중간성장 단계라 할 수 있고, 2008년 이후에는 저성장 단계로 진입하는 징후를 보인다.[3]

분배와 성장의 추세 변화와 관련하여 흔히 글로벌화, 기술변화, 노동시장의 제도변화 등의 요인이 다양하게 거론된다. 그런데 이러한 요인들 모두 구체적으로 어떤 내용을 포함하는지도 문제고, 각 요인 사이에 어떤 관계가 성립하는지도 분명치 않다. 이러한 요인들을 통틀어 '자본주의'나 '신자유주의' 같은 개념으로 지칭한다면, 그것을 통해 어떤 실천적 대안을 끌어낼 수 있을까. 시장기능을 제한하는 대책이 어떻게 작동할 수 있으며 그러한 대책으로 과연 성장과 분배 문제가 해결될 수 있을까.

잘 드는 칼로 싹 베어낼 수 있을 만큼 환부가 분명한 것이 아니라면,

---

3 1970년대 말~80년대 초의 위기 이후에는 1986~95년이 상당히 긴 성장의 고원지대를 형성했다. 1997년 동아시아 위기 이후에는 2000~2007년 기간 동안 5%대를 중심으로 등락하는 추세였다. 그리고 2008년 세계경제 위기에 따른 하락과 반등 이후에는 3%대 전후의 성장률이 고착화하는 것으로 보인다.

성장, 분배, 기술, 제도 등 여기저기를 좀더 살피고 더듬어볼 필요가 있다. 여기서 중요한 변화의 흐름이 잡히는 것은 산업구조 쪽이다. 한국의 성장 및 분배와 가장 강력한 상관관계를 갖는 것은, 1990년대 전반에 진행된 산업구조의 변화를 보여주는 자료들이다. 통계상으로 1988년까지는 제조업 성장이 국내 성장을 견인했다. 그런데 1988~93년에는 제조업 성장률이 전체 성장률과 서비스 성장률을 밑도는 것으로 바뀌었다가, 1993년 이후에 다시 제조업 성장률이 전체 성장률보다 높아졌다. 서비스업이나 농업이 전체 성장을 견인하는 위치로 올라서지는 못했다. 그러니 1988~93년 시기에 제조업 내부에 어떤 구조변화가 이루어졌고, 이것이 종전과는 다른 내용의 성장 패턴을 만들어냈다고 짐작할 수 있다.

1990년대 전반기는 한국경제에 새로운 구조변화가 이루어진 전환점이었다. 이는 성장요인으로 거론되는 거시경제 지표를 통해서도 관찰할 수 있다. 1970년대의 성장은 국내투자와 해외부문 비중의 동시적 상승의 결과였다. 그런데 1980년대 후반 잠시 동안 국내투자 비중은 여전히 증대되는 반면 해외부문 비중은 하락하는 내수주도형 성장의 모습이 나타난다. 그러던 국내투자율은 1991년에 정점을 기록한 이후 하락했고 1997년 이후 다시 급락했다. 국내투자율 하락을 메꿔준 것은 해외부문이었다. 수출입 비중은 1993년도에 저점을 기록했다가 이후 폭발적인 증가세를 보였고 1997년 위기와 2008년 위기 시에 더 큰 폭으로 증가했다.[4]

1990년대 전반을 거치면서 한국 자본주의는 새로운 방식으로 변형했

---

4 국민총소득에 대한 수출입액 비중은 1993년도에 52.6%, 1998년 80.8%, 2008년 110.7%를 기록했다.

다. 산업생산 부문에서 새로운 시스템이 형성되었고 이는 해외부문과 견고하게 연결되었다. 주기적인 위기 속에서 국내소비나 투자가 위축될 때에도 해외부문은 상대적으로 타격을 덜 입어 성장세를 뒷받침했다. 한국의 산업과 성장의 구조가 변하면서, 상대적으로 더 강력한 해외부문이 존재하게 되었다고 할 수 있다.

현실에서 글로벌화와 기술변화를 따로 보기는 어렵지만, 경제하의 계량분석 모델에서는 굳이 이렇게 분리를 한다. 그리고 이 모델에 기초한 많은 분석결과는 한국의 불평등이 기술변화보다는 개방으로 인한 임금불평등 때문이라고 말한다(전병유 2013, 21~22면). 이런 논의들은 개방을 제한하자는 치료책을 염두에 두었을 것이다. 물론 임금제도는 불평등 심화를 막기 위한 중요한 정책수단의 하나다. 그런데 개방을 제한하면 임금이 오르고 경제성장이 되는 식의 인과관계가 성립하는지는 분명치 않다. 임금과 소득이 주도적 역할을 한다면 좋겠지만, 어떤 방법으로 그리할 수 있는지는 알려져 있지 않다.

흔히 위기 이후 대외의존도가 높아지고 국내부문과 해외부문의 격차가 커진 것으로 이야기하지만, 이는 일종의 착시현상이다. 위기는 문제 그 자체이지 문제의 원인은 아니다. 침체가 장기화하고 성장세가 회복되지 못했다면, 분배구조는 더 악화되었을 것이다. 1990년대 이래로 한국 자본주의의 성장구조는 해외부문과 새로운 방식으로 연결되어 있다. 수출이라는 강력한 엔진이 더 힘차게 가동되기는 어려워지지만, 갑자기 국내에서 새로운 동력을 찾는 것도 힘든 일이다.

3 '동아시아 자본주의'의 진전

한국 자본주의는 1990년대를 통과하면서 새로운 구조로 전환했다. 1980년대 말~90년대 초 잠시 내수주도형 모델의 징후가 나타났으나, 이는 일시적인 것이었다. 혹자는 그 시기로 돌아가서 개방을 막고 과거의 모델을 복원해야 한다고 주장할 수도 있다. 그러나 이런 주장을 구체적인 정책으로 만들어내기는 어렵다.

1990년대 이후의 변화는 한 국가 차원의 정책 몇개로 그 흐름을 역전시키기는 어려운 거대한 것이다. 한국 자본주의의 전환은 일국 차원에서 고립적으로 이루어진 것이 아니다. 동아시아에는 세계경제 그리고 각국 국민경제와 일정하게 구분되는 자신만의 네트워크형 생산시스템이 만들어졌다. 생산·무역에서의 네트워크는 이동·이주의 증가를 가져왔고, 중국의 역할이 한층 확대된 시장·금융제도를 형성하려는 힘이 증가하고 있다.

전세계적으로, 특히 동아시아에서는 1990년대 이래 글로벌 생산분업(production sharing) 또는 글로벌 생산네트워크가 진전되었다. 이러한 분업 또는 네트워크화는 제조업 가치사슬의 글로벌화와 관련되어 진행되었다. 가치사슬이란 제품과 서비스 생산에 필요한 비즈니스 활동의 연쇄적 사슬을 의미하는데, 이러한 가치사슬의 활동이 국가와 지역 차원의 경계를 넘어 확대되는 현상이 나타난 것이다. 가치사슬의 글로벌화에 의해 생산과정은 여러 단계로 분할(fragmentation), 수행된 후 다시 최종생산물로 모이는 글로벌 생산네트워크를 형성한다.

네트워크생산의 경우는 동일한 생산물에 여러 국가가 관계하고, 국가간에 중간재 투입의 흐름이 개입되어 있다. 따라서 현황을 정밀하게 파악하기가 쉽지 않다. 그래도 국가별 자료를 재조립하여 부분·부품 무역의 실태를 파악하는 식으로 흐름을 짐작해볼 수는 있다. 이에 의하면, 1990년대 이래로 동아시아에서 글로벌 생산네트워크가 크게 진전되었고 이에 따라 글로벌 분업의 중심은 선진국에서 동아시아 지역으로 이동했다. 미국과 멕시꼬, 서유럽과 동유럽 사이의 생산과정 분할은 선진지역에서 후진지역에 중간재를 보내 최종재로 조립하는 단순한 방식이다. 이에 비해 동아시아는 개방된 네트워크 형태로 산업집합체를 형성하는 단계에까지 도달했다.[5]

동아시아에서 생산네트워크는 이제 일반인에게도 체감되는 익숙한 생산방식이 되었다. 한국, 대만 기업들은 중국의 창장강(長江)과 주장강(珠江) 삼각주, 태국, 말레이시아 등지에 최종조립품 공장을 짓고, 또 다른 곳에서 원료와 중간재를 조달하고 있다. 1990년대 초 시점에서 제조업 수출품 중 네트워크산품 비중은 일본이 압도적으로 높은 수준이었고 그다음이 아세안(ASEAN, 동남아시아국가연합)이었다. 그러나 그 이후 일본의 비중은 정체하고 다른 동아시아 국가들, 특히 중국, 한국, 대만의 네트워크산품 수출 비중이 증가했다. 중간재 수출 비중은 한국, 대만, 아세안이 상대적으로 높은 수준을 보였는데, 중국의 중간재 비중 증가세도 뚜렷하다. 이는 특화 패턴이 지역 전체에 개방적·복합적으로 중첩되고 있음을 나타낸다.

생산네트워크를 핵심으로 한 '동아시아 자본주의'의 진전에 동력을 제공한 곳은 아세안과 중국이다. 생산네트워크의 형성을 제도적으로 뒷받침한 것은 FTA(자유무역협정) 네트워킹이었는데, 동아시아 FTA시스템

---

5 동아시아 생산네트워크에 대한 서술은 이일영 2015a, 제3~4장에 의거함.

의 센터 역할은 아세안이 맡았다. 아세안은 1990년대 초에 자체적으로 FTA체제를 수립했고, 2000년대를 통해 동북아 국가는 물론 인도, 호주, 뉴질랜드와도 FTA를 체결했다. 아세안이 FTA 네트워크를 주도하면서 생산네트워크 형성에 우호적인 제도환경을 마련했다고 할 수 있다.[6]

또 하나의 결정적인 동력은 중국이 글로벌 생산분할에 유리한 요소를 공급한 것이다. 동아시아 지역은 각국의 발전단계가 각각 달라서 다양한 분업을 가능케 하는 노동공급 조건을 갖추고 있었다. 그중에서 특히 중국은 거대한 노동력 창고 역할을 수행했다. 중국 동부·동남부 연해지역은 정책체제, 의사소통체계, 물류 등에서도 비용우위를 지니고 있었다. 중국이 저비용으로 조립생산자 역할을 수행해주자, 전체적으로 생산과정 분할의 이익이 크게 증가했다.

중국의 부상에 따라 세계 각국에는 경쟁이 격화되고 산업공동화가 일어날 것이라는 불안감이 퍼지기도 했다. 그러나 1990년대와 2000년대를 통해 동아시아 생산네트워크는 플러스썸 게임의 양상으로 진전되었다. 중국이 동아시아 생산네트워크에서 주요 조립센터 역할을 맡게 되면서 중국의 중간재·자본재 수입이 늘어났다. 이에 따라 다른 동아시아 국가들은 부분·부품 생산활동에 특화할 수 있는 기회를 얻게 되었다.

아세안과 중국이 동력을 마련한 생산네트워크의 확장으로 글로벌 생산분업에서 동아시아의 역내 네트워크가 핵심적 역할을 수행하게 되었

---

6 아세안이 FTA 네트워크를 주도하는 동안 한국, 중국, 일본 간에는 FTA 논의가 진전되지 않았고 이들 세 나라 사이는 동아시아 FTA 네트워크의 큰 구멍으로 남아 있었다. 2014년 한중FTA 타결 선언은 그 구멍이 메워지는 의미가 있다. 한·중·일 간 FTA가 지연되고 한미FTA와 한-EU FTA가 먼저 체결된 과정은 동아시아 생산네트워크가 지역 내로 완결될 수 없는 경제적·정치적 조건을 반영하는 것이기도 하다.

고 동아시아가 세계에 의존하는 정도는 감소하게 되었다. 네트워크무역 안에서 부분·부품 무역은 최종재 무역보다 빠르게 성장했고, 한국 및 대만과 산업기반을 지닌 아세안 국가들은 더 큰 이익을 얻을 수 있었다. 동아시아 생산네트워크 속에서 상호간 무역이 증가하면서 1990년 내 초반 이후 중국, 한국, 대만의 무역액이 급속히 증가했다. 일본과 미국에 집중되었던 중국의 무역은 한국, 대만, 아세안 등으로 분산되었고, 이들은 각국에 특수한 비용우위 조건에 따라 중간재·자본재 생산기술을 발전시켰다(Athukorala 2010; Kimura and Obashi 2011).[7]

4 '동아시아 자본주의'의 편중성과 위계성

1990년대 이래의 동아시아 생산네트워크는 한국, 중국, 대만, 아세안 국가들에 생산분할의 이익을 제공했다. 이 시기에 신자유주의적 개방으로 동아시아 및 한국 경제가 위기와 고통을 겪었다는 주장은 꽤 널리 유포되어 있다. 그러나 이는 현상을 차분하게 골고루 관찰한 진단이 아니다. '동아시아 자본주의'는 신자유주의적 규제 완화와 함께 위계적이고 집중적인 성격을 지닌 네트워크 확대라는 요소도 가지고 있다.

돌이켜보면 아세안의 FTA 추진, 한중수교, 중국의 WTO 가입 과정

---

7 한국은 동아시아 생산네트워크의 진전에 따른 이익을 가장 많이 취한 경우 중 하나다. 한국의 전자·기계산업과 기업들은 생산네트워크 속에서 글로벌 수준의 기술 추격에 성공했다. 중국의 수입액 비중을 볼 때, 한국은 1995년 7.8%, 2005년 11.6%, 2013년 9.4%를 기록했다. 2013년 기준으로 보면 중국은 무역파트너 중 한국으로부터의 수입 비중이 가장 컸다. 서구 선진국 중에서는 독일이 중국과의 생산네트워크를 잘 활용한 경우에 속한다.

등은 생산분할에 유리한 조건을 마련했다. 특히 한국은 1992년 한중수교 이후 중국과 긴밀한 생산네트워크를 형성했다. 많은 기업이 생산과정의 일부를 중국으로 옮겼고, 국내에서 생산한 중간재를 중국에 수출했다. 중국과 한국 경제는 함께 성장했고, "중국의 수출이 1%포인트 늘어나면, 우리의 대중국 수출은 0.4%포인트 늘어난다"는 명제가 인구에 회자되었다. 한국경제가 1997년 외환위기, 2008년 금융위기를 비교적 빠른 시간 안에 벗어나는 데는 중국과 연결된 성장의 고리가 큰 역할을 했다.

'동아시아 자본주의'는 생산과 무역에서의 혁신을 통해 발전했지만, 개선이 필요한 부분도 많다. 동아시아 생산네트워크는 세계에서 가장 선진적이고 정교한 형태로 발전했지만, 산업간·지역간 분포에서 매우 비대칭적인 형태를 띠고 있다. 생산네트워크가 앞서서 형성된 산업은 주로 전자·기계 부문이고, 이 네트워크에 참여하는 데도 꽤 높은 문턱이 존재한다. 2007년 기준으로 제조업 무역 중 기계공업 무역 비중을 보면 싱가포르, 필리핀, 말레이시아, 일본, 한국이 70% 이상이고, 태국과 홍콩을 포함한 중국이 50% 이상으로 높은 편이다. 반면 인도네시아, 베트남은 20~30% 수준이고, 인도는 20% 이하로 매우 낮다. 이는 생산네트워크가 지역 전체로 확대된 것이 아니라 일부 지역에 편중된 형태로 존재한다는 것을 의미한다.(Kimura and Obashi 2011, 10~11면)

추세를 보면 중국으로의 네트워크 집중이 심화하고 있다. 중국의 주요 수출·수입품 가운데 기계전자제품, 첨단기술제품, 자동계산설비 및 부품이 수출입 10대 품목에 공통적으로 포함되어 있고, 특히 기계전자제품, 첨단기술제품이 압도적 비중을 차지하게 되었다.[8] 중국으로의 네

---

8 2012년 수출액을 보면, 기계전기제품이 1조 1793억 달러, 첨단기술제품이 6012억 달러를

트워크 집중은 최근 더욱 부각되는데, 한국에서 이 문제가 크게 관심을 모은 것은 삼성전자의 실적 때문이었다. 삼성전자의 주력 제품인 스마트폰은 2011년부터 판매량 세계 1위를 기록 중인데, 중국 시장에서도 1위를 지키다가 2014년 8월 중국 업체에 밀려 점유율 4위로 내려앉았다.

또한 동아시아 생산네트워크를 주도한 것은 위계적 대기업이다. 한국의 경우에도 삼성전자, 현대자동차, LG전자 등이 생산을 분할하고 이를 글로벌 네트워크로 연결하는 데 적극적이었다. 중국의 경우 대규모 국유기업이 기업확장 과정에서 기업활동의 가치사슬을 확장하는 한편, 보호된 시장을 기반으로 한 벤처형 민영기업이 글로벌 생산네트워크 속에서 혁신 대기업으로 발전하고 있다. 미국의 실리콘밸리가 독자적인 벤처생태계를 형성하면서 발전했다면, 동아시아의 벤처기업은 전반적으로 국가의 지원체제와 밀접하게 연관을 맺고 있다.

중국에서 글로벌 민영 대기업이 급속히 성장한 영역은 국가 차원에서 기술·제도·문화적 표준 설정에 영향력을 발휘하는 분야들이다. 중국은 인터넷 민족주의에 기반을 두고 국가가 개입하여 마이크로소프트, 구글 등을 견제해왔다. 중국 IT기업의 신화를 써나가는 바이두(百度)나 알리바바 같은 기업들은 모두 실리콘밸리 모델을 모방한 후 중국 정부의 적극적이고 묵시적인 지원에 힘입어 중국 시장에서 구글과 이베이를 축출했다. 중국 스마트폰 시장에서 돌풍을 일으키고 있는 샤오미(小米)도 제조기술보다는 소프트웨어 쪽에 핵심 경쟁력이 있다고 할 수 있다.

기록했다. 10대 수출품목에 경공업 제품으로는 침직(針織)·편직 의류제품, 비(非)침직·편직 의류제품, 가구제품 등이 포함되어 있는데, 이들의 수출액 규모는 각각 780억, 550억, 488억 달러 수준이었다.

통신장비 제조에서 생산분할의 전형적인 특징을 보여주는 사례는 화웨이(華爲)인데, 이 경우는 국가 지원과 더욱 직접적으로 연관되어 있다. 화웨이는 인민해방군 출신인 런 정페이(任正非)가 설립한 민영 기업으로 통신장비와 스마트폰 제조가 주력 사업이다. 화웨이는 제조 의 대부분을 아웃소싱하며 R&D를 비롯해 핵심 기술에 집중하여 기술 력을 키웠다. 그 결과 CDMA(코드분할 다원접속), GSM(유럽이동통신 표준), LTE(고속무선데이터 통신규격) 기술에서 삼성전자와 노키아에 다가서게 되었고, 중국의 통신기술 표준 설정에도 적극적인 역할을 수행하고 있다. 미국 국방부가 의심하는 것처럼 화웨이가 중국 군부와 직접적 관계를 맺고 있는지는 불분명하지만 어쨌든 중국정부의 지원이 고속성장의 주요한 요인인 것은 사실이다.

'동아시아 자본주의'가 비대칭적이고 위계적인 모습을 보이는 데는 생산네트워크가 지역 내에서 자기완결성을 가질 수 없다는 점도 작용한다. 중국만 보더라도 종래에 비해서 동아시아 역내 국가들과의 무역 비중이 늘었지만, 미국으로의 수출 비중이 여전히 압도적으로 1위를 차지하고 있다. 그나마 제품 판매시장의 경우 그 의존도가 낮아질 가능성이 존재하지만, 에너지와 식량의 외부 의존은 훨씬 더 구조적이다.

5 '동아시아 자본주의'의 미래는 어떠한가

경제 전망에는 항상 '불확실'이 중요한 키워드로 제시된다. 미국은 어떻고 유럽은 어떻고 또 중국은 어떻고 하는 식의 전망이 많지만, 늘 미래는 혼란스럽다는 단서가 붙는다. 어쨌거니 지금까지는 미국경세가 추락세로 흐르지는 않고 중국의 성장 둔화는 관리되는 범위 안에 있는 것으로 여겨진다. 따라서 동아시아 경제가 가까운 시일 어느날 갑자기 몰락하는 일이 벌어질 것 같지는 않다.

그간의 과정에서 나타난 동아시아의 역동성도 이러한 판단의 근거로 삼을 수 있다. 동아시아 생산네트워크는 '혁신'의 동태적 과정의 산물로, 유명한 슘페터의 언급에 전형적으로 부합하는 모습을 띤다. "국내외의 새로운 시장의 개척 (…) 조직상의 발전은 부단히 옛것을 파괴하고 새로운 것을 창조하여 부단히 내부에서 경제구조를 혁명하는 이 산업상의 돌연변이 ─ 생물학적 용어를 사용해도 좋다면 ─ 의 동일한 과정을 예시한다. 이러한 창조적 파괴 과정은 자본주의에 대해서는 본질적 사실이다."(슘페터 2011, 184면)

경제적 차원에서만 보면 동아시아는 서구에 비해서 좀더 성공적이고 '창조적 파괴'의 가능성이 높은 곳이라고 할 수 있다. 그러나 '동아시아 자본주의'도 경제적·이데올로기적·군사적·정치적 네트워크의 상호작용 속에서 위기가 나타날 수 있다. 중국을 비롯한 동아시아는 에너지·식량의 절대적인 부분을 지역 외부에서 구하고 있다. 이들의 무역의 경우는 국가 개입의 정도가 강하고 해군력을 포함한 정치·군사적 요소도 중요한 조건이 된다. 에너지와 식량을 둘러싼 지정학적 갈등이 격화되면 '동아시아 자본주의'를 지탱하던 여러가지 네트워크가 붕괴될 수도 있다.

따라서 경우에 따라 '동아시아 자본주의'도 위기에 빠질 수 있다. 마이클 맨은 자본주의에 대해 있을 법한, 가능성 높은 두가지 대안적 미래를 말한 바 있다. 하나는 구조적 고용이 높이 유지되면서 2/3는 고숙련 정규직 종사자로 살고 1/3은 사회에서 배제되는 사회의 시나리오다.

다른 하나는 저성장하는 자본주의로 안정되면서 평등성을 확산하여 하층계급이 10~15%에 머물도록 하는 것이다.(마이클 맨 2014, 174~87면) 동아시아의 경우에도 비슷한 틀로 시나리오를 말할 수 있다. 그런데 두 시나리오 사이의 차이가 서구에 비해 좀더 크다고 할 수 있다. 동아시아는 더 역동적인 혁신도 가능하지만 더 심각한 사회적 위기에 부딪힐 수도 있다.

바닥 쪽으로 굴러 아랫길로 가면, 서구보다 더 고통스러운 미래에 부딪히게 될 것이다. 1990년대 이후 진행된 동아시아 생산네트워크의 확장이 무한 반복될 수는 없다. 현재의 경로를 그대로 따라가면 네트워크의 편중성과 위계성이 더 강화되면서 성장력은 감소하게 된다. 일본은 1%의 성장률로도 그럭저럭 운행할 수 있으나 중국, 동남아, 한국은 저성장의 고통이 클 수밖에 없다. 발전단계가 낮은 상태에서 좀더 평등한 방식으로 성장과 고용을 확대하지 못하면, 1/3만 포용하고 2/3는 배제하는 불안정한 격차사회가 구조화된다. 인구의 2/3가 실업자, 비정규직, 영세자영업자로 존재하는 사회를 유지하려면 억압적인 기구를 작동시켜야 한다. 이런 체제는 우연적 사건들이 겹치면 돌연히 재앙을 맞을 수도 있다.

좀더 위쪽으로 뛰어오르는 길도 생각해보자. 먼저 케인즈(J. M. Keynes)의 길이 있다. 각국 정부가 긴급한 구제나 경기부양에 대처하는 능력을 보유하고 임금제도나 사회보장제도를 꾸준히 개선해가도록 한다. 그리고 케인즈를 보완하는 폴라니(K. Polanyi)의 길이 있다. 폴라니는 시장의 틀 속에 있던 토지·노동·화폐를 시장 바깥에 있는 국가나 사회의 틀에 맡기는 것을 구상했다. 그런데 가시적인 시간 범위 내에서 국가나 사회공동체가 시장경제를 전면 대체할 정도의 능력을 갖출 깃으로 기대하기는 어렵다.

따라서 케인즈와 폴라니가 말하지 않은 부분, 즉 시장경제와 기업의 '창조적 파괴'에 대해서는 슘페터의 길도 함께 모색해야 한다. 이는 시장·국가·사회 차원에서 '새로운 연결'을 추구하는 것이다. 슘페터의 길은 지속적 성장을 통해 새로운 사회로 이행할 수 있는 기반을 만들어준다. 슘페터적 혁신은 누가 어떻게 수행하는가에 따라 케인즈, 폴라니의 길과 충돌할 수도 있고 서로 보완관계에 있을 수도 있다. 슘페터적 혁신이 계속되다가 혁신의 여지가 사라지는 한계에 다다르면, 그때가 새로운 시스템으로 이행하는 시기라고 할 수 있다.[9]

6 네트워크 혁신과 '한반도경제'

현재로서는 동아시아 생산네트워크가 평등성을 높여가고 있다고 말할 수는 없다. 네트워크는 위계·권위에 입각한 조직과는 구분되는 것이지만, 네트워크의 노드(node, 결절점)들이 모두 평등한 관계인 것은 아니다. 네트워크 형성의 법칙에 관한 과학자들의 연구결과에 따르면, 연결은 선택적으로 선호되기 때문에 집중·편중·비대칭의 네트워크가 오히려 일반적이다. 이는 일찍이 로버트 머튼(Robert Merton)이 말한 '마태복음 효과'(Matthew effect)가 확인해준다.[10]

---

9 이것은 슘페터가 말한 핵심 테제이기도 하다. 그에 의하면 자본주의는 생존할 수 없는데, 실패 때문이 아니라 성공 때문에 붕괴한다. 자본주의의 성공이 토대를 침식하여 '불가피하게' 그 존속을 불가능하게 만들고 사회주의를 지향하는 상태를 만들어낸다는 것이다.(슘페터 2011, 149~51면)

그러나 네트워크상의 불평등이 독점을 의미하지는 않는다. 관계를 맺는 특정 상대가 필요를 채워주지 못하고 불균형이 누적되면 네트워크로부터 이탈하는 힘도 작용하게 된다. 이러한 점에서 네트워크는 수평성을 포함한 집중성을 특징으로 지닌다고 할 수 있다. 네트워크 내부의 특정 '지역'에 관계들이 집중되는데, 이 '지역'은 여러곳이 될 수 있다.

네트워크는 지역적으로 클러스터(산업집적지)를 만드는 경향이 있다. 이는 위계적 관계가 아닌 상호신뢰에 기반한 것이지만 외부로부터의 진입을 제한적으로만 허용한다. 이런 의미에서 지역은 '작은 세계' (small world)다. 그러나 '작은 세계'는 절대적 기준에서 소규모가 아니고 내부로 닫혀 있는 것도 아니다. 이들은 서로 '약하고 긴 관계'(weak and long tie)를 형성해야 지속과 발전이 가능하다. 이것이야말로 슘페터가 말한 혁신의 본질적 요소인 '새로운 결합'(new combination)과, 폴라니가 생각한 대안사회로의 '거대한 전환'(great transformation)의 단서가 서로 이어지는 지점이다.

'동아시아 자본주의'는 글로벌 분업구조의 변화와 함께 생산네트워크의 진전 속에서 발전했다. 그러나 동아시아 생산네트워크는 위계적이고 비대칭적·비완결석인 모습을 띠고 있다. 이 네트워크를 좀더 수평적이고 대칭적인 형태로 개선하는 데서 혁신과 전환의 기회가 생길 수

---

10 '마태복음 효과'는 "무릇 있는 자는 받아 풍족하게 되고 없는 자는 그 있는 것까지 빼앗기리라"라는 성경 구절(마태복음 25:29)로부터 명명된 것이다. 1999년 과학저널 『사이언스』 (Science)에 실린 앨버트 바라바시(Albert Barabási)의 「무작위 네트워크에서의 스케일링의 출현」(Emergence of Scaling in Random Networks)이라는 논문에서는 네트워크는 개별적 특수성과 상관없이 한쪽에 두껍게 형성되는 꼬리를 지닌 분포를 보이는 것이 일반적 형태라는 명제가 제시되었다. 네트워크의 중심적 성격이 강화되는 것이 일반적 경향이라는 것이다. 이원재(2011) 참조.

있다. 이를 위해서는 시장·국가·사회의 차원에서 여러 방안을 추진할 수 있다. 아세안-동아시아경제연구소(ERIA)에서 제안한 '포괄적 아시아개발계획'(CADP)도 한 예가 될 수 있다. 이는 생산분할의 메커니즘을 물류 및 기타 인프라가 미비한 곳의 개발을 돕는 계획과 연계하자는 것이다. 또 중소 규모의 기업들이 생산네트워크에 참여하도록 지원하는 방안도 검토해볼 수 있다.(Economic Research Institute for ASEAN and East Asia 2010; Thanh, Narjoko and Oum, eds. 2009)

네트워크 이론에 의하면, 네트워크에는 연결되지 않은 '구조적 공백'(structural holes)이 있을 수 있고, 이를 연결하게 되면 정보 흐름을 장악하는 이익, 네트워크로 연결된 집단을 통제하는 이익을 얻을 수 있다(Burt 2004). 그런데 한반도 주변에는 네트워크의 집중이 이루어지는 한편 네트워크로 연결되지 않은 빈 공간이 있다. '위계·집중' 형태의 동아시아 네트워크는 중국의 산업구조 고도화에 따른 네트워크 편중, 에너지·식량 부문에서의 과도한 역외 의존, 동북아에서의 제도적 네트워크의 상대적 부진이라는 구조적 문제를 안고 있다. '한반도경제'는 '수평·분산'의 방향으로 동아시아 네트워크를 혁신하고 네트워크에 새로운 성장의 기회를 제공하는 대책이 될 수 있다.

'한반도경제'의 비전을 현실화하는 방안에 대해서는 여러 이야기가 있을 수 있겠지만, 큰 그림을 구성하는 골격을 몇가지만 제시해보자. 첫째, 제조업 부품소재장비 공급업체의 글로벌 네트워킹 능력 향상이 관건이다. 또한 서비스업과 농업 부문에서도 부문간 연결을 통해 새로운 상품과 서비스를 창출하는 것이 중요하다. 둘째, 중앙정부는 지역 특성을 살릴 수 있는 전문화된 로드맵을 제시하고 지방정부는 이에 주도적으로 결합하는 방식으로 중앙-지방의 관계를 재정립해야 한다. 셋째,

동아시아 생산네트워크의 공백을 채우는 새로운 네트워크 개념으로서 한반도 네트워크 국토공간을 형성한다. 넷째, 한반도경제 네트워크의 노드로 우선 개성-파주-서해의 신수도권, 전남·북-제주-남해의 서남권, 두만강 유역-동해의 동북권을 형성하도록 한다.

대우주와 소우주가 서로 대응한다는 것은 옛사람들이 보편적으로 믿었던 신앙이다. 오늘날에도 병든 인간, 병든 사회, 병든 자연은 서로 떨어져 있는 것이 아니다. 옛사람들의 사고방식을 참고하면, 네트워크를 해부학적 조직구조가 아니라 유체(流體)로서의 기능으로 볼 수도 있겠다. 그렇게 보면 한반도의 인간, 사회, 자연에는 이물(異物)이 적체되어 응어리진 부분들이 참 많다. 이때 치료의 핵심은 막힌 것을 뚫고 맺힌 것을 푸는 것(通廢解結)이다. 이에 비추어 위기에 대한 치유책은, 네트워크라는 기능을 통해 '한반도경제'라는 구조를 새롭게 만드는 혁신과 전환이라고 말하고 싶다.

제6장
체제전환기의 한반도 경제협력

1 문제 제기

제2차 세계대전 이후부터 1980년대 말까지 세계는 동서의 양 진영으로 갈라져 있었다. 1980년대 말 이후 사회주의권이 붕괴되면서 동아시아 지역질서도 변화하기 시작했다. 동아시아 지역 차원의 변화는 남북관계를 포함한 한반도 차원의 다층적 질서와 상호 영향을 미치면서 전개되어왔다. 한국을 놓고 보면 동아시아 협력과 남북 협력은 상승작용을 하면서 진전 또는 후퇴의 과정을 겪어왔다고 할 수 있다.

동아시아 협력은 김대중·노무현(盧武鉉) 정부 시기에 남북·동북아 관계의 진전이 이루어지면서 확대·심화된 바 있다. 동아시아 지역주의의 전개와 함께[1] 국내에서도 동북아경제중심, 동북아시대와 같은 정책 의제가 설정되었다. 이러한 흐름과 더불어 남북관계도 진전되어 남과

---

1 1990년대는 글로벌화와 지역주의가 동시에 진행되는 시기였다. ASEAN(아세안), APEC(아시아·태평양경제협력체), ASEAN+3, EAS(East Asia Summit, ASEAN+3+인도·호주·뉴질랜드), ARF(ASEAN Regional Forum) 등 다양한 지역공동체 논의가 진전되었다.

북은 1991년의 기본합의서 합의, 2000년의 6·15선언과 같은 성과를 거둔 바 있다.

그러나 이명박(李明博)·박근혜 정부 시기에 들어오면서 남북·동북아 관계가 동시에 악화되는 경향을 보였다. 남북관계는 2010년 천안함사건과 연평도사건을 거치면서 결정적으로 악화되었으며, 북한은 2009년 제2차 핵실험 이후 핵무기 완성의 길에 박차를 가했다. 한중관계의 발전은 남북관계의 악화라는 현실과, 한미동맹 강화의 방향에 우선순위를 내주었고, 한일관계도 독도문제, 역사문제 등이 부각되면서 악화의 길로 나아갔다. 남북·동북아 관계가 경색되는 한편으로 동아시아 협력에 관한 의제도 함께 위축되었다.

2016~18년 남북·동북아 관계에 다시 격변이 일어났다. 개성공단이 폐쇄되고, 사드(THAAD, 고고도미사일방어체계) 배치가 진행되는 가운데, 북한은 핵탄두 소형화, 대륙간탄도미사일(ICBM), 잠수함발사탄도미사일(SLBM) 등 핵무기 체계를 거의 완성하는 단계에 들어섰다. 갈등이 격화되던 남한에서는 촛불혁명에 의한 정권교체가 이루어졌으며, 북한은 남북·북미 정상회담을 통해 비핵화 협상에 나섰다. 남·북·미 관계의 진선에 따라 동아시아 담론도 새로운 형태로 논의되어야 할 시점을 맞았다.

동아시아 담론은 "동아시아를 비롯한 일련의 지역명을 사용해 한반도와 세계 사이에 중범위 수준에서 지역상을 설정하고 그로써 특정한 담론효과를 이끌어내려는 언어적 실천"으로 정의될 수 있다(윤여일 2018, 24면). 여기에는 1989년 이후의 세계적인 탈냉전과 국내의 민주화라는 상황에 부응하여 새로운 사회적 비전과 문명적 가능성을 모색하려는 동아시아 대안체제론과 지역적 상호의존의 현실(시역화)에 입각한 지역협력의 제도화(지역주의)를 추구하는 정책적 시각이 포함되었다(백영서 2009, 76~77면; 윤여일 2018, 25~26면).

동아시아 대안체제 담론과 정책학 연구는 서로 갈라져 통합되지는 못했지만, 국가와 지역에 대한 상상력을 공유하기도 했다. 이전에는 등장하지 않던 국가비전으로서 교량국가, 중견국가, 거점국가, 협력국가 등과 같은 국가상이 제출되었다(윤여일 2018, 26면). 그리고 종래의 제국(주의)적 기원의 맥락과는 차별화된 동아시아 지역, 글로벌화의 일부이면서 글로벌화에 응전하는 개념으로서의 동아시아 지역을 상정하려는 경향이 있다(김기봉 2006, 48~49면).

그러나 1990년대 초 이후 형성된 동아시아 담론 또는 지역협력 논의는 다음과 같은 몇가지 중요한 문제점을 지니고 있었다. 첫째로 동아시아 협력 논의가 북핵 문제 및 북한 인식을 포함하지 못해 현실성을 담보하지 못했다는 점이 자주 지적되었다. 한반도 분단체제 분석과 동아시아 담론은 구체적인 분석의 수준에서 연결되지 못했다고 할 수 있다(윤여일 2018, 30~32면). 둘째는 중국이 대국으로 부상하고 미국·일본과 중국 사이의 갈등이 심화되면서 동아시아 협력과 공동번영의 비전에 대한 의문이 제기되었다(김학재 2018). 셋째로 동아시아 협력과 동아시아 각국의 발전모델의 관련성에 대한 분석이 진전되지 않았다. 동아시아 담론의 글로벌 차원의 시각과 동아시아 발전모델 논의의 일국적 시각은 결합되지 못했다.[2]

---

2 한국경제를 동아시아 모델의 일종으로 파악하는 대표적인 사례가 김형기(2018)이다. 그는 박정희(朴正熙) 모델을 동아시아 발전모델의 변형으로 보고 이를 넘어서는 새로운 한국 모델을 제안하고 있지만, 이는 일국 차원의 자본주의 발전모델의 다양성 논의에 기초한 것이다. 여기에서 모델을 구성하는 핵심적 요소는 국가 유형, 기업시스템, 금융시스템, 노

특히 북핵 문제의 전개는 남북 경협·남북관계가 동아시아·글로벌 차원의 문제라는 점을 부각시켰다. 북핵 문제가 본격화되기 이전 남북관계를 보는 관점은 양국간 상호주의(reciprocity)나 기능주의(functionalism) 차원에서 형성되었다.[3] 그러나 북핵 문제의 전개는 비정치적 기능주의 접근법이나 남북한 간의 상호주의 접근법의 실행 가능성을 제한했다. 북핵 문제에 대한 미국·중국·유엔 등 국제사회의 관여는 세계체제-분단체제와 같은 체제적 관점의 적합성을 더욱 부각시켰다.

필자는 '한반도경제'라는 체제로의 이행을 모색하는 관점에서 동아시아 협력과 남북 협력을 포괄하는 새로운 경제모델을 구상하고자 한다. 경제협력은 경제체제의 한 구성요소이고, 남북 경제협력은 한반도 및 글로벌 차원에서의 경제체제를 형성하는 과정이다.[4]

이 글에서는 비핵화와 함께 전개될 경제협력을 남북관계의 시야에 한정하지 않고 글로벌·동아시아 경제네트워크의 연결 속에서 인식하고자 한다. 또한 글로벌·동아시아 네트워크가 각국의 경제체제 및 발전모델과 연동한다는 점도 고려하고자 한다. 네트워크상에서 어떠한 구

동시스템, 무역시스템 등이다. 세계경제 또는 세계체제는 모델을 구성하는 한 요소로 다루어지거나, 글로벌화(자본·정보의 국제적 이동), 지식기반경제, 신자유주의, 금융 주도 축적체제 등의 경향성이 일국 차원의 발전모델에 미치는 영향으로 이해된다.(김형기 2018, 17~27면, 39~51면)

3 상호주의는 현실주의 국제정치 이론에서 중시하는 상대적 이익(relative gain)에 기반하여 협력을 추진한다는 접근법이며, 기능주의는 평화와 경제적 이익의 상호관계를 중시하면서 비정치적 부문의 교류·협력을 선행하는 접근법이다.

4 필자는 '양국체제' 논의를 비판하면서 '한반도체제'의 개념을 제안한 바 있다. "한반도체제는 세계체제-분단체제-국내체제라는 세개 층위의 결합체이며, 각각의 층위에는 정치·군사적-경제적 계기의 두개의 축이 존재한다."(이일영 2018, 17면; 본서 39면) '한반도경제'는 새로운 네트워크를 형성함으로써 기존 경제체제를 혁신하는 과정이자 결과로서의 조지·제도를 의미한다.

조적 위치를 차지하느냐가 체제 및 발전모델을 구성하는 핵심적 요소가 될 수 있다.[5]

세계체제-분단체제는 일종의 네트워크구조로 볼 수 있다. 체제혁신은 한편으로는 세계체제-분단체제의 네트워크구조 속에서 위치를 조정하거나 새로운 링크를 형성하는 행위이다. 그리고 또 한편으로는 시장과 위계조직(하이어라키)이라는 양 극단이 우세한 분단체제·국내체제의 구조에 새롭고 다양한 네트워크조직·제도를 형성하는 행위이기도 하다.[6]

이하에서는 이러한 관점에 따라 글로벌·동아시아 네트워크의 구조 속에서 남북한의 위치를 분석한 후, 기존의 발전모델과 제도·조직 형태를 개선하는 경제협력 모델을 구상해보고자 한다.

2 글로벌·동아시아 네트워크의 구조

1990년대 이후 진전된 글로벌화는 무역·생산·금융 분야에서 국가간

---

5 사회-네트워크 이론에서는 행위자들의 상호작용 과정에서 창출되는 '관계적 구도'(relational configuration), 즉 네트워크 그 자체를 구조로 본다. 네트워크상에서 어떠한 구조적 위치를 차지하느냐 하는 것이 특정 행위자가 선택할 수 있는 전략의 범위를 상당한 정도로 규정한다.(Wellman and Berkowitz 1988; 김상배 2011, 55~56면)

6 브뤼노 라뚜르(Bruno Latour) 등이 발전시킨 행위자-네트워크(actor-network) 이론은, 비인간 사물을 포함한 다양하고 이질적인 행위자가 네트워크를 형성함으로써 권력을 만들어간다는 점을 부각한다. 이에 따라 수행성(doing) 차원에서 분단은 체제나 구조로 환원하는 사고, 정치·군사적 대치 완화 등만으로는 극복되기 어렵고 다양한 실재들이 어떠한 네트워킹을 통해 분단을 번역하고 있는가를 살펴보아야 한다는 주장으로 이어지기도 한다(동국대학교 분단/탈분단연구센터 엮음 2015, 5~9면). 필자는 수행성이 일상의 실천에만 국한되고 체제·구조 차원을 배제하는 것은 아니라고 본다. 행위자-네트워크 이론을 통해 체제·구조의 변경에 필요한 새로운 네트워킹의 동학에 대한 시야를 보완할 수 있다고 본다.

장벽을 뛰어넘는 네트워크를 확장시켰다. 특히 동아시아 지역에는 무역·생산의 네트워크화가 크게 진전되었다. 무역·생산네트워크는 기업행동 차원에서 보면 글로벌 가치사슬(Global Value Chain, GVC)을 형성하는 것이다. 이는 어떤 제품의 개발·생산·유통·마케팅에 이르기까지 전반적인 생산과정이 한 국가의 범위를 넘어 지리적으로 분화(geographical fragmentation)되어 있는 국제적 분업구조를 의미한다.

네트워크의 경제 분석은 보통 부가가치 기준의 무역자료를 이용하여 글로벌 가치사슬을 분석하는 방식으로 행해지고 있다.[7] 한 국가 안에서 모든 생산과정이 완료된 후 무역이 이루어지면 최종생산물 수출액이 해당 국가가 창출한 부가가치의 수출액과 동일하다. 그러나 글로벌 가치사슬이 형성되는 방식으로 네트워크생산이 행해지면, 한 국가의 총량적인 무역액 자료에는 그 국가 안에서 행해지지 않은 가치사슬의 생산기여분이 포함되게 된다.

경제네트워크상의 무역자료에서 중복계산의 문제를 해결하려면 부가가치 기준의 무역데이터(Trade in Value Added, TiVA)를 구축하는 것이 필요한데, OECD(경제협력개발기구)는 2015년판 TiVA 데이터베이스를 공표한 바 있다. 이 데이터베이스는 61개 국가의 16개 제조업과 14개 서비스업을 포함한 34개 업종을 대상으로 작성된 국가별 산업연관표를 토대로 만들어진 OECD 국제산업연관표에 기반하고 있다. 현재 시점에서 가장 최근에 편제된 자료는 2011년의 것이다.[8]

---

7 부가가치 기준의 무역자료를 이용하여 글로벌 가치사슬을 분석한 연구가 Koopman, Wang, and Wei(2014) 이후 국내외에서 활발하게 이루어졌다. 글로벌 가치사슬 분석의 연구동향에 대해서는 라미령 2017, 12~14면 참조.
8 OECD TiVA 데이터베이스와 총수출을 국내 외 부가가치로 분해하는 분석모델에 대해서

이일영·양문수·정준호(2016)는 2015년판 TiVA 데이터베이스를 이용하여 동아시아를 포함한 세계경제의 글로벌 가치사슬 네트워크를 시각화했는데, 그림 1이 2011년에 관한 결과를 보여준다.[9]

네트워크는 노드(node, 결절점)들과 이들 간의 관계를 나타내는 링크들로 구성되는데, OECD TiVA 자료의 61개국을 분석대상으로 삼고 있기 때문에 노드의 수는 61개이다. 노드 그기는 수출제품을 위한 중간재가 어느 한 국가에서 다른 국가들로 수출·공급되는 정도를 나타낸다. 노드의 크기가 클수록 중간재의 주요한 공급자라고 할 수 있다. 링크의 굵기는 수출에서 차지하는 해외 부가가치의 사용 비중과 비례하고, 화살표의 방향은 해외 부가가치가 공급자에서 사용자로 향하고 있음을 나타낸다. 링크가 굵으면 화살표 방향으로 중간재를 공급하는 정도가 높다는 것을 의미한다.

그림 1의 2011년 네트워크의 전체 윤곽을 보면 경제적 공간이 유럽과 아시아·아메리카 대륙으로 크게 양분된다. 네트워크 중심부에 미국이 있는데, NAFTA(북미자유무역지대), 남미, 아시아 국가들에 대한 중간재 공급자로서 강력한 경제적 영향권을 형성하고 있다. 중국은 미국의 이웃에 위치하면서 미국과 더불어 아시아·아메리카에서 핵심적 부가가치 공급자로 기능하고 있다.

한국은 중국, 일본, 대만 등의 동아시아 국가들과 미국 등 NAFTA와 긴밀하게 연결되면서 중간재 부가가치의 공급자와 사용자의 역할 모두

는 이일영·양문수·정준호 2016, 18~23면 참조.

9 이일영·양문수·정준호(2016)의 연구는 통일부 용역 연구과제의 보고서이고 내용은 공개 가능하나 공식 출판되지는 않았다. 이하 네트워크 분석 결과는 이일영·양문수·정준호 2016, 33~39면에 의거한 것이다.

그림 1 부가가치 기준 무역의 글로벌 경제네트워크 구조 (2011년)

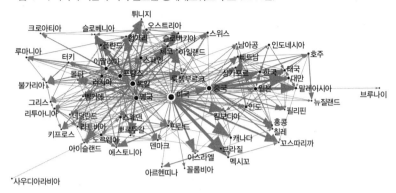

- 출처: 이일영·양문수·정준호 2016, 38면에서 인용.
- 1) 노드의 크기는 중간재 수출의 크기에 비례함. 2) 링크의 굵기는 수출에서 차지하는 해외 부가가치의 사용 비중과 비례함. 3) 화살표 방향은 해외 부가가치의 공급자에서 사용자로 향함.

를 수행하고 있다. 그러나 동아시아에서 한국은 중국과 비교해볼 때 가치사슬 네트워크의 중심 바깥에 있다. 한국과 경제 규모를 견주어볼 수 있는 영국, 프랑스, 이딸리아는 네트워크 중앙부에 위치하지만, 한국은 네트워크의 반주변부에 머물러 있다. 이것이 동아시아와 유럽의 차이라고 할 수 있다. 동아시아에서는 중국, 미국, 일본의 네트워크 중심성이 너무 강력하다.[10]

---

10 네트워크의 특성을 보여줄 수 있는 양적 지표로는 평균연결도수(average degree), 평균경로거리(average geodesic distance), 전역적 클러스터링 계수(global clustering coefficient), 양자간 상호성(dyad reciprocity) 지표, 고유벡터 중심성(eigenvector centrality) 등이 있다(김용학 2011; 정준호·조형제 2016). OECD TiVA 데이터베이스에 기초해 1995~2011년의 양적 지표를 계산해본 결과, 평균연결도수는 증가하고 평균경로거리는 짧아져서 네트워크가 긴밀해진 것을 보여준다. 한편 네트워크의 위계성·집중성 관련 지표는 서로 다른 방향을 나타낸다. 1995년과 2011년의 수치를 비교하면, 클러스터링 계수는 감소, 양자간 상호성은 증가, 고유벡터 중심성은 증가의 결과가 나왔다. 이는 미국 이외에 중국 등 새로운 중심이 등장함과 동시에 위계성·집중성이 강화된 것이라고 해석될 수 있다. 이일영·양

그러면 북한의 위치는 어떠한가. OECD TiVA 데이터베이스에는 북한에 대한 데이터가 없다. 이 때문에 이일영·양문수·정준호(2016)는 KOTRA의『2015 북한 대외무역 동향』과 UN Comtrade DB를 활용하여 북한이 글로벌 경제네트워크에 편입되어 있는 정도를 2015년 기준으로 파악했다. 즉 KOTRA 자료를 통해 북한의 주요 교역상대국을 추출하고 이에 대한 무역데이터는 UN Comtrade DB에서 끌어왔다. 북한과의 무역자료가 잡히는 분석대상국은 20개국 미만이고, 2015년 당시 한국은 북한의 주요 무역상대국이 아니지만 분석에 포함했다.

이렇게 해서 북한 수출의 상대국 점유 비중이 1% 이상인 국가를 분석대상으로 삼아 무역네트워크를 시각화한 것이 그림 2이다. 2015년 당시 남북한 사이의 무역은 이루어지지 않았지만, 네트워크의 가능성을 감안하여 남한의 위치를 표시했다. 북한의 무역상대국이 제한되어 각국의 노드의 크기가 중심성을 나타내는 의미를 지니지 못한다. 그래서 노드의 크기 요소는 삭제하여 노드는 국가의 위치만을 표현하게 했다. 링크의 굵기는 북한의 전체 수출에서 교역상대국이 차지하는 비중과 비례하도록 표시했다.[11]

그림 2에 의하면 북한은 다른 국가와 달리 네트워크의 가장 외곽에 위치하며 중국과만 연결된 고립적인 위치에 놓여 있다. 중국은 북한이 연결된 동아시아 무역의 중심부에 위치하며, 이 네트워크에서는 한국도 중심부 쪽으로 진입한 위치에 있다. 남북한 모두 중국과의 네트워크 비중이 큰데, 특히 북한의 편중성이 훨씬 더 크다. 북한은 중국에 의존

문수·정준호 2016, 28면의 표 3-2 참조.

11 북한의 네트워크 구조에 대한 분석 방법과 결과는 이일영·양문수·정준호 2016, 39~45면 참조.

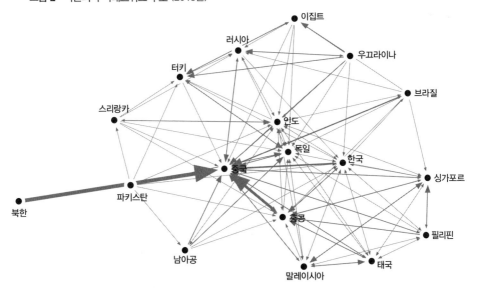

그림 2　북한의 무역네트워크 구조 (2015년)

- 출처: 이일영·양문수·정준호 2016, 42면에서 노드의 크기 요소를 삭제하여 재작성.
- 1) 링크의 굵기는 북한의 전체 수출에서 무역상대국이 차지하는 비중과 비례하고, 상대의
  비중이 1% 이상인 링크에 한정해 표시함. 2) 화살표의 방향은 상대국으로 수출이 이루어
  지고 있음을 나타냄.

하는 바가 압도적이고 중국 이외의 상대국 비중은 매우 미미하여 네트
워크에서 연결이 사라진 상태로 시각화되었다. 북한이 한국과 연결되
면 중국 일변도의 네트워크에서 홍콩, 싱가포르, 말레이시아, 태국, 필
리핀 등과 형성된 네트워크에 참여할 수 있음이 한눈에 파악된다.

　동아시아에서는 미국, 중국, 일본 등이 네트워크의 중심 위치를 점하
고 있고, 한국은 동아시아 지역구조에서 반주변부에 위치하며, 북한은
네트워크에서 배제되어 있다. 러시아는 동아시아 무역네트워크상에서
는 위치해 있지 않고 유럽지역 네트워크 속에 있다. 유럽 네트워크와 아
시아·아메리카 네트워크가 어느정도 분리되어 있으므로 남북한 니드

워크와 러시아의 연결의 이익은 크지 않다. 현재로서는 남북한 경제네트워크는 아시아·아메리카 네트워크에 포함된 미국, 중국, 동남아 등으로 연결하여 얻는 이익이 크다.

3 동아시아 네트워크와 미중관계의 변화

네트워크구조에 대한 일반적 통념은 노드들 간의 연결이 약하면 전략적 활용의 여지가 적고 연결이 강하면 활용의 여지가 많다는 것이다. 그러나 네트워크 이론가들은 이러한 통념을 뒤집었다. 그래노베터(Mark S. Granovetter)는 약한 연결이 네트워크상에서 새로운 기회를 제공할 수 있다고 논의하였다. 버트(Ronald S. Burt)는 강한 연결의 네트워크, 통합적 네트워크는 행위자들 간의 연결고리가 중복되어 전체적으로 비효율적이라는 점을 지적했다. 버트는 또한 분절적 네트워크에서 존재하는 균열을 '구조적 공백'(structural holes)으로 개념화하고 이를 메우는 중개·연결이 정보의 이익과 사회적 자본을 증대한다고 주장했다.(Granovetter 1973; Burt 1992; 김상배 2011, 61~62면)

전세계적으로는 미국의 중심적 위치가 강력하지만, 동아시아에는 미국을 중심으로 하는 네트워크와 중국을 중심으로 하는 네트워크의 경쟁이 강화되고 있다. 동아시아와 한반도 차원 모두에 강력하게 작용하는 상황적 조건은 미국과 중국을 중심으로 하는 네트워크의 중첩과 갈등이다. 미중관계는 경제관계와 정치·군사관계가 상호 영향을 미치면서 존재하는 구조적 관계로, 남북관계와 동아시아 네트워크에 영향을 미친다.

2008년 세계경제 위기 이후 미중관계는 갈등국면으로 전환했고 이는 동아시아 네트워크를 분기시키는 쪽으로 작용하고 있다. 미국은 트럼프(Donald Trump) 정부 출범 이래 중국의 통상정책에 대한 공격을 강화하였다. 우선은 오바마 정부 시기부터 확대된 반덤핑·상계관세 부과를 지속적으로 활용하면서, 대통령의 권한으로 시행할 수 있는 행정부 차원의 무역구제조치들을 내놓고 있다.[12] 또한 미국 의회 차원에서는 2015년 통과된 무역촉진법(Trade Facilitation and Trade Enforcement Act)에 근거하여 미국의 주요 무역상대국들의 환율조작에 대한 보고서를 작성하도록 하고 있다(윤여준 외 2017, 52~64면).

미중관계의 전환은 미국의 무역 및 고용구조의 변화로부터 형성된 압력과 관계가 있다. 무역적자와 일자리 감소는 미국 정치의 지형을 변경하고 있다. 2001년 832억 달러였던 미국의 대중국 무역적자는 2016년에 3473억 달러로 3배 이상 늘어났는데, 이는 2016년 미국의 전체 무역적자의 46.2%에 달하는 것이었다(윤여준 외 2017, 39면).

결정적인 것은 미국 제조업의 고용 수치이다. 중국이 세계의 공장으로 나아가던 시기에 미국 제조업의 고용 수준은 크게 감소했고, 2008년 경제

---

12 미국정부의 중국에 대한 무역구제조치는 미국 안보에 대한 영향을 근거로 제시하는 232조 관련 조치(철강, 알루미늄), 국제무역위원회(US ITC)를 통한 201조 관련 수입제한 조치(태양광 시설, 세탁기), 지식재산권 관련 불공정무역에 대응하는 스페셜 301조 적용 조치 등이 마련되고 있다.

미국은 2018년 7월 6일부터 340억 달러 규모의 중국산 제품에 대해 25%의 관세를 부과하기 시작했고 중국도 동일한 규모의 미국산 제품에 대해 25%의 추가 관세를 부과했다. 이어 미국이 다시 160억 달러 규모의 중국산 제품에 대해 25% 관세를 부과한다는 계획을 내놓자, 중국도 동일한 규모의 추가 관세 부과를 논의했다. 이에 대해 미국은 또다시 2000억 달러 규모의 10% 추가 관세 부과 리스트를 발표했다.(중앙일보 2018. 7. 31. https://news.joins.com/article/22846479)

위기 전후에 최저점을 기록했다. 미국의 제조업 고용은 2000년 1726.5만명에서 2010년 1152.9만명 수준까지 하락했다가 2016년 1235.3만명으로 반등했다.[13] 이러한 흐름을 반영하여 트럼프는 2016년 대통령선거 과정에서 미국 제조업의 부흥을 강력하게 주장하면서, 특히 중국 때문에 미국에서 5만개의 공장과 수천만개의 일자리가 사라졌다는 주장을 펼친 바 있다(이일영·양문수·정준호 2016, 16~17면).

미중관계의 전환은 세계체제 변동의 의미를 지니고 있다. 사회주의권 붕괴 이후 미국의 신자유주의적 글로벌화 전략은 동아시아·중국으로의 제조업 이동과 네트워크화로 나타났다. 이에 따라 미·중 협조체제가 비교적 순조롭게 작동했고 중국이 글로벌경제에 편입되어 고도성장을 이루었다. 그러나 2008년 경제위기를 겪은 미국과 유럽 모두에서 경제구조에서의 재균형(rebalancing)을 도모하려는 움직임이 나타났다. 이에 따라 그 이전에 역외로 이동했던 제조업 라인을 국내로 회귀하게 하는 리쇼어링(re-shoring) 현상이 등장했다.

세계체제 변동은 정치·군사적 차원에서도 진행되었다. 미국은 2008년 경제위기를 겪으면서 2010년경부터 아시아로의 회귀(Pivot to Asia)를 시도하는 재균형 전략으로 전환했다. 중국도 자신의 세력권을 형성·확장하려는 전략을 제기하였다. 2010~11년경에는 국내시장을 중시하는 '성장전략의 전환'을 언급하고, 2012년경에는 중국의 핵심 이익을 주장하는 '신형대국관계'를 주장했다. 이어 2013년 이후에는 '일대일로'라는 신(新)실크로드 전략을 공식화해서 유라시아에 영향력을 확대하려 하고 있다.

---

13 US Bureau of Labor Statistics. (https://fred.stlouisfed.org/series/MANEMP)

이러한 중국의 움직임에 대해 미국은 다시 '인도·태평양' 전략을 제기했다. 미국은 2013년 미·인도 전략 대화에서 '인도·태평양 경제회랑'을 개념화한 바 있다. 2017년 말 발표된 미국국가안보전략 보고서에도 '인도·태평양'이라는 용어가 사용되었으며, 2018년 7월에는 폼페이오(Mike Pompeo) 국무장관이 1억 1300만 달러의 개발자금 출연 내용을 담은 '인도·태평양 경제비전'을 언급하기도 했다.[14]

특히 중국 내에서는 미국이 주도하는 인도·태평양 전략이 중국의 일대일로 전략을 견제하는 것이라고 간주하는 시각이 강하게 대두하였다. 『환추스바오(環球時報)』는 미·중 무역전쟁의 발발이 2017년 말 트럼프 정부가 내놓은 '미국국가안보전략'과 미국 국방부가 발표한 '2018년 미국국방전략지침'과 관련된 것으로 주장했다. 이들 두 문건에는 미국우선주의, 중국이라는 '위협국', 경쟁외교 전략, 인도·태평양 전략, 남아시아·중앙아시아 전략, 미국 군사력 재건, 미국 핵 역량과 핵 설비의 현대화 등의 내용이 제시된 바 있다.[15]

미국과 중국의 경쟁 속에서 동아시아 네트워크는 균열·분기하는 중이다. 1990년대 이래 진전된 동아시아 경제네트워크 속에서 한국, 대만, 아세안, 호주는 중국과 강하게 연결되었다. 그러나 2010년경을 전후로 해서 미국은 일본·호주·한국 등과의 전통적인 군사동맹을 강화하면서 중국을 견제하기 위해 인도·아세안과도 협조를 강화했다. 2018년 이후의 북미 협상은 미국과 중국을 중심으로 한 네트워크 경쟁의 구도를 변경시킬 수 있는 요소로 등장하고 있다.

---

14 아주경제 2018. 7. 31. (http://www.ajunews.com/view/20180731134923347)
15 아주경제 2018. 7. 31. (http://www.ajunews.com/view/20100724161805867)

4 남북 네트워크의 경협 전략

(1) 한반도경제의 네트워크형 발전모델

미국과 중국을 중심으로 한 양대 네트워크의 갈등이 확대될 경우 한국은 어떤 위치 전략을 추구해야 할까? 네트워크의 이익을 확보하기 위해서는 구조적 공백을 연결하는 위치를 점하는 것이 좋다. 남북 네트워크가 진전되고 이것이 양대 네트워크의 중간지대에 있는 네트워크와 연결되면 네트워크의 이익이 증대될 수 있다. 남북 네트워크와 동아시아·태평양 네트워크를 복합함으로써 남북한이 동아시아 네트워크 구조 속에서 반주변부·주변부 위치를 극복할 수 있다.

남북한 경제네트워크는 한 국가로의 통일 또는 두 국가로의 분리라는, 남북관계에 대한 양 극단의 방안을 넘어서는 접근법이다. 일국적 방안이나 양국적 방안 모두 '통일'이란 개념을 염두에 두고 있는데, 남북한을 하나의 체제와 가치로 통합하는 통일을 염두에 두면서 일국으로 가자 또는 양국으로 가자는 주장을 하고 있다. 그러나 현실의 세계체제 및 분단체제라는 조건에서는 남북이 하나의 국민국가로 통합되는 것도 두개의 개별 국가 관계로 전환하는 것도 어렵다.(이남주 2018, 27면)

일국으로의 통일이나 양국으로의 분리 독립 모두 국가 단위를 중시하는 관점이다. 그보다는 글로벌·동아시아 네트워크의 구조변동, 그리고 그 속에서 어떻게 위치를 잡고 새로운 네트워크를 만들어갈 것인가가 현실적인 문제이다. 미·중 갈등의 세계체제와 남북 대결의 분단체제의 네트워크구조 속에서 남북 네트워크를 동아시아·태평양 공간으로 확장하는 한반도경제의 모델을 형성해야 한다.

남북한이 급진적으로 정치적·경제적 통합을 이루는 것은 현실적으로 실현되기 어려운 방안이다. 비핵화는 물론이고 강대국 간의 이해관계의 조정에는 상당한 시간이 걸릴 수밖에 없다. 북한체제는 물론이고 남한에서도 급진적 통일에 따른 사회적 혼란과 비용을 감당할 세력이 많지 않다. 대부분의 연구들도 독일식 통합 방안보다는 유럽연합이나 아세안의 통합 방식을 참고할 것을 권고하고 있다.(임수호 외 2016)

(2) 판문점선언 이후의 남북 경협

북한은 김정은(金正恩) 체제 출범 이후 '경제개발구' 지정을 통해 대외개방 확대를 추진했다. 북한은 2013년 3월 '경제·핵 건설 병진노선'을 채택하면서 경제개발구 설치를 결정했고, 곧이어 2013년 11월에 13개, 2014년 7월에 6개의 경제개발구를 지정했다. 2014년에는 기존의 무역성, 합영투자위원회, 국가경제개발위원회를 통합하여 대외경제성을 발족했으며, 2016년 7차 당대회에서는 '대외경제관계 확대·발전'을 강조했다. 2017년 12월에는 평양 외곽 강남군에도 경제개발구를 설치하겠다고 발표하여, 2018년 5월 현재 북한에는 경제특구 5개, 경제개발구 22개가 지정되어 있다(그림 3).[16]

경제개발구는 평안북도 4개, 함경북도 4개, 자강도 2개, 양강도 1개 등 주로 북·중 국경지역에 집중적으로 배치했고, 외화 획득을 위한 관광 휴양지를 개발하는 데에도 역점을 두었다(임을출 2015, 17~18면). 그러나 열악한 인프라와 제도적 장치의 미비, 그리고 북핵 문제로 인한 국제

---

16 한겨레 2018. 5. 22 (http://www.hani.co.kr/arti/politics/defense/045491.html)

그림 3 북한의 경제특구 및 경제개발구

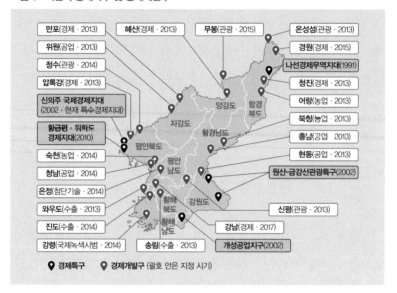

만포(경제 · 2013) 혜산(경제 · 2013) 무봉(관광 · 2015) 온성섬(관광 · 2013)

위원(공업 · 2013) 경원(경제 · 2015)

청수(관광 · 2014) 나선경제무역지대(1991)

압록강(경제 · 2013) 청진(경제 · 2013)

신의주 국제경제지대 어랑(농업 · 2013)
(2002 · 현재 특수경제지대)
  북청(농업 · 2013)
황금평 · 위화도
경제지대(2010) 흥남(공업 · 2013)

숙천(농업 · 2014) 현동(공업 · 2013)

청남(공업 · 2014) 원산-금강산관광특구(2002)

온정(첨단기술 · 2014)

와우도(수출 · 2013) 신평(관광 · 2013)

진도(수출 · 2014) 강남(경제 · 2017)

강령(국제녹색시범 · 2014) 송림(수출 · 2013) 개성공업지구(2002)

양강도 함경
북도
자강도
함경남도
평안북도
평안
남도
황해
북도
강원도
황해
남도

📍 경제특구 📍 경제개발구 (괄호 안은 지정 시기)

- 출처: 한겨레 2018. 5. 22. (http://www.hani.co.kr/arti/politics/defense/845491.html)

사회의 경제제재 때문에 투자 유치 등은 거의 이루어지지 못했다(이일
영·양문수·정준호 2016, 83~85면).

남북간의 대표적인 경협사업이었던 금강산관광과 개성공단이 중단
되면서, 북한의 경제개발구 사업에서의 대외 협력은 신의주경제특구와
나진·선봉경제특구에서 중국 및 러시아와의 협력이 논의되는 데 머물
뿐이었다. 남한이 북한과의 경협사업에 참여하는 방안으로 북·중 경협
사업 또는 북·중·러 경협사업에 참가하는 방안이 거론되기도 했지만, 이
러한 아이디어는 북핵 문제와 대북 제재가 해결되지 않는 한 현실화되
기 어려웠다. 그러나 2018년 4월 27일의 판문점선언 이후 남북 및 북미
관계에 돌파구가 열리면서 남북 경협은 새로운 단계를 준비하고 있다.

2018년 4월의 판문점선언은 비핵화와 경제협력 네트워크의 진전을 통한 남북연합의 방식을 재확인한 것이라고 할 수 있다. 1990년대 이래 남북한 정부는 남북이 모두 국가로서의 성격을 유지하면서 협력하는 단계를 유지할 것을 여러차례 합의한 바 있다. 특히 1991년 남북 기본합의서와 2000년의 6·15선언에서는 남북한 간의 특수관계, 남북한 간의 국가연합을 명시한 바 있다. 남북연합은 무정부적 시장관계와 위계적 국가체제의 중간 형태인 네트워크형 거버넌스라고 할 수 있다. 이는 자원의 공동이용(pooling resource), 계약(contracting), 경쟁(competing) 등의 기능을 수행한다.[17]

2018년 4월 판문점선언은 남북연합 네트워크 형성을 재확인한 것이다.[18] 특히 판문점선언에서는 제1조 6항에 "동해선 및 경의선 철도와 도로들을 연결하고 현대화하여 활용하기 위한 실천적 대책들을 취해나가기로 하였다"라고 명시했다. 또 남북 정상 간에 고속철도 문제도 언급한 바 있다. 남북 경협은 원산–금강산국제관광지대 개발, 철도·도로 등

---

17 네트워크는 혼합형·중간형 조직 형태의 일종이다. 조직과 제도의 경제학에서는 두개의 대표적·극단적인 경제조직으로 시장과 위계조직(하이어라키)을 거론한다. 위계조직을 대표하는 것은 기업이고, 정부 역시 기업과는 목표를 달리하는 위계조직의 일종이다. 시장과 위계조직이라는 양 극단의 중간에 다양한 혼합형 조직이 존재한다. 혼합형·중간형 조직의 거버넌스는 자원의 공동이용, 계약, 경쟁 등의 기능을 수행한다.(이일영 2009, 130~34면)

18 "남북연합 건설은 진행중"이라는 것이 백낙청 교수의 주장이다. '남북연합'은 2000년 6·15선언에서 '남측의 연합제'가 언급된 후, 2007년 10·4선언으로 시작되었으며, 2018년 판문점선언으로 재개되었다는 것이다(백낙청 2018, 18~20면). 제도·조직경제학 개념에 비추어보면, '남북연합'은 두개의 개별 국가 독립체와 단일국가 통일체 사이의 중간·혼합 형태이다. 양 극단의 사이에 연결의 강도에 따라 트러스트(trust), 관계적 네트워크(relational network), 리더십(leadership), 공식적 통치체(formal government) 등의 형태가 분포한다. 필자는 이러한 다양한 중간·혼합 형태의 제도·조직을 통칭하여 '네트워크'라고 부른다. 이일영 2009, 137~38면 참조.

인프라 건설 협력 등을 중심으로 시작될 수 있다. 북한 입장에서는 성장 주도 산업의 육성, 투자재원 조달, 인프라시설 확충, 노동집약산업 육성, 수출 및 기간산업 육성 등에 주력할 것이고(홍순직 외 2017), 이러한 발전국가형 프로젝트에 대한 남북 경협 요청이 증대될 것이다.[19]

그러나 남북 경협의 진행은 세계체제의 제약을 받고 있다. 남북 네트워크가 중국 농북3성과 집힙하여 동북아 경제권이 형성되는 데 대해서는 미국과 중국이 우호적으로 나온다는 보장이 없다. 중국도 자국의 성장 단계에 따라 북한의 성장을 조절해온 측면이 있다(홍순직 외 2017, 153면). 그리고 시베리아 철도를 통한 유럽-러시아-북한-한국의 연결은 유라시아 네트워크에서 러시아의 중개적 위치를 강화하는 효과를 가질 수 있다. 근대 이후 중국 동북지역과 한반도는 세계 열강들의 핵심적 이익이 충돌하는 공간이 된 바 있는 만큼, 남북 네트워크를 중국 동북지역 및 유라시아로 연결하는 방안도 미국과 중국을 중심으로 한 양대 네트워크의 경쟁 상황과 긴밀히 연관될 가능성이 높다.[20]

남북 네트워크의 형성에는 북미관계의 진전이 중요한 제도적 조건이다. 미국이 북한을 제재하고 있는 국내법과 UN 차원의 대북 제재는 북

---

19 남북 경협에서의 연합 거버넌스와 사업 진행은 이미 2000년대에 상당한 경험이 축적되어 있다. 2000년에서 2007년까지 운영된 남북경제협력추진위원회는 재경부 차관이 남측 위원장을 맡고, 전력협력, 경의선 철도 및 도로 연결, 개성공단 건설, 임진강 수해방지 등을 논의했다. 이는 2007년 들어 남북경제협력공동위원회로 격상되어 경제부총리가 남측 위원장을 맡았다. 산하에 도로협력, 철도협력, 조선·해운, 개성공단, 농수산협력, 보건환경 분과위를 두고, 이와 별도로 장관급의 서해특별지대추진위원회(해주특구·해주항개발·공동어로·한강하구분과위)와 사회문화협력추진위원회를 운영했다.

20 글로벌 네트워크 구조를 분석해보면, 문재인정부가 제시한 한반도신경제지도, 신북방정책, 신남방정책, 동북아철도공동체 구상 등이 서로 잘 연결되지 않는다는 평가를 내릴 수 있다. 남북 네트워크를 새로운 글로벌 네트워크에 연결하는 관점, 북방 네트워크와 남방 네트워크에 관한 현실적인 분석에 기초한 전략이 필요하다.

핵 문제가 전개되는 동안 형성된 국제법 체제라고 할 수 있다. 법·제도의 변경은 비핵화 방안의 합의·이행과 맞물려 상당한 시간이 필요한 일이다.[21] 따라서 남북 경협이 속도를 내려면, 미국의 핵심적 이해관계와 연결되는 프로젝트를 발굴하는 것이 중요하다.

현시점에서는 판문점선언에서 합의된 동해지구 프로젝트를 남·북·미 협력의 방식으로 확대하고 비핵화 진전의 한 단계로 연결시키는 방안을 강구할 필요가 있다. 2007년의 10·4선언에서는 경의선 철도·도로의 개·보수에 중점이 두어졌다면, 2018년 판문점선언에서는 동해선이 추가되면서 먼저 언급되었으며, 연결·현대화·활용에 강조점이 두어졌다. 김정은은 이미 2015년 1월 신년사에서 원산-금강산국제관광지대를 비롯한 경제개발구 개발 사업을 특별히 언급한 바 있다.(양문수 2018, 64~65면)

2018년 6월의 트럼프·김영철 면담에서도 '원산갈마 해안관광지구'에 대한 논의가 이루어진 것으로 알려지고 있다.[22] 미국도 동해안 항구를 활용하면 경제적 가치 이상의 이익을 얻을 수 있다는 점에서 매력을 느낄 수 있다.[23] 남·북·미 협력의 틀이 마련되면, 북한이 지정한 경제개

---

21 미국이 북한을 제재하고 있는 국내법은 대외경제비상조치법, 수출관리법, 무기수출통제법, 대외원조법, 수출입은행법, 브레튼우즈협정법, 국제금융기구법, 무역법, 무역제재개혁법, 이란·북한·시리아비확산법, 대외활동수권법 등 11개에 달한다. UN도 제재결의 2270호, 2321호, 2371호, 2375호, 2397호 등을 통해 북한의 수출입과 국제금융 등에 제재를 가하고 있는데, 여기에는 북한의 원유도입량 동결, 산업용 기계류, 운송수단, 철강 수입 금지 등이 포함되어 있다.

22 동아일보 2018. 6. 5. (http://news.donga.com/3/all/20180604/90404755/1)

23 박한식 교수는 2017년 7월 4일 북한의 대륙간탄도미사일(ICBM) 화성-14 발사와 미국의 B-1B 출격이 있었던 직후의 인터뷰에서 미국의 동해안 항구에 대한 관심을 다음과 같이 논한 바 있다. "북한의 지하자원, 유전, 지정학적 활용성, 원산·함흥 등 동해안 항구는 경제적 가치로 환산될 수 있다. 이런 요소들이 지금 상황보다 더 경제적이라고 판단되면 트럼프

발구 중 원산, 흥남, 청진 등에서 동아시아 생산·무역네트워크의 거점
이 나올 가능성이 있다.[24]

5 동아시아·태평양 네트워크의 형성

(1) 남북 네트워크의 동남아로의 연결

남북 경협이 네트워크의 이익을 확대하고 안정성을 확보하려면 더욱
확대된 네트워크 공간으로 연결되어야 한다. 북방 대륙으로의 연결은
미국·중국·러시아의 이익을 조화시키는 일이 쉽지 않다. 반면 남북 네
트워크를 동남아와 태평양 쪽으로 연결하는 것은 상대적으로 남북 모
두 자율의 공간이 넓은 편이다. 동남아·태평양 공간은 정치·군사적 이

대통령의 대(對)북한 정책은 하루아침에 180도 바뀔 수 있다. (⋯) 잉여농산물이 청진이나
원산을 통해 유입된다면 북한으로서도 좋은 일이다. 건설자재 등 경제개발에 필요한 물자
들도 들어온다. 김정은이 세계적 명소로 키우겠다던 마식령스키장 관광객도 원산항을 통
해 들어오면 얼마나 좋은가. 무엇보다 경제와 경제가 긴밀하게 엮이면 전쟁은 절대 일어나
지 않는다. (⋯) 그건[동해안 항구에의 미군함 입항은−인용자] 중국이 있어 쉽지 않다. 중
국의 양해가 있어야 가능하지 않을까 싶다. 동해안의 항구는 군사용이 아닌 경제협력용으
로 개방될 것이다."(월간중앙 2017. 7. 26, https://news.joins.com/article/21789891)

24 트럼프·김영철 면담에서 이루어진 논의는 미국이 포괄적·원론적으로 긍정적 메시지(즉
대외개방의 긍정성)를 보낸 수준에 불과하다는 견해도 있다. 오히려 미국의 폼페이오 국무
부 장관이 2018년 5월에 미국의 대북 민간투자가 가능할 것으로 언급한 전력망 확충, 사회
인프라 건설, 농업 발전 등의 분야가 중요하고 이 분야는 원산과 별로 관계가 없다는 것이
다. 그런데 필자는 원산지구 개발이 현재 김정은정권의 최대 관심사업이라는 점, 폼페이오
가 언급한 분야의 투자영역이 오히려 전면적이고 대규모라는 점, 동해 바다가 상대적으로
느슨한 공간이고 미국·일본·러시아의 전략적 관심지역이 될 수 있다는 점 등을 감안해야
한다고 본다.

익보다는 경제적 이익의 비중이 높고, 이들 국가와의 연결은 기존의 동아시아 발전모델을 개선하는 효과도 지닌다고 할 수 있다.

현재 한국의 경제네트워크는 중국과 미국에 편중되어 있다. 그러나 미·중 통상 갈등 등 동아시아 네트워크의 균열로 인해 한국의 네트워크상 위치가 동요될 가능성이 있다. 미국의 통상정책이 중국을 주요 목표로 삼고 있지만, 한국도 미국을 상대로 무역흑자를 기록하고 있기 때문에 미국의 제재조치 대상으로 선정될 가능성이 있다. 또한 미·중 간 갈등에 따른 중국의 내수 중심 성장전략으로 한·중 간 통상관계도 위축될 가능성이 있다.(윤여준 외 2017, 158~61면)

현재 한국의 수출입 네트워크에서 압도적인 지위를 지닌 국가는 중국이다. 중국 다음으로 중요한 국가는 수출에서는 미국, 수입에서는 일본·미국이다. 중국·미국·일본을 뒤따르고 있는 곳은 동남아와 호주이다. 2016년 기준으로 수출상대국 중에서 베트남이 4위, 싱가포르가 6위, 말레이시아가 10위, 호주가 11위의 비중을 나타냈고, 수입 비중에서는 호주 6위, 베트남 7위, 인도네시아 10위 등이다.(UN Comtrade DB; 라미령 외 2018, 112면)

중국과 미국을 중심으로 한 네트워크 이외에 한반도와 새로운 네트워크 공간을 형성할 수 있는 구성원들로 동남아·호주 등을 생각해볼 수 있다. 이들 국가는 미국과 중국 모두에 연결고리를 가지고 있으면서 중간적인 규모와 위치의 조건을 지니고 있다.[25]

---

[25] 러시아와 인도 역시 남북한과의 중요한 교역국이고 미·중 사이에서 독자적인 위치를 지니고 있어서 남북과 함께 새로운 네트워크를 형성하는 상대가 될 수 있다. 그러나 이들은 규모와 정치·군사적 지위 등에서 스스로 네트워크의 중심에 서려는 전략을 추구할 가능성이 있다

미국은 동아시아·태평양 지역에서 일본·한국·호주와 군사동맹을 맺고 있으며, 인도·싱가포르·베트남 등이 인도·태평양 전략에서 중요한 역할을 수행하기를 기대하고 있다. 중국은 인도·러시아와의 협력을 강화하여 미국의 압력에 대응하려는 입장이다. 동남아와 호주는 중국과의 경제적 관계가 깊어지는 한편, 비경제적 차원에서는 경계·갈등의 양상이 나타나고 있다. 한국·호주·동남아는 모두 중국과의 관계에서 정치·군사적 갈등과 경제관계의 심화가 조합된 구조를 지니고 있다.[26]

동남아에 중국은 최대의 무역상대국이다. 2015년 기준으로 동남아의 무역액 중 중국이 17%를 차지했으며, 그 뒤를 이어 EU(유럽연합), 미국, 일본이 전체 무역의 10%, 9%, 9%를 차지했다. 중국과의 무역 비중은 2000년 4%에서 2015년 17%로 비약적으로 증대되었다. 2015년 동남아의 중국에 대한 수출 비중은 수입 비중보다 크게 낮아 무역적자가 심한 편이다. 미국, EU, 일본에 대해서는 동남아의 수출 비중이 수입 비중보다 높거나 비슷한 수준이었다. 이들 국가 다음으로는 한국, 인도, 대만, 호주 등이 동남아의 주요한 무역상대국이다.(IMF DOTS; 오윤아 외 2017, 41~42면)

동남아 입장에서 중국·미국·일본 이외로 네트워크를 확장하려면, 한국·북한으로의 연결을 강화하는 것이 방향이 될 수 있다. 한국·중국·동남아 사이의 경제네트워크는 전자제품과 기계 및 부품소재의 생산과

---

26 동남아와 중국의 경제네트워크는 심화되었으나, 그와 함께 중국의 영향력이 지나치게 확대되고 있다는 '중국위협론'도 등장하고 있다. 특히 2009년 이후 남중국해분쟁 등에서 나타난 중국의 공세적 태도는 동남아 국가들의 경계심을 불러일으켰다. 또 중국이 주도하는 대규모 개발사업의 환경·노동 기준 문제, 중국정부의 강압적 태도 등이 중국과의 경제협력에 대해 비우호적 평판을 형성하기도 했다.(오윤아 외 2017, 117~18면)

무역을 중심으로 발전해왔다. 특히 스마트폰 및 TV의 경우 한국 전자업계가 핵심 부품은 중국 및 한국에서 생산하고 완제품 조립을 베트남에 집중하는 체계를 형성했다(오윤아 외 2017, 53면). 북한의 수출입 네트워크는 중국에 편중되어 있지만, 태국·싱가포르·말레이시아·필리핀 등 동남아 국가들에도 연결되어 있다. 남북 네트워크를 한국·동남아·북한의 지역생산 네트워크로 확장하면, 한국이 북한·동남아에 중간재를 반입하여 현지 조립을 행하고 미국·중국을 포함한 해외시장 등으로 내보내는 구조가 만들어질 수 있다.

북한이 발전모델 또는 개혁·개방모델을 채택할 때, 당·국가의 통제력 유지를 중시하여 '중국 모델' 또는 '베트남 모델'을 고려할 것이라는 예상이 나오고 있다. 이는 발전국가의 권위주의 정치체제 요소를 중시하는 논의이다. 그러나 어느 지역을 중심으로 한 네트워크에 들어가는가를 기준으로 하여 '중국 중심 네트워크 모델'과 '남북·동남아 네트워크 모델'을 논의할 수도 있다. 북한이 베트남에 비해 불리한 조건이 많지만, 남한과 연계하면서 '남북·동남아 네트워크 모델'에 참여한다면 베트남과는 다른 기회에 접할 수 있다.[27]

---

27 『이코노미스트』(*The Economist*)는 북한을 베트남과 비교하면서 북한이 개혁에 불리한 점을 거론했다. 북한과 베트남의 유사성은 광범한 집단화와 공산당의 통제력, 개혁·개방 초기 조건에서의 낮은 1인당 GDP(미국의 1% 수준), 미국을 상대로 전쟁을 치른 경험과 미국이 개혁·개방의 핵심 파트너라는 점 등이다. 그러나 북한과 베트남의 차별성은 북한의 개혁을 낙관하기 어렵게 한다. 베트남은 남부라는 경제 중심이 있고 집단화 역사가 짧다는 점, 중국·베트남은 개혁 초기에 인구의 70%가 농업에 종사했으나 북한은 인구의 60%가 도시에 거주한다는 점, 중국·베트남은 개혁 초기에 중위 연령(median age)이 20세였으나, 북한은 34세에 이른다는 점 등이다.(*The Economist*, 2018. 7. 14.) 그러나 『이코노미스트』의 기사가 보지 못한 점도 있다. 북한에는 남한이라는 존재가 있다. 그간 남한은 북한의 체제 위협 요인이었지만, 북한이 네트워크형 국가로 전환할 경우 남한은 기회의 연결고리가 될 수도 있다.

(2) 동아시아·태평양 네트워크로의 확장

남북·동남아 네트워크를 호주를 필두로 한 태평양 공간으로 확장하는 것은 기존의 동아시아 네트워크가 지닌 발전지상주의의 한계를 극복하는 데 도움이 된다. 남북 경협은 정치·군사부문 협력과 병행하여 북한 당국과 합의하는 분야에 대해서 대기업 및 국가 주도로 이루어질 가능성이 높다. 호주·뉴질랜드의 경우 농업·서비스업의 비중이 높고, 환경·노동·교육 등 사회 문제에서 민주주의의 수준이 높은 국가이다. 이들과의 접촉과 이동의 증대를 통해 발전모델을 개선할 수 있다.

호주의 외교정책의 주축은 자유무역주의, 미국과의 동맹, 중국과의 관계 강화, 자국 안전에의 집중 등 네가지이다. 이 중에서 한국과 관계가 깊은 사항은 호주가 인도·태평양 공간을 새로운 지역 개념으로 받아들였다는 점이다. 호주는 2017년 외교백서[28]에서 인도·태평양의 민주주의 국가인 일본, 인도네시아, 인도, 한국을 주요 양자 파트너이자 지역질서에 영향을 미칠 주요 국가로 명시했다. 아울러 이들 국가와 경제·안보 협력과 사람 대 사람의 연결(people-to-people links)을 강화한다는 방침을 밝혔다.(라미령 외 2018, 85~88면)

호주 입장에서 한국은 중국·미국·일본 다음 가는 무역상대국이다. 2016년 기준으로 한국은 호주의 3위 수출대상국이자 6위의 수입대상국이다(UN Comtrade DB; 라미령 외 2018, 24~25면). 호주는 주요 수출품목이 광물자원과 농축산물에 집중되어 있고, 금융보험서비스, 전문과학기술서

---

28 2017년 11월 호주정부는 2003년 이후 14년 만에 정부의 대외정책 관련 주요 분야에 대한 행동방향을 구체적으로 제시하는 호주 외교백서(*2017 Foreign Policy White Paper*)를 발간했다.

비스 등 서비스산업을 중심으로 하는 산업구조를 가지고 있다. 한국으로서는 호주가 강점을 지니고 있는 분야에서 사람 대 사람의 연결을 강화함으로써 산업구조 및 발전모델의 개선 효과를 기대할 수 있다.

한국과 호주 사이의 사람 대 사람의 연결은 한국과 뉴질랜드의 협력 사례를 확대·응용하는 것이 좋을 것이다. 한국과 뉴질랜드 정부는 농어촌 초·중등학생 어학연수, 농림수산업 분야 전문가 훈련, 일시고용입국·워킹홀리데이 확대 등 협력사업에 합의한 바 있다. 사회개혁 및 네트워크형 인력개발 차원에서 호주·뉴질랜드에서 학업 또는 근로를 수행할 수 있는 협력 프로그램을 대폭 확대하는 것이 바람직하다.

호주·뉴질랜드는 정치권과 사회권 측면에서 선진국이며, 한국과 함께 동아시아·태평양에서 평화국가로의 지향성을 공유할 수 있는 국가이다(인텔리전스코 2018, 76면). 남북한·호주·뉴질랜드 사이에 사람 대 사람의 연결을 확대하면서, 동아시아·태평양에서의 평화네트워크가 강해지고 남북 연합이 시민적 복합국가로 진화해갈 단초를 찾을 수 있다.[29]

6 결론

이 글은 동아시아 협력과 남북 협력을 포괄하는 새로운 경제모델을

---

[29] 기존 APEC 구도에 북한을 편입시키면서 남북이 북미관계 및 미중관계의 갈등적 측면을 희석시키며 미국, 인도, 호주는 물론 중국과의 협력을 끌어내는 전략도 상정해볼 수 있다. 그러나 이 전략을 한국의 힘으로 끌고 가기에는 현실적 제약이 많다. 미·중 갈등이 구조화되고 있고, 이미 중국이 APEC을 FTAAP(아시아·태평양자유무역지대)로 발전시킬 것을 지속적으로 주장해온 바 있다. 한국, 호주, 베트남, 태국 등 중규모 국가는 미·중 갈등 속에서 새로운 네트워크구조가 필요한 공통적 목표와 이해관계를 가지고 있다.

탐색하려는 것이다. 이를 위해 글로벌·동아시아 네트워크 속에서의 남북한의 위치를 분석한 후 새로운 네트워크를 형성하는 경제협력 모델을 구상하고자 했다.

부가가치 기준의 무역자료를 이용하여 글로벌 무역네트워크를 분석한 결과는 다음과 같다. 글로벌 경제네트워크는 유럽 네트워크와 아시아·아메리카 네트워크로 크게 양분되어 있는데, 전체 네트워크 중심부에 미국이 있고, 중국은 아시아·아메리카 네트워크에서 미국과 함께 핵심적 부가가치 공급자로 기능하고 있다. 한국은 아시아·아메리카 네트워크의 반주변부에 머물러 있다. 북한은 네트워크의 가장 외곽에서 중국과만 연결된 고립적 위치에 있다.

2008년 세계경제 위기 이후 미중관계는 갈등국면으로 전환했고 동아시아 네트워크를 분기시키는 쪽으로 작용하고 있다. 1990~2010년 사이 동아시아 생산·무역네트워크의 진전으로 아시아·아메리카 네트워크의 밀도가 높아졌다. 이 시기 미국의 무역 및 고용구조의 악화와 함께 2010년 이후 미·중 간 경제적·군사적 경쟁관계가 심화되었다.

미국과 중국을 중심으로 한 네트워크들 사이의 갈등이 확대되는 가운데, 이 글에서는 남북 네트워크와 동아시아·태평양 네트워크를 연결하는 것을 '한반도경제'의 네트워크 전략으로 삼아야 한다는 점을 논의했다.

1990년대 이래 남북한 정부 사이에 여러차례 합의된 남북연합은 시장관계와 국가체제의 중간에 있는 네트워크형 거버넌스이고, 2018년 판문점선언은 남북연합 네트워크의 형성을 재확인한 것이다. 남북 네트워크의 형성에는 북미관계의 진전이 중요한 제도적 조건이므로, 판문점선언에서 합의된 동해지구 프로젝트를 남·북·미 협력의 방식으로 확대하고 비핵화 진전의 한 단계로 연결시키는 방안을 강구할 필요가 있다.

남북 경제협력이 네트워크의 이익을 확대하고 안정적으로 발전하기 위해서는 동아시아·태평양으로 네트워크 공간을 확대할 필요가 있다. 북방 대륙으로의 연결에서는 미국·중국·러시아의 이익을 조화시키는 일이 어렵지만, 동남아·태평양 공간으로의 연결은 상호간의 이익을 만들어낼 가능성이 높다. 남북이 동남아와 네트워크 공간을 형성하면 참여자들이 함께 발전의 성과를 거둘 수 있다. 태평양 지역 국가와 사람 대 사람의 연결을 강화하면 기존의 동아시아 발전모델을 개선하는 효과를 기대할 수 있다.

나는 '한반도경제'를 남북과 동아시아·태평양이 연결되는 네트워크 경제로 다시 정의하고자 한다. 한반도 경제협력은 체제혁신의 프로젝트이다. 기존의 체제는 세계체제-분단체제-국내체제의 결합체인데, 이들 각각의 층위에 네트워크경제의 영역이 확대된 체제를 만들어가자는 것이다. 국가 차원에서의 혁신은 발전국가에서 네트워크국가로 이행하는 것이다. 남북연합과 한반도경제는 한편에서는 동아시아 발전모델에 적응하면서 또 한편에서는 시민이 주체가 되는 복합국가를 지향해야 한다.[30]

---

30 동아시아 지역의 경계는 고정된 것이 아니고 한반도경제의 진전과 함께 네트워크 공간으로 형성되는 것이라고 본다. 백낙청(2010)에 의하면, 동아시아 국가의 지역적 아이덴티티는 다원적이며 다분히 유동적이고 국민국가를 단위로 한 유럽연합의 선례를 적용하는 데에는 결정적인 한계가 있다. 중국과 일본의 존재 때문에 역내 국가들 간의 불균형이 심각하다. 따라서 "국경선과 반드시 일치하지 않는 공간에서의 유대 형성을 적극적으로 추진할 필요성이 절실하다"(240면)고 했는데, 이는 현실적 조건을 명확히 지적한 것이다. 다만 유대 형성을 위한 기반과 지향성이 중요하다. 여기에서 공통의 문명유산을 향유하는 지역으로서의 동아시아를 논의하기도 하지만, 필자는 발전과 시민적 가치를 지향하는 것이 근대 적응과 극복의 이중과제에 부합하는 것으로 판단한다. 백낙청 2010, 235~42면 참조.

제7장
뉴노멀 경제와 한국형 뉴딜

1 문제의 제기

우리는 위기감이 일상화된 시대를 살고 있다. 박근혜 대통령 탄핵 사태를 겪으면서 온 국민이 정치적 혼돈의 위기를 실감한 바 있다. 정치적 리더십의 붕괴는 북한 핵·미사일 문제와 미국·중국·일본과의 외교관계의 위기와 동반하여 나타났다. 해운업·조선업의 구조조정 문제가 표면화되면서 1997년 이후 최대의 경제위기 상황에 놓여 있다는 경고가 속출하고 있다. 현재 진행되는 경제위기는 구조적이고 장기적인 것이며 전례 없는 최대의 위기로 확대될 가능성이 높다는 점이 자주 지적되고 있다.[1]

계층과 세대를 불문하고 만연한 위기감은 어떤 계기와 만나면 폭발

---

[1] 한국 최대의 주류 경제학회라 할 수 있는 한국경제학회에서는 2017년 3월 2일 '절대 위기의 한국경제, 어디로 가야 하나'라는 정책세미나를 개최했다. 여기에서 '절대 위기'라는 표현은 장기적·단기적 측면에서 모두 위기의 구조와 징후가 뚜렷하다는 문제의식을 명백히 드러낸 것이다.

적인 형태로 확대될 가능성이 잠재해 있는 것으로 여겨진다. 실제 존재하는 객관적 현실을 정확하게 인식하면 위기를 예방하거나 완화할 수 있다. 위기가 폭발하는 것은 현실 이상으로 위기감이 커질 때인 경우가 많다. 위기를 확대하는 것은 불안이다. 그런데 불안감의 상당 부분은 지금까지의 관습적 방식으로는 앞으로 닥칠 삶을 이해하거나 대비할 수 없을 것이라는 인식에서 생겨나고 있다. 따라서 새로운 현상을 새로운 개념을 통해 체계적으로 인식하는 것이 중요하다. 이에 필자는 한국에서의 복합적 위기 양상을 '뉴노멀'(new normal)이라는 개념을 통하여 체계화한 후 이에 대한 대응방안을 모색해보고자 한다.

뉴노멀이란 아직은 학술적으로 확립된 개념은 아니지만, 경제는 물론 정치·사회·문화 및 일상생활의 변화를 신속하고 포괄적으로 담아낼 수 있는 장점이 있다. 이를 통해 새로운 삶의 방식을 단번에 체계적으로 이론화할 수는 없지만, 기존 이론 밖에서 일어나는 변화를 민감하게 수용해낼 수 있는 장점이 있다. 이 때문에 뉴노멀이란 용어는 시대변화에 민감한 언론과 비즈니스 쪽에서 거론되기 시작했다. 뉴노멀은 이전에는 비정상적인 것으로 여겨지던 것이 이제 상식적이고 일반적으로 변했다는 상황변화를 지칭한 말이다.

뉴노멀 현상이 주로 거론된 것은 거시경제와 기술·산업 분야이다. 학계보다는 언론 및 비즈니스 종사자들이 경제나 기술·산업 분야에서 모두 전과는 다른 새로운 세상이 도래했다는 인식을 뚜렷이 나타내기 위해 뉴노멀이라는 용어를 사용하기 시작했다. 2009년 6월 15일 ABC 뉴스는 "대공황 이후 최악의 금융위기와 뒤이은 불황이 미국인의 생활방식에 크고 작은 변화를 가져왔다. 이것이 '뉴노멀'의 세계이다"라고 보도했다. 이 시기 이후 『뉴욕타임즈』, CNN, BBC 등 다른 언론에서노 뉴

노멀이란 용어가 자주 사용되기 시작했다.[2]

뉴노멀이란 말이 더욱 확산된 것은 2013년 이후이다. 래리 서머스는 2013년 말부터 경제상의 '장기침체'를 뉴노멀이란 말과 연관시키면서 여러 차원의 논쟁을 유발하였다(Summers 2013). 이후 뉴노멀은 2008년 세계 금융위기 이후 선진국이 직면한 침체 상태를 지칭하는 용어로 자리를 잡았다. 또한 2012~13년 중국경제의 성장 둔화가 세계적 관심사로 등장하면서 중국의 변화를 설명하는 용어로도 많이 사용되었다.

기술·산업 분야에서는 거시경제 분야에 앞서 뉴노멀 용어가 사용되었다. 기업경영과 IT의 융합에 대해 기업에 자문활동을 하던 피터 힌센 (Peter Hinssen)은 2010년 출간한 책에서 "디지털혁명의 한계를 돌파하는 것", 즉 새로운 디지털혁명을 뉴노멀이라고 명명했다(Hinssen 2010). 이는 독일, 미국 등 선진국에서 진행되는 산업혁신에 기초하여 세계경제포럼에서 주도적으로 유포한 '4차 산업혁명' 담론의 맥락으로 이어졌다고 할 수 있다(Schwab 2016).

이하에서는 이러한 뉴노멀 개념에 입각하여 한국의 경제적 전환의 주요 현상을 체계화한 후 이에 대응하는 정책체계를 논의하고자 한다.

한국경제는 공업화의 진전과 산업구조의 고도화, 그 결과로서의 상대적으로 공정한 성장이라는 동아시아 발전모델을 대표하는 사례였다. 동아시아 발전모델은 거시적 성과와 함께 산업·기술체제, 글로벌 분업체제의 조건 등 서로 유기적으로 연결된 구성요소를 지니고 있었다. 그러나 이런 요소들은 2010년경을 전후로 해서는 이제 더이상 '노멀'의

---

2 위키피디아에서는 ABC 뉴스 비즈니스 유닛에 게재된 Alice Gomstyn의 기사 "Finance: Americans Adapt to the 'New Normal'"(15 June 2009)을 '뉴노멀' 용어를 거론한 선구적인 기사로 제시하고 있다(http://abcnews.go.com/Business/Economy/story?id=7827032&page=1).

그림 1 한국에서의 동아시아 발전모델과 뉴노멀 경제의 전개

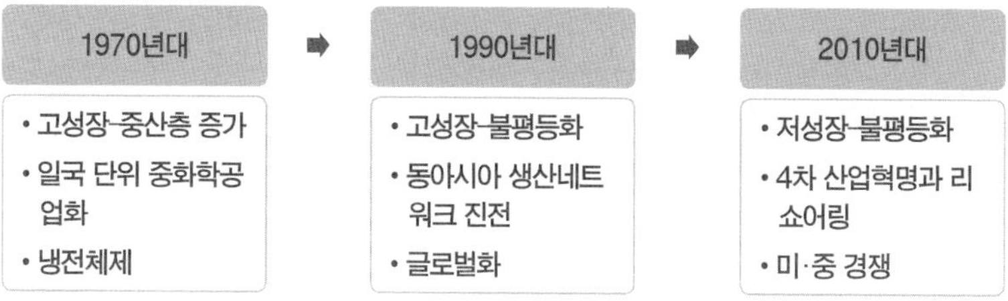

1970년대	➡	1990년대	➡	2010년대
• 고성장-중산층 증가 • 일국 단위 중화학공업화 • 냉전체제		• 고성장-불평등화 • 동아시아 생산네트워크 진전 • 글로벌화		• 저성장-불평등화 • 4차 산업혁명과 리쇼어링 • 미·중 경쟁

- 출처: 필자 작성.

것으로 존재하지 않게 되었고, 뉴노멀의 조건 및 추세가 나타나게 되었다(그림 1 참조).

뉴노멀은 단순히 거시경제적 성과의 부진을 말하는 데 그치는 것이 아니라 기존의 발전모델이 제대로 작동하지 않게 하는 구조적 위기 요인을 의미한다. 뉴노멀 위기에는 과거에도 반복된 순환적 위기라는 측면과 이제는 더이상 역전하기 어려운 추세라는 측면이 함께 존재한다. 따라서 이러한 위기에 대응하려면 한편에서는 회복을 추진하면서 또 한편에서는 새로운 적응을 도모하는 양면의 전환 전략이 추진되어야 한다.[3] 이러한 전환의 전략을 필자는 '한국형 뉴딜'이라고 부르기로 한다.

---

3 '적응'은 여러 차원에서 이루어질 수 있다. 시장불완전성에 적응하는 정학적 적응도 있을 수 있고, 기술혁신, 상대가격 변화, 법적·정책적 조건의 틀의 변화 등 시장외부 조건의 변화에 의한 동학적 적응도 있을 수 있다(米倉等·黑崎卓 1995). '뉴노멀' 현상은 기술체계는 물론이고 국제분업구조와 지정학적 환경의 변화까지 이루어지는 것이므로, 여기에 적응하는 것은 구조적·제도적·추(趨)동학적인 적응이라고 할 수 있다.

2 한국에서의 뉴노멀 경제 개념

(1) 저성장과 불평등

뉴노멀 개념을 구성하는 대표적인 현상은 저성장 또는 성장 둔화라고 할 수 있다. 2008년 세계경제 위기 이전 고소득국 경제는 대략적으로 연평균 3% 내외의 성장을 나타냈지만, 그 이후 성장률은 1% 내외 수준으로 급격히 떨어졌다. 1990년대 이후 2008년 글로벌 위기 때까지 중·저소득국 경제는 4.5% 내외의 높은 평균 성장률을 기록했다. 그러나 그 이후 성장률 추세는 꺾여서 완만한 성장세 또는 정체 상태가 새로운 추세로 형성되었다. 2000년대 이후 세계경제에 깊숙이 편입된 한국경제도 세계경제의 흐름에서 크게 벗어나지 않는다. 2010년 이후 한국의 성장률은 2~3% 내외에서 변동하고 있다.

거시경제학에서 저성장은 세가지 차원에서 정의될 수 있다. 첫째는 장기 잠재성장률의 감소, 둘째는 잠재성장률과 실제 성장률의 갭, 셋째는 일회성의 GDP 수준의 변화이다(Teulings and Baldwin, eds. 2014, 3~4면). 최근의 장기 경기침체론은 성장 추세가 과거와는 다른 역사적 국면으로 들어갔다는 차원에서 새롭게 논의된 바 있다.

우선 공급 측면에 기반한 솔로우-로머(Solow-Romer)의 성장모형에 입각하여 장기 잠재성장률이 감소하는 현상으로 장기침체를 논의할 수 있다. 이에 따르면, 잠재성장률은 생산 투입요소의 증가 및 투입요소 결합방식의 효율성 증가에 의해 결정된다. 공급 측면에서, 인구성장 정체와 기대수명의 상승, 교육수준의 정체가 나타나고, 다양한 개념의 자본축적 미약 등 사회적 요인들, 경제의 성숙화에 따른 생산성 정체 등이 맞물리면서 성장률은 떨어진다는 것이다.

한편 실제 성장률이 장기 잠재성장률보다 낮아서 지속적인 GDP 갭이 있으면 케인즈적인 의미에서의 총수요 부족이 장기화된다. 이를 전제로 서머스는 더 나아가 부채에 기반한 버블이 총수요 부족을 심화시킬 수 있음을 지적했다. 단기 실질이자율의 하락과 부(-)의 이자율이 부채에 기반한 버블을 발생시키면 가계와 기업은 부채를 축소하게 되고, 이는 지속적인 총수요 부족으로 이어진다. 새로운 저축이 새로운 투자 기회를 찾지 못하면 경기침체가 더 연장될 수 있다.(Summers 2014)

일시적인 경제위기와 결부되어 나타나는 일회적인 공급 수준의 저하가 바로 회복되지 않으면서 저성장으로 이어지기도 한다. 만성적 경제 부진과 고실업을 동반한 '유럽의 동맥경화증'은 노동시장의 기억효과(hysteresis)로부터 기인하는 측면이 있다. 유럽의 경우 경기침체 후에 실업이 급격히 증가하고 나서는 그 이전의 수준으로 회귀하지 않는 현상이 나타난 것이다.(Blanchard and Summers 1986)

이러한 거시경제 모형에서 저성장은 주기적으로 발생하는 문제이지만, 최근의 저성장 추세는 과거와는 다른 역사적 국면에서 나타나는 것으로 장기화할 수 있다는 지적이 나오고 있다. 저축 증가는 주로 고령화 요인에 의해 이루어지고, 이에 따라 저축 증가가 투자 및 성장과 연결되는 고리가 약화되거나 단절되고 있다. 서머스에 따르면, 저축과 투자 사이에 체계적인 불일치가 발생하여 완전고용 이자율에도 완전고용이 달성되지 못하고 금융 불안정성이 증폭된다는 것이다. 이렇게 되면 저성장 추세가 장기화하면서 주기적으로 금융위기가 발생하게 된다.(Summers 2014) 이는 소득의 안정성을 약화시켜 불평등을 더욱더 심화시킬 수 있다.[4]

한국의 경우에 저성장 추세로의 본격적인 전환이 이루어진 것이 2010년 이후이고, 불평등 추세로 전환한 것은 1990년대 초이다. 즉 1990년대 초 이전은 고성장-평등화, 1990년대 초~2010년은 고성장-불평등화, 2010년 이후는 저성장-불평등화의 추세가 전개되었다.

한국에서는 1997년 외환위기를 계기로 해서 소득 불평등이 크게 증가했다. 외환위기가 중요한 계기를 제공한 것은 사실이지만, 불평등은 1990년대 초중반을 터닝 포인트로 하여 증가세로 전환하였다. 1960년대부터 조금 더 길게 볼 경우, 1970년대 후반 불평등이 증가했다가 1990년대 초반까지 정체 또는 감소하는 추세를 나타냈으며 이후 불평등 증가 추세로 전환했다. 1990년대 초중반 고성장-불평등화 추세로의 전환이 일어나게 된 요인은 무엇인가? 이 시기에 일어난 중요한 변화는, 첫째로 글로벌 분업체제로의 전환이고, 둘째로는 이에 따른 국내 기업·산업·지역의 불균형 발전이다.

1992년은 중국과의 수교로 교역이 증대되기 시작한 시점이며, 1996년은 OECD에 가입한 해로 선진국 진입에 따른 보호무역주의의 해체와 자유화의 확대가 상징적으로 나타나는 시점이다. 이 시점에서 우리 경제는 전면적인 개방경제로 전환된다. 이러한 흐름이 1997년 외환위기를 계기로 해서 증폭된 것으로 볼 수 있다. 중국 시장의 팽창에 의존하는 수출주도형 성장 정책이 대기업과 중소기업, 수출산업과 비수출산업 사이의 격차를 확대하였다. 여기에 외환위기 이후의 기업경

---

4 기존의 거시경제 모델이 형성된 역사적 조건은 기술적 차원에서도 중대한 변화를 겪고 있다. 기존 거시모형의 성장론이 작동하지 않는 배경으로 다른 한편으로는 디지털기술, 로봇, 유전학, 3차원 프린팅, 빅데이터, 사물인터넷(IoT) 등 최근의 기술적 진보의 파급효과가 기존 범용기술의 그것과는 차원이 다르기 때문이라는 주장이 제기되고 있다.(Arthur 2011)

영 전략과 노동시장제도의 변화는 정규직과 비정규직 간 격차, 즉 노동 내부의 격차를 확대하는 흐름을 만들어냈다.[5]

외환위기 이후 노동시장 내에서 정규직과 비정규직, 대기업과 중소기업, 수출산업과 비수출산업 사이의 임금 격차가 크게 확대되었다. 한국과 OECD 국가들을 비교할 때, 한국의 가계소득 불평등도는 중간 정도이지만, 임금소득 불평등도는 최고 수준이다. 임금 격차가 엄청나게 벌어지는 추세 속에서 저소득 가계의 가구 구성원들이 노동시장 참여율을 높여 부족한 가계소득을 벌충하여 격차를 조금이라도 줄이려는 구조를 가지고 있는 것이다.

한국의 수출 대기업은 주로 수도권과 경부선 축을 중심으로 분포해 있고 이는 지역간, 도시간의 자산과 소비, 교육과 주거 등에서의 불평등으로 이어지고 있다. 한국의 경우 개발 연대의 자산가치 상승 과정에 중산층들까지 참여할 수 있었다. 이에 따라 가계 조사 자료에 입각한 한국의 자산 불평등은 OECD 선진국들보다도 낮은 것으로 나타나고 있다. 그러나 자산은 최상위층에 집중되는 경향이 있고 이들의 자산 파악은 매우 어렵다. 자산에 대한 통계 조사가 미흡한 상태에서 자산을 통한 세습자본주의화 경향에 대한 사회적 담론이 확대되는 상황이다.

한국은 저성장하의 불평등 추세가 막 시작되었다. 향후 계층간·세대간·지역간 갈등이 매우 심각할 정도로 표출될 가능성이 있다. 제한된 자원을 놓고 여러 사회세력들 사이의 갈등이 더 커질 수 있다.[6]

---

5 이하 불평등화에 관한 논의는 전병유 엮음(2016)을 참조.
6 한국의 경우 사회적 갈등을 관리하고 조절하는 능력이 매우 낮은 것이 현실이다. 한국보건사회연구원의 연구에 따르면, 2011년을 기준으로 한국의 '사회갈등관리지수'는 OECD 34개국 중 27위에 머물러 있다.(정영호·고숙자 2014)

(2) 4차 산업혁명의 진전

케인즈적 사고에서 성장과 고용의 결정은 총수요 요인에 의해 영향
을 받는다. 다른 한편으로 신고전파적인 솔로우 성장모형에서 성장을
좌우하는 핵심 요인은 바로 공급 측면의 기술진보 요인이다. 최근의 저
성장 추세는 수요 측면과 공급 측면에서 모두 구조적 전환이 이루어지
는 가운데 나타나고 있다. 인구구조 변화와 관련한 저축의 증가는 총수
요 변동에 영향을 끼쳐 이자율의 기능을 크게 약화시켰다.[7] 게다가 4차
산업혁명에 관한 담론은 기술진보의 새로운 단계에는 성장과 고용이
연계되어 있다는 지금까지의 경제학 상식이 흔들릴 수 있는 가능성을
제기하고 있다.

4차 산업혁명은 제조업을 중심으로 한 기존 산업의 경계가 허물어지
는 과정의 연속선상에서 진행되고 있다. 과거에는 '제조업'이 수행하던
제반 가치의 창출 과정이 분화하여 점차 독립적인 '서비스업'을 형성한
바 있다. 더 나아가 제조업의 가치사슬에서도 제조 이외 분야의 가치 창
출의 비중이 높아지면서 부가가치 창출을 위해서는 양적·물질적 투입
보다는 질적·비물질적 투입이 더 중요해졌다.[8] 이러한 추세는 제조업이
IT와 결합하면서 더욱 강화되었다. 제조업의 소프트화는 센서기술의
상호 연결, 데이터기술을 활용한 대량 맞춤형 수요 충족, 가치사슬 통

---

7 통화정책이 장기적 차원에서는 무용하고 단기적 차원에서는 유용하다는 것은 기존 신고전
  파 경제학의 원론적 입장이다. 그러나 초저금리 현상의 지속, 인내를 수반하는 시간선호의
  변동 등 통화정책의 단기적 부양효과가 크게 감소한 것도 현실이다.
8 제품의 연구개발, 생산, 마케팅에 이르기까지의 부가가치를 단계별로 그래프로 나타내면
  '스마일 커브'의 모양이 그려질 수 있다.

합, 효율성 증가 등이 연쇄적 효과를 일으키면서 급진전되고 있다.

4차 산업혁명의 핵심 요소에 대해, 세계경제포럼에서는 인공지능, 머신러닝, 로봇, 사물인터넷, 3D 프린팅, 바이오기술 등의 발전에 기반한 기술혁명을 언급한 바 있고, 클라우스 슈바프(Klaus Schwab) 교수는 물리학, 디지털, 생물학 등 3개 분야를 융합하는 신기술을 지목했다(Schwab 2016). 독일의 인더스트리 4.0 프로젝트에서는, 스마트공장, 산업 사물인터넷, 사이버-물리 시스템(Cyber Physical System, CPS) 등을 도입하는, 생산방식의 전면 개편을 내세우고 있다. 여러 논의들에서 언급되는바, 최근 기술진보의 핵심 요소는 산업 구성 요소들을 연계하는 것인데, 이를 가능케 하는 것은 인공지능이다. 인공지능은 하드웨어, 소프트웨어, 데이터의 결합에 의해 발전하고 있다.[9]

4차 산업혁명에 관한 담론은 세계경제포럼을 통해 크게 확산되었지만, 핵심적 내용은 2010년경부터 제시되었다. 아서(B. Arthur)는 바이오기술이나 나노기술 분야는 시기상조이지만, 디지털기술에서 일어난 "심대하고, 완만하지만 조용한 변화"를 물리적 경제에 대비해 "제2차 경제"라고 명명한 바 있다. 이는 물리적 경제의 공정들이 다양한 서버들과 반(半)지능결절들을 통해 연결된다는 것을 의미한다. 산업혁명기의 증기기관이 기계 성능의 형태로 근육조직을 구성한 것이라면, 디지털기술은 지능적이고 자율적인 계통망(neutral system)을 형성하는 것과 같다. 따라서 이는 경제와 사회 전반에 심대한 파급효과를 미치게 된다는 것이다.(Arthur 2011)

---

9 인공지능은 "사람처럼 행동하는 시스템, 사람처럼 생각하는 시스템, 합리적으로 생각하는 시스템"(Russell and Norvig 2014), "문제를 풀고 결정을 내리기 위해 배우고 이해하는 능력"(Negnevitsky 2002) 등으로 정의되고 있다.

신기술이 경제성장에 긍정적인 영향을 미칠 것으로 생각하는 낙관론자는 IT, 바이오, 신소재 기술 등이 앞으로 세상을 뒤바꿀 것이라고 본다. 또 IT혁명의 과실을 현재의 GDP가 제대로 측정하지 못해 저성장의 논쟁이 촉발되고 있다고 비판하기도 한다(Mokyr 2014). 새로운 기술이 새로운 일자리를 만들어낼 수 있을 것이라는 기대를 하는 경우도 있다. 이러한 낙관론은 지금까지의 기술혁신은 다른 한편으로 새로운 역량을 필요로 하는 일자리를 만들어내서 장기적으로 고용률은 상당히 안정적으로 유지되었다는 역사적 경험에 근거한 것이다(Katz and Margo 2013).

　그러나 4차 산업혁명으로 일컬어지는 기술진보는 역사상 경험했던 산업혁명 이상으로 기존의 노동 및 산업체제에 심각한 충격을 가할 것이라는 예상이 속속 등장하고 있다.[10] 특히 4차 산업혁명 담론을 확산시킨 2016년 1월의 세계경제포럼에서도 기술실업의 가능성을 거론하면서 비관론이 크게 확산되고 있다. 이때 내놓은 전망은 선진국 15개국에서 2020년까지 710만개의 일자리가 사라지고 202만개의 일자리가 생긴다는 것이었다. 매킨지 글로벌연구소는 10년간 전세계적으로 로봇이 4천만개에서 7500만개의 일자리를 위기에 빠뜨릴 것으로 전망했다(Frey 2016, 35면).

　컴퓨터화 또는 자동화에 의한 일자리 감소에 대한 전망치로 자주 인용되는 것은 옥스퍼드대학의 프레이(Carl B. Frey)와 오즈번(Michael

---

10 기술실업에 대한 경고는 오래전부터 존재하던 것이다. 이미 1930년에 케인즈는 「손주 세대의 경제적 가능성」(Economic possibilities for our grandchildren)에서 2030년의 세상을 예측한 바가 있다. "100년 뒤에는 생활수준이 8배 더 나아져 노동시간이 주당 15시간이면 충분할 것"이라고 예언하였다. 그리고 그는 "기술실업이라는 신종 질병"에 대해 우려하고 있다. 이는 "우리가 노동의 새로운 사용을 찾을 수 있는 속도를 능가하는, 노동의 사용을 절약하는 수단에 대한 우리의 발견에 기인한다."(Keynes 1933, 3면)

A. Osborne)의 계량적 연구이다. 그들은 702종의 일자리를 대상으로 2010~20년의 자동화 가능성을 순위로 나열했는데, 영국에서는 35%, 미국에서는 47% 정도의 일자리가 높은 위험에 처하는 것으로 분류하였다. 이와 유사한 방식으로 국가별로 기술실업 위험이 높은 일자리의 비중을 보면, 에티오피아 85%, 중국 77%, 태국 72%, 인도 69%, 남아프리카 67%, 아르헨띠나 65%, 나이지리아 65%, OECD 평균 57%로 추산되었다. 선진국에 비해 개도국의 기술실업 충격이 훨씬 클 것으로 나타난 것이다(Frey 2016; Frey and Osborne 2013).[11]

4차 산업혁명은 노동체제의 변동과 함께 새롭게 형성되는 산업의 독점체제를 강화할 가능성도 있다. 새롭게 등장한 기술에 적절한 재산권을 부여하는 것은 중요한 일이다. 사유재산의 이점은 공유지의 비극을 막는 것이다. 기술진보에 대해 사유재산권을 보호하지 않으면 기술진보의 유인(誘因)이 고갈된다. 희소한 자원에 대해 재산권을 부여해야 그 자원을 보존하는 기술에 투자가 이루어지고 그 자원이 필요한 사람에게 자원이 돌아가도록 할 수 있다. 그러나 복잡한 기술에 대한 재산권이 배분되는 데는 정치적 힘이 작용하게 된다.(Reich 2016)

4차 산업혁명에 의해 쏟아져 나오는 지식재산은 새로운 경제를 구성하는 주요 요소가 된다. 복잡한 기술자산의 어떤 측면을 어떤 조건으로 누가 소유할 수 있을지에 대해 정부 또는 정치적 힘이 개입되지 않을 수

---

11 프레이 등과 유사한 방식으로 한국에서의 자동화 위험 일자리를 추정한 결과 OECD 평균과 유사하게 57%의 직업이 자동화 위험에 민감하다는 계산치가 제시되었다(이장원 2017).
물론 기술실업의 경향이 확정된 것은 아니라는 견해도 계속 나오고 있다. 현재 로봇이 노동자를 대체하여 노동생산성과 자본 및 기술투자의 증가가 확실하게 나타나고 있지는 않다는 점을 시사하기도 한다(Mishel and Shierholz 2017).

없다. 강력하고 영구적인 재산권은 투자와 혁신을 장려하지만 소비자 가격을 상승시키고 재산권자의 힘을 더욱 강력하게 한다. 새로운 기술의 중추 세력은 대기업이 될 가능성이 높다. 이들은 기술력, 경제력, 정치력을 통합하여 새로운 독점 전략을 수립할 수 있다. 첨단기술기업은 표준과 플랫폼 시스템에 대한 특허권을 획득하고 이를 사법적 제도를 통해 보호받으려 한다. 과거 독점기업이 생산을 통제하려 했다면, 신흥 독점기업은 네트워크를 통제하려 한다.

4차 산업혁명의 기반기술 개발에는 대규모 투자가 이루어지는 경우가 많다. 통상 기반기술 형성을 위하여 정부가 공공투자를 행하는 경우가 많으나 이러한 투자의 이익은 소수의 기술독점 기업에 포획될 가능성이 있다. 또한 플랫폼이나 네트워크는 긴 가치사슬의 네트워크에서 협업과 공유를 기반으로 진행되는 경향이 있으나 이 과정에서 사용되거나 창출되는 공유적 데이터를 소수 기업이 독점적으로 소유하는 경향이 나타날 수 있다.

이미 신기술에 대한 과도한 재산권 부여와 독점화 현상의 부작용이 나타나고 있다. 거대 기술기업들이 특허와 소송에 많은 노력을 기울이며 기업과 대중 사이의 이익 갈등도 빈발하고 있다. 발명자의 권리와 대중의 이익을 적절하게 조화시키고 새로운 독점화 경향을 견제하여 혁신의 상호작용을 강화하는 것도 중요한 과제로 등장했다.

(3) 글로벌 분업 및 동아시아 지역체제 변동

1990년대 이래 글로벌화라는 개념이 확산되면서 글로벌화가 거시경제 성과에 강력한 영향력을 미치는 요인으로 거론되었다. 특히 1980년대 이래 선진국 내의 임금 불평등이 증가한 원인을 두고 격론이 벌어지면서 어디까지가 저개발국과의 무역 때문이고 어디까지가 기술변화 때문인지가 논쟁의 대상이 되곤 했다. 분배상의 변화가 무역에 의한 것이라는 견해도 있고, 무역과 기술혁신의 영향이 비슷하다는 견해도 제시되었다(헬드 외 2002). 그러나 2008년 세계경제 위기를 겪으면서 선진국에서도 글로벌 분업이 더욱 관심의 대상이 되었다. 글로벌화와 오프쇼어링(off-shoring)과 같은 지리적·공간적 배치가 기술변화보다 더욱 중요한 구조적 실업의 요인이라고 보는 견해가 나타났다(Vivarelli 2012).

글로벌경제가 형성된 시기에 관해서는 여러가지 주장이 많지만, 1880년대 이후, 그리고 1945년 이후가 글로벌 경제통합에 중요한 역할을 했다는 것은 분명한 사실이다. 특히 1945년 이후에는 세계가 동서양 진영으로 갈라져 체제경쟁을 하는 가운데 글로벌화가 진전되었다. 1970년대 중반까지는 세계가 둘로 갈라진 채 글로벌화가 이루어졌고, 사회주의권이 본격적으로 붕괴한 1980년대 말부터는 전세계 차원에서의 통합 현상이 더욱 가속화했다.(오스터하멜/페테르손 2013)

1945년 이후의 글로벌화는 동아시아 지역에서 3단계로 진행되었고, 이 시기에 각각의 발전모델이 형성됐다고 볼 수 있다. 즉 동아시아 모델은 글로벌 분업구조의 형성 단계에 따라 1950~80년대의 동아시아 모델 1.0, 1980년대 말~2008년의 냉전 이후 시대의 동아시아 모델 2.0, 2008년 세계경제 위기 이후 뉴노멀 시대의 동아시아 모델 3.0으로 구분하여 유형화할 수 있다.[12]

---

12 이하 동아시아 모델에 대한 서술은 이일영(2015) 및 이일영·양문수·정준호(2016)의 논의를 요약한 것이다.

첫번째 동아시아 모델은 두 진영으로 나누어져서 만들어졌다. 2차대전이 끝난 후 동아시아는 자본주의와 사회주의의 양 진영으로 나뉘었다. 2차대전 후에도 동아시아에서는 한국전쟁, 베트남전쟁과 같은 세계적인 전쟁이 이어졌다. 한국전쟁이 진행 중이던 1951년 9월 체결된 샌프란시스코강화조약 이후 일본은 사회주의 진영에 대치하는 전략적 요충지로 재건되었다. 한국전쟁 이후 중국과 북한에서는 집권적 사회주의체제가 강화되었고, 한국은 미국의 원조에 의존하여 기간산업을 건설했다. 베트남전쟁 이후 동아시아 전체에 군수공업과 결합된 중공업화가 진전되었다. 즉 1950~80년대 냉전시대에 일본, 한국, 대만 등에는 시장경제 유형의 동아시아 모델 1.0a가, 중국, 북한에는 계획경제 유형의 동아시아 모델 1.0b가 수립되었다.

두번째 동아시아 모델은 냉전 이후의 동아시아 생산네트워크 속에서 작동했다. 1970년대 초 미중관계 개선이라는 국제정치 환경이 조성된 후, 중국은 1978년 시장경제체제로의 이행을 본격화했다. 동남아 역시 전쟁의 환경에서 벗어나면서 적극적으로 글로벌화를 지향했다. 아세안은 1990년대 초에 자체 내로 자유무역협정(FTA) 체제를 수립했고, 중국은 1992년 개혁개방의 원칙을 재천명하고 한중수교를 단행했다. 중국이 동아시아에서 생산네트워크에 조립생산자로서 참여하자 이후부터는 생산에서의 중국의 역할이 커졌으며 이는 또 새로운 네트워크의 형성을 자극했다. 한국과 대만도 네트워크생산에 깊숙이 참여하기 시작했다.

이에 1990년대 초반 이후 중국, 한국, 대만의 무역액이 급속히 증가했다. 동아시아 생산네트워크 속에서 상호간 무역이 증대하면서 참여 국가들의 경제성장을 견인했다. 네트워크에 결합한 기업·산업·지역이 불균형적인 고도성장을 이루면서 국내적 격차는 확대되었다. 이렇게 동아시아 생산네트워크로 연결된 중국, 아세안, 대만, 한국, 일본 등의 시장경제 유형을 동아시아 모델 2.0a라고 부를 수 있다. 한편 북한은 글로벌 생산네트워크에 합류하지 못하고 군사경제를 강화하면서 부분적으로 시장화를 묵인하는 데 머물렀다. 북한의 경우 동아시아 분업체제에 부분적으로만 연결되고 계획경제와 시장경제의 이중체제를 형성했다는 점에서 동아시아 모델 1.5b로 부를 수 있다.[13]

세번째 동아시아 모델은 2008년 세계경제 위기 이후 형성 중에 있다. 이 시기는 뉴노멀 경제 또는 재균형화의 시대이며, 동아시아 차원에서는 동아시아 모델 3.0으로의 전환이 진행 중이라고 할 수 있다.

미국의 대(對)아시아 정책의 기본 전략은 시어도어 루스벨트(Theodore Roosevelt) 대통령 이래 100년 넘게 지속되어온 외교전략의 틀 속에 있다. 즉 미국을 둘러싼 두 대양을 사이에 두고 미국과 마주하고 있는 대륙의 국가들 중에서 미국의 헤게모니에 도전할 수 있는 국가의 도전을 막는 것이다.(Kissinger 2014; 김태형 2017) 이러한 기조하에서 미국은 2차대전 시기의 일본, 냉전시대의 구소련과 대결한 바 있고, 2008년 위기 이후에는 중국이 견제의 대상으로 떠오르게 되었다.

2008년 이전까지 미국은 중동과 동아시아에 사활적 이익을 걸고 개입하는 대신 온건한 역외균형(offshore balancing) 전략을 추구해왔다. 미국의 신자유주의 전략은 동아시아·중국으로의 제조업 이동 및 수출

---

13 북한에서는 1990년을 분기점으로 급속하게 경제가 후퇴하고 배급체제가 약화되면서 합법적 비공식부문이 암(暗)시장으로 기능하는 이중경제 체제가 형성되었다. 또 북한은 1990년대 초 시점에서 국제사회와 핵무기 개발을 둘러싼 논의를 시작했고, 2006년 제1차 핵실험으로 핵무기 개발을 본격화했다.

주도 전략과 병존하여 추진되었다. 이에 따라 미·중 협조체제가 비교적 순조롭게 작동했고 중국이 글로벌경제에 편입되어 고도성장을 이룰 수 있었다. 그러나 2009년경부터 시작된 미국의 아시아 재균형 정책은 경제적 재균형과 군사적 재균형이 결합되어 추진되었다.

미국의 경제위기가 종래의 글로벌 분업체제의 재균형화를 압박했고, 역외로 이동했던 제조업 라인이 국내로 회귀하는 리쇼어링(re-shoring) 현상이 등장했다(이일영·양문수·정준호 2016). 재정적 곤란은 다른 한편으로 군사적 전략의 수정을 압박했다. 군사적 재균형 정책은 2011년 이라크에서의 미군 철수로부터 본격적으로 시작되었는데, 2011년 11월 오바마 대통령은 '아시아로의 회귀'(Pivot to Asia) 전략을 공표했다(이성우 2014; 이희옥 2017).[14]

미국의 자국 산업 중심주의는 2008년 경제위기 이후 부각되고 있으며, 2016년 트럼프 대통령 당선으로 뚜렷한 흐름을 형성했다. 2008년 경제위기로 인해 특히 제조업을 중심으로 미국의 고용 수준이 크게 후퇴한 것이 결정적 계기였다. 미국의 제조업 취업자 수는 1998년 1969만명과, 2001년 1964만명에서 2008년에는 1590만명으로, 그리고 2010년에는 1408만명까지 감소했다(통계청 국가통계포털). 이에 따라 2008년 이후 미국은 자국 산업 경쟁력 강화와 제조업 르네상스를 지향하게 되었다. 단 오바마의 산업정책이 전통 제조업보다는 스마트 제조업에 비중을 둔 것이었던 데 비해, 트럼프는 선거과정에서부터 강력한 보호무역, 감세, 이민규제 강화가 고성장과 일자리 증가를 가져다줄 것이라고 주장

---

14 미국이 중동에서 대(對)테러전쟁을 수행하는 동안 중국은 자유무역체제와 미중 협조관계 속에서 고도성장을 이루었고 이에 기반해 군사력의 확장도 이루었다. 이 때문에 9·11테러의 최대 수혜자는 중국이라는 견해도 등장하고 있다.

했다.[15]

한편 중국은 1970년대 말 개혁개방 정책을 펼치기 시작한 이래 발전도상국가인 자국의 국력의 한계를 인정하고 미국 중심의 세계체제에 들어간다는 전략을 취하면서도, 점차 미국의 패권으로부터 벗어나 중국의 세력권을 형성하고 확장하고자 하는 전략을 꾸준히 추진해왔다(이희옥 2017). 그러나 중국의 부상을 관찰한 역내 국가들도 역외 균형자인 미국을 불러들여 균형을 추구함으로써 지역 내에서 새로운 경쟁이 나타났다. 이에 따라 중국도 주변지역과의 관계에서 자국의 핵심 이익을 적극적으로 확대하면서, 2012년경부터는 '신형대국관계'를 언급하기 시작했다(이희옥 2017).

경제적 차원에서도 중국은 새로운 발전모델을 모색 중이다. 세계경제 위기를 겪은 후 대외수요의 한계를 인식한 중국은 2010~11년경부터 '성장전략의 전환'을 언급하기 시작했다. 이는 그 이전의 10%대의 높은 성장률을 7%대 혹은 그 이하로 안정화하면서, 수요 측면에서는 해외수출과 높은 투자 증가에 의존한 성장에서 내수소비를 중심으로 한 안정적 수요 육성으로 정책을 전환하고, 공급 측면에서는 산업구조 조정과 제도개혁을 통해 산업의 효율성을 높이겠다는 것이다(지만수 2015).[16]

---

15 트럼프는 특히 중국이 환율조작 등의 조치를 취함으로써 미국에서 5만개의 공장과 수천만개의 일자리가 사라졌다고 주장한 바 있다.
16 중국은 2013년 이후 '일대일로'라는 신(新)실크로드 전략을 공식화했다. 이는 과거 미·소 양대 강국이 점령하는 데 실패한 유라시아 영역에 영향력을 확대하여 대외수요를 확보하려는 시도로 볼 수 있다.

3 뉴노멀에 대응한 한국형 뉴딜 전략

(1) 87년체제의 한계와 한국형 뉴딜

1980년대 말에서 2008년 세계경제 위기 이전까지의 한국경제 모델은 1987년에 마련된 헌법질서하에서 작동했다. 이 시기의 경제모델은 1987년 민주화 이후 진행된 국가질서의 재편과 사회변동 속에서 형성되었다고 할 수 있다. 이러한 점에서 '87년체제'는 헌정체제라는 조건 속에서 형성된 제도·정책·조직의 집합체라고 할 수 있다. 이는 냉전질서의 완화, 글로벌화와 정보화의 진전이라는 환경 속에서 형성된 '변형된 동아시아 모델'과 부분적인 민주화 체제를 하위 요소로 포함하는 것이다.(이일영 2012)

'87년체제'의 경제는 동아시아 생산네트워크에 연결된 노드(node, 결절점) 부분을 중심으로 한 성장체제였다. 동아시아 생산네트워크에 연결된 산업에서는 대기업을 중심으로 한 가치사슬이 형성되고 이 가치사슬의 핵심부에 위치한 부분과 나머지 부분의 격차가 심화되었다. 재벌 대기업, 수출산업, 수도권, 정규직 노동 등 이러한 가치사슬의 핵심부에 자리한 부분이 상대적으로 고속성장을 함으로써 여타 부분과의 격차가 확대된 것이다.

그런데 2008년 이후부터는 전세계적으로 뉴노멀 경제의 흐름이 나타났다. 한국에서도 저성장·불평등화의 추세가 뚜렷해졌고, 4차 산업혁명의 진전, 자국 산업 중심주의 및 미·중 간의 대립과 지역경쟁의 격화 등으로 기존의 성장체제는 더이상 작동하기 어려워졌다. 미·중 간의 협조적 분업을 기초로 형성된 글로벌 생산네트워크와 연결된 재벌 대기업과 수출산업만을 중심으로 한 성장체제는 난관에 부딪혔다. 이제 저성장·불평등 추세의 고착화를 개선하고 4차 산업혁명 및 새로운 글로벌 분업체제의 진전에 대응하는 전략이 필요하다.

뉴노멀 추세는 한편으로는 세계적 차원의 완만한 장기공황의 일환이라는 점을, 다른 한편에서는 종래와는 다른 성장구조가 형성되고 있다는 점을 반영하는 것이다. 종전의 경제변동 또는 공황의 패턴을 감안하면 1930년대 대공황에 대응한 케인즈주의적 뉴딜 처방을 참고할 필요가 있다. 4차 산업혁명의 진전과 관련해서는 기술진보와 제도혁신이 보완적으로 상호 작용할 수 있는 기반을 마련하는 것이 필요하다. 또한 세계-동아시아-한반도 차원에서 진행되는 분업체제의 변동을 보완하는 대외전략도 필요하다. 그런 점에서 필자는 좀더 균형화된 발전모델의 구성요소로, 첫째 새로운 성장자원을 발굴하는 분권화 전략, 둘째 산업혁신을 위한 공유자산 형성 전략, 셋째 국제정치·경제 관계의 재편성에 대응하는 지경학적 개발전략을 제시하고자 한다.

(2) 광역지역에 기초한 경제적 연방주의

1930년대 미국의 뉴딜정책에 대한 정의는 다양하게 내려질 수 있지만, 단순화하면 정책목표로 경기 회복과 재분배를 지향하고, 정책수단으로 금융, 산업, 농업, 임금 등의 자원배분 결정에 중앙정부가 직접 개입하는 것을 포함하는 것이라고 할 수 있다. 뉴노멀 시대에도 성장과 재분배를 함께 지향한다는 뉴딜의 목표는 그대로 채택될 수 있다. 그러나 당시 미국에서는 연방정부 기능의 강화를 통해 회복 효과를 도모했다는 점은 현재 한국의 상황과는 차별되는 조건이다. 또 정부가 직접 가

원배분에 개입한 경우에는 정책의 성과가 좋지 못했다는 점도 감안해야 한다.[17]

한국형 뉴딜은 성장과 분배의 개선을 목표로 하되 과다한 국가 개입에 의한 시장 왜곡을 줄이는 것을 기본 방향으로 삼아야 한다. 그간 동아시아 발전모델에서는 국가가 주도하여 자원을 동원해서 특정 부문·지역을 육성했고, 이들이 동아시아 생산네트워크에 연결되었다. 그러나 2008년 경제위기 이후 중국에서는 '성장전략의 전환'이 논의되기 시작했다. 중국 안에서 네트워크가 확장되고 네트워크의 중국으로의 집중이 심화되고 있다. 한국으로서는 뉴노멀의 조건 속에서 종래의 네트워크에 편승함으로써 얻을 수 있는 이익은 축소될 수밖에 없다.[18]

1930년대 뉴딜이 연방정부 차원의 기능을 강화하면서 그간 잘 사용되지 않았던 자원을 활용했다면, 뉴노멀 시대 한국에서는 지역 차원의 연결을 확대함으로써 연방주의적 성장과 혁신을 모색하는 전략이 요구된다. 동아시아 모델의 국가들에서는 발전주의를 시동한 국가 초기부

---

17 뉴딜의 핵심 정책은 금융 기능의 마비를 막기 위한 제도개혁, 생산 회복을 위한 산업통제, 소득재분배를 위한 구호정책 등으로 요약될 수 있다. 이 중에서 산업부흥법과 농업조정법을 통해 자원배분에 정부가 직접 개입한 것은 효율성과 형평성 차원에서 그다지 성공적이지 못하였다. 1933년의 산업부흥법과 농업조정법은 국가 차원의 대규모 개입정책에 의해 만들어진 것이었다. 산업부흥법은 독점금지법을 2년간 정지하고 생산설비, 가동시간, 생산량 등을 제한할 수 있도록 하였다. 이러한 통제정책은 대기업보다는 중소기업에 불리하게 작용하기도 했다. 농업조정법은 농업생산량을 제한하여 가격지지를 시도하는 것으로 산업부흥법보다는 성공적으로 유지되었으나 대규모 상업적 농업에 유리한 정책을 구조화했다. 미국에서의 뉴딜이 대공황 극복에 긍정적 효과를 발휘한 것으로 평가되기도 하지만, 연방정부와 지방정부의 지출 비중이 역전되고 직·간접 규제가 지속적으로 확장된 것은 부정적 효과라 할 수 있다.(양동휴 2006)
18 한국의 사드 배치에 따른 중국의 경제보복 조치는 뉴노멀 경제의 구조 속에서 그 추세를 강화하는 계기라고 할 수 있다.

터 중앙정부가 중요한 역할을 수행했지만, 경제 규모가 커질수록 정부 개입의 비효율성이 증대될 수밖에 없다. 새로운 성장동력을 찾기 위해 좀더 분권화된 거버넌스를 형성할 필요가 커졌다.

불균형 성장 모델이 장기침체 속에서 악화되는 것에 대응하는 한국형 뉴딜정책의 핵심 요소는 경제적 연방주의를 추진하는 것이다. 상당수 선진국들에서 중앙정부와 대기업 이외의 다양한 자원을 활용하는 도구로 연방제가 활용되고 있음을 감안할 필요가 있다.(전병유 외 2011) 분권의 역사적 경험이 일천한 조건에서 정치적·행정적 차원의 연방제를 도입하는 것은 쉽지 않다. 그러나 새로운 지역경제 거버넌스를 만들고 수평적 지역혁신 체계를 작동하게 하는 것은 그 필요성이 절실한 것이다.

경제적 차원의 연방을 구성하는 단위는 인구 500만명 정도 규모의 광역경제권을 기준으로 삼는 게 좋다고 본다. 인구 500만명이라는 기준은 고용과 혁신 측면에서 우수한 성과를 내고 있는 독일, 스위스, 오스트리아, 그리고 북구 국가들에 공통된 것이라 할 수 있다. 독일의 분권화 단위인 주의 인구는 600만~1200만명이고, 그외 국가들의 분권화 단위도 500만~1000만명 규모의 인구를 지니고 있다. 분권화 수준이 높은 미국도 주 인구는 평균 500만명 정도이다.(이명헌 2016)

이러한 분권화의 인구 규모를 감안하면, 노무현·이명박 정부에서 형성된 '5+2 광역경제권' 발전모델을 활용하는 것이 제도이행 비용을 줄일 수 있다(이일영 2015). '5+2 광역경제권' 발전모델이란 전국을 인구 500만명 이상의 수도권, 충청권, 호남권, 동남권, 대경권의 5대 광역경제권과 500만명 미만인 강원권, 제주권의 2대 특별경제권으로 나눠 각권역별 협력을 강화함과 동시에 글로벌 경쟁력을 최대로 끌어올리겠나는 것이었다.

그러나 '5+2 광역경제권' 전략의 경우 중앙정부가 주도하여 각 지역의 숙원사업을 망라하는 방식이었다. 이는 정부주도형으로 지나치게 많은 품목들이 나열되고 있다는 점에서 기존 산업정책 모델을 답습하는 측면이 있었는데, 이제는 지역경제로부터 올라오는 방식의 추진체계를 갖출 필요가 있다. 그러나 한국 현실에서 5+2 광역경제권에 일률적으로 추진기구를 설치하게 되면 또다시 하향식의 일률적인 개발 패턴이 반복될 가능성이 많다. 지역 특색에 맞고 권역 내 하위 경제권들 사이의 협력적 발전의 방향이 확립된 경우부터 광역경제권 기구(지역개발청)의 설립을 추진하는 것이 소모적인 경쟁과 갈등의 여지를 줄일 수 있다.

현재의 법체계하에서 광역경제권 기구는 중앙정부에서 의결기관과 집행기관을 구성하는 특별 행정기관 형태로 구성될 수밖에 없다. 선거에 의해 주민 대표성을 갖는 광역지방자치단체와 광역경제권 기구 사이에 발생할 수 있는 갈등을 완충하고 지역 차원의 뉴딜사업 과제를 제기하는 지역 산업 및 주민 차원의 거버넌스를 보완적으로 마련하는 것이 바람직하다.(김재홍 2011)

광역경제권이 잘 기능하도록 헌법적으로 뒷받침하는 방안을 모색해볼 필요도 있다. 지금까지 지방분권 강화를 위해 제기되는 헌법 개정안들의 유형을 분류해보면 지방자치강화안, 광역지방정부안, 연방정부안 등이 있다(허진성 2015). 현행의 지방자치를 강화하거나 광역정부에 더 많은 자율권을 부여하는 방안은 자치정부의 규모가 너무 작다는 문제가 있다. 헌법 개정에 앞서 지자체 단위를 통합하는 것도 지난한 일이다. 국가체제를 연방제로 전환하는 것도 현실성이 없다.[19] 광역경제권

---

19 한국은 대표적인 연방제 국가인 미국이나 독일의 경우와 같은 제도를 도입할 수 있는 연

사무를 헌법의 지방자치 조항에 넣음으로써 중앙정부와 지방정부의 기능적 상호의존의 영역이 점진적으로 확대될 수 있도록 하는 것이 바람직하다고 본다.[20]

(2) 산업혁신을 위한 공유자산

1930년대에 공황은 1920년대의 번영 이후 갑작스레 금융·산업·고용에서의 붕괴 현상이 나타나는 식으로 전개되었다. 뉴딜은 구제(relief)·회복(recovery)·개혁(reform)을 슬로건으로 내걸고 이에 대응했다. 이에 비해 뉴노멀 저성장은 폭발적인 공황을 저지하는 금융조정이 이루어지는 가운데 진행되는 장기적 침체 현상이다. 뉴딜이 공적 부조는 도덕을 타락시킨다는 당대의 통념을 뒤집고 긴급구제와 사회보장 제도의 구축을 진행하는 데 초점을 두었다면, 뉴노멀 경제에서는 혁신의 지속과 확산이 가능한 조건이 형성되는 것이 중요한 과제라 할 수 있다.

세계적으로 4차 산업혁명과 관련된 기술의 급속한 진보와 혁신을 위한 투자가 이루어지고 있지만 생산성은 기대만큼 증대하지 않는 이른

방주의의 전통이 약하다. 미국의 헌법에서는 연방제의 작동방식이 구체적으로 명문화되어 있지 않고 지역에 포괄적 자율권이 정치적으로 부여되고 있다. 각급 정부 간에 권력이 서로 중첩되어 있고 이에 따른 견제와 균형의 정치적 과정이 작동하는 방식이다. 독일의 경우 연방정부는 입법 영역에 집중하고 지역정부는 법안을 집행하는 방식을 취하고 있는데, 헌법에 연방정부와 주정부 사이의 관계를 구체적으로 규정하고 있다.

20 헌법 제117조는 "지방자치단체는 주민의 복리에 관한 사무를 처리하고 재산을 관리하며, 법령의 범위 안에서 자치에 관한 규정을 제정할 수 있다"는 ①항과 "지방자치단체의 종류는 법률로 정한다"는 ②항으로 구성되어 있다. 여기에 더하여 ③항으로 "중앙정부와 지방자치단체의 협약과 법률에 의해 광역경제권 기구를 둘 수 있다"는 조항을 추가하는 것을 검토해볼 수 있다.

바 '혁신의 역설'이 나타나고 있다.[21] 한국의 경우 산업 전체가 생산성 위기에 직면해 있을 뿐 아니라 구조적 문제도 심각하다. 우선 생산성의 기업간 격차가 크다. 대기업 대비 중소기업의 총요소생산성은 1983년 66.0%에서 1998년 84.7%까지 증가하였으나, 그 이후 감소세로 전환하여 2010년에 56.6% 수준까지 떨어졌다(김원규 2017).[22]

4차 산업혁명이 산업간 융·복합을 통한 혁신, 새로운 산업과 생산 방식을 창출하는 과정이라 할 수 있지만, 한국에서 산업간 연계성은 2000년대 후반 이후 오히려 약화되고 있다. 제조업과 서비스업의 연계성을 보면, 2005년에 비해 2014년의 경우 제조업과 서비스업 간의 구분이 좀더 뚜렷해졌다(박문수·이동희 2017).[23]

4차 산업혁명의 흐름을 주도한 선진국에서는 종래의 동아시아와는 다른 방식의 산업정책이 추진되고 있다. 선진국의 경우에도 신산업을 선별하고 있지만, 이종 산업들 간의 융·복합을 가능케 하는 범용기술의 개발에 집중하고 그것을 통해 플랫폼 혁신을 추구하는 쪽에 초점을 맞추고 있다. EU는 개별적 R&D(연구개발) 중심의 투자에서 벗어나 산업

---

21 미국의 경우 1947~83년의 노동생산성 증가율이 연평균 2.8%였고, 2000~2007년에는 2.6%였으나, 2007~14년에는 1.3%에 그쳤다. 총요소생산성 증가율은 1995~2007년에는 연 1.4%였으나, 2007~14년에는 0.5%에 머물렀다.(Schwab 2016, 61면) 한국의 경우 더욱 심각한 상황이다. 광공업 전체의 총요소생산성 증가율은 1980년대 이후 하락세를 나타내다가 2000년대 전반에는 6.4%로 크게 증가했다. 그러나 2000년대 후반의 총요소생산성 증가율은 1.8%로 급락했고 2011~14년에는 0.1% 수준까지 떨어졌다.(김원규 2017)

22 대기업 대비 중소기업의 총요소생산성은 2014년에 다시 63.6% 수준으로 증가했지만, 이는 중소기업의 생산성이 개선된 결과가 아니라 대기업의 생산성 악화가 작용했고, 생산성 격차는 여전히 크다고 할 수 있다.

23 한국 제조업의 서비스 생산유발계수는 0.23으로 주요국에 비해 크게 낮은 수준이다. 주요 선진국의 유발계수는 프랑스 0.52, 미국 0.41, 독일 0.40, 일본 0.40 등이고, 중국 0.29, 멕시코 0.25도 한국보다 높은 수준이다.(박문수·이동희 2017)

간 융·복합과 네트워크의 구성을 강조하는 '스마트 전문화'(smart specialization)를 추진 중이다. 미국은 누구나 접근 가능한 '산업공유자산'(industrial commons, 산업커먼즈)의 구축을 내세우면서 지원대상을 개별 기업이 아닌 산업생태계로 설정했다.

한국정부 역시 신산업을 성장동력으로 선정하는 계획들을 발표해왔지만, 이는 전통적인 동아시아 모델의 국가주도형 산업 육성의 기조를 답습하고 있다. 노무현정부는 '차세대 성장동력 10대 산업'을, 이명박 정부는 '17대 신성장동력산업'을, 박근혜정부는 '13대 미래성장동력산업'을 제시했다. 이들 신산업은 선진국의 경우와 큰 차이는 없지만, 지원이 개별적인 첨단기술 및 산업에 집중되는 경향이 있다. 이러한 점은 R&D 투자에서 전형적으로 나타난다. 재원 투입에 비해 성과가 미흡하고, 특히 최종 성과가 저조한 것으로 평가된다(안중기 2016). 전반적으로 투자 대비 성장 효과는 떨어지고 있다. 투자의 크기보다는 투자의 방식이 문제라고 할 수 있다(김세직 2016).[24]

성장과 분배를 개선하는 혁신을 위해서는 기존의 '선별주의적 산업 정책'에서 '혁신의 확산 효과'를 강조하는 정책으로 선회해야 한다(전병유·정준호 2015, 24면). 개별 기업이 아니라 기업군으로 정책 중심을 이동하여 산업생태계를 조성할 필요가 있다. 대기업·중소기업, 농업·제조업·서비스업을 연계하고 이들 간의 격차를 줄일 수 있는 '공유자산'을 구축

---

24 한국은 그간 높은 투자율을 지속적으로 유지해왔고, 설비투자, 건설투자, 지식재산물 투자 등을 합한 국내 총투자는 GDP 대비 평균 31% 선에 이르는 매우 높은 수준을 지속적으로 유지하여왔다. 기술과 교육에 대한 투자도 세계 최고 수준으로, 자본, R&D, 인적 자본에 대한 투자를 합한 총투자는 GDP의 40% 선으로 세계에서 가장 높은 수준에 속한다.(김세직 2016)

해야 한다.

향후의 산업발전에서는 인공지능이 중요한 역할을 맡을 수밖에 없다. 인공지능을 이용한 혁신에는 빅데이터의 존재와 빅데이터를 활용해서 학습하는 알고리즘 개발이 핵심 요소가 된다. 특정 기업이 빅데이터의 사용과 소유에 대한 권리를 독점할 경우, 중요한 사회적 자원이 미활용·저활용되는 '반(反)공유지의 비극'이 발생할 수 있다. 산업혁신이 지속적이고 균형적으로 진행되려면 빅데이터가 산업공유자산으로 사용될 수 있는 시스템이 마련되어야 한다. 이에 따라 산업공유자산을 확보하고 운영하는 새로운 거버넌스를 형성할 필요가 있다.(이일영·강남훈·양재진·주현·정준호 2017)

정책추진 방식과 거버넌스 형태에서 정부 주도인가 또는 민간 주도인가를 구분하는 이분법에서 벗어날 필요가 있다. 중앙정부, 지방정부, 기업, 연구 및 교육기관, 시민사회를 연결하는 개방적·협력적 플랫폼 형태로 거버넌스를 조직하는 것이 선진국의 경험이다. 혁신의 확산을 위해서는 이러한 혼합적 거버넌스에서 정부, 기업, 개별 연구자들이 가진 휴면특허를 공동이용(pooling)하고 이들 특허의 사용에 관한 라이선스나 쿼터를 도입하여 혁신활동에 사용하게 하는 권리를 새로이 창출하도록 해야 한다.

혁신 역량을 축적하고 확산하는 데에는 인적 자원이 집중된 대학을 연결하는 것이 유리하다. 대학을 개방형 혁신의 거점으로 발전시키면 집적된 데이터와 기술을 공유화하는 효과를 기대할 수 있다. 이를 위해 광역경제권 지역 단위에서 대학 네트워크를 결성하고, 연구·교육·학습·평가에 사용되는 자원을 공유하는 '개방형 교육자원'(Open Educational Resources, OER) 플랫폼을 형성할 필요가 있다. 이는 방대한 과학기술 데이터를 축적하고 연구·교육하는 플랫폼을 공유자산으로 확보하는 방안이다.

4차 산업혁명은 연결과 융·복합에 의한 준(準)공유재(semi-commons)가 증가하는 과정이다. 집단 내에서 상호 편익을 공유하는 준공유재를 개인 또는 기업의 배타적 소유권에 귀속시키면 결국은 혁신이 정체하고 불평등이 확대되게 된다. 또한 4차 산업혁명은 기술진보에 의해 일자리의 충격이 가해지는 과정이다. 이에 대해 불안정해지는 노동시장을 안정시키고 복지를 확대 공급하는 한편으로, 노동의 소멸에도 불구하고 사회의 존속과 경제의 순환을 가능하게 하는 기본소득에 관한 실험도 시도해야 한다.

한편 혁신이 노동을 위협하고 이것이 혁신에 대한 저항의 압력으로 작용하는 것에 대응해 노동의 가치를 유지하고 안정시킬 수 있는 자원이 필요하다. 노동시장의 안정과 기본소득 실험에는 많은 재원이 필요하지만 저성장 추세 속에서 대폭적 증세에 대한 국민적 합의를 끌어내는 것은 한계가 있다. 따라서 정부가 보유한 공유자산을 기업가적으로 활용하여 그 자산을 확충하는 방안을 강구할 필요가 있다.[25]

재산권은 본질적으로 자원을 효과적으로 사용하게 하여 사회가 제대

---

25 예를 들면, 각종 자산을 활용하여 공적인 특정 활동의 기금을 마련하거나 투자재원을 확보할 수 있다. 고령자를 대상으로 한 주택연금과 토지연금 등을 활용한 주택 및 토지의 확보, 지역간의 용적률을 거래하는 개발권양도제 등을 통한 자산 확보 등을 검토해볼 수 있다.(전병유·정준호 2015, 30~31면)

국가사회주의에서 시장경제로 이행 중인 중국의 경우에도 시장경제에 대한 사회적 통제의 수단으로 공유자산을 활용하는 전략에 관한 논의가 제기되고 있다. 공유자산을 민영화하는 방향보다는 공유자산을 적극 활용하여 시장에서 수익을 거두고 이를 공익에 맞게 활용하는 것이 사회 전체적으로 이익이 된다는 것이다.(추이 즈위안 2014)

로 작동하게 하는 기능을 수행하는 것이다. 따라서 법체계는 4차 산업 혁명의 성과에 의해 형성된 자산이 효과적으로 이용될 수 있게 하는 방향으로 조정될 필요가 있다. 신산업의 혁신과 성과 분배를 촉진하는 법률과 판례가 다수 형성되려면, 입법과 판결의 기준이 되는 공유적·준공유적 재산권에 관한 헌법적 조항이 필요하다고 여겨진다.[26]

(3) 다변화된 글로벌 분업과 네트워크 국토공간

지금까지의 한국의 경제성장은 수출과 투자 성장을 기초로 하여 진행되어왔지만, 뉴노멀 시대에는 이러한 성장의 원천이 모두 벽에 부딪히고 있다. 기업의 투자 규모는 이미 과잉 상태로 더이상 증대되기 어렵고 수출 부문도 증가율이 크게 둔화되고 있다. 2008년 세계경제 위기 이후의 회복 과정에서 무역은 정체 내지 후퇴의 기조가 계속되고 있다. 이를 '무역의 뉴노멀'이라고 부르기도 한다.[27]

---

26 우리 헌법의 재산권 보장 규정은 독일기본법과 유사한 구조로 구성되어 있다. 즉 헌법 23조 ①항에 "모든 국민의 재산권은 보장된다. 그 내용과 한계는 법률로 정한다"라고 하여 재산권의 존재·내용·한계를 규정하고, ②항에서 "재산권의 행사는 공공복리에 적합하도록 하여야 한다"라고 하여, 재산권의 사회적 의무성 내지 구속성을 밝힌 후, ③항에서 "공공필요에 의한 재산권의 수용·사용 또는 제한 및 그에 대한 보상은 법률로써 하되, 정당한 보상을 지급하여야 한다"는 공용수용과 그에 관한 허용요건을 규정하고 있다. 이는 개인의 재산권 보장에 관한 규정이라고 할 수 있다(표명환 2014). 여기에 더하여 여러 개인들의 기여에 의해 형성된 재산의 권리에 대한 규정도 새롭게 필요해졌다고 볼 수 있다. 예를 들면, ④항에 "다수 국민의 기여에 의해 형성된 재산은 공공복리에 적합하게 사용되어야 한다"는 조항을 넣을 수 있을 것이다.

27 세계무역이 세계 GDP에서 차지하는 비중은 2008년 이후 급락 후 일시 회복하는 V자 형태를 보이다가 2011년경부터 다시 하락 추세로 돌아섰다. 이를 비정상적인 정체 또는 후퇴로 보는 견해도 있지만, 다른 한편에서는 1990년대 이후의 무역 호황기가 마감되고 정상 상태로 돌아가는 과도기로 보는 견해도 있다.(윤우진 2017)

무역의 위축은 세계적인 투자 위축으로 인해 투자재 생산과 관련된 무역이 둔화된 데서 기인한다. 한국의 산업도 투자재 생산과 관련된 수출의 증가세가 크게 둔화되었다. 1990~2008년 사이에 투자 및 무역의 호황을 누린 전자산업은 2011년을 고비로 큰 폭의 하락세로 전환했고, 자동차·전기·기계업종의 최종재 수출도 정도의 차이는 있으나 모두 하락세로 전환했다. 4차 산업혁명의 효과는 양면적이다. 산업의 글로벌화를 촉진하여 무역 확대에 기여할 수도 있고 자동화를 통해 제조업 국내 회귀를 촉진하고 무역을 축소시킬 수도 있다(윤우진 2017).[28]

당장 시급한 과제는 중국·미국·일본 등과의 무역량 급변동을 막는 것이지만, 중장기적으로 좀더 다변화된 분업구조와 '네트워크 국토공간' 전략을 추구할 필요가 있다.[29] 1930년대 뉴딜정책에서는 국토인프라에 대한 투자를 통해 경제 회복과 구제활동을 도모한 바 있다. 뉴노멀 시대에도 새로운 형태의 공간 배치 전략을 장기침체에 대응하는 방책으로 활용할 필요가 있다. 좀더 효과적인 투자와 무역을 위한 '공간적 해결'(spatial fix)이 제시된다면, 이는 성장과 분배에 기여할 수 있다.[30]

---

28 중국경제의 구조변화도 무역의 뉴노멀 추세에 크게 작용을 했다. 세계경제 위기 이후 중국경제의 성장전략이 투자주도형 경제에서 소비주도형 경제로 전환되면서 중국의 무역구조도 변화하고 있다. 중국은 1990년대 이후 적극적인 개방화 전략 속에서 자본재를 수입하여 최종소비재를 수출하면서 무역의존도가 높아졌으나, 세계경제 위기 이후에는 무역의존도가 감소세로 전환했다. 이에 따라 투자용 최종재 수입은 감소하고, 투자용 중간재, 소비용 최종재·중간재 수입은 계속 증가하는 중이다.(윤우진 2017)

29 '네트워크 국토공간'이란, 물질적 한계를 넘어서는 자산으로서의 국토자본, 국경을 넘어서는 가상국가(virtual state), 네트워크라는 교환관계가 확대되는 네트워크국가를 주요한 요소로 포함하는 개념이다(이일영·김석현·장기복 2013).

30 '공간적 해결'은 자본주의의 위기에 대한 공간적 대응책이라는 의미로 비판적 경제지리학자인 데이비드 하비(David Harvey)가 사용한 용어이다. 하비는 자본주의 사회의 집단정신에서 공간과 시간의 심복이 중요한 위치를 차지한다고 보았다. 자본의 세계에서는 '글로벌화'

2008년 위기 이후 주요국들의 공간 배치 전략의 변화가 나타났다. 미국은 수입을 축소하고 해외에 나간 제조업을 국내로 회귀시키는 쪽으로 변화했다. 중국은 국내의 지역간 균형뿐만 아니라 국내외 경제의 균형을 회복하고 자본과 기업의 대외진출로 국제적 투자 기회를 찾으려 했다.[31] 한국도 수출과 투자의 공간 배치를 조정할 필요가 있다. 최근의 수출구조 변화를 보면, 동남아의 비중이 커져서 미국 정도의 비중을 차지하게 되었고, 베트남 시장이 일본 시장에 필적하게 되었다. 동남아 시장과 인도 시장에 대한 전략적 접근이 필요하다. 동북아 개발과 관련해서는 중국보다는 러시아의 요청이 더욱 적극적이다. 북핵 문제로 남북 경협이 막혀 있는 것을 고려할 때, 러시아의 지정학적·지경학적 이점은 훨씬 중요해졌다.

무역투자 관계는 기본적으로 시장원리에 의해 전개될 수밖에 없다. 그러나 한국이 동남아 시장에 대한 접근성을 지속적으로 확대해가려면 동남아의 발전전략에 부합하는 중장기적인 개발협력 투자 프로젝트를 가동할 필요가 있다.

동남아와의 네트워크를 선점한 것은 일본과 중국이다. 특히 일본이 주축이 된 ADB(아시아개발은행)는 1992년부터 스스로 주도한 교통망 건설 사업을 중심으로 메콩강경제권 형성을 추진했다. 중국 쿤밍에서 태국 방콕까지 이어지는 도로망이 개통되면서는 중국의 영향력 확대가

로 부르는 '시공간 압축'이 불변의 경향으로 나타나는데, 이는 자본이 점점 더 빠르게 운동하고 상호 작용하는 거리가 압축되는 세계를 의미한다.(Harvey 2010, 79~81면, 226~28면)

31 '일대일로(一帶一路)'는 중국이 세계경제 위기 상황에서 취한 '공간적 해결' 전략이다. 중국 입장에서 일대일로는 자원 확보(특히 석유 및 광산 자원 합작) 및 전략적 종심(縱深) 개척(연해지역 공업화의 확장 및 서부 내륙으로의 이동을 통한 전략적 배치의 조정)의 의미를 지닌다.(쉬 진위 2016, 477면)

가시화되었다.(이상국 2015) 동남아 입장에서는 일본, 중국의 국가와도 적극적인 협력사업을 추진하려는 유인이 있다. 한국은 통신망 연계 사업, 교육 개선 사업, 과학기술 이전 사업, 서비스시장 진출, 동남아 후발국 원조 사업 등에 강점을 가질 수 있다.[32]

러시아와의 전략적 협력은 두만강 하구 개발사업을 통해 추진할 수 있다. 두만강 하구는 시베리아 횡단철도와 맞닿는 곳으로, 유라시아 대륙과 한반도를 연결하는 물류기지가 될 수 있다. 두만강 하구는 6개국 공동특구로 발전할 수 있는 가능성을 지닌 곳으로, 유라시아대륙철도(TSR, TCR, TMGR, TMR) 사업을 촉진하는 역할을 할 수도 있다.(김석철 2012)

남북한 간의 관계도 종래의 물질적 영토와 국경이라는 제약을 넘어선 연성 국토, 글로벌 국토의 개념에 입각하여 사고할 필요가 있다. 향후 남북간 국토공간 연계가 이루어지는 기회가 있다면, 이미 진행된 바 있는 협력사업인 개성공단과 금강산관광 사업을 기반으로 연계를 확대하는 것이 효과가 클 것이다. 그러나 종래와 같이 남북한만의 협력사업으로 진행하는 것보다는, 미국·중국·일본·러시아 등이 함께 참여할 수 있는 방안을 추진하는 것이 좋다고 본다. 남북관계의 개선 이전에는 수도권 북부지역과 강원 북부지역 등 남북 접경지역을 경제·문화·역사·관광·환경생태 등 지역 특성을 살린 복합지역으로 발전시킬 수 있다.

'네트워크 국토공간'의 확장은 기존의 헌법체제와 모순되지 않는 방

---

32 현재 동남아와의 경제관계에서 나타나는 문제점으로는, 한국이 동남아로부터 지속적인 무역수지 흑자를 나타내고 있다는 점, 투자가 제조업에 편중되어 이루어지고 있다는 점, 투자지역이 역내 선발 국가에 집중되어 있다는 점, ODA(공적 개발 원조)와 투자가 연계되어 있지 않다는 점 등이 지적되고 있다(강명훈 2014).

그림 2 뉴노멀 경제와 한국형 뉴딜의 구성요소

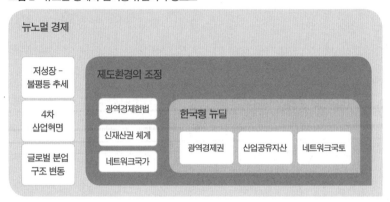

- 출처: 필자 작성.

향으로 해석하는 것이 가능하다고 판단된다. 헌법 제3조는 "대한민국
의 영토는 한반도와 그 부속도서로 한다"고 규정하고 있다. 이 조항에
대해서는 북한의 존재에 의한 영역 지배력의 제한, 글로벌화에 의한 영
역 지배력의 중첩 등의 문제로 개정 또는 폐지의 논란이 제기된 바 있
다. 그러나 글로벌 국토, 북한과 연결되는 네트워크국토 등은 다양한 국
제법 주체들의 협약에 의해 형성되는 영역으로 볼 수 있다. 이는 헌법에
서 고유영토를 상징적으로 언급하는 조항 이외의 영역으로 해석할 수
있다.[33]

---

[33] 현대의 영역국가는 법적 판단과 관련하여 헌법·일반법률적 규범과 국제법의 관련 내용
이라는 이중적 기초를 지닌다. 헌법에서도 국제법에서와 마찬가지로 국제법 주체 사이에
합의한 조약의 효력을 인정한다. 20세기 초에는 국가만이 국제법 주체로 인정되었지만,
현재는 국제기구, 비정부기구, 개인, 사기업 등도 국제법 주체로 인정된다.(허완중 2016,
8~9면)

4 요약 및 결론

이 글에서는 최근 나타나는 한국의 경제적 전환의 주요 현상을 체계화한 후 이에 대응하는 정책체계를 논의했다. 한국에서의 뉴노멀 경제는 기존 동아시아 발전모델이 작동하지 않게 하는 구조적 위기 요인이다. '한국형 뉴딜'은 새로운 구조적 위기에 직면한 동아시아 발전모델의 전환을 위한 정책패키지이다(그림 2 참조).

한국경제의 뉴노멀 경제는 기존 발전모델에 대한 세가지 위기 또는 변동 요소를 포함하는 것으로 개념화할 수 있다. 첫째, 저성장-불평등화 추세이다. 한국에서는 1990년대 초 이전은 고성장-평등화, 1990년대 초~2010년은 고성장-불평등화, 2010년 이후는 저성장-불평등화의 추세가 전개되었다. 둘째, 4차 산업혁명이다. 이는 매우 근본적인 기술진보의 과정이지만, 기존의 노동체제를 위협하고 새로운 산업독점을 심화하는 혁신의 위기를 초래할 수 있다. 셋째, 글로벌 분업구조와 동아시아 지역체제의 변동이다. 한국에서는 기존에 국가 주도 발전모델과 동아시아 생산네트워크에 연결된 발전모델이 형성되었는데, 2008년 위기 이후 이러한 발전모델을 작동시켰던 분업구조와 네트워크가 변동하고 있다.

'한국형 뉴딜'은 저성장·불평등 추세, 4차 산업혁명, 새로운 글로벌 분업체제의 진전 등 세가지 위기 요소에 대응하여 한국경제가 새로운 발전모델로 진화·적응하도록 유도하는 정책 전략들로 구성된다. 첫째, 광역지역에 기초한 경제적 연방주의 전략이다. 국가 개입과 동아시아 생산네트워크를 통한 성장전략이 벽에 부딪힌 조건에서 새로운 성장자원을 구하기 위해 인구 500만 이상의 광역지역 단위에서 지역경제 니드워크를 구축하도록 한다. 둘째, 산업혁신을 위한 공유자산 형성 전략이다. 혁신의 독점을 넘어 혁신의 확산을 위해 대기업·중소기업, 농업·제조업·서비스업을 연계하고 그 격차를 줄이는 산업공유자산을 구축하도록 한다. 셋째, 다변화된 글로벌 분업과 네트워크 국토공간 형성 전략이다. 다변화된 분업구조를 지향하여 급격한 무역량 감소를 막고 '네트워크 국토공간'에 대한 인프라 투자를 통해 성장과 분배의 효과를 높이자는 것이다.

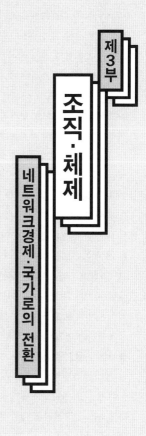

제3부

조직 · 체제

네트워크경제 · 국가로의 전환

3부에서는 한반도경제를 구성하는 조직·체제의 원리를 네트워크를 핵심으로 하는 혼합적 조직 형태로 규정하고 이러한 원리가 확장된 네트워크경제·국가 개념을 제시했다. 한국에서 형성된 동아시아 발전모델은 국가와 재벌체제를 중심으로 하는 위계적 시스템과 이에 연결된 무한경쟁의 시장시스템의 덩어리라고 할 수 있다. 여기에 네트워크조직·제도의 영역을 확장하는 체제혁신을 통해 좀더 혼합적이고 수평적인 체제로 이행할 수 있다는 제안을 내놓았다.

체제 구성의 원리상 시장과 위계조직(하이어라키)은 확연히 대립되는 양 극단의 것이다. 시장원리는 수요와 공급의 조정에서 가격이 핵심적 역할을 하는 것이고, 위계조직에서는 의사 결정과 조정에서 명령이 중심적 역할을 수행하게 된다. 현실에서는 두 극단의 원리가 순수한 형태로 나타나기 어렵고, 조직·제도 운영의 왜곡이 발생하게 된다. 체제의 안정성과 혁신성을 증대하기 위해서는 네트워크 형태를 확대하여 좀더 규칙적이고 투명한 혼합체제를 형성하자는 것이 한반도경제 구성의 아이디어이다.

3부 첫번째 글은 2012년 대선을 앞두고 '새 정치'에 대한 대중적 열망이 분출하던 시기에 내놓은 네트워크국가에 대한 제안이다. 새로운 시스템과 경제정책이 준비되어 있는가 하는 걱정은 그때나 지금이나 크게 달라지지 않았다. 이 글에서는 한반도경제론의 인식 범위를 세계체제-분단체제-국내체제 등 세개 층위의 차원으로 규정했다. 이에 따라 평화질서-남북연계-혁신국가라는 삼중의 과제를 설정하고, 이 과제를 수행하는 체제적 원리를 네트워크로 상정했다.

두번째 글은 한반도경제의 성장전략에 관한 것이다. 이 글은 이명박정부, 박근혜정부의 성장전략에 대한 비판적 논점을 담고 있지만, 문재인정부에서 채택한 소득주도형 또는 내수주도형 모델의 일국적 시각과도 차별되는 비전을 제시하고 있다. 김대중정부 및 노무현정부의 동북아전략 및 균형발전전략을 비판적으로 재구성하여, 글로벌 지역으로서의 한반도경제와 지중해경제를 형성하는 '수평·분권-네트워크'의 성장전략을 제안하였다.

세번째 글은 한반도경제의 시각에서 본 경제민주화 논의이다. 경제민주화 논의는 2012년 대선의 최대 쟁점이었지만, 박근혜정부 출범 이후 유야무야되고 말았다. 문재인정부는 공정경제 의제를 제시했지만, 그에 대한 명료한 정책 방향은 제시되지 못하고 있다. 이 글에서는 경제민주화 개념을 발전모델과 경제체제 혁신이라는 차원에서 재정립하면서, '87년체제'의 혁신과 네트워크국가로의 전환이라는 과제를 제시했다.

제8장

2013년 이후의 '한반도경제'
— 네트워크 모델의 제안

1 들어가며

2012년은 중요한 해다. 미국과 중국에서도 새로운 지도부를 구성해야 한다. '김정일(金正日) 이후'의 북한은 정권 수립 이후 최대의 역사적 전환점을 맞고 있다. 한국에서는 총선과 대선을 앞두고 민심의 파도가 정치권을 휩쓸고 있다. 새로운 정치지형을 만들어가는 국민 대중의 지혜가 놀랍지만, 열망과 실망의 사이클이 반복될 수도 있다. 이제 새로운 시스템과 경제정책을 준비하는 작업이 참으로 절박해졌다.

이와 관련하여 '2013년체제'에 관한 논의가 진행되고 있다. 먼저 백낙청(白樂晴)은 2013년체제의 문제를 제기하면서 그간의 복지담론을 평화·공정 등 중요 의제와 결합할 필요성을 제시한 바 있다(백낙청 2011).[1] 이에 대하여 김종엽(金鍾曄)은 평화·복지·공정을 가능케 하는 정

---

[1] 여기에서 강조된 것은 의제 자체보다는 2013년체제의 내용을 채우는 여러 의제들 간의 '지혜로운 결합'이다. 이 대목의 단행본 수록지면은 백낙청 2012, 82면.

치, 규범, 사회적 연대감의 중요성을 강조했다. 이는 2013년체제의 주요 의제를 관통하는 원리를 논의한 점에서 일보 전진했다고 하겠다. 그러나 시스템 전체의 '큰 그림'까지 내놓지는 않았다. 김대호(金大鎬)는 2013년체제가 87년체제와 김대중 개혁의 합리적 핵심을 계승·발전 또는 부정하는 것으로 파악함으로써 정책적 체계화를 시도했다. 그러나 세계체제-분단체제의 변동이라는 조건과 새로운 질서의 작동원리까지 논하지는 않았다.(김종엽 2011; 김대호 2011)

한편 진보적 경제학계에서는 반신자유주의 연합으로서의 대안을 내놓는 경향이 뚜렷하다.[2] 그러나 신자유주의라는 프레임으로는 현실에 존재하는 세계체제와 분단체제의 제약조건을 제대로 인식하기 어렵다. 또한 글로벌화와 국민국가의 약화에 따라 사회민주주의 대안은 점점 더 현실에서 작동 가능한 대안이 되기 어려워지고 있다.[3]

한국의 경우에는 고령화, 성장한계, 남북한 통합이 만들어내는 수량적 제약을 감안해야 한다. 그래서 복지를 추구하되 '국가주의'를 넘어서는 경제모델을 모색할 필요가 있다(이태수·김연명·안병진·이일영 2010; 이일영 2011). 필자는 이와 관련하여 새로운 대안적 경제질서를 '한반도경제', 즉 "남북한 각각을 개혁할 뿐 아니라 남북한을 통합하며 세계와 공존하는 새로운 체제"라고 정의한 바 있다(이일영 2009, 6면). 이 글에서는

---

2 안현효(安賢孝)·류동민(柳東民)은 진보진영의 분열을 극복하는 대안으로서 사회민주주의 대안으로의 수렴 현상을 이야기한 바 있다(안현효·류동민 2010).

3 사회민주주의는 국가 차원의 프로그램을 통해 자원을 다수 대중에게 재분배한다는 이상과 운동을 대변하는데, 이매뉴얼 월러스틴은 이러한 사회민주주의 대안은 이제 '환상'이라고 지적한 바 있다. 사회민주주의의 성공을 지탱하던 조건은 세계경제의 확장과 세계체제에서의 미국 헤게모니인데, 세계경제는 장기침체로 접어들었으며 미국의 헤게모니 권력은 길고 완만한 쇠퇴의 과정으로 진입했다는 것이다. Wallerstein (2011) 참조.

이러한 '한반도경제'의 구성요소와 조직원리를 좀더 구체적이고 명료한 형태로 제시해보고자 한다. 즉 환경변화를 고려하여 과제를 제시하고 이를 수행하기 위한 전략과 제도·조직 형태를 논의해보려 한다.

2 평화질서와 국가·초국가 네트워크

새로운 경제모델을 구성하려면 세계 차원, 동아시아-한반도 차원, 한국 내부 차원에서의 환경조건을 검토해야 한다. 먼저 세계 차원부터 살펴보기로 하자. 미국의 일극체제 속에서 진행된 금융자본주의의 시대가 저물고 새로운 세계체제가 모색되고 있다. 그간 미국의 헤게모니가 강화되는가 쇠퇴하는가에 대한 논쟁이 끊이지 않았다. 그러나 2007~2008년 경제위기를 경험하면서 몇가지 변화의 방향성은 분명해졌다고 볼 수 있다.

그간 전세계적으로 진행되던 금융적 팽창에는 브레이크가 걸렸다. 금융세계화는 주식시장, 부동산시장, 파생상품시장의 확대와 그에 따른 사회구조의 재편을 의미하는 것이었다. 그러나 2007~2008년에 무모한 증권화의 위험이 드러났다. 미국과 유럽의 투자자들은 손실을 입었고 이는 금융체계 전반의 신용위기로 번졌으며, 이 위기는 세계적인 불황과 겹쳐 주변 신흥국들에 전파되었다.[4]

미국은 금융시스템의 불건전성이 드러난 가운데 문제해결 능력이 제

---

4 2008년 말 아이슬란드·헝가리·파키스탄·우끄라이나, 2009년 초 벨라루스·루마니아 등이 차례로 IMF의 자금지원에 의존하게 되었다. 특히 외화표시 단기부채를 다량 보유하고 있던 아이슬란드는 통화가치가 폭락하고 3대 은행을 국유화해야 하는 최악의 위기를 맞았다.

약되고 있다. 경상수지 적자가 심각하며 정부 재정도 적자 상태인데, 정치권에서는 국가부채 한도 증액과 재정적자 감축에 대한 의견이 분열되어 있다. 재정 확충을 반대하는 풀뿌리운동과 금융권력에 저항하는 풀뿌리운동이 동시에 진행되고 있다. 유럽의 위기도 계속되고 있다. 유럽은 많은 나라들이 통화는 통합되어 있으나 재정은 독립되어 있는 모순 속에서 유로존(Eurozone)을 지키는 것조차 힘든 상황에 봉착했나. 일본은 장기침체와 대지진의 재난 속에서 이를 극복할 국내적 리더십을 만들어내지 못하고 있다.

한편 중국의 영향력은 증대되고 있다. 중국은 개혁·개방 이후 30년 이상 급속한 실물적 성장을 계속했다. 이는 달러체제에 편승한 수출 위주의 중상주의의 성과에 힘입은 바 크다. 그러나 미국과 유럽 시장의 침체, 중국 국내의 인플레와 격차 확대, 막대한 지방정부 부채, 급속한 고령화 추세 같은 문제가 있다. 일정 시간이 지나면 중국의 성장세는 둔화될 것이다.[5] 성장이 둔화되고 사회적 위기가 심화되면 시장에 대한 국가의 통제가 더욱 강화될 수 있다.

중국은 오랜 영토주의 제국의 역사를 가지고 있다. 그래서 티베트와 신장위구르, 남중국해 등에서도 강경한 태도를 견지하고 있다. 중국의 과두제자본주의는 상대적으로 덜 자본주의적인 특성 때문에 지역적 영토주의 국가의 길을 추구할 가능성이 있다. 중국이 전세계 차원에서는 미국 헤게모니에 도전하지 않을 수 있지만 동아시아 차원에서는 발언권을 적극 주장할 가능성이 높다. 특히 한반도 문제와 관련해서는 경제

---

5 중국이 '세계의 공장'이 된 이면에는 글로벌 생산네트워크에 편입된 중국이 미국·유럽·일본 기업들에 의해 생산량을 통제받는 현실이 존재한다. 중국은 이미 서구와 깊은 관계를 맺고 있다.

적 차원은 물론 자국의 영토적 안정성이라는 관점을 중시할 것으로 보인다.

미국, 일본, 유럽 등 선진국은 국내 문제를 해결하기에도 벅찬 상황이고 중국도 자신의 국가이익을 넘어서지는 못하고 있다. 세계 차원에서는 전에 비해 '카오스'(chaos) 요소가 강화되고 있다고 할 수 있다.[6]

'카오스' 아래서는 갈등과 충돌이 발생할 수 있다. '질서'는 안정과 균형을 특징으로 한다. 현실은 카오스와 질서의 중간 어디에 존재한다. 세계체제 차원에서 카오스 상태로의 변화가 나타나는 조건에서는 평화적 질서의 형성을 우선적인 과제로 삼아야 한다. 과거의 질서가 이완되는 과정에서 발생할 수 있는 폭력의 확대를 경계하면서 다층적인 네트워크를 만들어가는 데 주력해야 한다.[7]

미국의 세계적 헤게모니가 약화되고 국민국가를 넘어 다양한 네트워크가 형성되고 있는 조건에서 국가 단위의 전략만 유효한 것은 아니다. 지금까지 한국은 발전주의 모델을 따라왔다. 국가가 주요 행위자가 되어 개방과 경제발전을 비교적 성공적으로 결합해온 경우로 평가되기도 한다. 그러나 현재 조건에서는 국가 차원에서 전면적인 경제공동체 형

---

6 조반니 아리기(Giovanni Arrighi)는 20세기 이후 세계체제의 시나리오를 서구 중심의 전지구적 제국, 동아시아 중심의 세계시장사회, 세계적 수준의 카오스로 제시한 바 있다(아리기 2008). 현실에 가장 근접한 시나리오는 카오스인 것으로 보인다. 세계체제론과는 다른 맥락이지만 누리엘 루비니(Nouriel Roubini) 뉴욕대 교수, 이언 브레머(Ian Bremmer) 유라시아그룹 회장 등은 글로벌 거버넌스의 부재 상황을 'G-제로'라고 표현한 바 있다.

7 미시적 차원에서 정의된 네트워크는 둘 이상의 행위자 집합으로서 행위자 상호간에 반복적·지속적 교환관계를 추구하면서도 교환과정에서 발생할 수 있는 분쟁을 중재·조정하는 법적 권위체는 가지고 있지 않은 조직 형태라고 할 수 있다. 네트워크 형태에 참여하는 행위자는 새로운 기능과 지식의 학습, 합법적 지위의 획득, 경제적 성과의 개선, 자원 의존의 관리, 사회복지 개선이라는 이익을 얻는다.(Podolny and Page 1998, 59~66면)

성을 시도하는 것이 카오스로의 경향을 강화할 수도 있다.

예를 들면 한미FTA나 한중FTA는 국가간 관계에 초점을 맞추는 것이다. 국가 행위자를 주요 노드(node, 결절점)로 삼는 '노드간 정치' (inter-nodal politics) 차원에서 추진되고 있다. 그러나 거대 국가와의 FTA를 통해 국가간 분업이나 산업간 분업의 변경을 가져오는 것은 자연적으로 형성된 균형 상태를 벗어나는 과정에서 서래비용을 발생시킬 수 있다. 따라서 향후 국가 차원에서 추진하는 대규모 프로젝트는 신중하게 진행할 필요가 있다.[8]

동아시아에서의 무역과 투자의 확대는 이미 자율적 과정을 통해 이루어지고 있다. 국가 차원에서 시급히 논의할 문제는 아니다. 시장의 위험이 높고 국가간 조정이 필요한 부문은 금융과 자원 분야다.

향후에는 금융위기가 빈발할 가능성이 높다. 실물적 성장을 위해서는 발전된 금융시장이 필수적이지만 모든 증권화에는 편익과 함께 위험이 따르기 마련이다. 위기를 피할 수 없다면 국가간 협력을 통해 이를 관리할 수 있는 시스템을 마련하는 것이 중요하다.[9] 또 한국, 중국, 일본은 모두 자원위기의 가능성을 지닌 국가다. 에너지와 식량 같은 자원은 소수의 메이저 공급자에 의한 독과점적 시장구조가 형성되어 있다. 또 파생

---

8 한미FTA의 추진은 국내적 갈등비용을 유발하는 한편 미국과 중국의 동아시아 정책이 충돌하는 지점이 될 수 있다는 점에서 논란이 확대되고 있다. 현재로서는 한미FTA는 물론 한중FTA나 한일FTA의 경우도 통상 문제의 차원을 넘어 카오스화하는 세계체제 속에서 갈등을 유발할 가능성이 높다. FTA의 방아쇠가 당겨진 만큼 협상기간을 길게 가져가고 협상이 '낮은 수준'으로 조정되도록 노력하면서 네트워크관계를 강화하는 것이 바람직하다고 여겨진다.

9 금융세계화에 따라 금융위기가 발생할 가능성이 더 높아졌지만, 그렇다고 금융 기능을 폐지할 수는 없다. 위기를 원천봉쇄하는 것이 어렵다면 위기에 대비하고 위기를 관리하는 방안을 준비해야 한다.

170

상품의 거래 등 금융화가 진행되어 가격변동이 심하다. 이들 자원시장에서 한·중·일은 비중있는 수요자다. 이들 세 나라가 협력하면 시장 위험을 줄이면서 시장구조를 변화시킬 수 있는 잠재력을 가지고 있다.

다음으로 초국가 네트워크에 대해 살펴보자. 현재의 세계체제가 카오스 쪽으로 변화하는 것은 미국의 우위가 약화되었기 때문이다. 여기에는 또다른 이유도 있다. 국가라는 행위자 이외의 네트워크형 행위자의 비중이 증가하는 추세도 중요하게 작용하기에 그러하다. 초국적기업, 지구적 시민사회단체, 국제기구 등은 태생적으로 네트워크의 형태를 띠는 존재다. 이러한 비(非)국가 행위자들이 국민국가의 경계를 넘나들고 있는 것이다.(김상배 2008)

동아시아에서의 평화질서는 국가간 관계뿐 아니라 다층의 네트워크를 통해 추진할 필요가 있다. 정치·군사 분야는 국가 차원의 협력이 중요하다. 그러나 금융 및 자원 부문, 그리고 개발협력의 의제에서는 정부간 네트워크는 물론 비정부간 네트워크를 활성화함으로써 네트워크에 참여하는 국가들 사이에서의 정책적 수렴과 협력체계 형성을 도모할 수 있다.[10]

---

10 네트워크적 요소를 강화하는 방안으로는 유럽연합에서 시도되고 있는 개방형 정책조정 방식을 참고할 수 있다. 유럽연합의 경우 경제·통화·고용·빈곤구제·사회통합·환경 등 분야에서 초국가기구·회원국 정부·국가 하부의 행위자들 사이에 수직·수평의 정책네트워크가 복잡하게 작동하고 있다. 이를 통해 중앙집중형 규제 메커니즘을 탈피하여 협상과 숙의, 경쟁과 조정을 통한 분산형 메커니즘을 구축하려 하고 있다.(민병원 2008)

3 남북 연계와 '지중해경제 네트워크'

2차대전 후 형성된 미국 중심의 세계체제는, 동북아에서는 동서 냉전을 연장한 동북아 냉전체제로, 한반도에서는 분단체제로 구체화된 바 있다. 분단체제는 하나의 체제이면서 그 하위에 남북한 각각의 체제를 가지고 있다. 분단체제는 악화와 강화의 두 경향을 함께 지닌다. 상위의 세계체제 변화, 남한 민주화, 북한의 축적 위기와 부분적 시장화 등은 분단체제의 기반을 흔드는 요인이다. 남한의 이명박정부 출범과 대북정책 변경, 북한의 후계체제 구축과 핵무장화 추진, 남북간 대립의 격화 등은 분단체제를 일시적으로나마 다시 강화시키기도 했다.

북한은 분단체제하에서 국가에 권력을 집중했으나 이는 경제위기를 구조화했다. 중앙집권적 계획시스템, 고(高)축적·강(强)축적, 중공업 우선 정책은 인센티브와 정보의 차단, 투자효율 하락, 산업구조 왜곡을 가져왔다. 1970년대 후반부터 진행된 생산위기는 90년대 이후 전반적인 경제위기로 확대되었다. 산업기반과 계획경제 시스템이 거의 붕괴되었고, 내부의 자원은 고갈된 상태다.

북한의 경제위기는 중공업과 군사 부문에 편중된 산업구조와 이를 뒷받침한 국가계획체제, 즉 '분단체제와 결합한 국가사회주의 경제'로부터 나온 것이다. 이에 대한 근본적인 대응방안은 대외개방, 경제개혁, 남북한 경제통합을 연계하여 추진하는 것이 될 수밖에 없다.[11] 역사·지

---

11 이는 일종의 '체제이행'에 해당하는 것이다. 이러한 체제이행 프로그램의 첫째 요소는 대외개방 조치다. 이는 특구의 확대 발전, 대외무역과 외국인 투자의 확대 등을 핵심 정책으로 한다. 특구에 유치한 외자기업에 대한 자유로운 기업활동 보장, 외국인 기업과 경쟁할 국내의 기존 기업에 대한 분권화와 인센티브 개혁 추진 등 제도적 개선도 뒤따라야 한다.

리적 조건이나 참고할 모델은 중국에 가까운 편이지만, 장기적으로는 다른 사회주의 국가의 체제이행 과정에 포함되었던 프로그램이 생략될 수는 없을 것이다. 따라서 초기의 개혁·개방이 지연될수록 이후의 이행 과정은 급진적인 형태를 띠게 될 것이다.

'김정일 시대'에는 부분적 개혁·개방과 군부를 앞세운 지배체제 강화를 동시에 추구했다. 1998년의 금강산관광 허용, 2000년의 6·15선언, 2002년의 7·1경제관리개선조치와 개성공업지구법 제정 등은 체제개혁의 방편이라고 할 수 있다. 반면 2006년 10월의 1차 핵실험은 체제유지를 위한 역행적 조치였다.

'김정일 이후'는 김정일이 뇌졸중에서 회복된 2008년 하반기부터 시작되었다고 볼 수 있다.[12] 이때부터 북한은 체제유지와 후계체제 구축을 최우선 과제로 설정했다고 할 수 있다. 2009년 이후 북한의 정책기조는 군부 강경파를 앞장세우는 선군정치와 경제와 사회에 대한 국가의 통제 강화로 나타났다. 2009년 5월에는 2차 핵실험을 강행했고 11월 말에는 화폐개혁을 단행했다. 화폐개혁은 그간 부분적 시장화를 통해 축적된 인민의 부를 하루아침에 몰수하고 집권적 계획체제를 다시 강화하려는 시도였다.

'김정일 이후'의 북한체제는 당분간은 안정성을 유지할 것으로 보인

둘째 요소는 심화된 제도개혁이다. 사적 소유권을 허용하는 재산권 개혁, 시장원리에 입각한 임금·고용제도, 기업제도에 포함되어 있던 사회보장제도의 독립 등이 이루어져야 한다. 셋째 요소는 남북간에 시장과 제도를 통합하는 것이다. 이를 위해서는 남북한 정부 차원에서 대표성을 위임한 경제공동체를 구성하고 이의 권능을 보장하는 국내법을 각각 제정해야 한다.(이일영 2009, 9장)
12 2011년 12월에 김정일이 사망했지만, 김정일–김정은 체제는 2008년 말~2009년 초부터 시작되었다. 필자는 이 시기부터 사실상 '김정일 이후'가 개시되었다고 본다.(이일영 2012)

다. 현실은 그간의 '북한 붕괴론'과는 거리가 있다. 북한은 김정일 유고 상황에 대해 3년 이상 대비해온 것으로 보인다. 또 천안함사건과 김정일의 네차례 중국 방문을 계기로 북·중 협조관계는 한층 긴밀해졌다. 김정일 사망 후 주변국들은 모두 북한의 조기붕괴를 원하지 않는 태도를 보였다. 그러나 중장기적으로 북한체제의 안정성이 유지되기는 어려울 것으로 보인다. 지배체세 유지를 위한 통세시스템 강화가 경세위기 극복을 위한 체제개혁의 방향과 구조적으로 어긋나기 때문이다. '김정일 이후'는 카오스적 요소가 더 강하게 작용할 것으로 전망된다.

분단체제의 해소에는 남북한 경제통합과 경제체제의 개선·개혁이라는 요소가 포함되어 있다. 특히 북한의 경우 국가사회주의체제의 변경이라는 과정을 거쳐야 한다. 그러나 북한이 국가적 차원에서 체제개혁을 단행할 수 있는 여력은 많지 않다. 북중관계의 강화를 추구하는 것은 물론이고 남북관계 및 북미관계의 개선도 기존 지배체제 유지에 방해되지 않는 선에서 허용하려 할 것이다. 북한의 개혁·개방과 남북통합이 맞물려 전개되는 것이 바람직하나 그렇게 되지 않을 가능성도 고려해야 한다. 따라서 국가적 차원의 연합·통합 이전에 네트워크에 의한 연계를 누적시키는 것이 필요하다.

국가간 협조체제가 제대로 작동하지 않으면 분단체제가 카오스화할 수도 있다. 이를 막기 위해서는 도시를 단위로 한 월경적(越境的)·지역적 네트워크 관계를 누적시키는 것이 좋은 방법이다. 동북아 국가들은 영토와 인구에 대한 통제에 관심이 많고 국가 형성과 전쟁능력에 치중하는 속성이 있다. 남북간 갈등과 미·중 및 중·일 간 갈등도 영토주의적인 국가의 속성에서 비롯하여 구조화된 측면이 있다. 따라서 영토주의적 경향이 더 약한 도시가 주체가 되어 네트워크를 강화하는 프로젝트를 전략적으로 추진해볼 필요가 있다. 가령 동북아의 바다를 연결하는 '동북아 지중해경제'를 상상하고 목표로 삼아 나아갈 수 있다.[13]

'동북아 지중해경제'는 다양한 층위의 도시네트워크 프로젝트에 의해 구성될 수 있다. 예를 들면, (남한에 국한된 사례지만) 인천-개성-해주, 부산-광양-제주의 '소삼각' 네트워크, 인천-칭다오(靑島)-다롄(大連), 부산-후꾸오까(福岡)-오오사까(大阪)의 '중삼각' 네트워크, 서울-베이징-토오꾜오의 '대삼각' 네트워크를 구상해볼 수 있다. 경제적·문화적 교류와 이동을 중심으로 활성화된 도시네트워크는 좀더 제도적인 형식을 갖추는 방향으로 발전해갈 수도 있다. 이는 '질서있는 아나키'를 지향한다. 중심적 통치의 부재 속에서도 그 자체에 고유한 묵시적·명시적인 원칙·규범·절차를 갖도록 하는 것이다.

'동북아 지중해경제'에서는 인천과 부산의 역할이 새롭게 인식된다. 인천은 제조업 기반과 항만·공항시설을 함께 보유하고 있어 국제 비즈니스·물류기지로 발전할 기본 조건을 갖추고 있다. 개성과 해주는 인천과 연계될 경우 글로벌 경쟁력을 갖춘 제조업과 물류 벨트로 발전할 수 있다.[14] 한편 부산은 남해를 내해화(內海化)하는 중심 역할을 맡아야 한

---

13 네트워크에 의한 '지중해경제'의 아이디어는 김석철(金錫澈), 백영서(白永瑞)에게서도 자극을 받은 것이다. 김석철은 황해공동체와 황해도시연합, 한반도·랴오닝성·산둥성 경제공동체, 한반도 서해안 도시연합 등을 거론하는데, '공동체'나 '연합'은 '동북아 지중해경제'에 적절한 조직 형태를 나타내는 개념은 아니라고 여겨진다. 백영서는 진먼(金門), 오끼나와 그리고 인천 앞 서해 5도를 연결하는 동아시아 평화의 '핵심현장' 네트워크를 제안하고 있다. 이는 국가주의를 넘어설 수 있는 주변부적 위치의 도시를 '네트워킹'한다는 발상인데, 하나의 의미있는 요소가 될 수 있음은 분명하지만 '지중해경제'에서는 경제적 비중이 큰 도시들의 네트워크가 더 중요하다고 판단된다.(김석철 2005; 백영서 2011)

14 우선적으로 필요한 것은 남북간 교통 및 물류연계 기반시설의 건설이다. 인천과 개성의 연결도로와 해주 항만의 확충이 시급하다. 전력·통신은 별도 인프라를 구축하기보다는 남측에서 지원하는 방식(전력은 송선 방식, 통신은 엑세션 방식)으로 실시하는 것이 좋겠고

다. 부산-광양-제주의 소삼각 지대는 제조업벨트, 물류벨트, 관광·문화·스포츠산업벨트로 발전할 수 있다.[15]

중삼각 네트워크는 한중·한일 간 협력관계를 발전시키고 중·일 간 갈등을 완화하는 효과를 가져올 수 있다. 중삼각 네트워크는 다음과 같은 점에서 네트워크를 스스로 조직하는 동력을 지닌다고 본다.

첫째, 중삼각을 구성하는 도시들은 각국의 수도와 일정하게 경생하는 위치에 있다. 이들은 경쟁력 확보를 위해 글로벌 네트워크를 형성하려는 유인이 있다. 중국 내에서 경제나 정치 중심지와는 거리가 있는 칭다오나 다롄은 스스로의 발전모델을 만들 필요가 있다. 이들은 한국과 지리적으로 가장 가까우면서 역사적으로 중국과 외부세계 사이의 교량역할을 한 곳이다. 큐우슈우(九州)의 중심 도시인 후꾸오까의 경우 전통적으로 부산권과 활발한 교류협력 활동을 펼쳐왔다. 토오호꾸(東北) 대지진과 방콕 대홍수로 일본의 부품소재업체들은 지리적으로 가까운 한국에 투자를 늘리려는 의향도 있다.

둘째로 이들 도시에서는 코리안 네트워크를 활용할 수 있는 가능성이 높다. 일례로 칭다오 지역에는 현재 조선족 20만명과 한국인 상주인구 10만명이 있으며 한국 기업은 8000여개가 들어서 있다.[16] 미국 실리

판단된다.(한반도평화포럼 2011, 186면)

15 '지중해경제' 형성의 비전을 세우고 나면 신공항의 필요성도 설득력 있게 받아들여질 수 있을 것이다. 부산-광양벨트는 세계적인 복합물류단지로 발전할 잠재력이 있다. 한려수도와 제주까지 연결된 남해 바다는 독특하고도 세계적인 매력을 가진 명소로 부각될 수 있고, 동북아의 MICE, 즉 회의(Meeting), 포상관광(Incentives), 컨벤션(Convention), 이벤트와 전시(Events & Exhibition) 중심지가 될 수 있다.

16 '디아스포라'(diaspora)는 '이주'(migration)와 쌍개념인데, 세계화·지역화·정보화의 흐름은 19세기 이래의 한인들의 고통에 찬 이주를 전세계적인 방향으로의 '디아스포라'라는 새로운 시각에서 인식하게 하였다.

콘밸리 기업의 부상은 기업과 기업 외부의 관련성, 상호작용에 의한 학습을 중시하게 한 사례다. 이처럼 코리안 네트워크도 도시와 기업의 역동적 성장에 기여할 여지가 많다.

중삼각 네트워크는 한·중·일 간의 협력 강도를 높일 수 있을 뿐 아니라 탈민족 환경에서의 남북한 통합에도 긍정적 에너지로 작용할 수 있다. 현재 북·중 간 경제협력의 핵심 프로젝트는 창·지·투(창춘長春·지린吉林·투먼圖們) 지역과 나·선(나진·선봉) 지역의 연계 개발사업과 신의주 압록강 변의 황금평 산업단지 개발사업이다. 이들 프로젝트는 현재 중국에 의해 주도되고 있지만, 중삼각 도시네트워크를 통해 한국과 일본 자본의 투자가 이루어지도록 하는 방안도 검토해볼 수 있다.

서울-베이징-토오꾜오의 대삼각 네트워크는 쉽게 조직되기 어렵다. 각국의 수도는 국가 차원의 경쟁과 갈등 구도의 영향을 강하게 받을 수밖에 없기 때문이다. 그러나 또 한편으로 거대도시들은 각국의 경제·문화 능력의 집적지이면서 전쟁 형성 능력과 영토주의 성향으로부터는 일정하게 분리되어 있다. 따라서 대삼각 도시네트워크는 국가간 협력체나 공동체보다는 실현 가능성이 높고 각국이 시민의 인권과 행복을 보장해주는 공화주의를 실천하기에도 더 용이하다고 할 수 있다.[17] 대삼각 네트워크가 작동하면 '지중해경제'가 더욱 활성화되고 각국이 '시민국가'(civic state) 쪽으로 변화할 수 있는 동력을 갖게 된다.

---

17 공화주의의 어원은 'res publica'인데, 이 말은 정치공동체 구성원의 공적인 일을 뜻한다. 공화주의의 구성요소로는 다수가 참여하는 공적 결정, 갈등과 균형, 논쟁적·토의적 민주주의, 시민적 덕성 등이 꼽소된다.

4 혁신국가와 네트워크형 경제조직

현 단계 선진 각국 경제의 최대 문제는 정체 속에서 격차가 확대되고 있다는 점이다. 성장세를 보이는 중국도 도농간·지역간 격차가 심각하다. 북한은 격차 문제를 거론하기 어려울 정도로 생산기반이 무너져 있다. 동아시아 경제에서 형성된 국가 주도의 발진주의 모델은 잘 작동하지 않고 있다.

한국경제도 성장의 한계를 나타내고 있다. 한국경제는 외환위기 전 1990~96년의 시기에 약 8%의 연평균 경제성장률을 기록했다. 그러나 이후에는 4%대 성장도 쉽지 않게 되었다. 한국경제가 장기적인 침체국면으로 진입했다고 단언할 수 없더라도 과거의 고도성장세를 재현하기는 어려울 것으로 보인다.

더욱 심각한 문제로 흔히 거론되는 것은 내부의 격차 확대다. 이는 소득과 고용의 위기로 나타난다. 외환위기 이전에는 주로 자영업자의 평균소득이 근로자보다 높았는데, 1997년 이후로 상황이 역전되었다. 구조조정 과정에서 자영업 종사자가 증가하면서 소득 격차가 확대된 것으로 추정된다. 또 근로자 내부에서도 정규직과 비정규직의 격차가 심각해지고 있다.

격차 확대, 소득·고용위기의 배후에는 고용능력 저하 문제가 있다. 고용을 개선하기 위해서는 중소기업의 발전이 필요하다. 그러나 한국은 대기업·중소기업 간 생산력 격차가 심각한 상황이다. 한국의 수출주도형 경제성장은 대기업, 특히 재벌그룹을 중심으로 이루어졌다.[18] 한국

18 한국과 일본에서 국가는 산업에 대해 보조금을 제공하고 성과에 연계된 프로그램을 제시

과 일본의 산업 형성에서는 국가의 보호주의가 강력하게 작용했는데, 이는 대기업과 중소기업의 생산력 격차를 가져왔다.

대기업·중소기업 간 생산력 격차는 지역간 생산력 격차와 상당 부분 겹쳐 있다. 지역간 격차는 1990년대 중반 이후 계속 확대되었는데, 수출주도형 경제성장이 지역간 생산력 격차를 확대한 것이다.[19] 한국의 수출주도형 경제성장은 전기전자, 자동차, 반도체, 석유화학, 조선 등 기초소재와 가공조립 산업이 이끌었다. 그런데 이들은 일부 지역에 집중해 있다. 또한 서울(수도권) 이외의 지역은 연구와 마케팅 능력이 결여되어 지식축적이 이루어지지 못하고 있다.

한국경제에 병목이 되고 있는 생산력 격차는 그간 펼쳐져온 발전전략의 결과이고 한계다. 한국에서는 경제발전 과정에서 국가의 후원에 기초해 재벌 같은 '내셔널 챔피언'을 만들었다. 국가에 의한 보호주의의 울타리에서 성장한 재벌과 거대 산업지역은 독점적 지위를 통해 경쟁력을 강화했다. 그러나 이처럼 국가-재벌 관계로 위계화된 '발전주의' 모델은 이제 잘 작동하기 어렵게 되었다.[20]

발전주의 국가의 능력은 국가에의 권력집중, 억압적 정치체제 구축으로부터 나오는 것이었다. 전세계적으로 냉전체제가 해체되면서 발전주의 모델과 민주주의적 질서는 점점 더 양립하기 어려워지고 있다. 또

했다. 또한 금융자본-산업자본-국가 간의 강력한 연계와 보호주의 전략을 통해 공업생산성을 개선했으며 '학습에 의한 산업화'를 이룩했다.

19 생산 측면의 지역간 격차를 나타내는 1인당 GRDP(지역 내 총생산)의 인구가중 변동계수는 1990년대 중반 이후 줄곧 가파른 상승 추세를 보이고 있다(정준호 2010).

20 발전주의란 보통 시장에 대한 국가 개입을 용인하는 경제시스템을 의미한다. 그 특징으로는 국가와 민족 이해의 최우선화, 공업화에 기반한 경제성장을 통한 국력 강화, 자원의 집중적 동원과 관리 능력 등을 지적할 수 있다.

한 글로벌화와 산업 및 기술 구조의 변화도 발전주의 모델의 지속성을 제약하는 요인이다. 후기 산업사회, 즉 다품종 소량생산과 유연생산에 기반한 체제로의 변화는 국가와 산업·기업의 연계보다는 글로벌 자본주의와 지역의 연계에 더 어울리는 측면이 있다.

현 단계에서 한국경제의 성장과 번영을 제약하는 생산력 격차는 기업간·지역간에 형성된 위계적·수직적 관계로부터 나온다. 글로벌화가 진전되고 지식기반경제의 비중이 높아짐에 따라 국가와 재벌을 중핵으로 하는 경제시스템은 혁신적인 성과를 내기 어려워졌다. 이제 중앙정부와 대기업에 힘이 집중된 위계적 시스템을 분권화하고 경제조직에서 네트워크형 또는 혼합형 조직 형태의 요소를 더욱 증대할 필요가 있다. 즉 네트워크형 혁신국가로 이행해야 한다.

발전주의 모델 속에서 형성된 위계적 구조를 네트워크 형태로 전환하기 위해서는 다음과 같은 방향으로 재벌정책, 중소기업정책, 지역정책을 재정비할 필요가 있다. 첫째, 일관된 재벌정책이 필요하다. 재벌문제의 핵심은 부당 내부거래에 의한 기업 경계의 부적절한 확대다. 기업이 지나친 조직화 비용을 쓰지 않고 혁신을 통한 성장에 집중하도록 하기 위해서는 공정한 규칙의 제정과 집행이 중요하다. 공정거래위원회의 조사능력과 절차적 정당성을 강화하는 전제하에서 공정거래위원회의 권한을 확대할 필요가 있다. 또한 중소기업들이 스스로 불공정거래 소송을 제기할 수 있도록 하는 제도 정비와 지원도 뒤따라야 한다.[21]

---

21 이와 관련하여 故 노무현 대통령의 다음과 같은 술회를 참고할 만하다. "그 뭐 부당 내부거래를 사전에 원천봉쇄하기 위해서 순환출자, 출자총액 막아라 그랬는데 그게 뭐 효과가 별로 없을 거라고 본 거죠. 그 대신 공정거래위원회를 강화해줘라, 사후 관리를 강화할 수 있게. 공정거래위원회 경제경찰을 아주 강하게 하자, 그쪽으로 간 건데요."(노무현 2009, 232면)

둘째, 중소기업을 육성하기 위해 기업간·조직간 네트워크관계를 활성화하고 네트워크형 조직 형태를 발전시켜야 한다. 대기업과 중소기업 간에는 연구개발을 중심으로 네트워크를 형성하도록 하는 인센티브를 마련하고 하청거래에 대해서는 공정성 관리를 엄격히 해야 한다. 중소기업이 혁신지향적 기업으로 발전할 수 있도록 자체적인 설계 능력과 글로벌 마케팅 능력을 갖추는 데 도움이 되는 협력네트워크 형성을 지원할 필요가 있다.[22]

셋째, 지역정책이 중요하다. 분권적 광역지역경제권을 형성하는 것이다. 이때 지역경제권의 규모는 글로벌 차원에서의 경쟁력을 갖출 수 있을 정도가 되어야 한다. 따라서 현재의 16개 광역시도체제보다는 넓은 범위로 구성되어야 한다. 국가는 더이상 경쟁력의 단위로 기능하기 어렵다. 따라서 광역지역경제권이 글로벌 분업을 수행하는 주체로서 지역산업의 기획·투자·무역진흥의 기능을 수행하게 해야 한다.[23]

---

22 국가의 직접 개입 대신 네트워크를 통해 대기업·중소기업 간 격차를 줄이고 전체 경제에서 중소기업이 더 큰 역할을 맡도록 하는 것은 남북한 경제통합 과정에서 함께 지향해야 할 상호변화의 방향이기도 하다. 또 빈곤과 환경 문제에 투자자소유 기업과 국가가 영향을 미치는 데 한계가 있을 수 있다. 이러한 문제에 대응하기 위해 여러 종류의 네트워크형 조직 형태의 실험을 전개할 필요가 있다.(이일영 2009, 6장)
23 광역경제권과 일치하는 행정단위를 만들어낼 수 있다면 이는 현재의 국가체제를 연방제 국가로 재구성하는 기초가 될 수 있다. 새로운 광역 행정단위를 형성하기 어렵다면 광역경제권에 포함되는 행정단위들 사이의 조정, 광역경제권과 중앙정부나 국회 사이의 조정을 행할 수 있는 기제를 마련해야 한다.(전병유 외 2011)

5 나가며

　필자는 세계체제-분단체제-국내체제를 혁신하는 프로젝트로서 '한반도경제'를 제안해보았다. 지금까지 논의한 것처럼 경제모델을 구성하는 요소로는 환경, 과제, 전략·제도·조직 등이 있다. '한반도경제' 모델에서는 세계체제-분단체제-국내체제라는 세개 층위의 환경변화 소건을 고려하여 평화질서-남북연계-혁신국가라는 삼중의 과제를 설정해보았다. 이들 과제를 수행하기 위한 전략·제도·조직의 원리는 '네트워크'다. 따라서 '한반도경제'는 '네트워크경제'의 모델이라고도 말할 수 있다.

　'한반도경제 네트워크'는 다시 삼중의 과제에 대응하여 국가·초국가 네트워크, 지중해경제 네트워크, 혁신적 네트워크 경제조직으로 생각해볼 수 있다. 국가·초국가 네트워크는 국가 내부와 국가간에 존재하는 제도와 정책결정 과정에서 공유된 연결망이다. 지중해경제 네트워크는 한국·북한·중국·일본 등의 여러 도시들 사이에 존재하는 반복적·지속적인 연결망이다. 혁신적 네트워크 경제조직은 대기업과 중소기업 간, 지역간 생산력 격차에 대응하는 조직간·지역간 연결망이다.

제9장
성장전략으로서의 한반도 네트워크경제

1 문제 제기

한국경제는 저성장과 격차 확대라는 구조적 딜레마에 부딪혀 있다. 한
국의 경제성장률은 2012년 2.3%, 2013년 3.0%를 기록한 데 이어, 2014년
에도 2%대에 머무를 것으로 예상된다. 또한 소득 불평등은 계속 심화
되고 있는데, 소득계층 불평등 정도를 나타내는 시장소득 지니계수
는 2003년 0.292에서 2012년 0.311로 증가했다(김미곤 2014). 한국의 경우
1980년대까지는 동아시아 발전모델의 '공유된 성장'(shared growth)의
특징을 나타냈으나, 1990년대부터는 이와는 다른 성장 패턴을 보이고
있다.[1]

저성장과 격차 문제는 단기적으로 해결하기 어려운 문제다. 전통적
인 케인즈주의 대책으로는 소비 및 소득 증대 방책이 논의되지만, 엄청

---

[1] 전병유(2013)에 의하면, 소득 불평등 심화의 일차적 원인은 근로소득의 불평등, 그중에서
도 빈곤층의 소득 감소가 문제라고 한다. 자산소득 불평등은 정확하게 파악되지 않고 있지
만 간과될 수 없는 수준일 것으로 짐작한다.

난 가계부채의 존재, 기업소득과 가계소득의 격차 등 구조적 문제가 가로막고 있다. 또한 전세계적으로 진행되는 탈규제화 경향, 인구구조의 고령화 등이 유효한 정책 설계를 어렵게 하고 있다. 이 때문에 18대 대선에서 화두가 된 경제민주화나 복지국가 의제는 구체적 정책 프로그램으로 성과를 내기가 쉽지 않다.

성장을 촉진하고 격차를 축소하기 위한 방안으로 소득수도형 또는 내수주도형 성장전략이 거론되고 있다(이상헌 2014). 그런데 이 방안이 정책으로 입안되고 작동되기 어려운 것은, 글로벌 분업구조와 그에 입각한 생산시스템이 1990년대 이래로 새롭게 전개되었기 때문이다. 격차 문제에는 산업 부문의 시스템 변동에 따른 지역 격차의 확대도 중요한 작용을 한다(정준호 2010). 따라서 임금제도나 사회보장제도 측면으로만 접근해서는 구조적 격차의 확대를 통제하기 어렵고, 성장 정체에 대응하기도 어렵다.

시스템 변동과 관련해서는 1997년 외환위기가 한국에서 신자유주의 도입의 기점이 되었다는 주장이 많다.[2] 그러나 산업 부문의 변화는 1997년 이전부터 진행되었고 변화의 방향도 신자유주의라는 개념으로 설명하기는 어렵다. 필자의 가설에 의하면, 한국경제는 1960년대 초~1980년대 말에 국가 주도-수출 주도의 '수직·위계'적 산업성장 패턴을 보였으나, 1990년대 초 이후에는 동아시아 생산네트워크의 진전에 대기업 위계제가 적용한 '수직·위계-네트워크'적 산업성장 패턴으로 전환했다. 동아시아 전체가 그런 것처럼, 한국의 성장동력이 동아시아

---

2 한 예로, 김호기(2009)는 신자유주의의 의미를 중시하면서 97년체제가 87년체제보다 현재를 설명하는 데 더 우위를 지니는 것으로 평가하는데, 이러한 관점에서는 87년체제를 민주화체제로 한정하고 1997년에 87년체제가 종결되었다고 본다.

생산네트워크와 연결된 부분에서 창출되었음에 주목할 필요가 있다.

필자의 문제의식은, 저성장 및 격차 확대에 대응한 중장기 전략의 핵심은 동아시아 생산네트워크에 적응하는 한편으로 동아시아 생산네트워크의 구조적 공백을 차지하고 연결하는 것이어야 한다는 점이다. 한국의 성장·발전 문제는 글로벌 분업구조 속에서 수행하는 한국경제의 역할과 직접적으로 관련이 있다.[3] 따라서 성장전략은 대외전략·지역전략과 한 세트로서 구상·입안될 필요가 있다. 격차 문제에 대해서도 계층 중심의 정책과 함께 지역 격차 축소를 새로운 경제성장의 비전과 연관시키는 전략을 함께 배치해 대응할 필요가 있다. 이렇게 볼 때, 김대중정부 및 노무현정부의 동북아전략 및 균형발전전략을 재평가하고 글로벌 지역으로서의 한반도경제와 환황해 지중해경제를 형성하는 '수평·분권-네트워크'의 비전을 구상해볼 수 있다.

이러한 문제의식에 따라 이하에서는 글로벌 분업구조의 변동 속에서 한국경제의 '수직·위계'적 성장 패턴이 동아시아 차원에서 전개된 '수직·위계-네트워크'적 성장 패턴으로 전환한 과정을 고찰한다. 그리고 이를 보완하는 경제성장·경제발전의 비전으로서 한반도경제와 환황해 지중해경제를 형성하는 '수평·분권-네트워크'의 성장 비전을 구상해본다.[4]

---

3 동아시아의 국제분업 구조와 경제발전 모델은 긴밀하게 연관되어 있다. 선진국의 선도산업 이전에 초점을 맞춘 '기러기 편대(雁行)' 이론, 기업의 행태에 맞춰 국가간 산업 이전을 설명한 제품수명주기이론, 중심부-반주변부-주변부 간의 위계적 분업구조를 논의한 세계체제론 등은 모두 국가 주도 발전주의 모델과 일정하게 대응을 이룬다고 할 수 있다.(김진영 2007)

4 수직·위계적 성장, 수직·위계-네트워크적 성장, 수평·분권-네트워크적 성장 등의 개념은 이 글에서 서술의 편의를 위해 시론석으로 사용한 개념이다. 향후 이론과 실승분석 양 측면

2 한국 자본주의의 성장구조 변화

(1) 성장률 추세와 성장구조

한국경제의 성장 패턴은 크게 보아 1990년대 전반기를 전후로 차별화된다고 할 수 있다. 우선 성장률 추세를 볼 때, 1980년대 중반까지는 고성장 단계, 1980년대 후반~2000년대 중후반은 중간성장 단계라 할 수 있고, 2008년 이후에는 저성장 단계로 진입하는 징후를 보이고 있다(그림 1, 표 1 참조). 8% 이상의 성장률을 고성장률의 기준으로 간주한다면, 1971~80년에 7번, 1981~90년에 7번, 1991~2000년에는 4번을 기록했는데, 2001년 이후에는 변동 추세에서의 반등 시기에도 8%대를 기록하지는 못했다. 1970년대 말~80년대 초의 주기적 위기 이후에는 1986~95년이 상당히 긴 성장의 고원지대를 형성했다 할 수 있다. 1997년 동아시아 위기 이후에는 2000~2007년 기간 동안 5%대를 중심으로 등락하는 추세였다. 그리고 2008년 세계경제 위기 이후에는 3%대 전후의 성장률이 고착화되는 것처럼 보인다.

성장률 추세의 이면에는 1980년대 말~90년대 초반에 진행된 산업구조의 변화가 자리잡고 있다. 따라서 이 시기에 산업구조의 변화에 따른 성장구조의 변화가 나타났다고 말할 수 있다. 그림 1을 보면 1988년까지는 공업 성장이 국내 성장을 견인했다고 할 수 있다. 그런데 1988~93년에는 제조업 성장이 전체 성장률과 서비스 성장률을 밑도는 것으로 나타난다. 이는 이 시기에 종래의 산업구조 및 성장 패턴과는 차

에서 좀더 심화된 검토를 수행할 필요가 있다.

그림 1 한국의 실질성장률 (%)

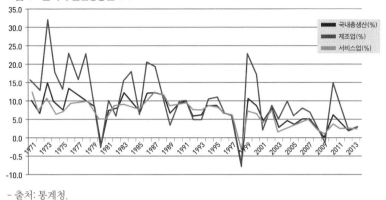

- 출처: 통계청.

표 1 한국의 실질성장률 (%)

	2001	2002	2003	2004	2005	2006	2007	2008	2009	2010	2011	2012	2013
국내총생산	4.5	7.4	2.9	4.9	3.9	5.2	5.5	2.8	0.7	6.5	3.7	2.3	3.0
농림어업	1.6	-2.1	-5.3	9	1.4	1.6	4.1	5.6	3.2	-4.3	-2	-0.9	5.8
제조업	3.3	9.3	5	9.7	5.8	7.7	8.4	3.7	-0.5	13.7	6.5	2.4	3.3
서비스업	5.3	8.1	2.1	2.8	3.9	4.6	5.2	3.2	1.5	4.4	3.1	2.8	2.9

- 출처: 통계청.

별화되는 변화가 이루어졌음을 시사한다. 1993년 이후에는 다시 제조
업 성장이 전체 성장률보다 높아져서 전체 성장을 견인하는 위치로 돌
아왔다. 전반적으로 서비스업은 전체 성장을 견인하는 위치로 올라서
지는 못했고 농업은 계속 부진한 추세였다. 결국 1988~93년을 통해 제
조업 내부에 구조변화가 이루어지고, 이것이 종전과는 다른 형태의 성
장구조를 만들어냈다고 짐작할 수 있다.

　1988~93년이 중대한 구조변화의 시기였다는 방증을 성장에 직접적
으로 영향을 미치는 총수요 구성 측면에서도 관찰할 수 있다(그림 2).
1970년대의 성장은 국내투자와 해외부문의 동시적 성장의 결과였다.

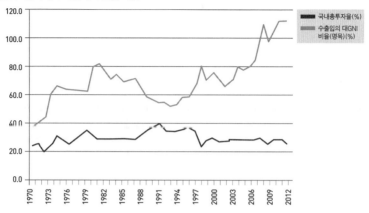

그림 2 한국의 투자율과 수출입 비율

- 출처: 통계청.

변화가 이루어지는 것은 1980년대 후반인데, 이때 국내투자가 증대하면서 해외부문 비중은 하락하는 내수주도형 성장의 모습이 잠시 나타난다. 그러나 국내투자율은 1991년에 40%로 정점에 오른 이후 36~38% 수준으로 하락했고 1997년 이후 다시 급락하여 30%대 이하 수준이 되었다. 국내투자율 하락을 메꿔준 것은 해외부문이었다.[5]

GNI(국민총소득)에 대한 수출입액 비중은 1993년도에 52.6%로 저점을 기록했다가 이후 폭발적인 증가세를 보여 동아시아 위기의 한가운데인 1997년 66.2%, 1998년 80.8%를 나타낸다. 이 수치는 다시 2008년 세계경제 위기 시에 110.7%를 기록하기에 이르렀다. 이는 주기적인 경제위기가 발생하여 국내소비나 투자가 위축될 때에도 해외부문은 상대적으로

---

5 1988~93년에 내수주도형 성장 양상이 나타난 것을 중시하여 이 시기의 모델로 돌아가야 한다고 주장할 수도 있다. 이 문제와 관련해서는 좀더 본격적인 검토가 필요하지만, 그러한 양상이 매우 짧은 시기에 국한되었다는 것을 감안하면, 대내외적 요인이 복합적으로 결합하여 발생한 과도기적 양상일 가능성도 적지 않다.

타격을 덜 입고 견고한 성장세를 유지했다는 것을 의미한다. 흔히 위기 이후 대외의존도가 높아지고 국내부문과 해외부문의 격차가 커진 것으로 이야기하지만 이는 착시현상의 일종이다. 위기와 별도로 산업과 성장의 구조가 변화했고, 이에 따라 상대적으로 강력하고 안정적인 해외부문이 존재하게 되었다고 할 수 있다.

(2) 글로벌 분업의 진전과 세계경제

요컨대 현 단계 한국 자본주의의 성장 패턴이 형성된 것은 1990년대 초라고 할 수 있다. 한국의 성장을 견인한 것은 기본적으로 제조업 부문이었고, 농업과 서비스업은 국내총생산 성장률 수준을 하회했다. 이 시기 이후 한국경제 성장의 기본 동력은 글로벌 분업과 동아시아 생산네트워크에 연결된 제조업의 성장이었다.

그런데 1990년대 초반 해외부문 비중이 높아진 것은 한국에만 해당하는 현상은 아니다. 그림 3을 보면, 한국뿐만 아니라 대만이나 독일도 1990년대 초반 이후 GDP 중 수출입 비중이 증가하기 시작해서 2000년대 들어와서 다시 급상승하는 것으로 나타난다. 그 원인으로 동아시아에 형성된 새로운 생산체제와 중국 요인을 빼고는 생각하기 어렵다. 중국은 1992년 남순강화와 한중수교, 1994년 외환제도 개혁, 2001년 WTO 가입의 수순을 거치면서 해외부문 비중이 크게 팽창한다. 2000년대 들어서는 내수 중심의 미국과 일본도 무역의존도가 상승한다.

중국의 경우 소위 제4세대 지도부가 집권한 시기의 전반부라 할 수 있는 2003~2007년(또는 2008년 상반기)에 경제적으로 황금기의 성과를 누렸다고 할 수 있다. 이 시기에 노동집약적 제조업의 고성장이 중

그림 3 주요국의 무역의존도 추이

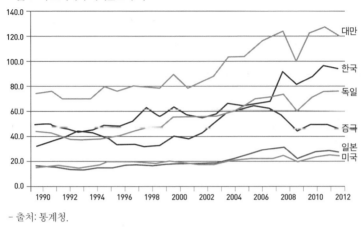

- 출처: 통계청.

료되고, 철강, 화학, 자동차, 조선 등 중공업과 전자, 기계 등 기술산업이
수출과 성장을 주도하게 되었다.[6]

1990년대 이래 주요 선진국 중에서는 독일의 성과가 가장 뚜렷하다
고 할 수 있다. 독일은 OECD 국가 중 한국, 스위스와 함께 1990년대 후
반 이후 제조업 비중이 하락하지 않은 거의 유일한 나라다. 독일은 중
국의 부상에도 불구하고 미국, 중국, 일본에 이어 세계 4위의 제조업 생
산 강국의 지위를 유지하고 있다. 여기에는 아시아에 대한 수출이 중요
하게 작용했다. 독일의 아시아 수출, 특히 중국에 대한 수출은 2000년대

---

6 그러나 이 시기에 중국은 가계소득 비중의 하락, 과잉투자와 에너지 등 자원의 과소비, 고
  저축-저소비의 불균형 등 구조적 문제도 부각되기 시작했다. 이에 따라 성장지상주의의
  결함을 시정하기 위해 사람 중심(以人爲本), 조화사회(和諧社會), 과학적 발전관(科學發展
  觀) 같은 통치이념을 제시하면서 지역균형발전을 시도하기 시작했다. 마침내 2011년 3월
  에는 제12차 5개년 규획(12.5규획)을 채택하여 "양적 성장에서 질적 성장으로", "내수 특
  히 가계소비가 견인하는 성장으로"라는 방침을 제시하고 민생(가계), 생산성(효율), 지속
  가능성(자원)을 중시하는 정책으로 전환했다.(김시중 2013)

들어 본격적으로 증가하기 시작했고 이것이 독일의 수출입 비중 증가를 주도했다.[7]

3   1990년대 이후 동아시아 생산네트워크의 전개

(1) 생산네트워크의 개념

전세계적으로, 특히 동아시아에서 1990년대 이래 글로벌 생산분업(global production sharing) 또는 글로벌 생산네트워크가 진전되었다. 이러한 분업 또는 네트워크화는 제조업 가치사슬의 글로벌화와 관련되어 진행되었다.

글로벌 가치사슬이란 제품과 서비스 생산에 필요한 비즈니스 활동의 연쇄적 사슬을 의미한다. 이들 가치사슬은 각 링크마다 가치를 추가한다. 가치사슬의 활동은 1차 활동과 지원 활동의 두개 그룹으로 나누어지는데, 1차 활동은 R&D, 제조, 마케팅, 물류서비스 등이며, 지원 활동은 재무, 인적 자원 개발, 기술개발, 조달 업무 등을 포함한다. 이러한 가치사슬의 활동이 국가와 지역 차원의 경계를 넘어 확대되는 것이 가치사슬의 글로벌화이다.(Yue 2012)

글로벌 생산네트워크는 생산과정이 여러 단계로 분할되어 다른 입지

---

7 2000년대 중국 수입시장에서 독일의 점유율이 특히 높아진 것은 독일의 기계 및 수송장비 수출이 주요한 요인이 되었다. 전체 제품 수준에서는 독일의 중국 수입시장 점유율이 1%포인트 남짓 증가한 반면, 기계 및 수송장비 수입시장에서는 독일의 점유율이 2000년 7.5%에서 2012년 12.0%로 크게 높아졌다.(심세환 2013)

에서 수행된 후 동일한 최종생산물로 모이는 네트워크를 의미한다. 네트워크에 의해 총생산비용이 감축될 때, 네트워크화가 진전된다. 생산과정 분할(fragmentation)이 이루어지는 데는 몇가지 조건이 필요하다. 생산블록의 분할에 의해 원료, 토지, 노동, 자본, 시설, 인프라 등의 생산비용이 절감될 수 있어야 한다. 또 운송, 통신, 여타 조정 기능 등의 서비스 연결 비용이 절감될 수 있어야 한다. 그리고 네트워크 수립의 비용이 소규모여야 한다.

일반적으로 생산과정의 분할은, 거리에 기초한 분할과 기업 분해에 기초한 분할이라는 두가지 차원에서 진전된다. 이들은 모두 기업 내, 기업간 분할을 포함한다. 거리에 기초한 분할이 이루어질 경우 더 많은 운송, 통신, 물류, 분배, 조정이 필요하므로 이를 위한 서비스 연결 비용이 증가한다. 그러나 입지상 우위를 통해 노동비용, 자원 접근, 유틸리티 비용, 기술 능력 접근의 측면에서 생산비용은 감소할 잠재성을 지닌다. 기업 분해에 기초한 분할의 경우 통제의 어려움, 신뢰의 결여 등으로 서비스 연결 비용이 증가한다. 또 적절한 파트너의 탐색, 감독비용, 계약비용, 분쟁해소 비용, 법률비용 등 추가적인 정보비용이 발생할 수 있다. 이는 생산비용 감소에 의해 상쇄될 가능성이 있다.(Kimura and Ando 2005: Kimura and Obashi 2011)

통상적으로 글로벌 생산네트워크는 다음과 같은 특징을 지닌다. 즉, 동일 생산물에 2개 이상의 국가가 관계하게 되고, 생산과정에서 국가 사이에 중간재 투입의 흐름이 발생한다. 전체 생산과정은 1개의 다국적 기업 또는 다수 기업에 의해 수행되지만, 글로벌 생산분업은 특정 국가에 생산과정의 일부를 특화할 수 있는 다른 기회를 개방해준다.

(2) 글로벌 생산네트워크에서의 동아시아

글로벌 생산네트워크 속에서는 부분·부품(parts and components) 무역과 최종조립품 무역이 동시에 이루어진다. 동아시아 지역에서는 네트워크생산 속에 투입되는 제품별로 특화가 진전되었고, 부분·부품 및 최종조립품으로 이루어진 네트워크무역을 통해 상호의존이 더욱 강화되었다. 이러한 네트워크생산에는 최종조립품의 센터가 된 중국이 핵심 축 역할을 수행하게 되었다. 그러나 동아시아 생산네트워크에 연결된 국가들의 글로벌경제에 대한 수출의존도가 낮아진 것은 아니다. 글로벌 생산분업의 무역 및 투자 의사결정을 통해 지역의존도보다 글로벌의존도가 강화됐다고 할 수 있다.

그간 글로벌 생산네트워크 안에서 일어나는 무역, 즉 네트워크무역의 크기와 패턴을 양적으로 파악하는 데에는 크게 두가지 접근방식이 있었다. 첫째는 OECD 국가들의 국내 생산부품의 역외수출을 위한 가공·조립에 부과되는 관세와 관련된 통계를 이용하는 방식이다. 그런데 이들 관세 관련 통계에서는 생산네트워크 안에 있는 제3국들 사이의 이동은 파악되지 않는다. 둘째로 UN 무역데이터 시스템으로부터 개별 국가의 통계를 이용하여 부분·부품 항목들에서 나타난 무역까지 포함하여 분석하는 방식이다. 이는 더 많은 국가의 포괄적이고 일관적인 부분·부품 무역을 파악할 수 있지만, 부분·부품들이 SITC(표준국제무역분류) 시스템에서 정의된 것에 한정된다. 또 부분·부품 무역은 네트워크무역 전체를 포괄하지는 못한다.(Athukorala 2010, 3면)

표 2는 세계 네트워크무역에서의 동아시아의 상대적 비중을 나타내고 있다. 이는 UN 무역 데이터베이스에 기초하여 작성된 것으로, 품목

의 계산 범위를 확대하여 제조업 무역 전체의 부분·부품 무역을 포괄하고자 한 것이다.[8] 부분·부품 무역이 네트워크무역의 한 측면에 불과하다는 한계는 여전히 존재하지만, 현재로서는 글로벌 생산네트워크 활동의 양적 측면을 파악할 수 있는 드문 자료이다. 이 표에서 정의한 '동아시아'는 동아시아 NIES 3국(한국, 대만, 홍콩)과 중국, 그리고 아세안 6국(인도네시아, 밀레이시아, 필리핀, 태국, 싱가포르, 베트남)을 포괄하는 개념이다(Athukorala 2010, 4~5면).

표 2 세계 무역 중 제조업 및 네트워크산품의 비중

	제조업 합계		네트워크산품		네트워크산품의 비중	
	1992/93	2006/07	1992/93	2006/07	1992/93	2006/07
수출						
동아시아	28.3	34.0	32.2	40.3	39.0	56.5
일본	12.3	7.2	18.4	9.5	35.0	51.3
중국	4.5	14.3	2.1	14.5	35.0	49.4
대만	2.9	2.5	2.7	3.2	58.4	67.2
한국	2.3	3.4	2.1	4.7	45.0	63.5
아세안6	4.5	6.0	5.6	7.8	39.9	66.9
수입						
동아시아	21.7	23.7	21.0	28.1	61.2	70.3
일본	4.1	3.5	3.4	3.5	49.9	57.7
중국	2.9	7.1	2.2	9.0	59.3	69.0
대만	2.1	1.6	2.1	1.8	62.1	69.9
한국	2.0	2.2	1.9	2.1	67.4	64.8
아세안6	6.2	5.8	7.4	7.3	66.1	74.9

- 출처: UN Comtrade DB; Athukorala 2010, 표 1에서 인용.

8 품목 분류는 UN BEC Registry(http://www.unstats.un.org/unsd/cr/registry)의 WTO 리스트에 입각하여 HS 6자리 숫자 수준에서 SITC로 전환한 것(UN HS-SITC concordance)에 의거한 것이다.

이에 의하면, 글로벌 분업의 중심은 1990년대 이래로 선진국에서 동아시아 지역으로 이동하였다. 동아시아가 전세계 제조업 수출에서 차지하는 비중은 1992/93년에서 2006/07년 사이에 28.3%에서 34.0%로 증가했고, 수입 역시 21.7%에서 23.7%로 증가했다. 동아시아 지역 내부에서 뚜렷한 흐름은 일본의 비중이 하락한 것이다. 일본은 수출의 경우 12.3%에서 7.2%로, 수입은 4.1%에서 3.5%로 하락했다. 제조업 무역에서 동아시아의 비중이 증대한 가장 결정적 요인은 중국이라고 할 수 있다. 중국의 제조업은 수출의 경우 전세계의 4.5%에서 14.3%로, 수입의 경우 2.9%에서 7.1%로 크게 증가했다.

제조업 무역에서 차지하는 동아시아의 비중의 이같은 증대는 네트워크생산의 증가와 함께 진행되었다. 네트워크생산에서 차지하는 EU, NAFTA의 비중은 감소한 반면, 동아시아에서는 제조업 무역이 증가한 것보다 훨씬 큰 폭으로 네트워크생산과 무역이 증대했다. 여기에서도 일본과 중국은 대조적인 흐름을 보인다. 일본은 네트워크산품의 수출 비중이 18.4%에서 9.5%로 감소했으나, 중국은 2.1%에서 14.5%로 크게 증가했다. 한국, 대만, 아세안은 모두 네트워크산품의 수출 비중이 증가했다. 중국은 수입 비중에서도 네트워크산품의 비중이 2.2%에서 9.0%로 크게 상승했다. 수입의 경우 중국을 제외한 다른 동아시아 국가들은 네트워크산품의 비중이 정체하거나 소폭으로 상승 또는 하락하는 추세를 나타냈다.

요컨대, 1990년대를 통해 동아시아의 생산네트워크가 확대되면서 그 내부구조도 크게 변화했다. 일본과 아세안이 1990년대 초까지의 네트워크생산과 무역을 주도했다면, 2000년대를 거치며 중국이 들어와서 한국, 대만, 아세안과 함께 동아시아 생산네트워크의 중심으로 떠오르게 된 것이다.

(3) 동아시아 생산네트워크 전개의 특징

동아시아에서는 거리에 기초한 생산과정 분할과 기업 분해에 기초한 생산과정 분할이 진전되면서 복합화된 생산 및 유통 네트워크가 전개되었다. 이 네트워크 속에서 기업은 경제활동을 기업 내에서 할 것인지 다른 기업에 아웃소싱할 것인지를 결정하게 된다.

지역별로 글로벌 생산분업의 형태에는 차이가 존재한다. 미국과 멕시꼬, 서유럽과 동유럽 사이의 생산과정 분할은 비교적 단순한 구조이다. 미국은 중간재를 멕시꼬에 보내 최종재로 조립하는 방식이지만, 동아시아는 생산과정의 분할이 개방화된 네트워크 형식으로 전개되었다(Ando and Kimura 2009). 동아시아는 개방된 세팅 속에서 산업집합체를 형성한 단계에 도달한 유일한 지역이다. 그리고 그러한 산업집합체는 수입대체나 산업보호 속에서 형성된 것이 아니라 무역자유화의 환경 속에서 생산블록의 비조직화된 그룹으로부터 진화한 것이다. 특히 아세안의 경우 지역적 인접성을 기반으로 산업의 집합화가 진전되었다.

표 3은 제조업 수출 중 네트워크산품의 비중을 나타내고 있는데, 이를 통해 동아시아를 NAFTA, EU와 비교해볼 수 있다. 이에 의하면, 네트워크생산은 세계적 추세이지만, 이러한 추세는 단연 동아시아가 주도하고 있다. 동아시아의 경우, 1992/93년에서 2006/07년 사이에 제조업 수출 중 부품 비중이 20.2%에서 34.1%로 증가했고, 최종조립재 비중은 31.6%에서 26.2%로 감소했다. 1992/93년 시점에서 제조업 수출 중 네트워크산품 비중은 NAFTA가 가장 높은 59.7%였고, 동아시아는

51.8%, EU는 40.7%였다. 그런데 2006/07년 시점에서는 동아시아의 네트워크산품 수출 비중이 크게 증가하여 60.3%에 이르렀고, NAFTA는 정체하여 59.3%, 유럽은 약간 증가한 43.5% 수준을 나타냈다.

동아시아에서 생산네트워크의 확대는, 중국, 아세안, 한국, 대만이 주도했다. 1990년대 초에는 일본, 아세안이 중심적 역할을 수행했다. 1992/93년 시점에서 제조업 수출 중 네트워크산품 비중은 일본이 68.4%로 압도적 수준이었고, 아세안이 56.8%였으며, 중국은 21.1%에 불과했다. 이후 일본의 비중은 정체하고 다른 동아시아 국가들 비중이 크게 증가했다. 특히 중국은 21.1%에서 51.8%로 증가했고, 한국, 대만의 네트워크산품 수출 비중도 크게 증가했다. 또한 부품 비중이 중국을 제외한 동아시아 각국에서 유사한 수치로 나타난 것은 특화 패턴이 지역 전체에 개방적으로 오버랩되고 있음을 나타낸다.

표 3 제조업 수출 중 네트워크산품의 비중 (%)

	부품		최종조립품		총 네트워크산품	
	1992/93	2006/07	1992/93	2006/07	1992/93	2006/07
동아시아	20.2	34.1	31.6	26.2	51.8	60.3
일본	23.9	34.4	44.5	32.6	68.4	67.0
중국	7.4	25.6	13.7	26.2	21.1	51.8
대만	24.7	44.2	17.6	21.6	42.3	65.8
한국	18.1	44.2	22.2	25.4	40.3	69.5
아세안6	22.7	44.2	34.1	21.9	56.8	66.1
인도	3.0	10.4	3.4	3.8	6.4	14.2
NAFTA	28.4	31.2	31.4	28.1	59.7	59.3
멕시꼬	42.1	34.6	30.8	42.1	72.9	76.6
EU15	18.3	22.4	22.4	21.1	40.7	43.5
세계	19.3	27.1	26.3	23.8	45.5	50.9

출처: UN Comtrade DB; Athukorala 2010, 표 2에서 인용.

4 동아시아 생산네트워크의 동력

(1) 동아시아 생산네트워크 진전의 요인

동아시아에서는 1990년대 초반부터 글로벌 및 지역 차원의 생산네트워크가 급속히 발선했다. 생산과정의 분할과 네트워크는 특히 전자, 전기기계, 자동차 등 제조업 분야에서 급속히 진전되었는데, 이는 시장의 힘과 경제통합협정에 의해 추동되었다고 할 수 있다. 물론 생산네트워크는 제조업 분야 안에서도 부문별로 불균등하게 진행되었다. 자유무역협정의 포괄 범위나 수준도 다양하였는데, 아세안-중국 사이에서는 자동차 부문이 배제되었으나, 인도-태국 간에는 자동차부품 무역이 증가했고, 태국에는 하드디스크 드라이브 산업의 산업클러스터링 효과가 집중되었다.(UN ESCAP 2011)

이렇게 동아시아 생산네트워크가 진전된 데에는 보통 다음과 같은 요인이 작용했다고 지적된다. 첫째, 아시아는 다양한 분업을 가능케 하는 노동공급 조건을 갖추고 있었다.[9] 둘째, 동아시아는 정책체제, 의사소통체계, 물류 등에서 상대적인 요소비용 우위를 지니고 있었다. 셋째, 동남아에서 선도적으로 진행된 통합은 지역 전체의 개방적인 시스템을 추동했다. 넷째, 한국, 대만, 홍콩, 싱가포르 등에서 이루어진 30년 이상의 경제성장으로 역내 시장의 두께가 형성되었다. 다섯째, 저비용 조립국가로서의 중국이 등장했다.

---

9 1989~2007년에 미국과 동아시아의 노동비용을 비교했을 때, 일본은 81.5~107.5%, 한국은 22.8~62.6%, 대만은 25.4~28.6%, 태국은 3.9~6.2%, 인도네시아는 2.2~3.1% 수준에 분포했고, 1999~2007년에 중국은 미국의 2.9~3.2% 수준으로 나타났다(Athukorala 2010, 표 4).

동아시아에서도 특히 생산네트워크 진전의 동력 역할을 한 곳은 아세안과 중국이다. 생산네트워크의 형성을 제도적으로 뒷받침한 것은 FTA 네트워킹이었는데, 동아시아 FTA 시스템의 센터 역할은 아세안이 담당했다. 한국과 중국 간에는 FTA가 지체되거나 결여됨으로써 두 나라 사이는 동아시아 지역 FTA 네트워크의 큰 구멍으로 남아 있었다.[10] 어쨌든 동남아에서의 제도적 통합이 생산네트워크 형성에 우호적인 제도환경을 마련했다고 할 수 있다. 다른 한편에서는 글로벌 생산분할에 의해 중국이 생산네트워크에 참여한 것이 동아시아 생산네트워크의 진전에 또한 결정적인 동력으로 작용했다. 중국의 등장은 지역 차원에서 중상주의적 경쟁에 의해 제로썸 효과를 내는 데 그치지 않고, 생산네트워크의 확대와 초국적 활동을 자극하는 계기로 작용했다.

(2) FTA 네트워크의 진전

동아시아에서의 FTA는 글로벌 생산네트워크 형성을 촉진했고, 생산네트워크와 연결된 자유무역과 투자를 유발하는 동력으로 작용했다. 이에 따라 동아시아의 지역 내 또는 지역간 수출이 폭발적으로 증가했다. 동아시아 FTA는 사실상 경제통합으로의 경향을 주도하고 있으며, 지역 안팎의 참여자를 포괄하는 새로운 통합 흐름을 선행하는 역할을 수행했다.

---

10 2014년의 한중FTA 타결 선언은 동아시아 FTA 네트워크 형성의 경제적 압력이 국제정치상의 장애물을 넘어선 것으로 파악할 수 있다(이일영 2014b). 동아시아에서의 FTA 추진이 생산네트워크의 구축을 얼마나 촉진했는지에 대해 정교한 계량적 판단을 하기에는 아직 충분한 시간이 지나지 않았지만, 양자간 성(正)의 상관관계를 부정하기는 어렵다고 판단된다.

동아시아는 단순히 자연지리적 개념이 아니다. 통상적으로 동아시아를 말할 때 한국, 중국, 일본 등 동북아 3국을 떠올리지만, 동아시아를 이에 한정할 근거는 별로 없다. 오히려 동아시아라는 용어를 좀더 확대된 개념으로 사용하는 것이 정치경제적 연결과 통합이라는 기준에서는 더 유효하다고 할 수 있다. 확대된 정치경제적 개념으로서의 동아시아는 '아세안+6'을 의미한다. 확대된 동아시아를 연결하는 FTA 시스템의 중심은 아세안이다. 그리고 6개국은 한국, 중국, 일본, 인도, 호주, 뉴질랜드 등인데 이들은 FTA에 의해 아세안과 연결된다. 아세안을 중심으로 하여 연결되는 동아시아 FTA 시스템은 1990년대 초부터 시작되어 2010년경에 완성된다.(Kimura 2010)

아세안은 1990년대 초에 자체 내로 FTA체제를 수립했다. 1992년 아세안 10개국 중 인도네시아, 말레이시아, 필리핀, 싱가포르, 태국, 브루나이 등 6개국이 아세안자유무역지대(AFTA)를 결성했고, 1995년에 베트남이 이에 합류했다. 1997년에는 라오스, 미얀마가, 1999년에는 캄보디아가 들어옴으로써, AFTA는 아세안 10개국을 모두 포함하게 되었다. 아세안은 2005년 중국과 FTA를 체결하였으며, 2007년에는 한국과, 2008년에는 일본과 FTA를 맺었다.(Kimura 2010) 또한 아세안은 2010년에는 인도, 호주, 뉴질랜드와도 FTA를 체결했다. 아세안이 FTA체제를 주도하는 동안, 한국, 중국, 일본 사이에는 FTA 논의가 지체되었다.[11]

---

11 한국의 FTA 체결 현황은 2014년 12월 현재 발효 FTA 9건, 타결 FTA 6건이다. 한국과의 FTA가 발효된 주요 나라와 그 연도는 2004년 칠레, 2006년 싱가포르, 2007년 아세안, 2010년 인도, 2011년 EU, 2012년 미국 등이다. FTA 타결 선언이 이루어진 주요 나라와 그 연도는 2013년 호주, 2014년 캐나다, 중국, 뉴질랜드 등이고 이들과의 FTA는 후속 작업을 앞두고 있다.(산업통상자원부, http://www.fta.go.kr/main/situation/kfta/ov/)

아시아·태평양 지역은 확대된 동아시아와 부분적으로 겹쳐진다. 아시아·태평양경제협력체(APEC)에 기초한 아시아·태평양자유무역지대(FTAAP)가 2006년 제기될 시점에 미국은 이에 호의적이었으나, 2009년 11월 미국은 환태평양경제동반자협정(TPP) 논의에 참가하기로 선언했다. TPP는 2005년 브루나이, 칠레, 뉴질랜드, 싱가포르 등이 P4를 형성한 후 이를 확대 발전시키고자 진행한 다자간 지역경제 통합 협상이다. 2009년 미국이 참여를 선언하고, 2012년 멕시꼬와 캐나다, 2013년 일본이 참여를 선언함으로써 TPP는 12개국이 참여하는 대규모 협상으로 발전했다.

한편 2012년 11월에는 아세안 10개국과 한·중·일, 호주, 인도, 뉴질랜드 등 16개국의 역내 무역자유화를 논의하는 역내포괄적경제동반자협정(RCEP) 협상이 개시되었다. 또 APEC 내부에서 시작된 FTAAP 논의는 2014년 현재에는 APEC 의장국을 맡은 중국이 적극적인 자세를 보이고 있다. 반면 미국은 중국을 뺀 나머지 아시아·태평양 국가와의 TPP에 주력하는 중이다. 중국이 적극적으로 나서고 있는 RCEP이나 FTAAP는 미국 주도의 TPP에 비해서는 다소 느슨한 수준의 결합을 추진하고 있지만, 중국은 TPP에서 소외된 아세안 국가를 포함한 아시아·태평양 지역 국가들을 FTAAP의 틀 안에 묶어두겠다는 전략을 펼치고 있다(그림 4).

동아시아 FTA 네트워크의 향후 흐름을 놓고 TPP와 FTAAP의 2개 축으로 논의가 이루어지고 있는 가운데, 아세안은 두개 그룹으로 분할되었다. 브루나이, 싱가포르, 말레이시아, 베트남은 미국, 일본과 TPP를 추진하는 그룹에 포함되었고, 인도네시아, 필리핀, 태국은 이 그룹 밖에서 중국, 러시아의 힘께 FTAAP를 형성하는 쪽에 합류했다.

그림 4 동아시아-아시아·태평양의 FTA 논의 구도

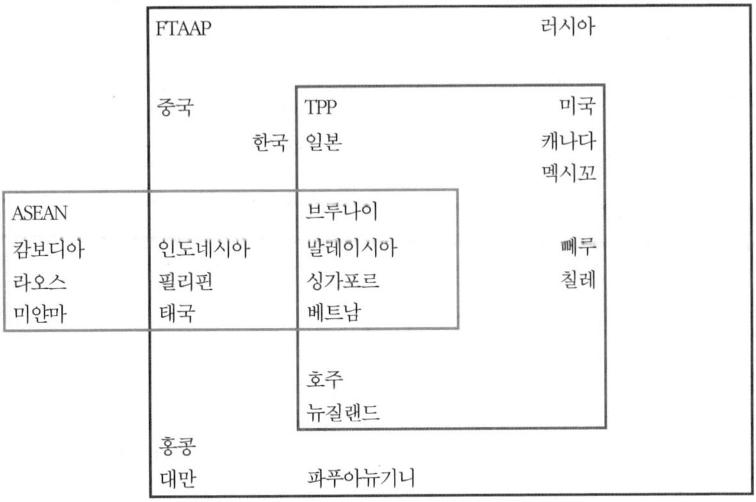

```
FTAAP                                              러시아

     중국              TPP                    미국
             한국      일본                    캐나다
                                             멕시꼬

ASEAN              브루나이
캄보디아     인도네시아    말레이시아               뻬루
라오스       필리핀      싱가포르               칠레
미얀마       태국       베트남


                  호주
                  뉴질랜드

          홍콩
          대만       파푸아뉴기니
```

- 출처: Kimura(2010)에 기반하여 필자 재작성.

한국의 입장은 미묘하게 움직이고 있다. 한국은 2013년 11월 TPP 참여를 위한 첫 단계로 '관심'을 표명했고 이는 정부가 사실상 TPP 참여의지를 밝힌 것으로 해석되기도 했다(MK뉴스 2013. 11. 30). TPP의 경우먼저 관심을 표명하고 기존 참여국과 예비 양자협의를 거친 후 참여에대한 공식 선언을 하고 기존 회원국의 동의를 받는 절차를 밟아야 한다.그런데 한국과 중국은 2014년 11월 베이징에서 열린 APEC 회의에서한중FTA 타결을 선언했고, 나아가 FTAAP 실현을 위한 로드맵 채택을지지한다는 대통령 발언도 나왔다.[12]

---

12 한중FTA 타결은 예상보다 빠른 속도로 이루어졌는데, 한국이 한미, 한중 관계를 전략적
  으로 조율하면서 한중FTA, TPP, FTAAP 등에 관한 입장을 마련하고 있는지는 확인되지
  않고 있다(이일영 2014b).

(3) 중국의 생산네트워크

앞서 언급한 것처럼, 동아시아에서 생산네트워크의 확대는 중국, 아세안, 한국, 대만이 주도했다. 1990년대 초반 시점에서는 일본-동남아시아 국가 간의 네트워크가 중요했으나, 그 이후부터는 중국의 역할이 커지고, 한국·대만도 네트워크생산에 깊숙이 편입되기 시작했다. 1990년대 초반 이후 중국, 한국, 대만의 무역액이 급속히 증가하는데, 이는 동아시아 생산네트워크 속에서 상호간 무역이 증대한 것이다.

표 4는 중국의 무역상대국의 변동을 나타낸 것이다. 1995년경에는 중국의 수출입에서 일본이 최대 비중을 차지했으나 이후 일본의 비중은 뚜렷하게 감소한다. 미국에 대해서는 수입 비중은 감소하고 수출 비중은 증가하거나 유지되는 수준이다. 한국과 아세안에 대해서는 수입과 수출 모두 비중이 증가했다. 최근 들어서는 미국으로부터의 수입 비중은 다소 증가하고 전반적으로 수입선이 다변화되는 추세다. 일본과 미국에 집중되었던 중국의 무역이 한국, 아세안 등으로 분산되었는데, 이는 중국의 무역구조가 동아시아 역내의 생산네트워크 진전과 관련하여 변화한 것을 반영한다.

중국의 주요 수출품과 수입품을 보면, 중국이 생산네트워크에 참여하는 정도가 크게 높아졌음을 알 수 있다(중국 국가통계국). 기계전자제품, 첨단기술제품, 자동계산설비 및 부품이 수출입 10대 품목에 공통적으로 포함되어 있고, 특히 기계전자제품, 첨단기술제품은 압도적 비중을 차지하는데, 이들의 경우 네트워크생산이 진전된 부문이다.[13] 이보다는

---

13 중국에서 첨단기술(高新技術)이라 함은 한 국가 또는 지역의 정치·경제·군사 등 방면의

표 4 중국의 무역파트너별 무역액과 무역비중 (백만 달러, %)

		1995		2005		2013	
세계	수입	132,083	100.0	659,953	100.0	1,949,992	100.0
	수출	148,779	100.0	761,953	100.0	2,209,007	100.0
미국	수입	16,118	12.2	48,741	7.4	153,395	7.9
	수출	24,729	16.6	163,180	21.4	369,064	16.7
일본	수입	29,004	22.0	100,408	15.2	162,246	8.3
	수출	20,467	19.1	83,986	11.0	150,133	6.8
한국	수입	10,293	7.8	76,820	11.6	183,073	9.4
	수출	6,688	4.5	35,108	4.6	91,165	4.1
홍콩	수입	8,591	6.5	12,225	1.9	16,207	0.8
	수출	35,983	24.2	124,473	16.3	384,498	17.4
아세안 6	수입	9,739	7.4	74,459	11.3	195,238	10.0
	수출	9,722	6.5	53,740	7.1	229,865	10.4

- 출처: UN Comtrade DB.

비중이 떨어지지만, 자동차 및 자동차부품의 경우도 네트워크 형태의
생산과 무역이 활발히 이루어지는 분야다.[14]

중국의 주요 수입품 중 증가 추세가 빠른 것은 원자재 및 자동차다.
2004~12년에 기계전자제품, 첨단기술제품, 자동계산설비 및 부품 등의

진보를 가져오는 데 영향을 미치고 산업을 형성하게 하는 선진 기술군을 지칭한다. 『2013-
2017年中國高新技術産業園市場前瞻與投資戰略規劃分析報告』는 정보와 공간, 신재료, 선진
제조업, 자원, 선진 교통 등 분야의 중요한 기술, 고속철도, 무선광통신, 고성능컴퓨터, 신자
원 자동차 기술 등을 예시하고 있다(百度百科, http://baike.baidu.com/view/215191.htm).
14 중국의 자동차 무역은 2004년 18만대를 수입하고, 8만대를 수출하던 데에서 2013년에
는 120만대를 수입하고, 87만대를 수출하는 것으로 급성장했다. 중국이 자동차를 수출하
는 곳은 알제리, 칠레, 러시아, 이란, 페루, 이라크 등이고, 수입하는 곳은 자동차 강국으로
알려진 나라들이다. 2014년 2분기 중국의 자동차 판매 시장에서 중국 로컬 브랜드는 약
37.8%를 차지하고 있고, 그뒤를 이어 독일이 21.4%, 일본이 15.3%, 미국이 12.7%, 한국이
9.0%, 프랑스가 3.7%의 점유율을 나타냈다.(한국무역협회 2014)

수입은 2.6~3.1배 증가했는데, 이에 비해 원자재 등 1차 산품의 수입이 급증해, 석탄은 32.2배, 구리는 8.4배, 철광사는 7.5배, 원유는 6.5배, 대두는 5.0배 증가했고, 2차 산품으로는 자동차 수입이 8.9배 증가했다. 주요 수출품 증가 속도를 보면 의류·가구 등 전통적 경공업 제품의 증가 속도는 2~3배인 데 비해, 여타 전자 및 중화학 공업의 수출 증가 속도는 이보다 빠르다. 특히 전화기는 무려 42.0배이고, 선박은 11.5배, 철강은 6.2배의 증가를 보였다. 이러한 중국의 무역구조 변화는 산업구조 고도화와 네트워크생산의 진전과 함께 이루어진 것이다.

생산네트워크의 진전에 따라 1990년대 이전의 일본 중심의 위계적 분업구조가 흐트러지고 중국의 역할이 증대되는 것이 뚜렷한 추세다. 그렇다고 해서 중국이 과거 일본이 수행하던 위계적 중심의 위치를 대신한 것은 아니고, 중국이 생산네트워크의 중심에 위치한다고 단언하기도 어렵다. 이제 과거 일본 기업처럼 폐쇄적 네트워크 안에서 제조업 우위를 지키기는 어렵게 되었다. 미국 기업이 산업의 표준을 주도하는 가운데, 중국, 한국, 대만, 아세안을 연결하는 복합적 네트워크가 진전되었다고 할 수 있다.[15]

---

15 표준 경쟁에서는 미국의 우위 속에서 중국이 이에 도전하는 형국이라고 할 수 있다. 인터넷과 소프트웨어의 경우를 보면, 미국의 기술표준이 침투한 가운데, 중국이 자국 시장에서 독자적인 제도표준을 세우고 있고, 이념·정체성 차원에서도 표준경쟁을 벌이고 있다.(김 싱배 2012)

5 동아시아 생산네트워크의 취약성

(1) 중국 산업구조 고도화의 압박

중국은 동아시아 생산네트워크에 들어가면서 무역과 성장의 추세를 이어갔고 이 과정에서 산업구조 고도화가 진행되었다. 이에 따라 1990년대 이후에는 그 이전의 국가간 무역과 위계구조에 입각한 '기러기 편대(雁行)' 모델은 더이상 작동하지 않게 되었다.[16] 중국의 산업구조 고도화는 이전의 국가간 기술 및 노동 분업구조를 뒤흔들어서, 산업 내 기업 사이의 경쟁을 격화시키고 있다.

중국의 수출입 패턴을 보면 저임금에 기초한 비교우위에 의거한 무역구조에서 벗어나고 있음을 확인할 수 있다. 임금 추세는 가파른 상승세를 나타냈는데, 2003~13년에 평균 임금이 매년 10.1~18.5%에 이르는 높은 인상률을 기록했다. 그 결과 연간 평균 임금 수준은 2004년 1만 5920위안에서 2013년 5만 1474위안 수준으로 인상되었다. 이러한 중에도 중국의 2차산업 취업인구 비중은 꾸준히 증가하여 2004년 22.5%에서 2012년 30.3%로 상승했다.(중국 국가통계국) 중국은 이처럼 산업구조의 고도화가 이루어지면서 2차산업 취업인구 비중이 증가하는 특징을 보이는데, 이는 동아시아 여타 지역에 무역, 생산, 고용 측면에서 상당한 압박을 가하는 요인으로 작용하고, 산업과 기업 차원에서 구조조정을

---

16 '기러기 편대' 모델이란, 일본의 아까마쓰 까나메(赤松要)가 동아시아의 기술 및 노동 분업구조를 일본, 한국·대만·싱가포르·홍콩 등 NIES, 인도네시아·태국·말레이시아 등 아세안 주요국, 그리고 중국·베트남·필리핀 등 여타국 등으로 구분되는 지역적 위계 형태로 파악한 것을 말한다(Akamatsu 1962).

강제하고 있다.

이 때문에 '차이나 쇼크'라는 여론이 형성되기도 한다. 한국의 경우 2013년부터 석유화학이나 전자 부문에서 중국의 추격·추월에 대한 논의가 많이 이루어졌다. 많이 거론된 것이 울산카프로의 사례다. 나일론을 만드는 데는 카프로락탐이란 원료가 필수적인데, 이를 생산하는 울산카프로는 1969년 설립된 이래로 국내에서는 독점적 지위를 유지하며 발전을 거듭했다. 2012년 생산의 80% 정도를 수출하다 중국이 물량을 쏟아내면서 문제가 발생해 공장 가동 중단, 노사 갈등, 오너 일가의 지분 매각 등으로 이어졌다(중앙일보 2014. 8. 20; 매일노동뉴스 2014. 10. 27). '차이나 쇼크'가 특히 부각된 것은 삼성전자의 실적 때문이었다. 스마트폰은 삼성전자의 주력 제품인데, 중국 시장에서 점유율 1위를 지키다가 2014년 8월 중국 업체에 밀려 점유율 4위로 내려앉은 것이 대대적인 관심사로 부각되었다(연합뉴스 2014. 9. 24).

그러나 '차이나 쇼크' 논의는 다소 과장된 측면도 있다. 중국의 산업구조 고도화는 1990년대 이래 계속된 추세였고, 한국 대기업들의 부진이 반드시 중국의 추격에 의한 것만도 아니기 때문이다. 중국산 자동차의 경우 꾸준한 품질 개선에도 불구하고 중국 국내 브랜드의 시장점유율은 하락하고 있다. 중국자동차공업협회에 의하면, 중국 브랜드의 승용차 시장 점유율은 2014년에 11개월 연속 하락했다(한겨레 2014. 9. 10). 조선업의 경우 한국도 수익성 저하 문제가 심각하지만, 이는 중국도 예외가 아니다. 중국의 선박 수주량 및 건조량은 2011년 이후 급락했고, 중국정부는 강력한 구조조정 방안을 추진 중이다(아시아투데이 2013. 9. 29).

(2) 에너지와 식량의 역외 의존

동아시아 생산네트워크는 대부분의 최종완성품을 지역 안에서 필요로 하고 있지 않기 때문에 그 자체로 지역 내에서 완결된 것은 아니다. 특히 동아시아는 에너지와 식량을 지역 외부에서 구하고 있기 때문에, 정지·군사적 환경이 중요한 영향을 미치고 있다.[17]

에너지의 경우 생산과 소비 분포가 비대칭적이다. 에너지 생산국은 중동과 구소련 지역에, 수입국은 동아시아에 집중되어 있다. 한국과 일본은 경제발전 단계가 상대적으로 높지만 석유, 천연가스 등 에너지자원을 거의 보유하지 못하고 있다. 중국과 인도는 인구가 많고 경제성장 속도가 빠르지만 공해가 심한 석탄 이외에 석유, 천연가스 매장량은 제한적이다. 이 4개 국가가 미국과 함께 세계의 5대 석유 수입국이다. 아세안의 경우도 주요국을 합하면 한국 정도의 수입량을 보이고 있다(표 5). 이들에게는 거대한 에너지 다국적기업이 없고, 또한 안전한 해상수송로를 자력으로 통제할 수 있는 정치·군사적 영향력이 없다.

중국은 신장과 티베트를 결속하려는 노력으로 파이프라인, 도로·철도 등 대규모 인프라 투자를 행하고 있는데, 이것이 중앙아시아, 중동, 러시아와의 결속의 기반으로 작용하고 있다. 인도는 파키스탄과의 분쟁으로 중국과 같은 파이프라인 인프라를 건설하는 것은 어렵다. 해상

---

17 동아시아 생산네트워크가 자기완결성이 미약한 중요한 이유로 동아시아가 외부시장에의 판매에 의존하는 구조를 들기도 한다. 이로 인해 동아시아 생산네트워크와 동아시아 FTA 네트워크는 동아시아 외부에도 개방성을 지닐 수밖에 없다. 그런데 시장 의존의 경우 그 의존도를 낮출 수 있는 가능성이 존재하지만, 에너지와 식량의 외부 의존은 훨씬 더 구조적인 것이라 할 수 있다.

표 5   세계 및 동아시아의 원유 수입량 (1000배럴/1일)

	2008	2009	2010	2011	2012
세계	44,124	43,042	43,677	NA	NA
미국	9,783	9,013	9,213	8,935	8,527
인도	2,557	3,185	3,272	NA	NA
동아시아	13,269	13,298	14,200	NA	NA
일본	3,972	3,444	3,473	3,366	3,457
중국	3,578	4,082	4,754	NA	NA
한국	2,333	2,320	2,372	2,515	2,549
대만	903	946	886	NA	NA
ASEAN 6	2,484	2,506	2,716	NA	NA
인도네시아	258	374	388	NA	NA
말레이시아	220	115	160	NA	NA
필리핀	203	136	182	NA	NA
싱가포르	1,006	1,078	1,137	NA	NA
태국	796	803	848	NA	NA
베트남	-	-	-	NA	NA

- 출처: U.S. Energy Information Administration, *International Energy Statistics.*

수송로가 유리하기 때문에 중동과 미국과 협력하는 경향이 있다. 일본
은 주로 중동과 해양으로 연결되고 있고 대륙과의 연계에는 상대적으
로 무관심하다. 한국은 가장 심각한 에너지 문제를 안고 있어서 북한 문
제와 동북아 파이프라인 문제가 지정학적으로 가장 중요하다고 할 수
있다.(Calder 2013, 제6장)

중국, 러시아, 중앙아시아, 중동을 연결하는 대륙주의가 에너지 지정
학의 불균형을 보완할 가능성이 있다. 그러나 중동에 대한 에너지 의존
도가 높은 조건에서 페르시아만-인도양-말라카 해협-동중국해의 해
상루트는 여전히 중요하다. 해상루트를 통제하는 해군력에 있어서 동
아시아 국가들은 미국에 의존하지 않을 수 없는 조건에 있다.[18]

동아시아 차원의 생산네트워크의 진전은 농업·식료 부문에도 영향을 미쳤다. 그러나 이는 불균형과 위험을 내포하고 있다. 우선 불균형의 문제로, 동아시아의 각국의 경우 공업화와 소비구조 변화에 따라 농업·식료 부문에서 자급이 가능한 조건이 소실되었다. 동아시아의 식료·농업 부문은 역내 차원에서 완결적이고 안정적인 시스템을 갖출 수 없다. 다음으로 위험의 문제인데, 이동이 증대하고, 농업 관련 산업이 복잡성·불확실성이 증대하는 한편 질병의 글로벌화도 증대했다. 광우병·구제역·조류독감 등 전염병 문제는 국내는 물론 국제적으로 급속히 확산될 가능성을 배제할 수 없게 되었다.(이일영 2014a)

일본, 한국 등은 경제성장과 소득 증가에 따라 식량작물의 재배면적 비중이 감소하고 채소, 과일, 경제작물의 재배면적 비중은 증가했다. 식량자급 수준은 회복되기 어려울 정도로 하락했는데 주곡이라 할 수 있는 쌀의 생산기반은 유지되고 있다. 이는 식생활에서 쌀의 의존도가 높은 동아시아적 특성이 반영된 것이지만, 거대 곡물유통 시스템이 부재하다는 점이 불안정 요인이다. 중국의 경우, 대두, 면화의 수입액은 증가 추세인 반면 수산물, 채소, 과일 등의 수출액은 증가했는데, 전체적으로는 수출보다는 수입 위주의 경향으로 전환됐다(중국 국가통계국). 그런데 중국의 식량 문제는 여타 국가와는 차원이 다른 것이다. 1990년대 중반 중국이 대두 수입국으로 전환되는 과정에서 세계적으로 식량 위기감이 증폭된 바 있다.

또 중국 돼지고기의 수급은 매우 중대한 정책 문제이다. 돼지 사육 단

---

18 중국이 보유하고 있는 항공모함(바략)의 운행 거리와 시간은 7130km, 45일이다, 산둥반도에서 하이난까지가 3500km이므로 이 정도를 커버할 수 있다고 할 수 있다, 이에 비해 미국의 조지워싱턴호의 운행 거리는 무제한, 운행 시간은 20년이다.(김정민 2014)

계에서 사료곡물로 옥수수, 대두, 귀리, 밀 등이 이용되는데, 중국이 옥수수를 대두와 같은 정도로 수입하게 된다면 세계 농업의 일대 구조 전환을 야기하는 충격을 가져올 것이다. 또한 중국 돼지고기 소비와 생산 증가에 따라 질병과 환경오염 문제가 발생하게 되는데, 돼지 사육 농가의 전업화·규모화가 추진되고 있으나 이에 따른 질병 발생 문제, 환경오염 문제도 심화되고 있는 것이다.[19]

6 동아시아 생산네트워크의 개선과 한반도 네트워크경제

(1) 융합·복합화된 산업네트워크와 정책 거버넌스

동아시아 생산네트워크의 진전 속에서는 성장·발전을 위한 산업·지역정책으로서 네트워크상의 구조적 공백을 점유하고 연결하는 것이 환경조건에 부합하는 전략이다. 네트워크 사회학 이론에 의하면, 연결되지 않은 네트워크들은 그 사이에 빈 공간이 있다. 이 공간을 연결하게 되면, 정보 흐름을 장악하는 이익, 네트워크로 연결된 집단을 통제하는 이익을 얻을 수 있다.(Burt 2004)

산업 부문의 경우, 한국에서는 대기업과 수평적 관계를 맺는 혁신형 중견·중소기업의 부재가 네트워크상의 구조적 공백이라 할 수 있다. 그

---

19 2013년 3월 상하이 식수원인 황푸강에서 돼지 사체 3300여마리가 발견되어, 중국에서 최초로 조류독감에 의한 인간 감염자와 사망자가 발생한 것도 돼지 사체와 관련이 있다는 풍문이 있었다(이일영 2013).

해결을 위해서는 대기업과 수직적 하청관계 속에 있는 제조업 부품소재장비 공급업체의 글로벌 네트워킹 능력 제고가 관건이다. 이들 업체가 글로벌 네트워킹 능력을 갖추면 대기업과 수평적인 관계로 전환할 수 있다. 또한 서비스업과 농업 부문에서도 부문간 연결을 통해 새로운 상품과 서비스를 창출하는 것이 필요하다.

제조업 부문에서는 부품소재장비 공급업체가 글로벌 생산네트워크와 연결되도록 하는 것이 당면 과제다. 국내 부품소재장비 공급업체의 경우 매출액 대비 R&D 투자의 비중이 일반 중소기업보다 낮고, 수출비중이 낮은 내수시장 타깃형이 많다. 이들은 하도급 결제방식, 조세부담률, 정부 연구개발사업, 각종 규제 등에서의 경제적 불이익을 이유로 대기업으로의 성장을 기피하는 경향이 있다. 이들 부품소재장비 공급업체의 글로벌 네트워킹 능력을 제고하는 것이 핵심 과제다. 산업발전의 경로의존성이 존재하므로 현재 조성된 산업클러스터를 기반으로 하여 부품소재장비 공급업체의 글로벌 가치사슬 편입을 시도하는 것이 현실적인 방안이다.[20]

서비스산업의 발전은 제조업과 연결되고 제조업을 지원·보완하는 영역을 중심으로 이루어지는 것이 바람직하다. 서비스산업은 추격발전이 쉽지 않고 시장실패 가능성이 높아 독자적이고 급진적인 발전전략이 성공하기 어렵기 때문이다. 제조업에 기반을 둔 서비스산업을 예로 들면, 하드웨어와 소프트웨어가 결합되는 새로운 제3의 상품군을 발굴하고 이를 통해 첨단제조업과 지식기반서비스를 동시에 육성하는 것이

---

20 국내 클러스터 현황을 살펴보면, 반월시화 부품소재, 구미 전자산업, 창원 기계산업, 울산 자동차산업, 광주 광산업, 군산 자동차기계부품, 원주 의료기기 등 7개 시범단지를 중심으로 업종별·기능별 클러스터가 형성되어 있다.

다.(이일영·정준호 2007)

　농업의 경우에도 이종 간 산업 융합을 촉진하는 한편 농업 외부의 인력과 기술, 자본이 유입될 수 있도록 환경을 마련하고, 다양한 협동조합이 가능하며 친환경적인 방향으로 생산구조를 발전시켜야 한다. 농업과 제조업·서비스업이 연계된 1.5차산업을 기반으로 하여 자생력을 갖춘 글로벌 지역을 형성하도록 한다. 최근 1차, 2차, 3차산업을 복합해 높은 부가가치를 발생시킨다는 6차산업 논의가 활발하다. 그러나 농업의 경우 1차산업으로서의 기초 위에서 지속가능성이나 친환경성이라는 본질을 강화하는 방향으로 2차, 3차산업을 결합하는 것이, 결국은 글로벌 네트워크에서 농업이 갖춰야 할 경쟁력의 핵심 요소라고 판단된다.

　글로벌 생산네트워크가 진전된 조건에서는 과거 동아시아 발전모델을 특징지은 국가주도형의 수직적·위계적 산업정책의 유효성이 감소한다. 새로운 산업정책은 정책 거버넌스에 네트워크 요소를 강화하는 방식으로 추진되어야 한다.[21]

　이는 강제력이나 정책·제도를 통해 행동규칙 자체를 직접 고쳐야 한다는 것이 아니다. 행동은 유도되는 것이지 만들어지는 것이 아니다. 따라서 국가의 작용을 통해 협력 행동을 강제하려 하기보다는 네트워크관

---

21 네트워크는 개인·조직·국가(세계)의 세 차원에서 정의될 수 있는 개념이다. 첫째, 네트워크는 고립되었던 다양한 개인(또는 조직)을 참여하고 상호 작용하는 주체로 부각시킨다. 네트워크는 참여자들이 공동의 이익을 가지고 반복적·지속적으로 관계를 맺고 있으며 서로의 행동에 대해 쉽게 파악할 수 있는 관계이다. 둘째, 네트워크는 조직·제도의 형태로 위계조직(하이어라키)과 시장 사이에 존재하는 다양한 하이브리드 조직의 일종이다. 네트워크는 기업과 비기업, 시장과 공공영역, 개인과 조직 사이의 이분법적 경계를 넘어선 새로운 상호관계를 형성한다. 셋째, 네트워크는 기존 국민국가의 해체·재구성에 따라 형성된 새로운 지역과 영토를 의미한다.(김석현 2012, 104~17면)

계의 구축을 통해 협력적 행동을 유도해야 한다. 국가라는 주체가 행동규칙을 일방적으로 정하는 것이 아니라 자발적으로 규칙과 규범이 만들어질 수 있는 관계를 형성하고 육성해야 한다.(한반도사회경제연구회 2012, 43면)

산업정책에서 수직적·위계적 관계를 네트워크관계로 전환하기 위해서는 중앙정부 중심의 구조로부터의 변화가 필요하다. 김대중정부와 노무현정부를 통해 지역 혁신 및 균형발전 사업이 양적으로 확대되었으나, 재원의 평균적 배분과 중복·분산 투자라는 비판이 제기된 바 있다. 이후 이명박정부에서는 규모의 경제 창출과 조기 사업화라는 목표 하에 광역권 단위의 선도산업 육성 중심으로 정책이 전환되었다. 광역권 단위로 규모의 경제를 창출하는 것은 바람직하지만, 중앙정부가 중심이 되고 지방정부는 배제된 채 다시 권역 내에서 지역간 나눠먹기로 귀결되었다. 지역을 구성하고 있는 지방정부들 간에 협력적 관계를 형성하는 한편, 중앙정부는 지역 특성을 살릴 수 있는 전문화된 로드맵을 제시하고 지방정부는 이에 주도적으로 결합하는 방식으로 중앙-지방의 관계를 재정립해야 한다.

지역이 적극적으로 참여하는 산업정책이 이루어지려면 지방정부가 주도하고, 기업과 연구교육기관이 함께 참여하는 거버넌스가 구축되어야 한다. 지방정부 간 과열 경쟁, 이해당사자의 과도한 개입, 정치적 고려에 따른 사업 선정의 폐해를 피하기 위해 지역간 협력관계에 기초한 사업을 확대할 필요가 있다. 지역 차원의 산업정책이 제대로 작동하려면 중앙정부 또는 광역기구가 지역 차원을 넘어서 전문화된 로드맵이나 기획사업을 구상한 후, 잘 준비된 지방정부부터 점진적으로 사업을 이양하는 방식의 접근이 요구된다.[22]

한국은 중앙정부가 주도하여 하향식으로 정책을 추진했지만, 중앙이나 지역이나 모두 지역 차원의 특성을 반영한 사업을 정교하게 기획·선별하지 못함으로써, 과도한 예산 쟁탈 경쟁과 그에 따른 중복·분산 투자의 결과가 나타나고 있다. 따라서 중앙과 지역 양쪽에서 기획력을 강화하는 것이 중요한 과제다. 로드맵이나 기획사업을 제대로 만들어내기 위해서는 중앙정부가 좀더 전문화된 광역적 전담기구로 재편성되는 것이 필요하다. 지역 차원 이상의 로드맵이나 기획사업이 만들어지면, 이에 자발적으로 참여하는 지방정부나 지역협력 거버넌스를 대상으로 좀더 구체적인 지역사업의 목표와 전략을 세우고 사업프로그램의 설계와 추진을 우선적으로 실행해나가도록 지원하는 것이 필요하다.(이정협 2011; OECD 2012)

(2) 한반도 차원의 네트워크 공간

공간 차원에서는, 새로운 공간 개념으로서의 '네트워크국토'를 형성하도록 한다. 이는 국경으로 국한되는 국토공간만이 아니라 국토공간의 안과 밖을 유기적으로 연결하는 것까지 포함하는 개념이다. 또한 이는 그 내포에 있어서는 대중의 삶, 자연, 무형의 공간(디지털공간, 문화공간)을 끌어들여 공간의 심화를 도모함과 동시에, 외연에 있어서는 한반도와 세계로 공간을 확장하려는 것을 의미한다. 이러한 네트워크 국

---

22 EU는 국가 차원의 전담기구를 지정하여 지방정부의 혁신체제 진단과 전략 수립을 지원하는 한편, 중앙정부 차원의 스마트전문화 프로그램을 도입하여 준비가 된 지방정부부터 점진적으로 사업을 추진했다. EU는 상향식 지역사업을 추진한 결과 지역간의 지나친 분산과 중복 투자로 전문화에 필요한 규모를 확보하지 못했다는 반성 속에 스마트전문화 프로그램을 도입했다.

토공간은 동아시아 생산네트워크의 공백을 채우는 새로운 네트워크 개념으로서의 한반도 네트워크경제라고 할 수 있다.

한반도 네트워크경제의 새로운 공간 축으로, 네트워크의 구조적 공백을 채우는 세개의 거점을 상정할 수 있다. 네트워크국토의 외연 확대를 위해 동북아 지중해경제를 창출하고, 이 바다 네트워크의 노드(node, 결절점)로 개성-파주-서해의 신수도권, 전남·북-제주-남해의 서남권, 두만강 유역-동해의 동북권을 형성하도록 한다. 지중해를 통해 세계 및 동아시아와 연결된 X자 구도의 국토공간이 만들어지고 네트워크국토의 내포가 촘촘해지는 효과를 갖는다.(이일영·김석현·장기복 2013)

첫번째 노드로, 개성-파주-서해권은 북한이라는 동아시아 네트워크의 공백을 차지하기 위한 전략적 공간이다. 이 공간을 형성하기 위해 몇 가지 프로젝트를 구상해볼 수 있다.

첫째, 개성공단 지역을 파주와 연결하여 물류단지와 수출단지로 확대하고, 한·중·일 FTA와 연계한 글로벌 경제특구로 발전시키는 것이다. 향후 동아시아 생산네트워크상에서 북한경제가 종래 중국 동부 연안에서 담당하던 최종조립 단계의 일부를 중심으로 수출산업화를 추진하고 국제물류의 상당 부분을 남한이 맡게 될 가능성이 있다. 남한이 기획, 설계한 제품이 중국으로의 중간재 수출, 북한에서의 최종조립으로 이어진다면, 남·북·중 3자 간의 물류네트워크도 확충되어야 한다. 이에 따라 개성공단 생산제품의 국내시장 이동과 국제시장으로의 접근에 필요한 물류클러스터의 형성이 필요하다.

둘째, 개성과 파주를 연계하여 국제협력 평화도시 지역을 형성하고 관련 국제기구를 유치한다. 동북아는 에너지 및 식량의 거대 수입지이므로, 공급 불안정의 위험을 최소화하는 차원에서 한·중·일 간의 스와 프체제를 형성할 필요가 있다. 유럽연합이 석탄철강공동체로부터 출발했듯이 동북아에서는 에너지·식량 협력으로부터 공동체 운동을 전개할 수 있다. 북한 핵 문제로 인한 안보 불안 문제도 결국은 국제협력으로 해결할 수밖에 없다. 동북아 다자안보협력과 한반도 평화체제의 구축을 위한 국제협력체도 개성-파주 지역에 유치하는 것이 상징성도 높고 각국 간 합의 가능성도 크다.

두번째 노드로, 서남권(전북, 전남, 제주)은 생태·문화산업 공간으로 형성하여 중국 등 동아시아 네트워크에 연결되도록 한다. 서남권은 베이비붐 세대의 귀농·귀촌의 흐름과 중국의 성장으로 인력·기술·자본 측면에서 새로운 성장·발전의 가능성을 지닌다. 현재 외국인 한국 여행객이 급속히 증가하고 있는 가운데, 중국 및 아세안 국가로부터의 여행객의 증가세가 특히 두드러진다(그림 5). 그러나 이들 여행객이 집중되는 곳은 수도권이고 여행목적은 쇼핑이다. 그러나 향후에는 쇼핑 이외에 문화체험, 휴식, 식도락 등의 목적이 증가할 것이고 이에 따라 여행지도 분산될 것으로 전망된다.[23]

서남권은 생태·문화 측면의 잠재력이 풍부하므로 농산업 및 문화관광 클러스터로 발전할 가능성이 있다. 새만금 지역과 제주 지역을 중국 상하이와 해상고속도로로 연결한다.[24] 제주, 서남해안, 전주·광주를 문화관광벨트로 육성하고 내륙지역은 친환경농업, 식품산업, 어메니티

---

[23] 문화체육관광부의 2009년 외래관광객실태조사에 의하면, 전체 관광객의 활동은 쇼핑 62.5%, 관광지 방문 50.4%, 식도락 관광 39.8%, 업무 수행 39% 등인데, 중국 관광객의 활동은 쇼핑 77.4%, 관광지 방문 21.1%, 식도락 관광 26.5%, 업무 수행 20.1% 등으로 나타났다.

[24] 해상고속도로는 현재 태동 중인 개념인데, 기술적·경제적 개선이 이루어질 경우 각광받는 교통수단으로 부각될 가능성이 높다. 현재 국내에서는 강진-제주 간 여객선 취항에서 해상고속노로 개념이 사용된 바 있다.

그림 5 국적별 한국 입국자 추세

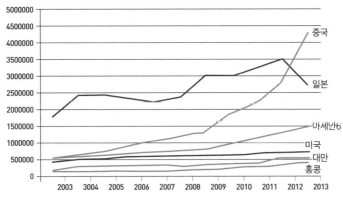

- 출처: 통계청; 한국관광공사, 한국관광통계.

(amenity) 공간의 복합체로 발전시킨다. 제조업 분야에서는 친환경적 첨단산업 쪽으로 발전을 도모한다. 광주 광산업클러스터는 국내에서 진행된 지역전략산업진흥사업 중 비교적 성공적인 모델로 평가받고 있다. 광주와 군산의 자동차클러스터는 저탄소 친환경적 방향으로 발전하도록 한다. 서남해안은 전국적으로 가장 일조량이 풍부하고 조수 간만의 차이가 커서 재생에너지 관련 산업의 R&D 기능을 담당할 만하다.

세번째 노드로, 동북 에너지 경제권을 들 수 있는데, 이는 창·지·투 프로젝트와 나진-하산 프로젝트를 결합함으로써 만들어질 수 있다. 북·중·러 접경은 1990년대 초까지 낙후된 변경이었으나, 중국이 적극적으로 개발 의지를 밝힌 바 있다.[25] 소극적이던 러시아의 태도가 적극

---

25 두만강개발계획은 1990년대 초 UNDP(유엔개발계획)가 주도하여 제기했는데, 이 구상은 1990년 창춘의 국제회의에서 중국이 제기했으며, 1980년대에는 일본에서 '환동해 경제권' 논의가 이루어진 바 있다. UNDP의 두만강개발계획에는 3국 접경의 도로·철도 국경통

적으로 변화함에 따라, 한국, 북한이 함께 참여하면 거대한 초국경 도시 네트워크가 형성될 가능성이 현실화될 수 있다.[26]

창·지·투 계획은 2009년 중국 지린성 정부가 내놓은 것이다. 창춘-지린-훈춘(琿春)을 동북아 물류 공업 기지로 개발하고, 훈춘을 개방 창구로 만들며, 옌지(延吉)-룽징(龍井)-투먼을 통합하여 100만 대도시를 만드는 한편 물류센터와 서비스 기지로 만들고, 창춘과 지린은 자체 산업을 기반으로 한 배후지로 설정한다는 것 등을 내용으로 하고 있다. 나진-하산 프로젝트는 러시아가 적체 상태의 블라지보스또끄와 보스또치니 등을 대체할 수 있는 나진항에 관심을 두면서 추진된 것이다. 중국의 훈춘-나진 간 도로 확장 건설이 시작되자 나진항을 둘러싼 중·러 간 경쟁이 시작되었다. 러시아는 나진항 3호 부두 50년 사용권을 확보했으며, 북·러 간 철도는 두만강 철교를 통해 하산역과 두만강역을 연결하고, 두만강역은 남으로 나진역과 북으로 투먼역과 연결하는 프로젝트이다.(이옥희 2011, 258~63면)

7 요약 및 결론

지금까지 1990년대 이후 한국의 성장구조를 규정한 글로벌 분업의

과 시스템 통합, 항만 확충을 통한 한·일·동남아·북미와의 연계, 시베리아 철도를 통한 유럽과의 연계, 나진-청진, 훈춘-옌지, 뽀시에뜨-블라지보스또끄의 거점도시 선정 등의 내용이 포함되어 있었다. 이 계획에 대해 중국은 적극적이었으나 러시아와 북한은 소극적이었다.(이옥희 2011, 244~46면)

26 2018년 이후 격화된 미·중 무역분쟁은 기술 및 환율 분쟁으로 발전하고 있다. 미·중 갈등 국면으로의 선환은 두만강 시역을 중심으로 한 글로벌 협력의 전망을 어둡게 하고 있다.

변동과 동아시아 생산네트워크의 특징을 고찰하고 이에 기초하여 한반도 네트워크경제의 성장·발전 비전을 구상해보았다. 이들 논의를 요약하면 다음과 같다(그림 6).

첫째, 현 단계 한국경제의 '수직·위계-네트워크'형 성장구조는 1990년대 초 이후 새롭게 확립된 글로벌 분업과 동아시아 생산네트워크에 기반을 두고 형성되었다. (1) 1990년대 초 이전의 한국의 경제성장은 국가 주도의 수출공업화에 기반한 것이었으나, 1990년대 초 이후에는 동아시아 생산네트워크와 연결된 제조업이 경제성장을 견인했다. (2) 1990년대 이후 급속히 진전된 글로벌 생산네트워크는 동아시아 지역이 주도했다. 새로운 글로벌 분업구조가 형성되는 데에는 동아시아 생산네트워크의 발전이 핵심적 역할을 수행했다. (3) 이러한 동아시아 생산네트워크를 형성한 결정적 동력은 크게 두가지다. 첫째는 아세안을 중심으로 FTA 네트워크와 자유화 정책이 진전된 것이고, 둘째는 중국이 글로벌 차원의 생산분할에 적극 참여하게 된 것이다.

둘째, 동아시아 생산네트워크는 글로벌 분업구조의 결정적 변화를 가져왔으나, 그 생산네트워크는 비대칭적이고 비완결적인 형태로 전개되었다. (1) 생산의 네트워크화는 생산분할의 이익이 뚜렷한 기계, 전자 등 제조업을 중심으로 진전되었다. 그리고 중국의 산업고도화가 진행되는 한편 중국으로의 네트워크 집중성이 강화되었다. (2) 동아시아 생산네트워크는 지역 차원의 자립성 또는 완결성을 갖추지는 못했다. 동아시아 각국 모두 에너지와 식량을 지역 외부에 크게 의존하고 있어서 불안정성과 위험을 내포하고 있다. (3) 한·중·일 및 북한 등 동북아 지역의 제도적 네트워크가 상대적 부진하고, 이 지역에 중국과 미국의 주도권 경쟁과 갈등의 가능성이 있다.

그림 6 동아시아 생산네트워크와 한반도 네트워크경제

동아시아 생산네트워크의 형성	동아시아 생산네트워크의 비대칭성	한반도 네트워크경제에 의한 개선과 새로운 성장
• 동아시아 생산네트워크의 진전과 글로벌 분업 변동 • 동아시아 생산네트워크에 기초한 한국경제의 성장구조 형성	• 중국의 산업구조 고도화와 네트워크 집중 • 에너지·식량 부문에서의 과도한 역외 의존 • 동북아의 제도적 네트워크의 상대적 부진	• 제조업·서비스업·농업의 네트워크형 발전과 국가-지역관계의 재정립 • 한반도 네트워크 국토공간 형성과 그 노드로서의 신수도권·서남권·동북권 구축

- 출처: 필자 작성.

셋째, 동아시아 생산네트워크의 구조적 결함을 개선·보완하기 위해 한반도 네트워크경제를 형성할 필요가 있다. 한반도 네트워크경제가 형성되는 지점에서 '수평·분권-네트워크'형 성장·발전의 동력이 마련될 수 있다. 이러한 비전을 현실화시키기 위한 핵심 전략을 다음과 같이 구상할 수 있다. (1) 제조업 부품소재장비 공급업체의 글로벌 네트워킹 능력 제고가 관건이다. 또한 서비스업과 농업 부문에서도 부문간 연결을 통해 새로운 상품과 서비스를 창출하는 것이 필요하다. (2) 중앙정부는 지역 특성을 살릴 수 있는 전문화된 로드맵을 제시하고 지방정부는 이에 주도적으로 결합하는 방식으로 중앙-지방의 관계를 재정립해야 한다. (3) 동아시아 생산네트워크의 공백을 채우는 새로운 네트워크 개념으로서의 한반도 네트워크 국토공간을 형성한다. (4) 한반도경제 네트워크의 노드로 개성-파주-서해의 신수도권, 전남·북-제주-남해의 서남권, 두만강 유역-동해의 동북권을 형성하도록 한다.

제10장

체제혁신, 네트워크국가, 그리고 경제민주화

1 문제제기

2012년 대선에서는 '경제민주화'가 주요한 경제개혁 의제로 논의되었다. 2007년 17대 대선이 후보 개인 검증을 둘러싼 공방을 중심으로 진행된 것에 비하면 경제민주화 문제가 2012년 18대 대선의 선거쟁점으로 부각된 것은 의미있는 진전이라고 할 수 있다. 한편 진보학계에서는 경제민주화론 대 복지국가론의 논쟁구도가 연출되기도 했다.[1] 그러나 큰 흐름에서 보면 여권과 야권 사이에는 경제민주화를 어떤 수준과 범위에서 실천할 것인가가 좀더 중요한 쟁점이라고 할 수 있다.

경제민주화는 확실히 주류 경제학자들에게는 개념이 불분명한 용어이지만 주류 영미 경제학자들이 당장 관심을 덜 쏟는 문제라고 해서 현실에서 중요하지 않은 문제인 것은 아니다. 한국에서 경제민주화는 현

---

1 한편에서는 재벌개혁을 앞세우는 경제민주화론이 신자유주의를 옹호한다고 비판하는가 하면, 다른 한편에서는 복지국가 논의가 재벌체제를 용인하는 효과를 가져올 수 있다고 우려하기도 한다. 『프레시안』의 Hot Issue 특별기획 '한국경제 성격논쟁' 참조.

실에서 제기되는 중요한 문제인 것이 분명한 사실이고 진보학계에서는 그 논의가 분분한 상황이다.[2] 필자는 경제민주화를 발전모델의 전환이라는 차원에서 제기되는 정책패키지로 정의하고자 한다. 즉 민주주의의 결여 속에서 국가 주도의 경제발전을 이루어온 동아시아 각국에서 발전모델의 전환의 필요성이 제기되고 있으며, 이에 대한 요구가 경제민주화라는 용어로 나타나고 있다고 본다.

이 글에서는 경제발전 모델 및 경제시스템 혁신이라는 차원에서 경제민주화 개념을 재정립하고자 한다. 이를 위해 외부환경·정치체제·경제체제를 포괄해서 '87년체제'의 혁신과 네트워크국가로의 전환이라는 과제를 경제민주화와 연관지어 논의한다. 이 글에서 주장하는 바는, 87년체제의 약화가 전환의 압력을 가하고 있고, 여러 계기들이 중복되면 네트워크국가로의 전환이 발생하며, 전환의 계기 중 하나가 경제민주화라는 것이다. 이하에서는 먼저 87년체제의 내부구조, 외부로부터의 압력, 87년체제의 약화를 논의한다.[3] 이어서 전환의 모델로서의 네트워크국가의 구성요소와 전환을 위한 프로그램 및 경제민주화를 논의한다.

---

2 김성구(2012)의 경우 경제민주주의는 노동자운동과 사민주의의 오랜 이념이며, 그 개념에는 주요 산업과 금융기관의 사회화(혼합경제 지향), 국가의 경제 개입을 통한 완전고용과 사회보장, 국가의 계획과 경제조절, 재벌들에 대한 통제와 규제, 국가정책기구 및 경제와 기업 심급에서의 공동결정권 등이 포함된다고 지적한다.

3 체제변동의 원인들에 대해서는 테다 스카치폴(Theda Skocpol)의 사회혁명 모형에서 전개된 아이디어를 이용했다. 그에 의하면, 프랑스·러시아·중국의 혁명에서 공통된 점은 "억압이 아니라 약화가 혁명을 일으켰다"는 것이다. 이때 정부와 군대의 약화는 농업국가 왕정이라는 국가 내부구조, 외부로부터의 압력이라는 구조적 상황, 농업국가 왕정의 근대화·산업화의 위기에서 초래되었다.(한인숙 외 1990)

2 87년체제 개관

'87년체제'에 관한 논의는 1987년의 민주화가 여러 측면에서 우리 사회의 중요한 전환점이었고 그 이후의 사회변동을 통일적으로 인식할 필요가 있다는 통찰에서 비롯된다. 87년체제를 어떻게 정의할지에 대해 다양한 논의가 있을 수 있다.[4] 필자는 87년체제가 세계체제-분단체제에 조응하고 있으며 나름대로의 정치체제와 경제체제를 지니는 것으로 생각한다. 흔히 체제를 논의할 때 체제의 내부와 외부를 구분하는 논법을 취하기도 하는데, 이러한 논법에 따르면, 세계체제-분단체제는 87년체제의 외부환경으로, 정치체제와 경제체제는 87년체제의 내부구조로 파악할 수 있다(그림 1 참조).[5]

87년체제의 환경이 된 세계체제에서는 미국의 일극적 헤게모니 속에서 글로벌화와 금융자본주의가 전개되었다. 1980년대 이후 미국으로 금융자본이 집중되고 미국의 대외적 군사활동이 확대되었다. 그러나

---

4 김호기(2009)는 신자유주의 도입의 의미를 중시하여 97년체제가 87년체제보다 현재를 설명하는 데 더 우위를 지니는 것으로 평가하는데, 이러한 관점에서는 87년체제를 민주화체제로 한정하고 1997년에 87년체제가 종결되었다고 본다. 박상훈(2009)과 김종엽(2009)은 87년체제를 분단체제와 관련짓고 제도권과 비제도권, 민주화 프로젝트와 자유화 프로젝트가 복합적으로 존재하는 것으로 본다. 이 경우 87년체제의 존재가 더 중요해지고 97년은 87년체제 내부의 구분선이 될 뿐이다. 87년체제의 의미를 중시하는 경우에도 그 성격에 대해서는 이견이 존재하는데, 박상훈(2009)은 87년체제의 보수성·불안정성을 강조하지만, 김종엽(2009)은 87년체제의 내부의 역동성과 민주적 재편 가능성을 평가하고 있다.

5 87년체제에서 '체제'는 레짐(regime)의 번역어이다. 레짐은 흔히 단순히 정부 형태나 정부 성격을 나타내는 의미로 사용되지만, 87년체제의 '체제'는 국가의 작동, 국가와 경제·사회의 상호작용을 규율하는 일련의 규칙, 그 상호작용 방식 배후에 있는 사회문화적 규범까지 포함하는 의미로 사용된다(김종엽 2009, 12~15면). 87년체제는 세계체제·정치체제·경제체제 등 좀더 구조적인 '체제'들의 결합을 통한 단순한 레짐 이상의 존재로 인식될 수 있다.

그림 1 87년체제의 구성요소

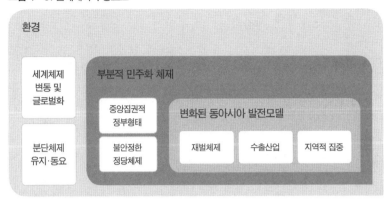

－출처: 필자 작성.

2008년 미국의 금융위기는 세계경제 위기로 확산되었고 선진국 경제의 위축은 장기화될 전망이다. 중국의 영향력은 커졌지만, 중국의 경제성장 역시 수출 위주의 중상주의의 성과에 힘입은 바 크기 때문에 향후 중국의 성장세도 둔화될 가능성이 높다.

　미국 중심의 세계체제는, 동북아 차원에서는 냉전체제로, 한반도에서는 분단체제로 구체화된 바 있다. 분단체제하에서는 남북한 모두 국가 주도의 성장체제를 구축하였으며 이로부터 형성된 기득권 세력이 과대 팽창해 있다. 한국은 민주화에도 불구하고 민주주의체제가 불안정한데, 이는 분단과 전쟁 속에서 이념적 대립이 구조화한 데에 뿌리를 두고 있다.

　한국에서는 국가 주도로 불균형성장을 추진했다. 1980년대 이후에는 세계화 추세에 편승한 재벌체제가 그 외형을 크게 확대했으며 1997년 외환위기를 계기로 엄혹한 구조조정을 단행했다. 구조조정 속에서 생존한 대기업과 그 종업원은 한편으로는 대립하면서 또 한편으로는 더

협하기도 했다. 한편 자본 내, 그리고 노동 내 격차와 지역간 격차는 심화되었다. 국가 주도 성장과 신자유주의적 구조조정 속에서, 대기업·정규직·수도권은 상대적으로 유리한 위치에 있었고, 중소기업·비정규직·영세자영업·비수도권 지역에는 소외의 그늘이 깊어졌다.

87년체제를 가장 특징적으로 나타내주는 요소는 정치체제이다. 87년의 민주화는 군부독재통치를 경쟁적 정당체제로 이행하게 했지만, 그 정당체제는 매우 불완전한 것이었다. 87년 이후의 정당체제는 지역정당 체제였다. 유권자의 지역주의에 기반하여 보수 주도의 중앙집권 국가는 계속 유지되었다. 그리고 보수와 진보에 대한 이념적 선호가 국가주의와 신자유주의에 소외된 대중들의 목소리를 대표해주지는 못했다. 이 때문에 87년체제에서는 제도권 정치체제에 포괄되지 않은 대중들의 열망이 변화의 소용돌이를 만들어내곤 했다.[6]

이제 87년체제를 규정하던 요소들이 변동과 이완의 양상을 보이고 있다. 세계적인 장기침체의 위기가 다가오고 있고, 북한은 해방 이후 최대의 시스템 변동의 시기에 들어가 있다. 한국의 경우 국가주의와 신자유주의의 조합에 의한 발전모델을 유지하고 있지만, 이제 더이상 성과를 내기는 어려운 상황이 되고 있다. 대중들은 기존의 정치질서를 불신하고 그에 거리를 두고 있다. 그러나 한국의 대중들은 중심부와의 네트워크에서 멀리 떨어져 있지는 않다. 이 때문에 대중에게는 곧바로 권력 중심부를 흔들어버릴 소용돌이의 에너지가 있다.

---

6 87년체제를 구성하는 요소 중의 하나를 그레고리 헨더슨(Gregory Henderson)이 한국 정치 문화의 특성으로 제시한 '소용돌이'(vortex)의 개념을 적용하여 설명해볼 수 있다. 즉 87년체제의 정치적 역동성과 불안정성은 주변에서 발생한 운동이 중앙권력을 향하여 모든 활동적 요소를 휘몰아 가는 소용돌이와 같은 양상의 것으로 볼 수 있다.

3 87년체제의 내부구조: 경제발전 모델과 정치체제

(1) 동아시아 발전모델의 형성

87년체제의 내부구조는 경제발전 모델과 정치체제로 구성되어 있다고 할 수 있다. 정치·경제 양 측면에서 집권적 성격과 분권적 성격이 혼합·공존하면서 불안정성과 역동적인 변화의 가능성을 동시에 나타내주고 있다. 경제발전 모델은 동아시아 발전모델에 신자유주의적 규제완화의 압력이 가해지면서 재벌체제가 강화된 '변형된 동아시아 모델'로 전환되었다.

동아시아 발전모델은 일본·한국·대만 등의 경제발전의 특징을 유형화한 것이다. 이들 국가가 이룬 1970년대 이래의 고도성장은 '아시아 NICs' '아시아 NIES' '동아시아의 기적' 등의 용어로 찬사를 받으면서 발전모델로서의 '보편성'이 일정한 범위 안에서 인정되기 시작했다(World Bank 1993). 그러나 1997년 동아시아 통화·경제위기를 경험하며 일정하게 '동아시아 신화의 붕괴'를 겪으면서 동아시아 발전모델은 보편성에서 벗어난 특수한 유형으로 인식되기도 했다(World Bank 2000; Stiglitz and Yusuf 2001). 이러한 과정을 볼 때, 1997년 이전까지 전형적인 형태의 동아시아 발전모델이 형성되었다고 한다면, 1997년 이후에는 동아시아 발전모델의 변형이 이루어졌다고 할 수 있다.

동아시아 발전모델의 핵심 요소는 산업·기업과 관련된 정책과 시스템이다. 첫째로, 무역과 산업이 불가분의 관계에 있고, 산업정책이 모델형성에 중요한 동력이 되었다는 점이다. 발전의 초기 단계에는 공업제품의 대부분을 수입하는 데서 시작했지만, 산업정책을 통해 특정 부문에서 수입을 대체하고 국내생산으로 전환하여 수출을 행하게 되었다. 둘째, 특정 부문을 국가가 지원하는 과정에서 위계적이고 상호의존적인 조직시스템이 장착되었다. 국가에서 핵심 부문에 자원을 모아주고 그 부문에서는 기술과 지식을 선진공업국에서 도입하고 개량하는 데 적절한 시스템이 형성되었다.[7]

이런 점에서 볼 때 동아시아 발전모델의 주요 구성요소는 강력한 산업정책을 매개로 형성된 집권적·위계적 국가·기업관계, 기술 도입·정착·개량에 유리한 이해당사자 중심의 기업지배구조와 기업간 관계를 형성했다. 일본의 경우를 예로 들면 1990년대 초반까지 평생고용이 보장되는 안정된 노사관계, 주거래은행과 기업 간의 금융거래를 통해 장기자본(patient capital)을 제공하는 금융제도, 이해당사자 중심의 기업 거버넌스 제도, 그룹(keiretsu, 계열) 내 기업 간 협력관계 등이 결합되어 독특한 경제체제를 유지해왔다(신동면 2011, 182~85면).

한국의 경우에는 재벌의 비중과 영향력이 좀더 돌출되어 있고, 대만의 경우 국영기업·당영기업이 중요한 역할을 했다는 특징이 있다. 그러나 기본적으로는 한국과 대만도 동아시아 발전모델의 중요한 특징을 공유하고 있다고 할 수 있다. 특정 부문을 중심으로 정부·금융기관·가족기업 사이에 집권적·위계적 상호의존 관계가 형성되어 있고 그 이외의 부문은 선별적 자원배분의 대상에서 배제되어 있다. 경제 전체가 산업정책의 대상이 되는 핵심 부문과 여타 부문으로 구분되고, 핵심 산업에는 비경쟁적 상호의존 관계가 형성되어 있는 반면, 비핵심 산업에서

---

7 한국의 경우 동아시아 모델의 핵심 요소인 산업정책과 기업시스템은 1997년 이후 제도적 틀은 유지되지만 국가의 선별·조정능력이 약화됨으로써 정부실패의 가능성이 높아지고 재벌체제의 영향력이 강화되었다.

는 치열한 경쟁구조가 형성되어 있다.

(2) 동아시아 발전모델의 변형

1980년대 말 이후 전세계적인 규제 완화의 압력 속에서 동아시아 모델은 일정하게 변형을 겪게 되었다. 일본에서는 글로벌화, 정보화, 버블 붕괴라는 계기가 작용하여 이해당사자주의가 약화되었다. 기업의 소유구조에서 안정주주 역할을 하는 금융기관과 비금융기관의 주식소유 비율이 감소하였고, 외국인 투자자와 개인투자자의 주식소유 비율이 증가하였다. 또한, 기업들이 노동비용 절감과 고용 유연화를 위해 비정규직 고용을 늘리는 한편 성과주의 인사관리를 도입함으로써, 기업별 노사관계, 집단적 노사관계가 약화되고 있다(신동면 2011, 185~90면).

대만과 한국의 경우 일본에 비해 훨씬 권위주의적인 정치체제가 존재했다. 이 때문에 경제발전의 성과로 성장한 중산층과 노동계급이 권위주의체제와 모순관계에 놓이게 되었으며, 정치체제의 안정을 위한 방책으로 민주화 프로그램이 도입되었다. 이에 따라 대만·한국에서는 글로벌화, 정보화와 함께 부분적 민주화가 기존의 발전모델을 변형시키는 계기 중의 하나로 작용하게 되었다.

민주화 이전의 당국가(黨國家) 체제하의 대만에서는 국민당과 대륙 출신 지배층(외성인)은 국가·당영기업·국영기업을 장악한 반면, 대만 출신 자본가(본성인)들은 민간기업·내수시장에 집중했다. 국민당은 지방의 공영사업을 통제하면서 지방파벌을 육성하고 후원하는 능력을 지니고 있었다. 그러나 1980년대 말부터 당국가 체제는 이완되기 시작했고 국민당 내부에서도 대만 출신을 기반으로 개혁파가 등장했다. 이들은 대만 출신 자본 및 지방파벌과 제휴하여 당영사업을 민영화하는 길을 열었다. 2000년 민진당 집권 이후 민간재벌의 영향력은 더욱 증대되었다. 민진당은 당국가 체제에 대한 반감으로 민영화를 선호했으며, 이에 따라 자본과 지방파벌의 민간재벌화가 촉진되었다.(박윤철 2008)

한국에서도 1987년 이후의 민주화 과정에서 재벌체제의 영향력이 강화되는 방향으로 발전모델의 변형이 이루어졌다. 여기에는 글로벌 차원의 생산네크워크가 전개되는 상황과 1985년의 플라자합의 이후 조성된 세계시장 여건이 한국의 재벌 기업에 유리하게 작용한 측면도 있다. 또다른 한편에서는 민주화의 진전으로 노동·자본 간 역관계가 변화했다는 점도 작용했다.

특히 한국이 개발도상국 선단(先端)까지 발전함에 따라 기술 추격의 여지가 거의 소멸된 핵심 부문은 재벌 기업이 장악하게 되었고 이 부문의 경우 노동의 영향력도 성장하게 되었다. 1997년 외환위기를 거치면서 글로벌 경쟁에서 생존한 핵심 부문에서는 자본·노동 모두 내부의 위험을 외부에 전가하고 대립 속에서 타협하는 균형 상태도 나타나고 있다. 이에 따라 핵심 부문과 여타 부문의 격차가 중요한 문제로 부각되게 되었다.(이일영 2009, 65~66면)

(3) 민주화의 압력과 정치적 불안정

87년체제의 정치체제는 부분적인 민주화 체제라고 할 수 있다. 발전지상주의하에서의 권위주의 국가는 3권 및 각 부처가 최고권력에 지배되는 형태였으나, 한국과 대만은 민주화 과정에서 대통령직선제를 관철시켰다. 대통령 권력이 누구에게 돌아갈지 알 수 없게 된 상황에서는 각 정파에게 일정한 권력이 확보될 수 있도록 의회권력을 강화하는 방향으로 헌법을 개정했다. 그러나 민주화의 일정한 진전에도 불구하고 중앙집권적 정부 형태는 기본적으로 유지되었다. 정치세력 간의 갈등과 투쟁은 상호간 적대감을 강화시켰으며 민주적 입법보다는 정치에 대한 사법적 개입의 영역을 확대시켰다.

한국과 대만의 경우 민주화 이후에도 중앙집권의 골격은 유지하고 있지만 각 부처는 유기적으로 조직되지 못하고 분획되는 경향을 보인다. 비교제도분석에 따르면, 일본형 정부 형태는 입법·행정의 통합도가 높고 사법의 유효성이 낮으며 각 부처는 분획되어 있다. 미국형 정부 형태는 3권이 분립되어 있고 각 부처는 집권적으로 조직되며 입법이 중시된다.(靑木昌彦·奧野正寬 1996) 87년체제의 정치체제는 종래의 동아시아형 권위주의 정부 형태가 기본 성격을 유지하면서 외형은 미국형의 방향으로 변화하고 있는 것으로 볼 수 있다. 단 이 과정에서 권력자원을 효과적으로 배분하지 못하고 사회적 갈등 조정에 능력을 발휘하지 못함에 따라 정치체제는 불안정성을 보이고 있다.[8]

---

8 특히 한국에서는 제도권과 비제도권의 이중구조가 형성되었으며, 제도권의 상대적 무능과 비제도권의 역동성 때문에 정당체제는 지속적으로 해체와 재편의 위험에 노출되었다(박상훈 2009, 201~208면).

4 87년체제의 외부환경과 구조적 상황

(1) 세계체제의 변동

동아시아 발전모델의 외부환경이 된 것은 미국 중심의 세계체제이다. 소반니 아리기에 의하면, '상기 20세기'는 첫째 19세기 말~20세기 초의 금융적 팽창(미국체제의 탄생), 둘째 1950~60년대의 실물적 팽창(미국체제의 우위), 셋째 1980년대 이후의 금융적 팽창(미국체제의 파괴)으로 구성된다.[9] 미국은 실물 부문에서 비약적인 성장을 보이면서 사회주의권과의 경쟁에서 우위를 확보했으며, 실물 부문의 경쟁력이 약화되면서 금융적 팽창을 추구하는 것으로 전환하게 된다는 것이다.

이렇게 보면 동아시아 발전모델의 원형이 형성된 것은 미국의 실물적 팽창과 사회주의권과의 경쟁이 함께 진행되던 시기이다. 87년체제는 동아시아 발전모델에 신자유주의 경향이 결합되어 형성된 것인데, 그 외부적 환경조건으로는 미국의 실물적 후퇴와 금융적 팽창 시기에 맞물려 동아시아의 급성장이 이루어지고 있던 것으로 볼 수 있다.

미국은 1950년대 중반까지만 해도 발전도상국을 지원하는 방안으로 시장적 수단에 의존했다. 즉 무역과 직접투자를 중시했다. 그러나 1950년대 중반 구소련과의 체제 경쟁 분위기가 조성되면서 발전도상국에서 경제적 자유주의나 정치적 민주주의를 성립시키려 하기보다는 발전주의적 국가의 등장과 정부의 경제 개입을 용인하기 시작했다.[10] 사회주의

---

9 Arrighi(1994)에 의하면 자본주의 세계체제는 지금까지 네번의 체제적 축적순환을 경과했고, 각 체제에는 제노바, 네덜란드, 영국, 미국 등 집적된 자본주의 권력(국가와 자본의 독특한 융합)이 있었다.

권과 직접 대립하고 있던 동아시아 국가들, 즉 일본·한국·대만 등에서는 정권과 국가를 유지하기 위해 사회주의 공업화 모델에 적용된 국가체제를 발전시키고자 했다. 즉 급속한 공업화를 위해 정부가 적극 개입하는 한편, 한국과 대만의 경우는 정치적 위기에 대처하기 위해 억압적이고 중앙집권적인 정치체제를 구축했다.

그러나 1980년대 후반 세계체제는 변동을 겪었다. 구소련의 몰락으로 세계적 차원의 냉전체제가 붕괴되면서 국가에 의한 억압적 위기관리 체제의 존립 근거가 약화되었다. 또한 1980년대 이후의 미국의 금융적 팽창은 동아시아의 실물적·금융적 성장의 기반이 되었다. 미국의 금융적 성장은 글로벌 생산네트워크의 전개와 함께 진행되었으며, 이 과정에서 동아시아 각국은 좀더 자본집약적이고 기술집약적인 산업구조를 형성할 수 있었다. 또한 1997년 동아시아 경제위기와 2001년 중국의 WTO 가입을 계기로 동아시아 각국은 무역·투자·금융을 더욱 개방하는 조치를 시행했다.[11]

그런데 2008년 미국의 금융위기와 그에 따른 세계경제 위기 이후 미국이 주도하던 세계체제에 카오스적 요인이 크게 증대되었다. 전세계적으로 진행되던 금융세계화와 금융적 팽창은 금융위기로 이어졌다. 은행위기·통화위기 등 금융위기는 세계적 차원에서 생산 손실과 정부

---

10 정책 전환의 직접적인 계기가 된 것은 흐루쇼프(N. S. Khrushchyov)의 대외적 경제 지원 공세, 인공위성 스뿌뜨니끄(Sputnik) 발사, 6차 5개년계획 추진 등의 사건들이다(末廣昭 2000).

11 동아시아와 미국의 연계는 실물 부문과 금융 부문에서 동시적으로 이루어졌다. 중국 외환 보유고의 증가도 위안화 투기를 위한 금융자본의 유입, 미국에 대한 무역수지 흑자의 대폭적인 증가에 기인하는 것으로, 중국의 미국경제에 대한 의존도의 지표로 해석될 수 있는 측면이 있다(백승욱 2008).

부채의 증가를 가져오고 있다. 미국 금융시스템의 불건전성이 드러난 가운데 미국의 재정적·금융적 문제해결 능력은 축소되었다. 유럽은 통화는 통합되어 있으나 재정은 각국이 독립되어 있는 모순 속에서 재정·금융위기에 제대로 대처하지 못했다.

세계경제에는 카오스 요인이 커지고 있다. 이와 함께 미국 중심의 세계체제와 조응해 발전해온 동아시아 모델은 난관에 봉착하고 있다. 미국의 경우 팽창 시기에 가능했던 거대한 민간소비가 앞으로는 정체하거나 위축될 전망이다. 또한 금융·재정위기의 극복 과정에서 수출 비중을 확대하는 방향의 정책이 추진될 가능성이 높다. 유럽의 경우도 유로위기를 수습하려면 결국은 각국이 합의하여 재정을 일정한 수준으로 통합하는 개혁을 실행해야 한다. 이는 상당히 복잡한 구조조정을 필요로 하기 때문에 이 과정에서 유럽이 세계경제에 불안 요소를 제공할 가능성이 있다. 미국과 유럽을 주요 시장으로 하여 수출 주도의 성장방식을 취해온 동아시아 모델도 지속가능성의 위기에 처할 수 있다.

(2) 분단체제의 변동

한국에서 국가 주도의 발전모델이 작동하게 된 환경에는 분단체제의 형성과정이 있다. 지금까지 전개된 분단체제론에 의하면, 남북한 각각의 체제로 이루어진 한반도는 일정한 자기재생산 능력을 갖추고 있지만 내재적으로 불안정한 '하나의 체제'이다.[12] 다시 말하면 분단체제는 세계체제의 하위 체제이면서, 남한의 체제, 북한의 체제, 남북한 간

---

12 분단체제 개념의 형성 과정에 대해서는 백낙청(1992), 김종엽(2004) 참조.

의 적대관계를 구성요소로 하고 있으며, 이 세가지 구성요소가 상호보완적 관계를 맺으면서 재생산되는 구조를 가지고 있다.

그런데 동아시아 모델과 맞물려 있던 분단체제에도 불안정 요인이 증대하고 있다. 2차대전 후 형성된 미국 중심의 세계체제는, 동북아 차원에서는 냉전체제로, 한반도에서는 분단체제로 구체화된 바 있다. 한반도 분단체제는 동북아의 냉전체제와 잘 조응하는 것이었다. 그러나 구소련의 해체, 중국의 세계화에 따라, 분단체제와 안정적인 짝을 이루던 냉전체제는 이완되었다. 또 남한에서는 민주화와 경제발전이, 북한에서는 제한적이지만 시장화가 진전되는 등, 남북한에서 각각 분단체제와 조응하기 어려운 변화를 겪고 있다.

분단체제의 세력구조를 말한다면, 남북한 각각에 세개 그룹을 상정해볼 수 있을 것이다. 첫째는 분단체제하에서 형성된 국가주의적 발전체제에서 나오는 제도적 지대를 독점하는 그룹이다(S). 둘째, 산업화를 통해 형성된 중산층과 정규직을 중심으로 하는 세력으로, 자유주의·시장주의를 선호하는 그룹이 있다(A). 셋째, 국가주의와 시장주의를 통한 발전에서 소외된 계층으로서 대안적 발전을 추구하는 그룹이다(B).[13]

---

13 배리 웨인개스트(Barry Weingast)는 공공선택을 규율하는 제도적 진화를 게임이론을 통하여 설명한 바 있다. 그에 의하면, S는 오랜 지배 기간을 통하여 물리력·경제력을 보유하고 있으며, A와 B는 새로이 등장한 시민들로 구성되어 있다. S는 자신들이 가진 권력자원을 토대로 시민들의 권리를 침해할 수 있으며 그로써 자신들의 이익을 증대시킬 수 있다. 1회에 한한 게임의 경우, A와 B는 서로 협력하여 규칙을 위반하는 S에 '도전'하기 어렵다. 어느 한편이 '묵인'으로 돌아설 경우 다른 한편은 엄청난 피해를 보기 때문이다. 그러나 반복된 경험을 통해 A와 B가 협력하게 되면, S의 규칙 위반을 막는 최적의 결과를 구할 수 있다. 웨인개스트는 영국의 명예혁명을 이러한 협력의 결과로 보았다. 즉 A(토리당)는 B(휘그당)와 협력하여 S(국왕)에 대항하는 제도적 틀을 갖춘 정치적 국가를 형성하였다. 즉 A와 B의 협약에 기초해서 국가가 자기강제력(self enforcement)을 지니게 되었다는 것이다.(Weingast 1997, 252~53면)

    기존의 분단체제는 남북한에서 S그룹이 주도적 역할을 하면서 일부 A그룹을 포섭하여 B그룹의 대표성과 이익을 자의적으로 침해하는 체제이다. 여기에서는 국가주의가 중요한 역할을 수행하면서 S그룹에 의해 공적 재산이 자의적으로 침식되고 사유화되는 일이 빈번하게 나타난다. 북한의 경우 S그룹이 압도적인 지위를 가진 가운데 부분적 시장화를 통해 A그룹이 조금씩 등상하고 있는 것으로 보인다. 북한은 S그룹에 의한 자원독점이 지속될 경우 경제발전의 길이 봉쇄되고 구조적인 경제위기에서 벗어날 수가 없다. 그리고 지속되는 경제위기는 체제 전반의 위기로 확산될 수 있다. 이 때문에 북한의 S그룹은 지배블록의 안정성을 유지하는 선에서 시장화를 통한 A그룹의 성장을 용인하려 할 것이다. 만약 북한이 개혁·개방으로 전략을 변경하면 북한에서 A그룹이 성장하게 되고 남북한의 S그룹 간 적대적 의존관계를 핵심 구성요소로 하는 분단체제는 결정적으로 타격을 입게 된다.[14]

    김정일 사후 북한은 김정은 후계체제로 이행하는 중인데, 이 과정에서 북한체제의 향방을 놓고 갈등과 변동의 과정이 전개되고 있다. 김정일 시대에는 선군정치와 핵무기 개발을 통해 체제 유지를 도모하면서도 부분적 시장화와 남북관계의 통로를 일정하게 열어두었다고 할 수 있다. 그러나 2008년 8월 김위원장의 뇌졸중 발병 이후 북한 내부에서는 체제 안정과 통제 강화의 정책 방향과 부분적 시장화의 지속 경향의

---

14 남한의 경우 1987년 이후 부분적 민주화를 이루었다. 이는 S그룹과 A그룹 일부가 보수진영을 형성하고 이에 대한 정치적 도전 세력이 진보진영을 형성한 가운데, 보수세력 우위의 민주화 협약이 맺어진 것이다. 이러한 87년체제하에서는 A그룹 일부와 B그룹이 정치적으로 잘 대표되지 않아 시민사회의 역동성이 증대됨으로써 정치적 불안정성이 주기적으로 나타나고 있다.(이일영 2010)

대립 양상이 나타난 바 있다.

후계체제 모색기에는 군부 강경세력이 득세했지만 최근에는 점차 민간 당료세력이 주도권을 장악해가고 있다.[15] 당·군 소관이던 경제사업의 내각으로의 이관 방침이 분명해졌고, 협동조합의 분조 인원 축소, 기업의 경영자율권 확대, 개인자본의 투자 부분 합법화, 근로자 임금 인상 등의 조치도 이루어졌다.[16] 북한 지배층이 시장화, 경제의 다중구조화, 개인자본의 성장, 붉은 자본가의 맹아 형성 등의 흐름을 일부 허용하고 있는 것으로 볼 수 있다. 이는 꾸준히 확대된 시장경제의 관행을 제도화하는 움직임으로 파악할 수 있다. 북한에서 시장화 세력이 확대되는 속도가 빨라지면 분단체제의 중요한 구성요소인 적대적 남북관계의 축이 크게 약화될 수 있다.

5 87년체제의 약화: 동아시아형 모델의 한계

87년체제의 경제모델은 동아시아 모델의 국가규제와 신자유주의적

---

15 2009년 2월에서 4월 사이에 급속히 부상한 신군부는 대남·대외 도발정책을 주도했다. 2009년 4월과 5월에 미사일실험과 제2차 핵실험을 감행했다. 2011년 3월 천안함사건이 발생한 가운데, 2011년 9월에는 연평도 포격을 도발했다. 한편으로 외화벌이 확대를 위해 상대적으로 대외관계의 안정화를 중시하는 당료파 그룹도 성장했다. 2010년 3차 당대표자대회에서 중앙당 기구를 복원했으며, 2011년 4월 4차 당대표자대회에서 군에 대한 당의 감독체제를 강화했다. 이어 2012년 7월 15일에는 비상 소집된 당 중앙위 정치국회의에서 신군부의 대표격인 이영호를 전격 해임했다.(박형중 2012)

16 6·28 방침에 의하면, 협동조합 분조 규모를 4~6명으로 축소하고, 국가가 선투자(농기계 지원)한 후 생산물을 시장가격으로 수매하기로 했다. 김정숙군·김형직군·대홍단에서 시범 운영하는 방침은 목표량 이내에서 국가와 개인이 7:3으로 분배하고 목표초과량은 전량을 개인에 분배한다는 것이다.(손광주 2012)

규제 완화의 모순적 결합인데, 이는 동아시아 발전모델의 성장과 분배상의 성과를 지속시키지 못하고 있다. 동아시아 발전모델의 주축은 "공평을 수반한 급속한 성장"이라 할 수 있는데, 여기에는 수출진흥전략, 금융 억압, 특정 산업 진흥 정책 등의 국가 개입이 효과를 발휘한 것으로 평가되었다(World Bank 1993). 그러나 1990년대 이후의 세계경제의 환경변화는 이러한 국가 개입이 잘 작동하지 않도록 만들었다. 글로벌 차원의 규제 완화에 따라 금리 억제는 자본 도피를 초래할 수 있게 되었고, 수출진흥정책은 WTO 체제와 충돌하게 되었다. 세계경제의 복잡화와 변동성 증가에 대해 중앙집권적 국가의 행정능력이 제대로 대처하기는 더욱 어려워졌다.

이에 따라 한국경제는 성장의 한계를 나타내고 있다. 한국경제는 외환위기 전 1990~96년의 시기에 약 8%의 연평균 경제성장률을 기록했지만, 외환위기 이후 2002~2007년 동안에는 약 4~5%의 성장을 기록하였다. 한편 2008년 세계경제 위기로 성장률은 2008년 2.3%, 2009년 0.3%, 2010년 6.2%, 2011년 3.6%로 다시 요동쳤으며, 2012년에는 성장률이 더욱 낮아질 것으로 전망된다. 동아시아 모델 국가로 일컬어지는 일본·대만의 경우에도 성장률 정체는 공통적으로 나타나고 있다(표 1 참조).

한국경제는 성장의 정체와 함께 분배상태의 악화라는 벽에 부딪히고 있다. 지니계수로 표현되는 소득 불평등도는 1997년 금융위기를 거치면서 급격하게 상승하였는데, 2000년 회복 이후 다시 감소·정체했다가, 2000년대 중반 이후 다시 상승하고 있다. 현대경제연구원(2012)에 의하면, 한국의 지니계수는 1990년 0.256에서 1998년 0.285로 치솟았다. 이는 2000년에 다시 0.266으로 감소했다가 2005년 0.281, 2009년 0.295, 2011년 0.289를 기록했다. 2000년대 말에는 다시 외환위기 이후 수준으

표 1 한국과 세계 주요 국가의 경제성장률 (단위: %)

	한국	대만	일본	미국	중국
2001	4.0	-1.7	0.2	1.1	8.3
2002	7.2	5.3	0.3	1.8	9.1
2003	2.8	3.7	1.4	2.5	10.0
2004	4.6	6.2	2.7	3.6	10.1
2005	4.0	4.7	1.9	3.1	11.3
2006	5.2	5.4	2.0	2.7	12.7
2007	5.1	6.0	2.4	1.9	14.2
2008	2.3	0.7	-1.2	-0.3	9.6
2009	0.3	-1.9	-6.3	-3.5	9.2
2010	6.2	10.9	4.0	3.0	10.3
2011	3.6	4.0	-0.7	1.7	9.2
2012(p)	2.6	3.0	2.4	2.1	9.2

– 출처: Global Insight Inc., "World Overview," June 14, 2012.

로 분배상태가 악화된 것이다.(현대경제연구원 2012, 2면)

동아시아 국가 중 가장 저조한 성과를 나타내는 곳은 일본이다. 일본은 2000년대에 평균 0.7%의 성장률을 보였는데, 이는 미국의 성장률 1.6%에 비하면 매우 부진한 성과이다. 또한 일본은 2008년 세계경제 위기의 충격에도 심하게 반응했는데, 일본이 기록한 -6.3%의 성장률은 위기의 진앙지이던 미국의 -3.5%에 비해서도 심각한 후퇴 현상이었다. 일본이 기록한 분배 성적은 더욱 나쁘다. 2000년대에 걸쳐 동아시아 3국 모두 분배상태가 악화되었지만, 5분위 가구소득 분배율을 보면 일본이 가장 큰 폭으로 상위층과 하위층의 소득 격차가 벌어졌다(표 2 참조).

동아시아 발전모델의 성과가 부진한 것은 그 핵심 정책·제도가 과거만큼 잘 작동하지 못하고 있기 때문이다. 동아시아 모델의 핵심 정책

표 2 한국과 세계 주요 국가의 5분위 가구소득 분배율

	한국	대만	일본	미국
2000	5.28	5.55	4.74	10.10
2001	5.39	6.39	4.68	10.44
2002	5.16	6.16	6.36	10.20
2003	5.18	6.07	6.11	9.80
2004	5.22	6.03	6.04	9.60
2005	5.43	6.04	5.97	10.70
2006	5.38	6.01	6.24	11.14
2007	5.44	5.98	6.39	10.29
2008	5.74	6.05	6.07	9.57
2009	5.76	6.34	6.25	9.59
2010	5.66	6.19	6.22	–

- 출처: 臺灣 行政院 主計處, http://www.cepd.gov.tw/m1.aspx?sNo=0012620

제도는 산업정책과 기업시스템이라고 할 수 있다. 그러나 국가 주도의 산업정책과 대기업에 자원이 집중되는 경제시스템은 세계적인 경제·산업 변동의 추세와 잘 부합되지 않게 되었다.

앨리스 앰스덴(Alice H. Amsden)은 자원배분을 국가가 조정하여 특정 산업을 지원한 '특정 산업 집중지원 정책'이 동아시아 경제성장의 원동력이었다고 주장한 바 있다(Amsden 1989). 일본이나 한국의 경우 국가관료에 의한 경제 개입이 새로운 국내적 능력을 창출할 수 있었다는 것이다. 그러나 개방이 산업정책의 효율성을 보장하고 또 산업정책이 개방의 폐해를 보완하는 선순환을 가져올 수 있도록 하는 조건은 국가의 정책 능력이다(이일영 외 2001). 글로벌화와 산업구조의 고도화에 따라 글로벌 지역은 자본축적의 중심적 노드(node, 결절점), 학습·통제·경쟁을 위한 장소로 기능하게 되었다(O'Riain 2004). 글로벌 지역과 관련해서

는 훨씬 유연한 관리·조정 능력이 필요한데, 강고한 국가관료제가 이러한 정책 능력을 발휘하기는 점점 어려워졌다.

대기업을 내셔널 챔피언으로 육성해서 그를 중심으로 기업이 체계화되도록 한 기업시스템은 국민적 포디즘의 특정 시기에 부합되는 것이었다. 견고하고 안정적이던 일본형 기업시스템도 1990년대 버블 붕괴 이후 시스템 변경의 과정에 들어갔다.[17] 지금껏 일본형 기업지배구조를 의미하는 단어는 기업의 창립 이래 근속해온 경영자와 종업원, 주식 상호 보유, 메인뱅크(주거래은행), 장기적 거래상대 등이었다. 그러나 글로벌화·정보화 등 세계경제의 환경변화와 일본경제의 장기침체에 따라 장기고용 관행의 후퇴, 거래관계의 탄력화, 금융시스템의 변화 등이 진행되었다. 이에 따라 한정된 이해당사자가 거버넌스를 책임지는 인사이더형 거버넌스에서 주식시장과 기관투자가 등을 향해 좀더 개방된 거버넌스로 진화하였다.(박찬억 2012, 146~47면)

6 네트워크경제·국가로의 전환

(1) 네트워크경제·국가 형성의 필요성

세계체제의 복잡화는 불확실한 환경변화의 가능성을 높이고 카오스

---

17 '비교제도분석'에서는 일본형 경제시스템을 영미형 자본주의와는 다른 보편성과 합리성을 지니는 것으로 옹호한 바 있다(靑木昌彦·奧野正寬 1996; 岡岐哲二·奧野正寬 1993). 그러나 최근에는 버블의 발생과 붕괴는 물론 일본경제의 장기침체의 원인이 일본형 경제시스템에 있다는 주장이 지배적이 되고 있다(박찬억 2012, 129~30면).

상태로의 변화 경향을 강화한다. 국가는 이에 대해 공존과 안전의 가치를 추구하고 평화적 질서의 형성을 과제로 삼아야 한다. 국가간 경제공동체 형성을 추진하는 과정에서 국가간 갈등을 발생시키는 것보다는 다양한 국가간·초국가간 네트워크를 형성하는 것이 좀더 안정적이다. 남북관계의 악화는 북한경제의 개혁·개방을 지연시킬 수 있다. 분단체제의 해소와 한반도 안전을 위해 남한과 북한은 통일을 지향하며 통일 이전에 네트워크에 의한 연계를 누적시키는 것이 필요하다.(이일영 2012)

세계적 차원에서 형성되는 다양한 네트워크는 국가의 형태와 역할도 변화시키고 있다. 이제는 정부, 의회, 정당, 기업, 노동조합 등 기존의 제도·조직만이 아니라 국가 내의 다양한 행위자 및 비국가 집단의 구성과 활동의 중요성이 커지고 있다.[18] 이에 기존의 집권형 국가를 분권의 가치에 의해 재구성할 필요가 있다. 관료제, 대기업, 기존 정당, 기득권층이 중심이 되고 보수·진보진영의 대립이 반복되는 구조로는 만성화된 정치적 불안정성을 해소할 수 없다. 기존 제도·조직 외부에 존재하는 광범위한 시민 네트워크와 동행하며 새로운 정치·정부를 구성하는 분권형 네트워크국가를 형성해야 한다.(한반도사회경제연구회 2012, 77~78면)

동아시아 각국에서는 국가가 특정 기업이나 산업을 선별·보호하여 동태적 비교우위를 만들어내는 경제발전 모델을 형성한 바 있다. 그러나 이는 선진국을 추격하는 시기에 형성된 모델이기 때문에 추격의 여

---

18 최근에는 정치체제에도 네트워크 요소가 강화되고 있다. 네트워크정치란 정당 외부에 존재하는 다양하고 광범위한 온·오프라인의 시민들과의 연결망이 좀더 능동적 역할을 수행하는 것을 의미한다. 이는 정당 존재의 세가지 측면, 즉 조직 수준의 정당, 공직 수준의 정당, 유권자 수준의 정당 중에서 유권자 수준의 정당이 획기적으로 확대·강화됨을 의미한다.(안병진 2012, 12~17면)

지가 거의 사라진 조건에서는 제대로 작동하기 어려워진다. 선진국 기술을 수입·모방·학습하는 누적적 혁신보다는 연구개발에 의해 신기술을 발명·발견하는 구축적 혁신이 중요해졌다. 또한 민주화의 진전으로 특정 기업·산업을 대상으로 하는 산업정책의 정당성의 기초가 약화되었다. 이미 경쟁자가 존재하는 기업·산업에 국가가 차별적인 정책적 편익을 제공해서 독과점적 요소를 강화하는 것은 효율성 차원에서도 정당화되기 어렵다.

동아시아 발전모델은 중앙집권적인 국가와 대기업 같은 위계조직 및 시장 조직 형태의 이분법에 기초해 있다. 시장실패가 큰 경우 경쟁시장이 효율적 성과를 보장할 수 없기 때문에 시장에 대한 국가 개입은 정당화될 수 있다. 그러나 시장실패보다 정부실패가 더 클 경우 지대 추구 현상이 만연하게 된다. 글로벌화와 생산의 탈집중화를 특징으로 하는 포스트포디즘 체제하에서는 중앙집권적 산업정책의 긍정적 효과가 보장되지 않는다.

추격발전 단계를 지난 단계에서는 개방형 혁신이 경제발전의 관건이 된다. 신기술의 발명·발견, 연구개발, 신제품 개발 등 기존 체계를 구축하는 혁신활동은 중소규모 생산자들의 등장과 어울린다. 수직적 통합이 쇠퇴하는 생산조직의 분산화 현상이 나타나면 수평적 차원의 협력과 정보 공유를 가능케 하는 네트워크 거버넌스가 필수적이다. 급격한 수요 변동, 공급 측면의 복잡한 상호의존성, 급속한 기술변화를 조건으로 하는 산업 부문에서는 위계조직(하이어라키)과 시장 사이에 존재하는 혼합적인 형태의 조직·거버넌스가 중요해지고 있다.(정준호 2012, 63~69면)

집권적 위계적인 정책 제도를 구성요소로 하는 동아시아 모델은 세계적 차원에서 진전되는 개방화·복잡화, 동아시아 각국의 산업구조 고도화 등의 조건에 잘 어울리지 않는다. 동아시아 발전국가 모델은 불완전시장·완전정부의 조건에서 시장실패를 교정하는 역할을 수행했다. 하지만 점차 복잡해지는 환경이 불완전시장·불완전정부의 조건을 만들어내면서 네트워크 실패에 대응하는 것이 중요한 과제가 되고 있다. 따라서 87년체제와 동아시아 모델을 대체하는 모델은 네트워크국가, 네트워크경제라고 할 수 있다.

(2) 네트워크경제·국가의 구성요소

네트워크는 개인·조직·국가(세계)의 세가지 차원에서 정의될 수 있는 개념이다. 첫째로, 네트워크는 고립되었던 다양한 개인(또는 조직)을 참여하고 상호 작용하는 주체로 부각시킨다. 네트워크는 참여자들이 공동의 이익을 가지고 반복적·지속적으로 관계를 맺으며 서로의 행동에 대해 쉽게 파악할 수 있는 관계이다. 둘째, 네트워크는 조직·제도의 형태로 위계조직(기업 혹은 국가)과 시장 사이에 존재하는 다양한 하이브리드 조직의 일종이라고 할 수 있다. 네트워크는 기업과 비기업, 시장과 공공영역, 개인과 조직 사이의 이분법적 경계를 넘어선 새로운 상호관계를 형성한다. 셋째, 네트워크는 기존 국민국가의 해체·재구성에 따라 형성된 새로운 지역과 영토를 의미한다.(김석현 2012, 104~17면)

87년체제를 대체하는 네트워크경제·국가는 개인·조직·국가에 네트워크 요소를 확대·강화함으로써 세계체제-분단체제의 복잡화·유동화에 대응하고 한계에 부딪힌 정치체제-경제체제를 개혁하려는 프로젝트이다. 이는 강제력이나 정책·제도를 통해 행동규칙 자체를 직접 고치

그림 2 네트워크경제·국가 형성을 위한 실천 가치와 의제

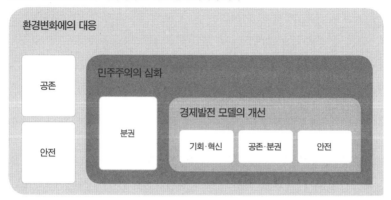

- 출처: 필자 작성.

려는 것이 아니다. 행동은 유도되는 것이지 만들어지는 것이 아니다. 따라서 국가의 작용을 통해 협력 행동을 강제하려 하기보다는 네트워크 관계의 구축을 통해 협력적 행동을 유도해야 한다. 국가라는 주체가 행동규칙을 일방적으로 정하는 것이 아니라 자발적으로 규칙과 규범이 만들어질 수 있는 관계를 형성하고 육성해야 한다.

네트워크경제·국가는 네트워크 영역의 확산을 통해 형성된다. 물론 정부의 역할은 중요하다. 정부는 권력의 분배, 정보 유통 등에 개입할 수 있는 힘이 있기 때문에, 네트워크 원리의 확산을 위한 프로젝트를 수행할 수 있다. 네트워크는 한편으로는 패러다임 전환의 의제이고 또 한편으로는 개인·조직·국가 차원에서 실천될 수 있는 프로그램들의 패키지이다. 프로젝트 차원에서 네트워크는 '안전·공존·분권·기회·혁신'의 가치를 추구하는 프로그램들로 패키지화할 수 있다. 세계체제-분단체제의 변동에 대응해 대외관계와 남북관계에서 안전과 공존의 네트워크를 주구할 필요가 있다. 정지체제상으로는 집권화된 권력관계가 문

권의 네트워크관계로 대체되어야 한다. 경제모델에서는 재벌·수출산업·수도권 중심의 위계적 관계를 수평적인 네트워크관계로 전환할 필요가 있다(그림 2 참조).[19]

(3) 전환을 위한 과제와 경제민주화

네트워크경제·국가로 전환하는 데 필요한 요소는 환경변화에 대한 대응, 민주주의의 심화, 경제발전 모델의 개선 등이다. 세계체제-분단 체제의 변동의 시기에 남북 및 동아시아 평화체제의 틀을 마련해야 한다. 국가주의와 신자유주의의 조합에 의한 집권적 발전모델은 네트워크형 조직에 의한 분권적 발전모델로 전환해야 한다. 보수 주도의 중앙 집권적 국가모델에서 분권형 국가모델로 넘어가야 한다. 이러한 이행기의 핵심적 과제는 한반도 안전의 추구, 분권화 개혁, 경제민주화 등으로 요약할 수 있다(그림 3 참조).

한반도 안전 추구는 크게 보아 두가지 차원에서 접근할 수 있다. 첫째는 위험관리 차원으로서 이는 북한이 남한에 대해 미치는 부정적 영향을 극소화하는 것이며, 둘째는 한국경제의 발전에 남북관계가 긍정적

---

19 헌법의 경제 관련 조항을 '안전·공존·분권·기회·혁신'의 실천가치와 연결시켜 생각해 볼 수 있다. 헌법 119조 제1항에 경제상의 자유와 창의를 존중한다고 명시되어 있는데, 이로부터 '기회'와 '혁신'의 가치를 도출할 수 있다. 헌법 119조 제2항에는 균형 있는 국민경제의 성장 및 안정, 적정한 소득 분배 유지, 시장의 지배와 경제력의 남용 방지, 경제 주체들 간의 조화를 통한 경제민주화의 실현이 명시되어 있는데, 여기에 대한민국 구성원 간의 '공존'과 '분권'의 가치를 관련지을 수 있다. 또한 헌법은 기본권으로 해석되는 '안전'이라는 개념을 제시하고 있다. 경제환경 변화 속에서 급증하는 경제적 위험으로부터 국민을 보호할 필요성이 높아지고 있어 경제적 차원에서의 '안전'의 가치를 도출할 수 있다.(한반도 사회경제연구회 2012, 2~3면)

그림 3 87년체제에서 네트워크경제·국가로의 전환

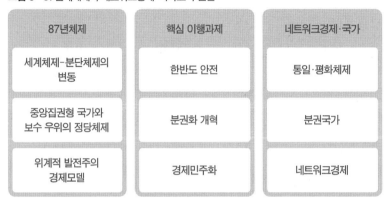

87년체제	핵심 이행과제	네트워크경제·국가
세계체제-분단체제의 변동	한반도 안전	통일·평화체제
중앙집권형 국가와 보수 우위의 정당체제	분권화 개혁	분권국가
위계적 발전주의 경제모델	경제민주화	네트워크경제

– 출처: 필자 작성.

으로 작용하도록 하는 것이다. 단 한반도 안전의 추구는 분단체제 극복을 목표로 한다는 것이 전제가 되어야 한다. 한반도 평화는 반평화적 분단체제를 극복하지 않고서는 불가능하고 한반도 통일의 본질은 개인·조직·국가 차원에서 상호협력적인 네트워크를 구축하는 것에 있다. 따라서 한반도에서 평화·안전과 통일은 상호보완적 관계에 있다.

분권화 개혁은 시민 참여·협력형 자본주의의 정치제도적 기반을 형성하기 위한 것이다. 네트워크정치 혹은 시민정치는 시민의 다양한 참여에 기반한 분권과 시민 자치의 연결망이 정치의 핵심 동력으로 작동하는 패러다임을 의미한다. 보수와 진보의 적대와 대립이라는 20세기형 구도를 넘어서기 위해서는 지역 대표성을 강화하고 지역 내외의 시민적 네트워크가 주도하는 체제를 형성해야 한다. 이를 위해 연방제를 지향하는 분권형 개헌, 시민참여적 분권주의 정치체제 확립, 견제와 균형의 정치·사법 시스템 구축 등이 필요하다.

경제민주화는 네트워크경제를 확대하는 것이다. 이러한 과제는 기업

생태계 조성, 광역지역경제권 형성, 녹색경제의 산업혁신 시스템 구축 등을 통해 이루어질 수 있다.[20]

기업생태계 조성을 위해서는 재벌개혁과 중견·중소기업의 발전이 함께 이루어져야 한다. 현재 재벌 대기업은 기업생태계를 지배하지만 생태계 성장을 억압하는 역할을 하고 있다. 해당 협력업체에 단기적으로 도움을 주긴 하지만 재벌계 생태계의 굴레를 강화하며, 새로운 기업의 창업·성장·발전의 경로를 억압하고 있다. 건강한 기업생태계가 구축되도록 하려면, 재벌계 생태계 밖에서도 신생기업과 중견기업이 성장할 수 있도록 하는 새로운 평가·지원 시스템을 구축할 필요가 있다.

또한 기업집단법 제정을 통해 재벌 대기업의 경계와 책임의 범위를 분명히 해야 한다. 즉 모회사와 자회사의 구성원 간의 이해관계에 대한 책임 소재를 명확히 하여 재벌 기업 내의 일감 몰아주기 등을 미연에 방지할 필요가 있다. 또한 공정거래위원회의 강화를 통해 불공정 경쟁행위를 엄단해야 한다. 이를 위해 공정거래위원회의 구성을 실질적으로 투명화하고 그 권한을 강화해야 한다. 위원장과 위원의 임명에 대해 국회가 점검할 수 있도록 하는 한편, 공정거래위원회에 계좌추적권을 부여하고 위원회와 국세청의 연계 체계를 수립해야 한다.

재벌 대기업으로의 집중이라는 불균형적 구조는 편중적인 산업·지역구조와도 맞물려 있다. 2010년 IT 제조업은 20조 5361억원(15.6%)의 순이익을 거두었으며, IT·자동차·석유화학·철강 등 핵심 4개 업종의 순이익은 전체의 45.6%에 달했다(한반도사회경제연구회 2012, 54면). 그리고

---

20 정책수단으로는 흔히 강제와 인센티브가 제시되는데 이는 위계제를 전제로 자원을 배분하는 것이다. 네트워크의 확대를 위해 강제와 인센티브라는 정책수단이 이용될 수 있지만, 네트워크의 본질은 위계적 관계를 수평적·협력적 게임의 관계로 전환하는 것이다.

이들 산업은 수도권과 영남권 일부에 집중되어 있으며, 이들 산업과 지역에서 대기업은 비용-우위의 단기적인 전략을 구사하면서 납품업체 쥐어짜기, 벤처기업의 기술·인력 약탈, 문어발식 사업 확장, 계열사 일감 몰아주기 등 행태를 보이기도 한다.

따라서 신생·중소·중견기업이 새롭게 발전하려면 새로운 산업과 지역이라는 열린 공간이 필요하다. 또한 현재의 발전단계에서 새로운 기업·산업의 발전을 이루려면 자유·창의를 보장하는 것이 중요하다. 따라서 지방정부 간 네트워크를 통해 광역지역경제권을 형성하도록 하고 중앙정부는 지방정부에 권한을 대폭 위임하도록 해야 한다. 에너지 전환과 농업·농촌의 혁신적 발전이 지역의 성장·발전모델을 창출하는 것과 연계되도록 해야 한다. 이들 산업의 발전은 중앙정부 주도의 위계적 산업정책과는 잘 맞지 않는다. 수평적 경제구조로의 전환이라는 대세에 부합하여 광역경제권 형성과 연결되는 새로운 산업정책 모델이 개발되어야 한다.

경제민주화의 본질은 네트워크경제의 확대를 통해 과거의 발전모델을 혁신하는 데 있다. 변형된 동아시아 모델에서는 국가 주도의 발전과정에서 형성된 권위주의적이고 집권적인 제도 형태들이 잔존하고 있다. 정부(정치권)·기업의 유착관계, 재벌 중심의 위계적인 기업간 관계, 중앙정부로의 권한 집중 등은 성장과 분배를 제약하고 있다. 경제민주화의 요체는 집권적·위계적 관계를 분권적·수평적 관계로 전환하는 것이다.

7 요약 및 결론

경제민주화는 주류 경제학자들에게는 개념이 불분명한 용어이지만, 동아시아 각국에서는 발전모델의 전환 과정에서 제기되는 현실적 요구이다. 필자는 경제민주화를 발전모델의 전환이리는 치원에서 제기되는 정책패키지로 파악한다. 동아시아의 발전모델은 정치체제와 함께 형성되었으며 세계체제의 환경과 결합되어 있다. 이렇게 발전체제의 내부구조와 외부환경을 함께 고려하여 볼 때 한국에서는 87년체제의 혁신과 네트워크국가로의 전환이라는 과제 중의 하나로 경제민주화의 개념을 재정립할 수 있다.

한국에서 87년체제는 변형된 동아시아 발전모델과 부분적 민주화 체제의 결합으로 나타났다. 87년체제는 종래의 정치·경제시스템을 부분적으로 변형하여 성립했는데, 한국도 포함된 동아시아 각국의 발전체제는 자본주의·사회주의 양 진영이 적대하는 냉전체제 속에서 경제발전을 지상 목표로 하여 국가와 시장이 조합된 모델로 형성된 것이었다. 그러나 냉전체제가 붕괴하고 글로벌화·정보화가 진전되는 한편 권위주의적 국가에 대한 민주화의 압력이 증가하면서, 국가와 재벌체제를 중심으로 하는 위계적 시스템은 유지되면서 시장의 힘은 강화되고 국가의 조정능력은 약화되는 방향으로 변형이 이루어졌다.

87년체제는 약화되고 있다. 그러나 87년체제의 외부환경을 이루는 세계체제-분단체제는 더욱더 복잡해지고 유동화되는 반면, 87년체제는 그 하위시스템의 유연성이 제한됨으로써 체제의 불안정성이 내재해 있으며 좋은 성과를 내기 어려운 구조적 상황에 봉착했다. 한국은 물론 일본·대만에서도 동아시아 발전모델의 한계는 분명해졌다. 동아시아 발전모델의 주축이었던 "공평을 수반한 급속한 성장"의 메커니즘이 작동하지 않고 있다. 동아시아 모델의 핵심 정책·제도인 산업정책과 기업시스템의 효율성과 정당성이 약화되고 있다.

한편 대내외적으로 네트워크경제·국가로의 전환의 압력이 발생하고 있다. 세계적 차원에서 진전되는 개방화·복잡화, 동아시아 각국의 산업구조 고도화 등의 조건은 집권적·위계적인 정책·제도를 구성요소로 하는 동아시아 모델과는 잘 어울리지 않는다. 복잡해지는 외부환경이 불완전시장·불완전정부의 조건을 만들어냄에 따라 네트워크 실패에 대응하는 것이 중요한 과제가 되고 있다. 이에 87년체제와 동아시아 모델을 네트워크경제·국가로 전환하도록 하는 압력이 가중되고 있다.

네트워크경제·국가는 네트워크 영역의 확산을 통해 형성된다. 네트워크는 개인·조직·국가(세계)의 세가지 차원에서 형성되는 협력적인 상호작용의 관계이다. 네트워크는 한편으로는 패러다임 전환의 의제이고, 또 한편으로는 개인·조직·국가 차원에서 실천될 수 있는 프로그램들의 패키지이다.

87년체제에서 네트워크경제·국가로 전환하는 데는 여러 계기가 필요한데, 그중 하나가 경제민주화이다. 이처럼 네트워크경제·국가로 전환하는 데 필요한 요소는 환경변화에 적응·대응하는 대외정책, 민주주의의 심화, 경제발전 모델의 개선 등이다. 그리고 이러한 전환기의 핵심적 과제는 한반도 안전의 추구, 분권화 개혁, 경제민주화 등이다. 경제민주화의 본질은 네트워크경제의 확대를 통해 과거의 발전모델을 혁신하는 데 있다. 경제민주화는 기업간·산업간·지역간 균형을 통해 집권적·위계적 관계를 분권적·수평적 관계로 전환하는 것이다.

제4부

제도·거버넌스

혼합적 체제와 지역발전

4부에서는 한반도경제의 법적·제도적 체계와 거버넌스 혁신에 관한 논의를 다루었다. 한반도경제는 단순히 남북 경제통합을 지시하고자 하는 것이 아니라, 체제혁신을 통해 재구성되는 질서를 의미한다. 전통적으로 논의되어온 경제체제의 핵심 문제는 역시 자원 사용을 규율하는 재산권과 분쟁을 조정하는 법·제도와 거버넌스라고 할 수 있다. 한반도경제론이 지향하고 제안하는 질서는 사유와 국유, 개인과 국가 사이에 지역적·공동적·혼합적 소유와 운영이 확대되는 혼합경제체제이다.

복지국가론이나 기본소득론은 기본적으로 생산된 자원의 재분배에 우선적으로 관심을 두고 있다. 급진파 경제학이나 제도주의 경제학은 생산과 직접 관련되는 소유제도나 재산권 체계가 핵심 문제라고 본다. 급진파는 재분배와 소유권을 법·제도에 의해 통제할 수 있다고 보지만, 제도주의자는 법·제도는 스스로 출현한다는 입장을 취하는 경우가 많다. 한반도경제론에서는 새로운 재산권 규칙과 새로운 생산력을 형성하는 지역 차원의 리더십(권력)을 만드는 방책이 중요하다고 본다.

4부 첫번째 글에서는 체제혁신의 주요한 요소이자 방편으로 커먼즈(commons)를 논의했다. 커먼즈는 시장과 국가 이외의 제3의 원리와 영역을 의미한다. 혁신된 체제로서의 한반도경제는 시장·국가와 중첩된 영역을 지니는 복합적 의미의 공공성을 지닌 공동체를 포함하며, 공유적 거버넌스와 공유적 재산권으로 구성된 커먼즈가 중시되는 체제이다. 커먼즈는 4차 산업혁명과 글로벌 체제의 변동 속에서 산업·지역 발전에도 핵심적 요소라고 할 수 있다.

두번째 글은 지역 차원에서 커먼즈와 생산력을 만들 수 있는 현실적 경로를 모색한 것으로, 강원대 정준호 교수와 함께 연구한 결과이다. 한국에서의 중앙과 지방 간 격차의 심각성 때문에 분권체제로의 전환은 시급히 필요한 방향이다. 문제는 대지역주의와 소지역주의 노선 갈등이다. 한반도경제론에서는 영국 사례에서 나타난 대지역주의와 소지역주의의 혼합 실험을 참고하면서, 사회적 공유자산 기반을 구축할 수 있는 효과적 방안을 마련하는 것이 중요하다고 본다.

세번째 글은 지역 차원에서 시도해볼 수 있는 산업·지역혁신 실험에 관하여 논의한 것이다. 한반도 전체 차원에서 볼 때, 남한은 서울로, 북한은 평양으로 인적·물적 자원이 극도로 집중된 조건에 놓여 있다. 남한의 경우 특히 서남권의 조건이 열악하다. 지역 단위의 생존 및 발전이 가능한 정도의 공간 규모를 찾는 것이 중요하다고 보고, 중앙과 지방 정부, 다양한 경제주체가 함께 참여하는 광역경제권 거버넌스의 형성을 제안하였다.

제11장

커먼즈와 새로운 체제
― 대안을 찾아서

1 들어가며: 촛불혁명 제2라운드

지난 1년 한국사회는 격변의 골짜기를 건너왔다. 2016년 가을에 들어서면서 박근혜·최순실게이트가 불거지기 시작했고, 10월 말 최초의 촛불집회가 열렸다. 국회에서 탄핵이 발의된 12월 3일의 6차 집회에 주최 측 추산 232만명이 집결하는 등 가을부터 이듬해 봄까지 연인원 1700만명이 참가한 시민항쟁이 전개되었다. 세대·지역·계층을 넘어선 엄청난 규모의 국민적 압력이 가해지는 가운데 국회의 대통령 탄핵 의결, 헌법재판소의 파면 결정이 이루어졌다. 이후 대통령을 선출하는 선거 일정이 진행되었고, 2017년 5월 9일 문재인 대통령의 당선이 확정되었다.

이러한 2016년 가을~2017년 봄의 진행 과정을 '촛불혁명'이라고 부르는 경우가 많아졌다. 문재인 대통령도 취임 직후 5·18 기념사에서 '촛불혁명의 정신'을 언급한 바 있다. 또 시민항쟁이 87년 헌법체제의 퇴행을 막고 정권교체를 이루어냈다는 점에서 2008년 촛불집회와는 뚜렷이 대비되는 가시적 성과가 있다. 4·19를 '4·19혁명'이라고 부르는 전례도 있으므로, 2016~17년의 시민항쟁은 촛불혁명으로 지칭할 만하다고 본다.

그러나 2016~17년의 항쟁은 관료적 권위주의 타도에 목표를 집중했다. 시민들은 현 체제를 전복하려 하기보다는 현 체제의 제도적 절차가 정상적으로 작동하도록 압박했다. 이때의 촛불집회는 정권교체로 이어지면서 87년체제를 수호하는 성과를 기두었다. 이로써 촛불혁명의 제1라운드가 마감됐다고 할 수 있다. 그러나 촛불혁명이 그 이름에 값하려면 새로운 체제를 구축하는 데까지 나아가야 한다. 새로운 체제의 건설은 아직 출발선에 머물러 있다. 지금은 촛불혁명 제2라운드를 시작하는 시점이다.[1]

87년체제를 넘어서는 새로운 체제의 핵심 요소는 무엇일까. 문재인 정부가 출범하면서 강조한 일자리 창출, 소득주도성장, 4차 산업혁명 등을 정책의제로 거론할 수는 있다. 그러나 이를 체제 구성의 요소라고 말할 수는 없다. 경제체제에서 흔히 문제가 되는 것은 자원의 배분 방식과 소유 형태이다. 주요한 자원배분의 원리나 기구를 따져서 시장경제인지 계획경제인지를 가늠해볼 수 있고,[2] 경제체제의 근간이 되는 생산수단이나 주요 재화의 소유 형태를 사유(私有)제도와 공유(公有)제도로 구분하기도 한다. 전체적인 체제 작동의 메커니즘에 접근하려면, 경제적·정치적·사회적 자원을 사용하는 방식을 정면으로 다루어야 한다.

---

1 '촛불혁명'이라는 명명에 대해서는 김종엽 2017, 427~30면 참조. '촛불혁명 제2라운드'라는 표현은 같은 글 470면에서 가져왔다.
2 제도 또는 조직의 측면에서는 시장 또는 위계조직(hierarchy)으로 구분할 수 있다. 전형적인 자본주의체제의 핵심 요소는 사유제와 시장경제이다. 러시아혁명 이후의 국가사회주의는 국유제와 국가기구에 의한 위계적·명령적·계획적 자원배분 메커니즘의 체제였다.

87년체제에서는 형식적 민주화를 추진하면서 시장제도와 사유제도를 강화했다. 그러나 1987년 이전에 형성된 국가 주도의 발전방식 역시 87년체제를 구성하는 요소로 잔존했다. 이명박·박근혜 정부에서는 국가권력이 자의적으로 자원배분에 개입하는 행태가 노골화되었다. 촛불혁명에는 그에 대응해 87년 헌정체제를 지키려는 목표와 87년 경제체제를 넘어서려는 목표가 함께 존재했다.

촛불혁명 제1라운드는 국가권력의 자의적 행사로 시장 및 사유제에 관한 법치의 질서가 훼손된 데 대한 저항과 응징의 과정이었다.[3] 그러나 87년 헌법을 수호하는 것이 자동적으로 사회경제적 민주주의의 진전으로 이어지는 것은 아니다. 촛불혁명 제2라운드의 핵심 과제는 국가·시장·사유제도 이외에 어떤 체제 요소를 만들어낼 수 있는가 하는 것이다.[4]

마침 『창작과비평』 2017년 가을호에서는 '커먼즈와 공공성: 공동의 삶을 위하여'라는 특집을 기획한 바 있다. 커먼즈(commons)에 대한 논의는 이제 출발 단계에 있지만, 시장주의와 국가주의를 넘어선 새로운 체제의 운영원리를 상상하게 하는 힘이 있다. 지역경제와 산업경제에서 커먼즈를 확보하면 이것이 경제체제를 새롭게 구성하는 요소가 될 수 있다. 커먼즈는 촛불혁명 제1라운드 체제혁신의 동력이다.

---

3 박근혜 대통령 파면을 선고한 헌법재판소는 파면의 주요 이유로 대통령의 지위와 권한을 남용한 것과 함께 기업의 재산권과 경영의 자유를 언급했다. 이는 시장제도, 사유제도 운영에서의 법치를 강조한 것이다.

4 2016~17년의 촛불집회에는 두가지 요소가 함께 존재했다. 당면 목표는 관료적 권위주의를 물리치는 정치적 민주주의의 요구였지만, 또 한편으로는 정치적 민주주의를 통해 사회경제적 민주주의를 발전시킬 수 있다는 기대도 있었다.(성병기 2017)

2 돌봄과 젠트리피케이션에 대한 커먼즈 해법

커먼즈는 중세 유럽 농촌에 존재했던 숲, 황무지, 늪지, 하천 등과 같은 공유지(共有地)를 의미하는 말이다. 이는 또 '공유지의 비극'이라는 개념과 연결되어 사용되었다. 1968년 미국 생물학자 개릿 하딘(Garrett Hardin)이 제기한 이 개념은 사용에 제한이 없는 공유지가 과다 소비되다가 결국은 고갈되고 마는 비극적 결과를 묘사한다. 따라서 공유지는 자기지속성이 없으니 사유재산권을 확립하거나 국가의 개입으로 문제를 해결해야 한다는 함축을 지니게 되었다. 이에 대해 엘리너 오스트럼(Elinor Ostrom)은 사유제나 국가규제 이외에도 다양한 공유지 관리방식이 있을 수 있다는 사례를 체계적으로 제시하여 노벨경제학상을 수상한 바 있다.

이에 대해 『창작과비평』 특집에서는 최근 등장한 돌봄의 위기, 젠트리피케이션(gentrification) 등에 대응하는 방안으로 커먼즈를 논의했다.

그중 백영경(白英瓊)이 주목한 것은 기존의 사회적 관계망이 붕괴하면서 돌봄은 더 어려워지고 이것이 다시 사회적 관계의 해체를 가속화하는 복지시스템의 위기로 이어지는 상황이다. 사회재생산의 위기는 자본주의체제에서 피할 수 없는 현상으로, 공적 지원을 늘린다고 해서 해결할 수 없다는 것이 그의 주장이다(백영경 2017, 21면). 이는 지금까지 확립된 복지국가 해법만으로 돌봄의 결핍 문제에 대응하기 어려워진 현실을 포착한 것이다. 돌봄의 위기는 새롭게 제기되고 있는 기본소득 해법에서도 신중하게 고려되지 않은 문제다. 이에 돌봄 문제에 대한 커먼즈 해법이 높은 설득력을 갖는다. 이는 공적인 현물 지원이나 현금 지원과는 다른 복지시스템에 대한 시야 또한 열어준다.

그에 이어 전은호(田恩浩)는 낙후지역에서 지역의 활성화와 둥지 내몰림이 함께 나타나는 젠트리피케이션으로 공간가치의 독점 현상이 심화되고 있다는 점을 지적한다. 그리고 젠트리피케이션을 자본주의체제와 연관된 문제로 인식해 논의를 전개하기보다는 그에 대한 기술적 해법을 제시하는 데 논의를 집중했다(전은호 2017, 39면, 45~51면). 그런데 여러가지 공유기술을 사용한다고 해서 과연 공유구조를 만들 수 있을까?

젠트리피케이션은 자본축적과 훨씬 더 가깝게 연결되어 있는 문제다. 돌봄이 사회적 재생산의 영역에 있는 문제라면, 젠트리피케이션은 경제적 생산과 재생산 영역에 걸쳐 있는 문제다. 젠트리피케이션은 자본축적의 '공간적 해결'(spatial fix)이 도시 차원에서 진행되는 것으로 볼 수 있다. 도시공간은 과잉축적에 대응하는 시장이 되었고 이 과정에서 심각한 소외 현상이 발생하고 있다.[5] 자본축적과 공간 관계의 변동 속에서 이루어지는 젠트리피케이션에 대응하려면, '작지만 원형에 가까운 실험'을 어떤 규모에서 시도할 것인가가 중요한 문제가 된다.[6]

백영경은 공유구조를 만들어내는 데 있어서 기술보다는 정치적 투쟁을 중심에 놓는다. 그래서 그는 커먼즈란 그것을 요구하는 투쟁 속에

---

5 데이비드 하비가 말하는 '공간적 해결'은 만성적 과잉생산을 세계적 공간 차원에서 해결하는 방편이다. 특정 영토 안에서 시장이 포화되었을 때 자본가들은 잉여자본·잉여노동을 수출한다. 자본주의의 '공간적 해결'은 역동적인 결과를 가져올 수도 있고 비역동적인 결과를 가져올 수도 있다. 과거 영국 제국주의의 '공간적 해결'은 미국에서는 역동적 자본주의 경제의 확장을 가져왔으나, 인도나 중국에서는 부를 바닥내는 결과를 초래했다. 전후 일본, 한국, 대만, 중국도 차례로 '공간적 해결'을 통해 과잉축적에 대응하려는 움직임을 나타냈다.(하비 2016, 81~89면)

6 전은호가 거론한 사례는 주로 서울 지역에 집중해 있다. 즉 서울 신촌 지역 건물주-주민자치조직-서대문구 간의 상생협약, 서울 성수동에 대한 성동구의 지속가능 발전구역 지정, 서울시의 젠트리피케이션 종합대책 등을 예시했다.(전은호 2017, 45~49면)

서 형성되는 비자본주의적 공동체의 사회적 관계 또는 자원이라고 본다. 그리고 커먼즈 운동은 도시 지역을 기반으로 하는 것뿐만 아니라 비도시 지역의 것도 중요하다고 본다.[7] 이러한 커먼즈 형성의 과정과 방법(커머닝commoning)에서 강조되는 것은 일상 속의 작은 실천이다. 그렇지만 또다른 한편에서 일상의 실천이 체제의 구성요소로 생존할 수 있도록 하는 방안도 마련되어야 한다.

커먼즈가 무엇인가에 대해서는 느슨하게나마 합의되는 부분이 있다. 그것은 양자택일을 거부하는 것이다. 이는 국가와 시장을 넘어서는 것, 국가와 개인을 넘어서는 것, 자본주의와 사회주의를 넘어서는 것 등으로 다양하게 이야기될 수 있다. 그런데 정작 더 중요한 문제는 이러한 제3의 것, 중도의 것이 체제를 구성하는 한 요소로 뿌리내릴 수 있는 기반을 확보하는 것이다.

데이비드 하비(David Harvey)는 이러한 커먼즈의 본질적 성격과 지속가능성의 모순적 관계를 예리하게 짚어내고 있다. 공동체의 규모가 커지면 구성원들의 직접교섭 대신 내포 위계(nested hierarchical)의 의사결정이 필요해진다는 것이다. 그는 또 공동노동과 공유지 자원에 "하나의 통일된 영향력을 미치는 것"이 중요하다고 주장한다(하비 2017, 64면). 그러나 통일성은 공동성과 충돌하는 경향이 있다. 국가가 공공적 역할을 수행할 수는 있지만, 그와 경쟁할 수 있으면서 공동체성은 더욱 강화된 제도가 있어야 한다. 공동체성과 영향력을 동시에 지닐 수 있는 것은, 도시와 비도시를 함께 포함하는 '광역지역'이라고 생각한다. 광

---

7 이러한 사례로 대만 원주민의 토지반환 요구, 캐나다 선주민운동, 제주시 조천읍 선흘리 마을숲, 서귀포시 표선면 가시리 공동목장 등을 들고 있다(백영경 2017, 31~34면).

역지역보다 규모가 작으면 영향력이 제한되고 그보다 규모가 커지면 공동체성이 약화될 수 있다.

3 생산체제의 변동과 커먼즈의 요구

앞에서 소개한 『창작과비평』의 커먼즈 특집은 복지체제나 공간체제의 변동에 먼저 주목했다. 복지체제는 사회적 재생산을 담당하는 장치이며, 공간체제는 축적된 자본이 실현되는 과정에서 형성된다. 복지체제나 공간체제는 각각의 작동방식이 있지만, 생산체제와 연동되어 있다고 봐야 한다. 생산방식의 변동은 새로운 체제로의 전환에서 중대한 문제로 다루어져야 한다.

데이비드 하비의 글은 자본축적 그 자체를 중시하면서 유전자 물질, 지식, 문화재 등 최근의 생산요소들에 대해서도 거론한 바 있다. 그러나 하비는 결국 착취계급의 축적조건과 집단적인 노동의 힘의 양자택일 구도를 선택했다. 그리고 생산수단의 집단적 재산권의 문제에 집중해야 한다는 관점으로 돌아갔다.[8] 그런데 이제는 목초지와 소가 투입요소와 산출물로 거론되는 목장 시대가 아니다. 산업형 축산에서는 유전자 변형, 살충제, 축산분뇨, 동물복지 등이 이슈가 된다. 재산권의 혼합형태, 자원 사용 방식도 다양해졌고, 사유·공유 요소들의 상호작용도 복잡하다. 커먼즈 개념의 핵심이 재산권 문제에 있기는 하지만, 재산권의

---

8 "진짜 문제는 커먼즈 그 자체가 아니다. 개별화된 사유재산권이 (…) 우리의 공동이익을 충족시켜주지 못하는 것이 문제다. 예컨대 왜 우리는 하딘의 비유에서 공유지로서의 목초지 대신 소의 개인소유에 집중하지 않는가?"(하비 2017, 59면)

형식·내용이 매우 복잡해졌다.

커먼즈에 대한 논의의 근본에는 자본주의 축적체제의 변동에 어떻게 대응할 것인가 하는 문제의식이 있다. 최근의 자본축적 체제는 과학기술체계와 공간 관계의 변동과 연관되어 있다. 가치의 생산과 실현 방식에서는 '뉴노멀'(new normal)이라 말할 수 있는 대전환이 진행되는 중이라고 할 수 있다.

뉴노멀이라는 용어가 주로 거론된 것은 거시경제와 기술·산업 분야이다. 2013년 경제학자 로런스 서머스(Lawrence Summers)가 경제상의 '장기침체'를 뉴노멀이라는 말로 표현한 이후 자본주의의 위기적 측면이 다시 부각되었다(Summers 2013). 그러나 변화에 대한 문제의식은 기술·산업 분야가 좀더 앞서 있다. 기업컨설턴트인 피터 힌센은 2010년에 이미 "디지털혁명의 한계를 돌파하는 것"을 뉴노멀이라고 명명한 바 있다. 이러한 산업혁신의 흐름은 세계경제포럼에서 주도적으로 유포한 4차 산업혁명 담론으로 이어졌다.(Hinssen 2010; Schwab 2016)

4차 산업혁명 담론에 대해서는 비판적인 입장도 많다. 예를 들어 서동진(徐東振)은 4차 산업혁명은 "있지도 않은 허깨비"이고 유토피아의 잠재성이 최종적으로 소진되었음을 말해줄 뿐이라고 꼬집는다. 이런 입장의 기반이 되는 것은 로버트 고든(Robert J. Gordon)의 저작이다. 그의 핵심 주장은 1970년대 이후 미국경제의 생산성 증가율이 둔화되었고, 혁신은 엔터테인먼트와 정보통신기술에 국한되었으며, 생활수준의 향상도 속도가 느리다는 것이다.(고든 2017; 서동진 2017, 293~99면)

그런데 최근의 기술변화가 그저 '허깨비'라는 것은 전통적 생산체제의 관점에서 할 수 있는 말이다. 4차 산업혁명 담론에서 말하는 변화는 기본적으로 탈산업주의적인 것이다. 가상세계와 물리세계의 결합, 서비스

산업의 발달, 데이터 활용의 중요성 등은 산업적 의미의 생산성 개념이나 산업시대의 일상생활 범주에서 잡아낼 수 있는 영역 밖에 있는 것이 많다. 따라서 산업시대를 넘어선 미래의 관점에 서면, 산업주의적 변화와는 다른 차원의 인지혁명 및 지식혁명의 모습이 좀더 부각될 수 있다.[9]

인공지능의 부각은 우여곡절은 있겠지만 역전되지는 않을 변화의 추세이다. 물론 기존 제도와 사회의 힘이 작용하기 때문에 인간의 노동은 당분간 계속 주요한 생산요소로 남을 것이다. 그러나 기술변화 속에서 노동의 가치를 훼손하는 충격에 대한 대응책이 무엇인가는 진지하게 고민해야 할 문제이다. 기술변화의 충격을 기존의 복지국가식 방안으로 대응할 것인지, 혹은 새롭게 기본소득 체제를 도입할 것인지, 또다른 방안으로 커먼즈를 확보·확대하는 것이 좋을지는 앞으로 계속 논의하고 실험을 진행해야 한다.

한편 기술변화는 자본축적 방식의 변화를 가져온다. 최근의 자본축적 과정에서 이루어지는 착취와 독점화 경향은 주로 지식재산권의 행사와 관련이 깊다. 물리학, 디지털, 생물학 등 여러 분야를 융합하는 신기술 지식과 물질에 대한 인클로저(enclosure)에서 막대한 부가 형성되고 있다. 과거의 독점기업이 생산을 통제했다면, 신흥 독점기업은 네트워크를 통제한다.[10] 소비자의 참여, 빅데이터, 표준, 플랫폼 등은 이미 주요한 생산수단이 되었다. 기술변화 속에서 새로운 커먼즈를 어떻게

---

9 오히려 더 나아가서 4차 산업혁명 담론은 "인간의 유한성을 극복해가는 과정으로서의 포스트휴먼"으로 가는 중간기착지에 불과하다는 논의도 확산되고 있다. 이렇게 보면 최근 기술변화의 의미는 더욱 근본적인 차원으로 확대된다. 박성원 2017, 169~73면 참조.

10 라이시 2016, 제5장 참조. 세계경제포럼의 클라우스 슈바프는 물리학, 디지털, 생물학 등 세 부문의 융합에서 나오는 신기술을 특히 강조한 바 있다.

확보할 것인가가 자본주의의 미래에 중대한 변수라 할 수 있다.

4 지역이라는 커먼즈

커먼즈는 관계를 포함한 자원이다. 이때의 관계란 경제적 측면뿐 아니라 정치적·사회적 측면을 포함한다. 이러한 다양한 종류의 관계가 함께 작동하는 조직 또는 제도 형태를 무엇이라 부를까?

이에 근접한 용어로는 '공동체'가 있다. 그런데 근대 이전의 공동체는 한편에서는 호혜의 경제를 기반으로 도움을 제공하는 관계로 인식되지만, 또다른 한편에서는 긴장과 억압이 존재하는 관계이기도 했다. 산업혁명은 시장과 국가에 권력을 부여하고 개인의 독립을 조장하여 공동체를 해체했다. 따라서 근대 이후의 공동체는 전통사회의 공동체가 아니라 새롭게 조직된 공동체를 의미하는 것이다.

현대사회에서 공동체가 생산활동 조정, 공간 재편, 복지 공급에 기여하는 힘을 지속하려면 일정한 규모와 제도적 기반을 확보할 필요가 있다. 현재 지역공간에 존재하는 유력한 제도는 지방정부이며, 따라서 공동체는 지방정부와 활발한 상호작용 관계를 맺을 수밖에 없다. 지역의 공동체와 지방정부 모두 시장·국가와는 차별성을 지니는 존재다. 지역 안에서 주민공동체와 지방정부는 함께 지역 거버넌스를 구성한다.

지역이 비시장적·비국가적 공공활동의 주체로 지속·발전하기 위해서는 두가지 형태의 커먼즈가 필요하다. 첫째는 운동과 제도를 포괄하는 거버넌스이다.[11] 공동체를 형성하는 정치적 과정은 로컬운동에 해당하는 것이고 공유기술은 공유적 조직·제도를 형성하는 수단이다. 둘째는 지역 단위에서 보유하고 관여하는 집합적 재산권으로서의 공유자산이다. 지역은 다차원에서 복수로 존재하는 실체다. 이는 사유·국유에서 나오는 착취나 독점의 폐해를 견제하는 작용을 한다.[12]

지역은 크게 나누어 로컬(local)과 광역(region)의 두가지 범위에서 존재한다. 로컬 거버넌스는 복지 커먼즈를 관리하는 데 장점이 있고, 광역 거버넌스는 산업·교통·환경 커먼즈를 운영하는 데 필요하다. 나라마다 또 시기에 따라서 초점이 되는 지역 단위가 변화한다.

영국의 경우 런던을 제외하고는 광역 거버넌스가 존재하지 않는 일극 집중의 지역구조를 지니고 있었다. 이에 대해 노동당 정부는 광역 형성에 중점을 두어 광역 단위의 지역개발청(Regional Development Agency, RDA)을 운영한 반면, 보수당 정부는 광역 단위 지역개발청을 해체하고 로컬, 민간 부문에 초점을 맞추어 로컬기업파트너십(Local Enterprise Partnership, LEP, 지방산업협의회)으로 전환했다. 그러나 전세계적으로 중앙정부 및 로컬의 행정체계에서는 해결하기 어려운 광역 범위의 이슈가 확대되면서 보수당 정부에서도 새로운 분권화 단위를 창출하려 노력하고 있다.[13]

---

11 현장의 활동가들은 제도권이 운동권을 저렴한 비용으로 수탈하는 데 '거버넌스'라는 개념을 이용하고 있다는 인식도 가지고 있다. 따라서 운동과 제도의 관계를 재구성하는 것도 거버넌스 형성의 주요 과제라 할 수 있다.

12 사적 소유에 의한 착취에 대해서는 맑스가 논의한 바가 있다. 또한 국가사회주의의 역사적 사례를 통해 볼 때, 집합적 재산권을 국가라는 '하나'의 통일적 영향력에 귀속시키는 것은 바람직하지 않고 가능하지도 않다.

13 영국은 2015년 보수당 정부의 재집권이 이루어지는 과정에서 로컬 범위를 넘어서는 새로운 지역경제 단위를 중앙과 지방 정부 간의 협상(deal-making)을 통해 수립하는 실험을 진행하고 있다. 도시권 협상에 의해 광역시 정부를 형성한 대표적이고 전형적인 사례가 광역 맨체스터이다. 광역맨체스터는 경제성장 전략, 공간계획, 교통계획 등 광역 차원의 공동 프로그램을 수행하기 위해 10개 지자체로부터 권한을 이양받은 우 새로운 난위의 평릭시 깅

한국의 경우 87년체제의 출범과 함께 지방자치제도가 도입되었지만, 국가 주도의 공간 배치 정책이 유지되고 경부선 축을 중심으로 한 성장축이 고착화되었다. 노무현정부 이래 지역균형이라는 의제가 제시되기도 했지만, 개발지상주의를 확산한 것 이상의 성과를 거두지는 못했다. 한국에서는 아직 지역이 커먼즈를 지닌 주체가 되지 못하고 있다. 한국의 지역은 로컬과 광역 모두에서 국가가 주도하는 개발지상주의가 사적 이익 추구와 결합하는 장이다. 지역은 중앙정부의 자원과 기능을 수직적으로 배분하는 파이프라인 역할을 수행하는 존재에 머물러 있다.

새로운 지역체제를 만들기 위해서는 지역이 공유적 거버넌스와 공유자산으로 구성되는 커먼즈를 확보해야 한다. 하지만 커먼즈를 형성하려는 시도는 기존 지방행정체계의 기득권과 충돌할 가능성이 많다. 따라서 영국에서 행해진 방식과 같이 기존 행정체계를 우회하여 국가와 지역 사이의 협상을 통하는 것이 성과를 거둘 수 있는 방법이다. 또한 영국 사례의 한계를 넘어서기 위해서는, 도시예외주의를 극복하고 환경친화적인 지속가능 발전모델을 수립하며, 사회적 공유자산의 기반을 구축하고 그것을 민주적으로 운영하는 주체를 형성하는 사회혁신 과정이 동시에 진행되어야 한다.

지역커먼즈를 형성하는 경로는 다양한 형태로 나타날 수 있다. 로컬커먼즈는 정치적·운동적 과정을 통해 만들어지는 수평적 관계가 중요한 비중을 차지할 것이다. 광역커먼즈는 크게 보아 수도권과 비수도권의 길에 차별성이 있을 것으로 본다. 경기도의 경우 지역정체성과 공동

부(Greater Manchester Combined Authority, GMCA)를 설립했다.(정준호·이일영 2017, 85~90면)

체성을 감안하여 북부, 서남부, 동남부 등 세개 정도의 광역권이 생겨날 수 있다. 비수도권의 경우 현재의 도(道) 단위는 광역커먼즈를 형성하고 지속하기에는 과소한 규모다.

커먼즈의 본질이 비시장·비국가의 혼합적 성격을 확대해가는 것이므로, 그것이 빅뱅 식으로 한순간에 만들어질 수는 없다. 진화의 경로를 만들어가는 전략으로, 영국의 광역분권화 실험의 일환인 영국 중앙정부의 협상 방식을 참고·응용해볼 수 있다. 광역 차원에서 지역성장 전략, 공간계획 등을 추진하고자 하는 지역연합을 결성하고 중앙정부와 공동으로 광역개발기구를 제도화하여 커먼즈를 확보하는 것이다.[14]

5 산업에서의 커먼즈

지역커먼즈와 중첩되면서 또다른 범주를 형성하는 것으로 산업커먼즈(industrial commons)가 있다. 이는 선진국에서 제조업 생산체제의 위기에 대응하는 수단으로 논의되는데, 좁게는 제조업 생명력을 강화하는 과정지향적(process-oriented) 혁신기반을 의미한다. 여기에는 대

---

14 예를 들면, 최근 논란이 된 경기북도 분도 논의도 광역개발청 결성을 매개로 한 도시연합 협상으로 진전시킬 수 있다. 경기 서남부의 구조적 문제인 난개발과 동서간 격차를 해결하기 위해서도 서해안 광역도시 연합이 필요하다. 선거 때마다 이슈가 되는 새만금개발 문제도, 중앙정부나 전라북도 차원에서는 도저히 해결하기 어려운 구조다. 새만금 지역에 대해 실행가능성·지속가능성을 갖춘 발전계획을 추진하려면, 글로벌 경쟁력을 갖춘 광역 규모의 지역연합을 결성하고 새만금청을 전북·전남·광주권을 포괄하는 서남권 광역개발청으로 재구성하는 정도의 확대된 구상이 필요하다. 좀더 자세한 내용은 이일영(2017b), 이일영(2015a) 참조.

학과 산업체의 클러스터링에서 나오는 연구개발, 제조업 인프라, 노하우, 과정개발 기술, 엔지니어링 능력 등이 포함된다. 미국 제조업 부흥의 필요조건으로, 독일의 정부·기업·노조의 협력하에 유지된 산업커먼즈, 덴마크의 공유적 과학기술 연구에 대한 민간투자, 가족소유 재단의 장기투자, 협동·연합의 문화적 기반 등이 예시되기도 한다.(Pisano and Shih 2012; Shih 2015)

전세계적으로 4차 산업혁명 관련 기술의 급속한 진보와 혁신에 대한 투자가 이루어지고 있지만 생산성은 기대만큼 증대하지 않는 이른바 '혁신의 역설'이 나타나고 있다. 4차 산업혁명이 산업간 융·복합을 통한 혁신의 과정이라 할 수 있지만, 대기업과 국가 주도의 대형 투자 위주의 축적체계를 지닌 한국은 이에 잘 적응하지 못하고 있다.[15] 한국에서는 특히 2008년 이후 저성장화·불평등화가 동시에 진행되고 있다. 새로운 산업을 형성하고 불평등을 완화하는 데 기여하는 생산체제를 구축하는 데에 커먼즈 해법을 적용해볼 만하다.[16]

---

15 2008년을 기준으로 이전 8년(2001~2008년)과 이후 8년(2009~16년)의 한국경제 평균 성장률은 4.6%에서 3.1%로 감소했다. 이러한 성장률 하락폭(1.5%포인트)은 OECD 36개국 중 열다섯번째로 큰 것이고, 2012년 재정위기로 성장률이 일시적으로 마이너스가 된 일부 유럽 국가를 제외한 24개국을 기준으로 하면 하락폭은 일곱번째로 크다. 이 중에서도 슬로바키아, 아이슬란드, 오스트리아 등 한국보다 성장률 낙폭이 큰 3개국은 최근 2~3년간 성장세가 강해져서 한국과는 대조적인 추세를 보이고 있다. 결국 금융위기 이후 2016년까지 지속적으로 한국보다 성장률이 빠르게 떨어진 국가는 라트비아(7.2%포인트), 에스토니아(5.0%포인트), 칠레(1.6%포인트) 등뿐이다.(「'조로증' 韓 경제 … 성장률 낙폭 OECD 상위권」, 연합뉴스 2017. 10. 15)

16 1945년 이후 동아시아 지역에서는 대체로 세가지 유형·단계의 축적체제 또는 성장체제가 형성되었다. 즉 1950년대~80년대에는 냉전 속의 국가주도형 동아시아 모델 1.0이, 1980년대 말~2008년에는 냉전 이후 시대의 국가·시장 혼합형 동아시아 모델 2.0이 형성되었다. 2008년 세계경제 위기 이후는 뉴노멀 시대의 동아시아 모델 3.0이 모색되는 시기라고 할 수 있다.(이일영 2017a, 83~84면, 89~92면)

국가 주도로 대기업 위주의 투자 확대를 지속하는 종래의 방식으로는 성장과 혁신의 효과가 나타나지 않는다는 것이 경험적으로 입증되고 있다. 그리고 정보산업과 생명공학 분야의 새로운 기술체계는 연결과 융·복합에 의해 만들어지는 세미커먼즈(semi-commons, 준공유재)를 기반으로 형성되고 있다.[17] 집단 내에서 상호 편익을 공유하는 세미커먼즈를 개인 또는 기업의 배타적 소유권에 귀속시키면 결국은 혁신이 정체하고 불평등이 확대된다.

숲, 황무지, 늪지, 하천 등은 전통경제를 유지하는 데 기여한 커먼즈였다. 근대 산업 형성에 필수적인 에너지, 토지, 주택, 교통, 복지 등은 일부는 시장에서, 또 일부는 국가를 통해 공급된 바 있다. 정보화가 진전되면서 공동으로 생산되고 소유되는 디지털 커먼즈에 대한 문제제기가 이루어지기도 했다. 지금은 새로운 체제의 필수적 자원이 될 인공지능이나 유전자 정보의 기반이 되는 빅데이터가 쏟아져 나오고 있다. 새로운 생산체제에서는 생산과정에 필수적인 자원을 개방적·공유적으로 사용하는 생태계(ecosystem)를 만드는 것이 더욱 중요한 과제라 할 수 있다.[18]

최근 미국이나 EU(유럽연합)에서 논의되는 산업정책의 방향은 혁신

---

17 커먼즈가 접근이 개방된 자원이라면, 그 반대 개념인 안티커먼즈는 다른 모든 이들의 허락이 없으면 사용할 수 없는 자원이다. 세미커먼즈는 사적 재산권과 공유적 재산권이 혼합된 자원이다. 농가가 목초지를 개인적으로 조각조각 소유하더라도, 소가 풀을 뜯게 하는 목적으로는 그것들을 하나의 단위로 공유하는 세미커먼즈를 형성할 수 있다.(Fennell 2009)
18 커먼즈라는 용어는 자연자원에 관한 것에서 지식과 혁신 영역으로 확산되어 사용되고 있다. 지식 및 혁신 성과의 비경합적·비배제적 성격 때문에 재산권, 사용제한 문제 등을 해결하는 커먼즈 접근이 점점 더 강조되고 있다. 또한 지식생태계나 기업생태계 같은 관점도 중요해지고 있다. 생태계 관점의 특징은, 생태계 내 경제주체들 간의 협력과 경쟁 관계를 기반으로 한 경제공동체를 상정한다는 점, 외부환경에의 적응과 변화를 통한 시스템의 동학(dynamics)을 고려한다는 점 등이다.(박규호 2017, 200~202면)

에 필요한 커먼즈를 공급하는 데 초점이 맞춰져 있다. 이종 산업들 간의 융·복합을 가능케 하는 범용기술 개발에 집중하고 그것을 통해 혁신 플랫폼을 제공한다는 것이다. 혁신활동을 지원하는 산업커먼즈를 형성하기 위해, 정부, 기업, 개별 연구자들의 혁신 성과를 공동이용(pooling)하여 공유자산화하는 방안을 생각해볼 수 있다. 혁신 성과를 확산시킬 수 있는 인적 자원이 집중된 대학을 연결하여 연구·교육 자원을 공유하는 플랫폼을 형성하는 것도 아이디어가 될 수 있다. 특허권 같은 사유재산권을 공유자산으로 전환할 때에는 비용이 수반된다. 따라서 꼭 무상·무제한의 접근권을 보장할 필요는 없으며, 라이선스나 쿼터를 제공하는 방식도 채택할 수 있다.[19]

거대한 규모의 지진이 일어나면 지형이 바뀌고 새로운 산과 강이 만들어지는 셈이다. 새로 생긴 산업의 산과 강을 산업의 세미커먼즈라 할 수 있다. 그 위에서 인간과 기계가 상호 침투·융합하고 또 새로운 자본(또는 자본 이상의 그 무엇)이 축적되는 방향이 결정된다.

그런데 이러한 세미커먼즈는 도대체 누구의 것인가? 개별 자본이 세미커먼즈에 대한 인클로저를 진행하면, 그래서 그것의 사용과 소유에 대한 권리를 가져가면, 막대한 독점 이익이 자본에 귀속됨으로써 혁신에 필요한 자원이 아예 사용되지 못하거나 덜 쓰이게 된다. 또 국가가 세미커먼즈를 임의적으로 배분하면서 정치적·경제적 담합과 부패 구조가 형성된다. 이것이야말로 '반(反)공유지의 비극'라고 부를 수 있다.

새로운 체제를 만들어가는 출발점은 기술혁신 과정에서 발생하는 세미커먼즈를 산업커먼즈로 전환하는 시스템을 마련하는 것이다. 산업커

---

19 산업커먼즈를 형성하는 방안에 대해서는 이일영 2017a, 97~100면 참조.

먼즈의 중요한 구성요소는 공공 인프라 투자와 대중의 참여로 형성된 세미커먼즈에 대한 개방적·협력적 접근을 가능하게 하는 플랫폼이다. 개방적·협력적 플랫폼이 운영되려면 중앙정부, 지방정부, 기업, 연구·교육기관, 시민사회가 함께 참여하는 혼합적 거버넌스가 형성되어야 한다.

재산권은 본질적으로 자원을 효과적으로 사용하게 하는 역할을 수행해야 한다. 따라서 새로운 체제에서는 세미커먼즈와 커먼즈에 대한 공유적 재산권을 규정하는 헌법·법률·판례가 축적되어야 한다.

6 나가며: 체제혁신과 커먼즈

커먼즈는, 첫머리에 언급한 촛불혁명 제2라운드에 추진할 체제혁신의 주요한 요소이자 방편이다. 시장과 국가 이외의 제3의 원리와 영역을 커먼즈라 부를 수 있고, 이를 진화적으로 형성해가는 과정을 커머닝이라 할 수 있다. 시장이 널리 퍼져 있는 개체들의 수평적 교환관계라면 국가는 일극 집중의 수직적 권력관계이다. 혁신된 체제는 시장·국가와 중첩된 영역을 갖는 복합적 의미의 공공성을 지닌 공동체를 포함하며, 공유적 거버넌스와 공유적 재산권으로 구성된 커먼즈가 중시되는 체제이다. 커먼즈라는 조직·제도와 공유의 재산권은 시장 대 국가, 사유 대 국유와 구별된다는 의미에서 '중간'적이며, 여러 경제 형태의 중첩·융합이 이루어진다는 측면에서 '혼합적·중도적' 성격을 지닌다.[20]

---

20 '중도'란 유(有)와 무(無)의 두 극단을 아울러 넘어선 공(空)의 경지라고 한다. '중도'와 '공(空)'을 경제체제의 측면에서 다시 말하면, 기존의 극단적인 체제 요소를 비워내면서, 기존의 극단적 요소와는 구별되는 것, 기존의 요소들이 혼합된 것 등을 이룩하며 새로운 질

혁신이란, 전체론적인 사회혁명의 결과를 배제하지는 않지만, 그 과정은 여러가지 개별적 경로를 혼합할 수 있는 길을 열어놓는다는 것을 의미한다. 따라서 혁신은 단번에 "하나의 통일된 영향력"을 형성하는 방식만을 추구하지는 않는다. 미래는 예단하기 어렵다. 새로운 체제를 구성하는 영향력이 비약과 단절의 계기를 통해 만들어지는 경우도 있겠지만, 변화가 누적되면서 연속적으로 만들어질 수도 있다. 또한 혁신의 주체는 자본가도 될 수 있고 노동자도 될 수 있다. 혁신가는 기존 양극단의 조직·제도 형태를 넘어서는 커먼즈를 만들어내는 사람들이다.[21]

분단체제의 변혁과 세계체제에 대한 대응도 체제혁신의 개념에 포괄될 수 있다. 2008년 이후의 뉴노멀 현상은 여러 차원에서 나타난 체제적 전환의 징후이다. 세계경제의 기술적·구조적 변화, 미·중 간 정치·경제 관계의 변동, 북한의 핵무장·시장화의 동시 진행 등이 국내의 87년체제에 영향을 미치고 있다. 세계체제와 분단체제의 압력은 저성장·불평등에 대응한 국가 차원의 정책 운용을 어렵게 한다. 북한의 핵무장과 북한에 대한 포위·제재 강화는 남북 모두에 군비 부담과 경제적 왜곡을 심화시킨다.

적 내용과 원리를 만들어가는 체제라고 할 수 있다. 백낙청 2016, 87면 참조.

21 필자는 혁신은 슘페터의 개념이고 혁명은 맑스의 개념이라는 이분법에 동의하지 않는다. 혁신과 혁명을 양 극단의 개념으로 대립시키는 논리는 시장과 국가, 사유제와 국유제, 자본주의와 국가사회주의의 양극화 논리와 궤를 함께하는 것이다. 슘페터는 맑스와 대립되는 견해를 전개하기도 했지만 맑스를 의식하면서 사고체계를 구축한 측면도 있다. 슘페터는 거대 이론을 구사했지만 그 이론 안에서 미시적 개인의 모습으로 출발한다. 맑스도 자본주의로의 이행에서 나타나는 자본가들의 혁신적·혁명적 역할에 주목한 바 있다. 맑스와 슘페터 모두 경제체제가 역사적이라는 관점을 지니고 있었고 사회주의로의 이행을 전망했다. 다만 슘페터는 맑스와 달리 자본가들의 혁신과 성공이 종국에는 사회주의로의 이행을 가져온다고 보았다. 이일영 2015b, 제3장 참조.

그러므로 세계체제-분단체제의 질곡에 대응하는 '평화커먼즈'의 필요성이 절실한 시점이다. 2009년 북의 제2차 핵실험 이후 분단체제의 군사적 위기는 계속 가중되어왔다. 이는 남북한 모두의 발목을 잡고 있다. 해양, 대기 등 자연자원과 관련해서는 이미 오래전부터 국제협력기구에 의해 관리되는 '거대 커먼즈'(giant commons)에 대한 논의가 이루어진 바 있다(Zückert 2012). '평화커먼즈'는 동아시아-한반도 평화체제를 지향하는 국제적·국내적 노력과 새로운 지역분권화 발전의 추진력을 결집하는 프로젝트이다. 커먼즈를 만드는 여러 갈래의 노력이 새로운 체제로 가는 길을 열어갈 것이다.[22]

---

22 눈앞에 닥친 평창올림픽을 국제사회와 지역이 이익을 공유하는 자산으로 만드는 것, 경기·강원 북부에서 평화·생태·지속가능한 발전을 위한 도시연합을 추진하는 것도 체제혁신의 이니셔티브가 될 수 있다고 본다.

제12장

분권형 발전을 위한 지역연합
― 영국 사례의 검토와 한국에의 적용

1 문제 제기

2017년 5월 9일 대통령선거를 거쳐 문재인정부가 새로 출범했다. 문재인 대통령은 취임 초 선거제도 개편, 권력구조 분권화에도 개방적인 자세를 보이면서, 2018년 6월 지방선거를 실시할 때 개헌안도 함께 국민투표에 부치겠다고 언급했지만, 국회와의 협의가 이루어지지 않으면서 개헌 논의는 결국 무산되었다.

지금까지 지방분권 강화를 위해 제기되는 헌법 개정안들의 유형을 분류해보면 지방자치강화안, 광역지방정부안, 연방정부안 등이 있다. 가장 강력한 분권화 모델인 연방정부안은 중앙정부와 지방정부가 권력을 나누는 국가 형태를 구성하는 것이고, 광역지방정부 모델은 광역지방정부에 최대한의 자율성을 부여하는 방안이다. 연방정부안과 반대편에서 대응하는 지방자치강화 모델은 현행 헌법의 틀을 유지하면서 지방분권을 강화하는 방안이다. 이러한 방안들은 주로 헌법학자들 사이에서 논의가 이루어진 것들이고, 정치권과 일반 시민들 사이에서는 활발하게 논의되지 않고 있다.(허진성 2015, 14~16면) 이러한 상황에서는 실질적인 분권 개헌안을 마련하기는 쉽지 않다.

한편 문재인정부는 2017년 7월 19일 국정운영 5개년 계획을 내놓았는데, 여기에서 5대 국정목표로 '국민이 주인인 정부' '더불어 잘사는 경제' '내 삶을 책임지는 국가' '고르게 발전하는 지역' '평화와 번영의 한반도' 등을 제시했다. 분권과 균형발전 문제는 '고르게 발전하는 지역'이라는 국정목표로 제시되었다. 여기에는 자치분권(행정자치, 재정분권, 교육자치, 세종·제주 분권모델), 균형발전(국가균형발전, 도시재생, 해운·조선 상생), 농산어촌 대책을 포함시켰다.(국정기획자문위원회 2017) 기존에 추진되거나 논의된 개별 정책과제들이 나열되어 있지만, 개별 정책들을 연결하는 응집력 있는 분권형 발전모델이 제시되고 있지는 않다.

분권 헌법 논의가 여러 갈래이고, 균형발전에 관한 다양한 시책들이 시도된 바 있지만, 분권화가 꾸준히 추진되려면 현실에 착근된 발전모델로서의 개혁정책의 패키지가 마련되어야 한다. 국가의 형태와 성격 전체를 재구성하는 목표를 갖되 현실 조건에 존재하는 경로의존성과 제도적 보완성을 감안할 필요가 있다.

이에 필자는 현행 헌법 틀에서 광역지역을 강화하면서 연방주의로의 이행의 기초를 준비하는 모델을 구성하는 것을 기본적인 문제의식으로 삼고, 이에 기반한 분권화 모델을 구성하는 데 참고가 될 사례를 고찰해보고자 한다. 연방제로 가는 길을 목표로 삼더라도 이행경로를 구성하기 위해서는 초기 조건을 중시할 필요가 있다.

근대국가를 구성하는 시점부터 연방제 원리를 적용한 스위스, 캐나다, 독일, 미국 등과 전근대에서부터 중앙집권적 전통이 연속적으로 이어져온 한국의 초기 조건은 상당히 다르다. 이보다는 중앙집권성이 높은 국가에서 분권화를 추구하는 경로 위에 있는 프랑스나 영국 사례를 적용 내지 응용할 수 있는 가능성이 높다고 판단된다. 그중에서도 영국(정확히는 잉글랜드) 사례는 풍부한 함의를 지니고 있다. 노동당과 보수당 정부가 각각 대조적인 지역정책 사례를 창출하여 정책 성과를 입체적으로 평가할 수 있다. 특히 잉글랜드는 유럽 및 스코틀랜드 문제 등에 대응해 광역형 분권화를 추진한 경험을 지니고 있기 때문에, 동아시아 및 남북 관계를 조정해야 하는 한국의 조건에서 참고할 부분이 많다.

이 글의 문제의식은 한국의 중앙집권형 발전모델을 분권화하는 데에는 광역지역이 핵심적 역할을 한다는 것이다. 로컬(local) 단위가 직접민주주의와 자치의 영역이라면, 국가주의적 발전전략을 분권화하는 전략 단위는 중앙과 로컬의 중간에 있는 광역(region)이다. 발전모델 차원에서 볼 때, 기초 단위 지역은 중앙정부에 대한 견제와 균형의 역할을 수행하기에는 힘이 약하다. 곧바로 연방제 수준으로 분권화하는 것이 어려운 조건에서는, 기초 단위와 광역 단위에 자치행정과 지역발전의 기능을 분담하도록 하여 소지역주의(localism)와 대지역주의(regionalism)를 함께 강화하는 방향이 더 좋다고 본다.

2 영국 지역정책 전개의 조건

(1) 중앙집권 국가와 수도 일극집중

영국은 중앙집권의 전통이 강하다는 점에서 한국과 유사한 조건을 지니고 있다. 상당한 권력과 자원이 런던에 집중되어 있다. 노동당 정부는 중앙부처가 보유한 경제발전정책에 관한 권한의 일부를 지방으로 이양하려고 시도하였다(Pike and Tomaney 2008). 이러한 시도의 일환으로 1999년에 설립된 지역개발청(Regional Development Agency, RDA)은 경제발전정책에서 지방의 목소리를 반영하고 공간적·지리적 요인들을 도입하는 데 큰 기여를 하였다.

그러나 지역개발청이 포괄하는 광역 단위(regional level)에서 지방정부가 구성되지는 못했고,[1] 광역 단위가 실질적인 도시경제의 권역과 부합되지 않았다. 광역정부가 없으므로 로컬 단위(local level)의 지자체가 법적인 실체로서 많은 권한을 갖고 있었는데, 그 권한은 중앙정부의 지시, 목표, 재원에 의해 제약되었다. 예를 들면, 영국의 지방정부는 재원의 약 80%를 중앙정부에 의존하고 있으며, 이러한 재원은 조건부로 제공되었다.

중앙과 로컬이 존재하는 구조 속에서 2000년대 들어 런던의 성장이 영국경제의 성장에 크게 기여한 '런던 효과'가 나타났다. 런던은 세계 금융의 중심지로 확고한 위치를 가지고 있었으며, 생산자서비스와 광고, 디자인, 예술 등 창조산업의 세계적 중심지로서 그 진가를 발휘하였다. 영국정부는 '런던 효과'를 영국 전역에서 창출하기 위해, 즉 도시권(city-region)이 경제적 동력으로서 해당 지역경제에 커다란 기여를 할

---

1 신노동당 정부는 지역개발청과 한 쌍을 이루게 될, 중앙정부의 지방사무소를 통합한 지역청(Government Office for the Regions, GOR)을 지역개발청과 병렬적으로 설립하였다. 지역개발청은 우리식으로 이야기하면 공사 형태이고(public servant), 지역청은 공무원 조직(civil servant)이다. 또한 런던 이외의 잉글랜드 지역에서 광역정부를 출범시키기 위해 주민투표를 실시하였으나 모두 통과하지 못하였다.

수 있다는 의도하에 도시권 정책을 제기하였다. 월경적 특성을 가지는 경제발전정책을 효과적으로 전달하기 위한 것으로, 핵심 도시와 그 인근 지역을 포괄하는 기능지역 단위, 바로 도시권이 부각되었다.

한국이 급속한 산업화 속에서 도시 위주의 성장이 계속되어온 것처럼 영국에서도 '도시예외주의'가 지속되어왔다. 이러한 의미에서 보면, 2010년 집권에 성공한 영국 보수당의 지역정책은 농촌지역과 낙후지역을 과거처럼 배려하지 않는, 즉 '지역정책의 쇠퇴와 도시정책의 르네상스'로 이해할 수 있다. 영국은 남북분단(North-South Divide)의 지역 격차 문제에 직면해 있고, 대도시 중심의 성장전략이 가정하는 낙수효과를 기대하더라도, 그 기대효과가 크지 않은 상황이다.[2]

(2) 광역적 이슈의 등장

한국이나 영국에서는 모두 기존의 행정구역체계로 해결할 수 없는 광역적 이슈, 예를 들면 경제개발, 토지, 주택, 도로 등의 인프라 조성·개혁, 고용문제 등의 문제들이 제기되고 있다. 한국이나 영국 모두 수도 이외의 지역에서는 자원 동원의 어려움과 중앙정부의 지원의 한계에 직면해 있다. 이러한 한계를 넘어서기 위해 영국에서는 도시를 중심으로 기존의 자원들을 동원하는 거버넌스를 구축하고, 직면한 문제를 해

---

2 영국 지역정책 모델을 지속가능한 모델로 가져가려면 '도시예외주의'를 극복하는 보완책이 필요하다. 이에 따라 도시권 위주의 지역정책에서 나아가 도시와 농촌지역을 유기적으로 결합한 도농복합의 공유자산을 구축하는 방향의 혁신적 실험을 시도할 필요가 있다. 물론 영국에서 도시정책이 부상했다고 해서 기존의 지역정책, 낙후지역 지원정책, 농촌지역 정책 등이 완전히 와해되었다는 것을 의미하지는 않는다. 그러나 과거에 비해 이러한 정책들에 대한 현 보수당 정부의 우선순위가 높지 않은 것은 사실이다.

결하려는 시도를 진행하고 있다.

도시경제가 기능하는 공간 규모가 확대되면서 서비스 공급의 공간적 외부효과가 나타났다(CLG 2010). 영국에서는 로컬 단위의 지방자치단체가 자체적으로 주택, 교통, 교육·훈련의 문제를 해결할 수 없는 상황이 됨으로써, 이웃하는 지자체와 협력하여 이에 공동 대처를 해나갈 필요성이 증대되었다. 서비스 공급의 공간적 외부효과가 지자체 경계를 넘어서서 나타나자, 이에 대한 정책적 대응의 필요성이 적극적으로 제기된 것이다.

사회적 측면에서도 광역화의 필요성이 높아지고 있다. 주택, 여가·레저 활동, 교육·훈련 등 경제적 기능들의 도시 집적이 가속화되면서 도시 주변의 배후지에 대한 사회적 배제가 나타나고 있다. 이러한 서비스의 공급이 지자체 틀 내에서 지속되면 사회적 배제가 심화될 수 있지만, 도시권을 설정하여 이러한 서비스를 통합적으로 제공하면 그러한 배제가 약화될 수 있는 여지가 있다. 또한 라이프 스타일의 월경 현상, 광역화 현상이 강화되기 때문에 지자체 간 협력에 따른 공동결정은 공공성의 공간적 확대를 가져와 민주주의의 확대에도 기여할 수 있다.

행정적·정책적 측면에서도 광역화의 요구가 존재한다. 일과 주거 장소 간의 연계가 약화되면서, 경제활동이 광역적 규모에서 전개되고 있다. 이에 따라 기존의 행정구역체계로는 이러한 도시경제의 변화를 따라잡을 수 없다. 기존 행정구역 재편의 정치적 어려움을 고려할 경우, 기존 행정구역 내에서 제공되는 서비스의 비용과 편익을 감안하여 인근 지자체 간에 협력할 필요성이 높아졌다.

정치적인 측면도 무시할 수 없다. 영국의 경우 전술한 바와 같이 남북 분단의 시역간 격차가 심하기 때문에 상호 견제와 균형을 위해 남부의 런던에 버금가는 북부의 거점이 형성되기를 바라는 열망이 숨어 있다. 런던과 같은 광역정부 구성이 무산되자 이에 대한 정치적 대응으로 북부는 핵심 8개 도시의 경쟁력을 향상시키겠다는 의지의 표명인 '노던 웨이'(Northern Way)를 제시하기도 하였다.(Robson, Barr, Lymperopoulou, Rees and Coombes 2006) 이는 일정 부분 신노동당 정부의 지역 및 분권 정책의 미흡함에 대한 북부의 비판이기도 하다.

(3) 글로벌 금융위기 이후 정책 전환의 압력

2008년 글로벌 금융위기 이후의 긴축 및 불확실한 경제회복 등으로 영국(특히 잉글랜드)의 지역 및 도시 정책에 변화가 나타나고 있다(O' Brien and Pike 2015; Harding, Nevin, Gibb, Headlam, Hepburn, Leather and McAllister 2015). 글로벌 금융위기 이후 경제침체가 이어지고 재정긴축이 대안으로 등장하면서, 인프라 및 지역 개발 자금을 조달하는 데 장애가 발생한 것이다. 재정 건전화와 공공지출의 삭감으로 인해 공공부문에서는 새로운 유형의 자금조달 방법을 강구하기 시작하였다.(Kickert 2012)

영국과 마찬가지로 한국도 저성장과 중앙정부의 예산 제약으로 인해 지방이 요구하는 인프라 수요를 충족시킬 수 없는 상황이 지속되고 있다. 정치적인 로비와 지자체의 강력한 요청으로 일부 인프라가 구축되었다고 하더라도, 활용도가 떨어져서 사실상 미활용 자산으로 전락하고 예산만 낭비되는 경우가 있다. 지자체 간 협력의 부재로 인해 인프라 구축이 지체되고 있다.

(4) 지역통합에의 대응

글로벌화의 진전에 따라 지역 단위의 정책적 개입의 중요성이 강조되었다. 유럽연합 회원국의 지역간·도시간 비교가 수월해지면서 영국도시의 경쟁력이 유럽의 다른 경쟁 도시들에 비해 낮다는 사실이 인식되기 시작하였다. 이러한 요인 중의 하나로 경제발전에 대한 권한이 중앙에 집중되어 있으며 재정자치의 유연성이 확보되어 있지 않다는 점이 부각되었다. 동아시아의 경우 유럽과 달리 국가간 통합체가 등장하기는 당분간 어려운 조건이지만, 경제적 차원에서는 생산네트워크화에 따른 지역간 연결과 경쟁이 심화되고 있는 추세이다.(HM Treasury, BERR and CLR 2007)

영국의 경우 스코틀랜드 등과의 관계에 대처하는 차원에서 분권형지역발전이 시도되고 있다. 영국정부는 스코틀랜드의 영연방 독립에관한 주민투표의 영향으로 인해 잉글랜드 지역에 대한 분권화 요구를적절히 처리해야 하는 입장에 있다. 도시권 협상(City Deals) 정책으로대표되는 새로운 분권조치는 2014년 9월의 스코틀랜드 독립에 관한 주민투표의 여파에 대한 대응 차원이기도 하다.[3] 이러한 시책에서 영국정부는 잉글랜드 북부의 발전을 위해 노력을 집중하고 있으며, 그 대상이바로 광역맨체스터(Greater Manchester)이다. 여기에는 전술한 북부의남부지역에 대한 정치적·경제적 견제의 열망이 강하게 반영되어 있다.따라서 순전히 경제적인 이슈뿐만이 아니라 정치적인 이슈가 내재해있다. 한국에서도 수도권과 기타 지역, 남북한 간 격차가 심각한 상황을

---

3 물론 로컬기업파트너십(LEP)을 위수로 한 지역정책의 한계를 인식한 것이기도 하나.

감안한 지역발전 모델이 필요하다.

3 영국의 도시권 협상과 도시연합 광역시 정부

(1) 도시권 협상의 진전

보수당 정부 출범 이후 공간계획체계가 광역 단위 중심에서 로컬 단
위 중심으로 바뀌었다(Colomb and Tomaney 2016). 보수당 연정은 노동당
정부의 광역권 단위 공간계획 거버넌스가 하향식이고 관료주의적이라
고 비판하였다(Baker and Wong 2015). 2011년 11월에는 '로컬리즘 법'(Lo-
calism Act)의 제정을 통해 광역권 단위 공간계획체계를 로컬 단위의 공
동체(communities) 중심의 공간계획체계로 전환하였다. 이 법에 따라
중앙정부의 인프라 개발에 관한 위원회(IPC)와 노동당 정부 지역정책
의 상징인 지역개발청(RDA)이 폐지되고 민간부문이 주도하는 로컬기
업파트너십(Local Enterprise Partnership, LEP, 지방산업협의회)이 이를 대
체하였다. 또 중앙정부가 구조적인 재정적자를 줄이려는 재정 건전성
정책 패키지를 도입하고 시행함에 따라 지방정부는 공공지출을 감소해
야 하는 부담을 가지게 되었다.(IFS 2014)

영국정부는 국민경제의 회복, 도시개발, 인프라 구축 계획과 시행
을 지원할 수 있는 지역의 거버넌스를 구축하고자 노력하였으며, 그러
한 일환으로 '협상'(deal-making)이 등장하였다(Pike, Marlow, McCarthy, O'
Brien and Tomaney 2013). 이는 일단의 지방정부가 성과에 대한 목표를 달
성하겠다고 합의하고 그에 대한 댓가로 중앙정부에 전략적인 제안을

하는 것이다.

도시권 협상(City Deals) 정책은 도시개발과 인프라 개발 제안 계획 뿐만 아니라 거버넌스 개혁안을 포함하고 있으며, 이를 위해 일부 도시권을 대상으로 선정하였다.[4] 중앙정부는 재정긴축 전략과 분권화에 따라 일부 도시권에 적용되는 재정규율 완화 조치가 서로 배치되지 않도록 관심을 집중하고 있다. 중앙정부는 도시간 경쟁을 촉진하고 일부 도시권과의 개별적인 협상을 선호하였으며, 이에 따라 일부 도시권이 중앙정부로부터 얻어낼 수 있는 자금과 재량권은 지리적으로 불균등하게 되었다.

2015년 재집권한 보수당 정부는 '신 자치권 이양 협상'(New Devolution Deals)을 도입하겠다고 공언하였다(O'Brien 2015). 이는 기존 보수당 연립정부의 분권정책의 연장선에 있는 것으로 '협상'을 확대하고 심화하겠다는 것이다. 이는 지역의 성장을 위하여 혁신적인 제안을 새롭게 내놓을 수 있는 도시권을 위한 것으로, 대도시의 시장을 직선제로 선출하는 방안을 도입하는 등 거버넌스의 개혁을 겨냥하고 있다.

이러한 새로운 분권조치는 2014년 9월의 스코틀랜드 독립에 관한 주민투표에 대응하는 차원에서 이루어진 것이기도 하다. 이러한 맥락에서 영국정부는 잉글랜드 북부의 발전을 의식했고, 광역맨체스터가 그 타깃으로 선정되었다. 2015년 총선 이전부터 분권협상이 진전되어,

---

4 'City Deal'은 광역맨체스터와 같은 광역도시권을 만드는 과정의 협상이다. 따라서 '광역 도시 협상'으로 번역할 수도 있다. 단 이때의 광역도시는 노동당 정부 시기의 광역지역권과는 범위와 작동방식이 다른 개념이다. 이 글에서는 한국에서 이해하는 광역도시의 이미지와 차별화하기 위해 '광역도시 협상'보다는 '도시권 협상'으로, '광역도시'보다는 '도시연합 광역시'로 번역하여 소개한다.

2014년 11월에 광역맨체스터가 처음으로 중앙정부에 의해 발표되었다. 이어서 2014년 12월에 셰필드, 2015년 3월에 웨스트요크셔와의 분권협상이 타결되었다. 2016년 3월까지 12개 지역이 분권협상을 타결했다(Sandford 2016a).[5]

새로운 도시·지역정책에 대한 평가는 긍정과 부정의 양 측면이 존재한다(O'Brien 2015). 긍정적인 면은 다음과 같다. 도시권 협상 성책은 중앙과 지방 간에 상대적으로 개방적인 의사소통 채널을 제도화함으로써 중앙집권적인 국가에서 분권화가 통제된 형태로 나타나게 했다. 중앙과 지방정부 간의 협력을 추진하는 것은 지역중심주의를 담보할 수 있는 실제적인 수단이다. 중앙과 지방 간의 협력 시책은 지방정부들의 혁신을 촉진한다. 도시권 협상 정책은 중앙정부의 거버넌스 개혁을 가능케 하는 수단이다.

한편 회의적인 평가도 나오고 있는데, 이는 다음과 같다(O'Brien 2015). 중앙과 지방정부 간의 '협상'은 특별한 유형의 분권화 형태이며, 이 과정에서 역량, 목표, 결과에 대한 지방의 명확한 인식이 선행되어야 한다. 협상 과정에서 기존 제도의 책임성, 효과성, 투명성에 대한 의문이 제기되고 있다. 일부 도시권이 협상정책을 통해 확보한 재정지원이 지리적으로 차별적이고, 도시간에 지나친 경쟁을 자극하고 있다. 도시권 협상 과정이 비공식적이고 개별적인데다가 시간상의 압박도 크기 때

---

5 도시권 협상이 타결된 12개 지역에는 광역맨체스터(Greater Manchester), 셰필드 지역(Sheffield City Region), 웨스트요크셔(West Yorkshire), 콘월(Cornwall), 노스이스트(North East), 티즈밸리(Tees Valley), 웨스트미들랜즈(West Midlands), 리버풀 지역(Liverpool City Region), 케임브리지셔(Cambridgeshire), 노퍽/서퍽(Norfolk/Suffolk), 웨스트오브잉글랜드(West of England), 광역링컨셔(Greater Lincolnshire) 등이 포함되었다.

문에, 이러한 모형의 효율성과 효과성에 대한 의문이 제기되는 것이다. 재정 건전화라는 중앙정부의 목표가 우선시되고, 협상에서 증거 기반 (evidence-based)의 접근이 강조되고 있지만, 여전히 중앙 및 지방정부의 정치가 결정적인 역할을 하고 있다.

(2) 도시연합 광역시 정부(CA)의 결성[6]

도시권 협상의 결과 수립된 도시연합 광역시 정부(Combined Authority, CA)는 법적 지위를 가지고 있다(Sandford 2016b). 이와 관련된 법 조항은 '지방민주주의, 경제발전, 건설에 관한 법 2009'(Local Democracy, Economic Development and Construction Act 2009)의 103~13항이고, 이 법을 전면으로 개정한 것이 '도시와 지방정부 자치권 이양에 관한 법 2016'(Cities and Local Government Devolution Act 2016)이다.

도시연합 광역시 정부는 두개 이상의 로컬 지방정부가 요청할 경우 장관의 행정명령에 의해 설립될 수 있는 법적 지위를 가지는 지방행정 체계이다(Sandford 2016b). 도시연합 광역시 정부 이사회는 각 지방정부의 대표자 또는 각 지자체 대표자와 선출직 시장으로 구성된다. 이는 런던을 제외한 잉글랜드에 한정되었다.

도시연합 광역시 정부를 설립할 수 있는 경로는 두가지 경우가 존재한다(Sandford 2016a). 2009년 법에 따르면, 단수 또는 복수의 지자체가 거버넌스에 관한 검토(Governance Review)를 하고 관련 지자체들이 동의

---

6 'Combined Authority'는 '광역시 정부'로도 번역할 수 있다. 영국의 경우 광역도시 형성이 도시권 협상에 기초한 상향식 과정을 포함하므로 이 의미를 반영하여 '도시연합 광역시 정부'라고 표현했다.

한 후 도시연합 광역시 정부를 구성한다는 정부 구성 계획(Scheme)을 공표해야 한다. 그 연후에 장관(Secretary of State)의 행정명령(order)에 의해 도시연합 광역시 정부가 구성될 수 있다. 2016년 법에 따르면, 관련 지자체들이 동의하면 장관이 행정명령을 공포할 수 있으며, 만약에 정부 구성 계획이 없거나 지역 차원에서 논의가 되어 있지 않으면 장관이 이에 관한 공청회를 개최하도록 한다.

기존의 도시연합 광역시 정부는 시장을 두지 않을 수 있지만, 관련 지자체들이 동의하면 시장이 있는 도시연합 광역시 정부로 변경할 수 있다. 2016년 법에 따르면, 시장이 선출되면 동의하지 않은 지자체는 도시연합 광역시 정부에서 탈퇴해야 한다고 명시되어 있다.

도시연합 광역시 정부는 장관의 행정명령에 의해 이양되는 법에 명시된 기능과 기타 행정기관이 동의한 기능을 수행한다. 도시연합 광역시 정부가 수행하는 기능은 협상에 따라 지역별로 차별적이긴 하지만, 평생교육과 숙련형성 훈련, 고용지원, 교통, 기업지원, 토지와 주택, 공공서비스(보건, 치안, 소방 등), 재정 등을 포함한다(Sandford 2016b). 이러한 업무들은 전술한 로컬 수준의 지방정부의 기능과는 다르고 광역런던시가 수행하는 기능과 거의 유사하다. 이처럼 영국은 거버넌스 수준별로 기능별 분담이 잘 이루어져 있다.

최초로 설립된 도시연합 광역시 정부는 2014년의 광역맨체스터시 정부(GMCA)이다. 그 직후 노스이스트, 웨스트요크셔, 셰필드, 리버풀에서 도시연합 광역시 정부가 설립되었다. 2014~16년에 중앙정부는 일부 지역들과 분권협상을 진행했으며, 그 결과 시장이 선출되는 도시연합 광역시 정부는 티즈밸리, 웨스트미들랜즈, 리버풀, 광역맨체스터, 셰필드, 노스이스트이고, 노스미들랜즈(North Midlands, Nottinghamshire and Derbyshire)에서도 이에 준하는 잠정안이 마련되었다.

4 광역맨체스터의 사례

(1) 광역맨체스터의 형성

광역맨체스터는 런던으로 집중된 영국의 성장체제 속에서 새로운 분권화 성장의 축을 형성하려는 중요한 사례이다. 산업혁명 이후 맨체스터는 무역과 섬유산업, 특히 면직물 산업의 중심지였다. 하지만 1970년대 이후 섬유산업과 중화학산업이 쇠퇴하면서 도시경제가 심한 타격을 받고 산업구조 조정의 길을 겪었다.(Tomaney and McCarthy 2015)

맨체스터 광역권은 지자체 간 협력의 긴 전통을 가지고 있다(GMCA and AGMA 2014). 광역맨체스터 도시권은 10개의 지자체들로 구성되어 있으며, 인구 규모는 약 260만명 정도이고 이는 노스웨스트(North West) 광역권의 40%를 차지하고 있다. 광역맨체스터 지자체 협의회(Association of Greater Manchester Authorities, AGMA), 광역맨체스터시 정부, 로컬기업파트너십(LEP), 광역맨체스터교통서비스위원회(Transport for Greater Manchester Committee, TfGMC) 등 다양한 협력체가 존재하였다.

1980년대 후반부터 도시 중심부의 재생 사업이 시작되었는데, 인근 10개 지자체가 연합하여 공통의 문제에 대처하였다. 당시 결성된 것이 광역맨체스터 지자체 협의회로, 이는 성공적으로 '도시철도 시스템'(Metro Link Tram System)을 구축하였으며, 맨체스터 공항을 건설하여

10개 지자체가 공동으로 소유하고 있다.

광역맨체스터 도시권 협상(City Deal)은 지방정부가 개별적이 아니라 협력적으로 행동하고 중앙정부와 지방정부가 서로 참여함으로써 도시권이 더 나은 인프라를 구축하고 경제적 성과를 창출하도록 하기 위해 개발된 것이다(GMCA 2014). 광역맨체스터에서 인프라 구축을 위한 자금조달과 우선순위 결정에 대한 성찰적인 논의가 신행되었다. 협력적인 접근이 강조되고, 경제적 성과와 연동하는 투자 우선순위 논리가 제기되었다.

광역맨체스터 도시권 형성에는 광역맨체스터교통기금(the Greater Manchester Transport Fund, GMTF)이 특히 중요한 역할을 하였다. 광역맨체스터 지자체 협의회에 속한 10명의 지자체 리더들은 먼저 광역맨체스터교통기금을 조성하기로 결정하였다(KPMG 2014). 교통기금 프로그램을 시작으로 공동 프로그램을 수행하기 위해 10개 지자체로부터 권한을 이양받은, 사실상 새로운 계층 정부인 광역맨체스터시 정부를 설립하기로 동의하고 2014년 1월에 공식 출범시켰다(NAO 2015).

광역맨체스터시 정부가 도시권 협상에 의해 운영하는 프로그램은 교통기금 이외에도 광역맨체스터교통서비스위원회, 비즈니스리더회의소(Business Leaders Council), 로컬기업파트너십, 광역맨체스터로컬교통기구(Local Transport Body for Greater Manchester) 등이 있다.

광역맨체스터 차원에서 공식 정부라는 새로운 거버넌스 구조가 형성되어 인프라 구축 계획이 세워지고 실행되어가면서 광역지역 내의 협력이 심화되었다. 인프라 구축에 관한 인식의 변화는 지역의 집합적인 비전을 실현하기 위해 관련 자금을 조달하는 방법에 대한 혁신을 불러일으켰다. 이해관계자는 협상에서 합의된 성과에 책임을 지고 지역의 편익을 극대화하는 데 필요한 지역 투자를 하도록 요구받았다.

(2) 광역맨체스터의 기능

광역맨체스터 도시권 협상의 1차적 목표는 총부가가치의 제고를 통한 경제성장으로 결정되었다(GMCA 2014). 이는 교통, 주택, 재생 인프라 투자 프로젝트와 연계되었다. 이산화탄소 배출 감소와 고용 접근성의 제고가 최소 요구사항으로 채택되었으며, 교통 인프라의 구축이 최우선순위의 대상으로 선정되었다.

또한 광역맨체스터시 정부의 중요한 기능은 공간계획으로 '광역맨체스터 공간프레임워크'(Greater Manchester Spatial Framework, GMSF)를 작성하는 것이다(Findley 2015). 광역맨체스터 공간프레임워크는 런던 이외에서는 대도시 지역이 협력에 기반하여 수행하는 최초의 전략적인 공간계획이다(GMCA 2016).

이는 핵심적인 인프라 건설에 수반되는 토지 소요와 주택 건설에 초점을 두고, 주택, 고용 및 토지소요량 계획을 작성하는 것인데, 계획 기간은 20년이다. 이 계획은 광역맨체스터의 주택과 토지소요량, 디스트릭트의 주택소요량, 디스트릭트의 고용을 위한 시설 건평(floorspace) 소요량(업무용, 산업용, 도소매용), 경제발전을 위한 전략적 입지/기회, 계획된 개발 규모를 충족하는 데 필요한 주요 인프라 건설계획 등과 같은 내용을 담고 있다.(Findley 2015) 이는 법정 계획으로 노동당 정부 시절 작성된 광역 단위 공간계획을 부활하는 측면이 있지만, 내용과 작성과정이 노동당 시절의 계획과 동일하지는 않다.

광역맨체스터 공간프레임워크 작성을 둘러싸고 여러가지 쟁점들이 나타나고 있다(Tomaney and McCarthy 2015; Colomb and Tomaney 2016). 가장 민감한 문제는 가용 토지 확보를 위한 그린벨트 해제에 관한 것이다. 어느 지자체가 이를 위해 기존 그린벨트를 해제할 것인가 하는 것이 첨예한 문제이다. 인프라 계획이 너무나 경제에 종속되어 있어 이에 대한 논란이 빚어지고 있다. 객관적 자료에 기반하여 계획이 작성되었다고 하지만 정치적인 요소가 더 중요하게 작용한다는 주장도 있다.

광역맨체스터의 공간계획은 광역맨체스터 전체의 전략계획(즉 경제·사회계획)과 연계되어 있다. 광역맨체스터 공간프레임워크는 '광역맨체스터전략'(Greater Manchester Strategy)의 공간적 버전이라 할 수 있다(GMCA 2016). 광역맨체스터의 전략적 계획은 2009년 '광역맨체스터전략'으로 공표된 바 있다. 2008년 글로벌 금융위기의 여파로 취해진 중앙정부의 긴축정책으로 인해 공공지출이 축소되었기 때문에 이 계획은 수정되었다. 2013년에는 2009년 보고서에서 다루어진 우선순위에 대해 다시 분석하면서 성장과 개혁을 화두로 '광역맨체스터전략'을 재조정하였다(Peel Group 2016). 이에 기반하여 작성된 '광역맨체스터의 성장·개혁 계획'(Greater Manchester Growth and Reform Plan)은 중앙정부와의 도시권 협상과 광역시 정부 형성 협상 과정에 사용되었다.

기본적으로 '광역맨체스터전략'은 광역권 차원의 프로그램의 기반을 형성한다. 이를 기반으로 도시권 협상, 광역맨체스터투자프레임워크(Greater Manchester Investment Framework), 주택성장전략(Residential Growth Strategy)이 조정된다. 또한 '광역맨체스터전략'을 보완하는 계획으로 교통전략 2040(Transport Strategy 2040), 기후변화 대응 계획(Climate Change Implementation Plan)이 작성될 예정이다.

(3) 광역맨체스터의 거버넌스

맨체스터 도시권 거버넌스의 핵심 주체는 광역맨체스터 지자체 협의회(AGMA)이다(GMCA and AGMA 2014). 도시권 형성의 출발 단계에서 10개 지역의 협약(Multi-Area Agreement, MAA)에 의해 지자체 협의회가 결성되었고, 10명의 지자체 대표가 이사회(executive board)의 구성원이 되었다. 정책에 관한 주요 의사결정은 법적 구속력을 갖는 투표에 의거하여 이루어지며, 7표 이상 득표해야 가결되는 것으로 했다. 이사회는 '광역맨체스터 전략계획'(Greater Manchester Strategic Plan)을 입안하고 도시권의 전략적 목표를 제시하도록 했다. 2009년에 이르러 자발적인 협력적 관계였던 다지역협약(MAA) 참여 지역이 법적 구속력을 가지는 시범사업의 일환으로 법적 도시권(Statutory City-Region)으로 변경되었다.

광역맨체스터 지자체 협의회 이사회 산하에는 7개의 위원회가 있으며, 이 위원회들이 개별 정책들을 개발하고 정책의 전달체계를 형성한다(GMCA and AGMA 2014). 7개 위원회의 분야는 경제발전, 숙련·노동, 교통, 전략계획 및 주택, 보건, 안전한 공동체, 환경, 그리고 효율성 및 개선 등이다. 이러한 위원회에 지자체 대표 이외에 선출직 정치인, 로컬기업파트너십(LEP) 대표, 민간부문의 대표들이 참여하고 있다. 경제발전위원회는 맨체스터 경제발전 촉진·지원 기구인 '맨체스터기업'(Manchester Enterprises)을 관할하고 있다. 이사회는 비즈니스리더회의소로부터 자문을 받는데, 이는 상공회의소와 같은 15개 민간부문의 대표들로 구성되어 있다.

도시권의 전략계획을 입안하는 과정에서 10개 지자체 간에 정책의 우선순위에 대한 조정이 이루어진다. 이러한 조정 과정을 거쳐 1인당 총부가가치, 고용률, 대학졸업자 비중 등과 같은 성과지표가 확정된다.

광역맨체스터 도시권의 형성으로 단일한 발전전략이 입안되고 이에 따라 추진 사업의 우선순위를 정하는 기능이 만들어졌다(GMCA and AGMA 2014). 그 결과 주택, 교통, 그리고 인력훈련 정책들이 도시권 내의 적정한 지역에 배치되도록 하고, 낙후된 북부지역의 노동자를 훈련하여 이들을 남부지역과 연계시키는 방안도 강구되었다. 정부 지원은 주로 '도시철도 시스템' 확장과 관련되어 이루어지는데, 이는 광역도시권 중 4개 지자체만을 포함하지만 나머지 지자체가 이에 합의하였다. 그 대신에 일자리 및 주민의 접근성과 연계하여 통합적인 지역교통시스템을 구축하는 계획을 마련하도록 하고 있다.

5 영국 사례의 한국에 대한 적용 가능성 검토

(1) 영국 분권화 모델에 대한 평가

영국의 보수당 연정은 지역개발청을 폐지하고 로컬기업파트너십으로 대체하였으나 지역 차원의 성장·발전을 모색하는 데에 다음과 같은 한계에 부딪혔다. 첫째, 전략적 차원의 정책 입안과 조정을 행할 수 있는 중범위 또는 광역 수준의 거버넌스가 존재하지 않게 되었다. 둘째, 민간부문의 경쟁과 활력을 도입한다는 취지로 로컬기업파트너십에 안정적인 재원이 제공되지 않기 때문에 특정 분야의 소수 프로젝트에 투자가 집중될 수밖에 없다. 셋째, 일부 낙후지역의 경우 로컬기업파트너십이 선정되지 않아 국토 전반이 포괄되지 못하고 있다.[7] 지역 격차의 심화에 따라 지자체들로부터 상당한 반발을 불러올 수 있다.

　기능지역 단위로 로컬기업파트너십이 구성되면서 도시권 정책이 더욱더 추진력을 얻었고 이는 도시권 협상으로 진전되었다. 그러나 이 역시 다음과 같은 문제점을 안고 있다. 맨체스터 도시권의 거버넌스는 혁신적이기는 하지만, 그 구조가 복잡하여 여러 이해관계자들의 참여가 힘들다. 도시권 내 지자체들 간의 정치적 입장의 차이가 존재하여 최선의 결과에 이르지 못한 경우가 있다.(Tomaney and McCarthy 2015) 광역맨체스터의 혼잡징수료 도입 계획의 경우, 보수당이 집권한 베리(Bary)와 트래퍼드(Trafford), 자유민주당이 집권한 스톡폰트(Stockpont) 등 3개 지자체는 반대를 했으나, 노동당이 집권한 나머지 7개 지자체가 그 정책을 밀고 나갔다. 런던에서 이전하여 1600여개 방송 관련 일자리가 창출되는 미디어시티(Media City) 개발사업에서도 맨체스터와 샐퍼드(Salford) 등 두개 지자체가 경쟁하면서 도시권 내에서 단일 입지를 선정하지 못했다.

　영국은 대지역주의에서 소지역주의로 전환했다가 소지역주의의 한계에 직면하여 광역도시연합을 추진하고 있다. 이러한 정책 사이클에서 얻을 수 있는 교훈은 다음과 같이 생각해볼 수 있다.

　첫째, 지방분권의 범위와 그 효과에 대한 성찰이 필요하다. 영국의 경우 금융지원, 투자, 혁신 등 전략적 차원의 경제발전정책 분야는 중앙정부로 이전되었다. 이러한 분야는 외부효과가 국지적이지 않기 때문에

---

7 대표적으로 거론되는 곳이 헐(Hull), 블랙풀(Blackpool), 블랙번(Blackburn), 번리(Burnley) 등이다.

광역 단위 또는 중앙정부 수준에서 다루는 것이 적절하다.

둘째, 로컬기업파트너십과 같은 민간투자기구의 지원도 지자체 간의 상호협력에 기반해 추진하고 있다. 민간투자에서도 일정하게 지역간 자원 공유, 보완 및 협력을 통해 규모와 범위의 경제를 추구하는 광역권 전략이 필요하다.

셋째, 광역권 전략에는 지역간 네트워크 연계 방식과 거점개발 방식이 있다. 전자는 중심도시와 주변지역 간의 보완적인 관계를 구성하는 데 있어서 주변 중소도시들의 활성화 전략에 중점을 두는 것이고, 후자는 도시권 내의 핵심 지역을 선도적으로 거점개발하고 그 효과를 도시권 전반으로 확산시키는 방식이다. 광역권 전략의 구체적 형태는 다양할 수 있다.

넷째, 민간투자를 활성화하고 그 활력을 끌어들이기 위해서는 대도시권 정책이 선호되는 경향이 있다. 그러나 대도시권 간의 과도한 경쟁은 낙후지역의 반발을 불러오는 것과 더불어 새로운 격차를 만들어낼 수도 있다.

다섯째, 광역지역을 구성하는 지자체들 간의 협력방식, 즉 거버넌스의 구성이 핵심적으로 중요하다. 영국의 경우 로컬기업파트너십을 구성하며 실업계는 적극적으로 포용하고 있지만, 노조, 시민단체 등 다른 이해관계자들을 포괄할 것인가 하는 것은 계속 논란이 되고 있다. 또한 민관파트너십을 구성하며 어떻게 기획·총괄기능(executive role)을 수행할 것인지도 논란거리이다. 경쟁력 담론에 심하게 경도될 경우 다양한 이해관계자들로부터 정책의 정당성을 얻지 못할 수도 있다.

(2) 한국의 분권화 및 지역정책 현황

한국의 경우 중앙정부 주도의 공간 배치 정책이 계속되어왔다. 1970년 대까지 국가의 기본 사회간접자본과 산업 배치가 사실상 종료되었고, 공간적 측면에서도 경부선을 중심으로 규모의 이익이 형성되었다. 노무현정부 이래 지역균형이라는 의제가 제시되었지만, 분권화 발전의 방향은 정립되지 못했다. 노무현정부와 이명박정부를 거치면서 '지역'이라는 의제가 경쟁적이고 갈등적인 의제로 진전되었다. 박근혜정부는 지역의 민원 수용을 넘어서는 차원 이상의 비전 제시를 회피했다.(이일영·김석현·장기복 2013)

역대 정부를 통해 형성된 지역정책의 특징은, 첫째 중앙정부가 주도하는 개발지상주의와 사적 이익 추구의 결합이 이루어지며, 둘째 광역 사고의 결여에 따라 지역에 중앙정부의 기능이 분절화된 채로 수직적으로 배분되고 있다. 공간 거버넌스는 기본적으로 중앙에서 도 단위로 내려가는 수직적 배분 방식이 유지되었다. 노무현정부를 거쳐 이명박정부에서 광역 차원의 사고가 진전되었지만, 박근혜정부에서는 광역지역 차원의 문제의식은 결여한 채 중앙정부와 대기업이 연합한 지원체제를 형성하고자 했다.

노무현정부는 지역 개념을 도입했지만, '성장거점형' 발전모델을 답습했다. 세종시와 혁신도시 건설은 수도권과 지방 간 불균형 완화를 도모하고 자립형 지방화 추진 거점을 마련한다는 명분으로 시도되었다.[8]

---

8 수도권 소재 공공기관 148개를 10개의 혁신도시 등으로 이전하는 사업은 노무현정부 이후까지 이어졌지만, 혁신도시를 성장거점으로 한 지역발전 체계의 형성은 정권교체와 함께 관심의 대상 밖으로 사라지고 말았다.

혁신도시는 국가혁신체제를 구축하는 차원에서 진행되었는데, 지역 차원의 역할에 대해서는 무관심하거나 그 기능을 설정하지 못하고 있는 경우가 많다.(송하율 2015, 272~73면) 새로운 지역발전 모델을 구축하기보다는 수도권 기능의 분리만을 강조하는 것으로 비쳐졌고, 이는 노무현정부의 정치적 실패로 귀결되었다.[9] 노무현정부는 2004년 지역발진을 총괄하기 위한 지역 차원의 기구로서 '지역혁신협의회'를 설립했다. 이는 법적 기구로서 지자체, 지방대학, 관련 기업, 시민단체의 대표 등이 참여했지만, 유명무실한 '관변단체'로만 운영되었다.(조형제·김양희 2008)

이명박정부 역시 '성장거점형' 발전모델을 강화했다. 이명박정부 정책에 대해서는 두가지 평가가 가능하다. 이명박정부는 처음부터 대운하사업 계획, 오산·세교 등 수도권 신도시 추가 등 본격적인 토목건설사업 위주의 성장전략을 선택하였다(정건화 2008). 이명박정부의 지역발전정책은 노무현정부의 국가균형발전정책의 틀을 유지하면서 업그레이드한 측면도 있다. 경제권역 단위 광역개발 계획안을 마련하고 기초-광역-초광역의 공간구조적 발전체계를 내세우기도 했다.(안영진 2011, 639~40면)

박근혜정부는 분권화 모델 차원의 지역정책 개념을 전면 삭제했다. 박근혜정부는 출범하자마자 이명박정부에서 마련한 광역위원회 제도를 폐지하고 광역권과 관련된 모든 사업과 활동을 중단했다. 대신 중앙정부가 대기업의 출연을 독려하여 창조경제혁신센터를 설립하도록 했다.

---

9 노무현정부의 지역정책은 17대 대통령선거와 총선에서 여당이 수도권에서 참패하는 중요한 요인이 되었다.

(3) 한국형 모델의 기본 방향

발전국가 시대의 국가 주도 국토개발정책의 한계를 넘어섬과 동시에 '지역공약'의 합에서 나타나는 지역 단위의 분절성을 극복하기 위한 한국형 모델의 비전과 정책이 필요하다. 현시점에서는 지역정책이 중앙부처 및 도 단위 자치단체의 관료 행정에 의해 일방적으로 계획·집행되는 데서 벗어나도록 하는 한편 지역 차원의 사회혁신 흐름을 지역정책에 결합하는 방안이 필요하다.

이를 위해 영국의 사례를 한국 실정에 맞게 적용할 수 있다. 영국은 대지역주의와 소지역주의가 순환적으로 등장했다. 이를 참고하여 한국의 경우 중앙 주도의 개발지상주의를 대체하기 위해 대지역주의와 소지역주의의 혼합 또는 동시적 배열을 시도해볼 수 있다. 영국 사례의 한계를 감안하여, 도시권의 범위를 넘어선 도농복합 차원의 연합을 추진함으로써 도시예외주의를 극복하고 환경친화적인 지속가능 발전모델이 되도록 한다는 문제의식을 추가할 필요가 있다. 요컨대 지역을 중심으로 한 분권화(지속가능) 성장·발전을 추구하고, 지역연합에 의해 사회적 공유자산의 기반을 구축하는 사회혁신의 비전과 모델을 수립하도록 한다.

한국형 분권화 발전모델의 정립을 위해서는 거버넌스 혁신이 중요하다. 영국 사례를 감안할 때, 새로운 지역 거버넌스의 핵심 요소로 정부 차원의 광역경제권 기구, 기업을 중심으로 한 민간협의회, 정부와 지역사회의 연합에 기초한 공유자산 형성과 공공기구 등을 들 수 있다.

한국의 경우 중앙정부의 역할이 중요하다. 따라서 분권화 방향과 추진과정에서 중앙정부의 책임성을 분명히 할 필요가 있다. 내몽령 식속의 국가균형발전위원회,[10] 지방자치 관련 업무를 주관하는 행정안전부, 지역 이슈를 재정적으로 뒷받침하는 국가균형발전특별회계를 종합하는 계획 및 모니터링 기능이 보강되어야 한다.

광역지역 차원에서는 종래 추진되었던 5+2 광역경제권 규모를 더욱 확대하고 중앙정부의 책임성을 강화하는 빙인이 바람직하다. 이선의 광역발전위원회의 위상을 광역지역개발청으로 높이고 이를 확고하게 보장하는 것이 필요하다.[11] 중앙의 국가균형발전위원회와 광역개발청이 유기적인 업무 분담 체계를 갖추고 광역개발청은 광역단체장으로부터 독립된 기능을 행사하도록 해야 한다.[12] 광역개발청 업무는 기초지방자치단체 간 연합에 기초한 공공자산 구축 사업을 협의를 통해 지원하는 방식으로 이루어지도록 한다.

종래 존재했던 지역혁신협의회를 기초지자체들 간의 사업연합을 추진하는 단위로 발전시키고 그 책임성을 높이는 방향으로 제도적·재정적 지원을 강화하도록 한다. 영국의 사례를 보면 광역지역권 단위로 교통, 토지·주택 등의 공공자산을 운영하는 계획·운영·평가 체계를 형성

---

10 국가균형발전위원회는 2003년 대통령자문기관으로 출범했다. 2009년 지역발전위원회로 명칭이 바뀌었으나 2018년 다시 국가균형발전위원회로 변경되었다.

11 영국과 달리 한국은 도 단위 광역지자체가 존재하고 있다. 또 자원과 권한이 중앙정부에 더 많이 집중되어 있다. 한국의 광역기구는 5+2 수준으로 설치되더라도 확고한 지위가 확보되지 못하면 도 단위 지자체에 포획되는 쪽으로 운영될 가능성이 높은 것이 현실이다. 초기 단계에서는 중부청, 서남청, 동남청 정도로 운영하는 것이 효과적이라고 판단된다.

12 이명박정부 시기에 운영된 동남권 광역위의 사례를 보면, 연간 운영 예산은 10억~15억 원이고, 광역위 사무국 직원은 규정상 13명이었다. 사무국 직원의 절반이 광역자치단체에서 파견된 공무원이었고, 중앙의 지역발전위원회의 감독과 평가에 종속되었다. 좀더 근본적인 문제는 광역위의 성격과 기능이 명확히 설정되지 못했다는 점이다. 이에 따라 광역위는 중앙의 지원금을 도 단위에서 나눠먹기 하는 것을 약간 중재하는 정도의 역할을 수행했다.(권오혁 2015, 455~59면)

하고 있다. 중앙정부와 행정 단위의 지자체들만으로는 난개발을 막을 수가 없다. 교통, 토지·주택, 지역개발, 농촌·환경·에너지 등 이슈와 관련하여 지자체 간 연합을 추진하는 것이 바람직하다.[13]

6 요약 및 결론

이 글에서는 한국형 분권화 모델을 구성하는 데 참고가 될 사례로 영국 지역정책을 고찰하였다. 영국은 효율적인 중앙집권 국가를 형성함으로써 근대화를 선도한 바 있고, 글로벌화와 유럽통합, 스코틀랜드의 분리 논의 등에 대응하여 다양한 형태의 분권화를 추진한 경험을 지니고 있다. 한국의 입장에서는 초기에 분권화된 지역들이 연방제 국가를 형성한 나라들보다는 중앙집권 국가의 조건에서 다양한 분권화 실험을 추진하는 사례로부터 현실 적용 가능성에서 더욱 풍부한 시사점을 얻을 수 있다고 판단된다.

영국 지역정책 전개의 조건은 다음과 같은 점에서 한국과 유사한 측면이 있다. 첫째, 영국과 한국 모두 중앙정부의 집권적 성격이 강하고 많은 권력과 자원이 수도인 런던과 서울에 집중되어 있다. 둘째, 영국과 한국 모두 기존의 중앙 및 지방의 행정체계에서는 미처 해결하기 어려운 새로운 공간 범위의 이슈가 제기되고 있다. 셋째, 글로벌 경제위기

---

13 수도권의 경우 광역지자체 규모가 너무 크다. 예를 들면 '서해안교통시스템'과 같은 지자체연합을 시도해볼 수 있다고 본다. 한편 식품클러스터, 수자원 및 에너지 등 이슈에 대해서는 충남과 충북, 전남과 전북의 경계를 넘어서 연합체를 형성하는 것이 바람직할 수도 있다.

이후 저성장과 중앙정부의 예산 제약으로 인해 지방의 경제적·사회적 수요에 대응할 자원이 부족해지고 있다. 넷째, 글로벌 경쟁은 물론 국가 내의 통합 문제에서 분권화 이슈가 중요해지고 있다.

영국에서는 정권의 성격에 따라 대지역주의(regionalism)와 소지역 주의(localism)가 교대하여 나타났다. 노동당 정부는 광역(region) 형성 에 중점을 두어 광역 단위의 지역개발청(RDA)을 운영한 반면, 보수당 정부는 지역개발청을 해체하고 로컬(local)과 민간부문에 초점을 맞추 어 로컬기업파트너십(LEP)으로 전환했다. 로컬기업파트너십에서는 공 간 범위를 유연화하고 민간부문이 좀더 능동적으로 참여하도록 하는 효과가 일부 나타났으나, 지역에 투입되는 재정은 대폭 삭감되었고, 로 컬 범위를 뛰어 넘는 단위에서 공공재를 공급하는 체계에 공백이 나타 났다.

2014년 스코틀랜드 독립에 관한 주민투표 실시, 2015년 보수당 정 부의 재집권이 이루어지는 과정에서 로컬 범위를 넘어서는 새로운 지 역경제 단위를 중앙과 지방정부 간의 협상(deal-making)을 통해 수립 하는 실험이 진행되었다. 새로운 광역도시권을 형성하는 협상(City Deals)을 통해 중앙과 지방 사이의 의사소통 채널을 제도화하고 중앙집 권적인 국가로부터 새로운 분권화 단위를 창출하였다. 도시권 협상은 도시개발 및 공공재 공급과 관련된 프로그램에 대한 체계적 계획을 수 립할 뿐만 아니라 도시연합 광역시 정부(Combined Authority)를 출범 시킬 수 있는 거버넌스 개혁이 실시되도록 만들었다.

광역맨체스터는 도시권 협상에 의해 광역시 정부를 형성한 대표적이 고 전형적인 사례이다. 광역맨체스터는 도시권 차원의 공동 프로그램 을 수행하기 위해 10개 지자체로부터 권한을 이양받은 후 새로운 단위의 광역시 정부(GMCA)를 설립했다. 지자체 간 협상, 지자체들과 중앙정부의 협상을 통해 형성된 광역맨체스터는 경제성장 전략, 공간계획 등을 광역 단위 전체의 전략계획과 연계하여 수립·집행하고 있다. 이러한 전략적 계획은 10개 지자체가 참여하는 광역맨체스터 지자체 협의회(AGMA)의 이사회에서 최종 결정하는 구조를 지니고 있다.

한국의 경우 중앙정부 주도의 공간 배치 정책이 계속되어왔고, 경부선 축을 중심으로 한 발전 축이 고착화되었다. 노무현정부 이래 지역균형이라는 의제가 제시되었지만, 적절한 규모를 갖춘 분권화 발전모델은 정립되지 못했다. 한국의 지역정책의 특징으로는 중앙정부가 주도하는 개발지상주의가 사적 이익 추구와 결합되고 있다는 점, 지역에 중앙정부의 기능이 분절화된 채로 수직적으로 배분되고 있다는 점을 들 수 있다.

한국에서 중앙 주도의 개발지상주의를 극복하기 위해서는 영국 사례에서 나타난 대지역주의와 소지역주의의 혼합 또는 동시적 배열을 시도할 필요가 있다. 이때 새로운 지역 거버넌스의 핵심 요소로 정부 차원의 광역경제권 기구, 기업을 중심으로 한 민간협의회, 정부와 지역사회의 연합에 기초한 공유자산 형성과 공공기구 등을 들 수 있다. 또한 영국 사례의 한계를 넘어서기 위해서는, 도시예외주의를 극복하고 환경친화적인 지속가능 발전모델을 정립하며, 지역연합에 의해 사회적 공유자산의 기반을 구축하는 사회혁신의 추진이라는 방향의 보완책을 마련할 필요가 있다.

제13장

지역혁신과 지역성장 전략
— 서남권 지역을 중심으로

1 문제 제기

저성장 시대가 시작되고 있다. 2008년 세계경제 위기 이후 세계 각국은 급한 불을 끄는 데 힘을 썼지만, 근본적으로 믿음을 주는 대책은 나오고 있지 않다. 서구 선진국에서는 '장기침체'(secular stagnation)가 당면한 현실 문제로 등장했다. 중국과 한국은 2008년 세계경제 위기의 충격을 비교적 짧은 시간에 넘어선 바 있다. 그러나 추세를 보면 2010년경 이후 동아시아 경제 전체의 성장세가 꺾이고 있다고 볼 수 있다.[1]

저성장 추세에 어떻게 대응할 것인가? 이 질문에 대한 대답은 추세 전환의 본질을 어떻게 파악하는가와 밀접하게 연관되어 있다. 자본주의에 다양한 유형이 존재할 수 있다는 관점에서는, 한국경제는 결함을

---

1 중국은 2014년 국내총생산 성장률을 7.4%로 발표했다. 이는 공식 집계가 시작된 1990년 이후 24년 만의 최저 성장률이다. 중국정부는 경제가 '뉴노멀'(new normal, 新常態) 상황에서 안정된 상태로 발전했다고 설명했지만, 이는 성장 둔화를 정상적인 것으로 공언한 것이기도 하다.

지닌 자본주의라고 주장하고 있다. 이 결함은 '진보적 자유주의' 또는 '사회민주주의'를 추구하는 정책에 의해 교정되어야 한다. 이 둘은 시장경쟁 규칙이나 국가 개입의 성격에 대한 평가를 두고 차이가 있을 수 있으나, 분배 문제 개선을 위한 정책의 중요성을 강조한다는 점은 공통적이다. 결함의 개선을 위한 정책 처방으로는 경제민주화, 복지국가, '분배에 기초한 성장'('임금주도성장') 등이 논의되고 있다.[2]

한국경제의 발전방식의 특수성에 대해 관심을 두는 경우 한국에서는 1970년대 이후 동아시아 모델 또는 포드주의적 발전국가 모델이 형성되었고 1997년 이후 영미형 발전모델이 섞이게 되었다고 본다. 그러나 보는 각도에 따라 대응책은 다르게 제안되고 있다. 이해관계자 자본주의의 도입, 노동시장의 유연안정성, 증세와 보편적 복지 등에서의 사회적 타협을 강조하는가 하면(김형기 2015), 기업의 저투자 환경 개선과 중소기업, 민간, 서비스업, 내수 등 새로운 추격 동력을 마련하는 것을 중시하기도 한다(이근 2015).

한국이 지경학적 조건으로 인해 조립형 공업화에 의한 성장체제가 형성될 수 있었다는 논의도 있다. 이에 의하면 공동체를 결여한 한국적 특수성으로 '국가관리 시장경제'가 만들어졌다는 것이다.(이영훈 2015) 한국이 처한 역사적·지경학적 조건과 '비공식적 제도'로서의 사회·문화의 특질을 감안하는 것은 의미있는 관점이다. 그러나 조립형 공업화 체제도 크게 보면 1960~70년대의 형성기, 1990년대의 전환기를 거쳤다. 최근에는 세계경제 침체와 중국의 산업고도화로 동아시아 전체가 기존

---

2 정성진(2015)은 맑스주의 입장에서 자본과 노동 관계를 본질적 문제라고 본다. 그렇게 보면 경제민주화, 복지국가, 분배 개선 등은 최소 수준에서 행하는 개혁정책이고, 저성장 문제는 부차적이다.

발전방식의 한계에 직면해 있다.

이 글에서는 동아시아 발전모델의 한계를 극복하기 위해서는 생산과 공간의 네트워크 구성을 변경함으로써 새로운 '활력'을 추구해야 한다는 입장을 취한다.[3] 이에 이하에서는 동아시아 모델의 형성·전개과정과 그 성장체제의 한계를 고찰한다. 이어 동아시아 모델의 한계를 돌파하는 실험적 혁신 모델로서의 광역경제권 지역성장 전략을 구성해보고자 한다.

2 동아시아 발전모델의 전개

(1) 동아시아 발전모델의 형성

한국은 동아시아 발전모델의 전형적인 사례다. 그런데 동아시아 발전모델은 한 국가 단위 안에서만 만들어진 것이 아니라, 세계체제 속에서 형성된 것이다. 발전모델의 형성과 전환에 영향을 미친 역사적 계기는 양차대전 사이의 근대화 경험, 그리고 1950~60년대로 이어진 동아

---

3 통상 경제성장이나 발전에 필요한 요소로 투자, 소비 등 거시경제 용어를 거론하는데, 이들 사이에는 인과관계가 성립한다기보다는 동어반복의 성격이 강하다고 본다. 역사적인 관점에서 보면 활력 또는 생명력이라는 개념이 의미가 있다고 본다. 국가의 생명력이라는 용어에 대해 정확한 의미를 부여하는 데에는 논란이 있고, 그 용어는 상당히 광범위하게 사용되고 있다. 동의어로는 적응력, 전환능력(자원 재배분 능력), 창의성, 단호한 대응, 역동성, 엘랑 비탈(élan vital, 생의 약동), 에너지, 발명 능력, 주도권, 지성, 모멘텀, 회복력, 반응력, 유연성, 기력, 활력 등이 있다. 반의어로는 무기력, 나태, 권태, 피로, 무감각, 수동성, 태만, 마비 상태 등이 있다.(킨들버거 2004, 16면)

시아에서의 전쟁, 1990년대 이후의 글로벌화와 동아시아 네트워크의 진전 등이다.

동아시아 모델의 원형은 만주국의 실험에서 만들어졌다. 1931년 9월 일본 관동군은 만주사변을 일으켜 중국 군벌을 몰아내고 만주국을 수립했다. 일본 군부는 소련·미국과의 지구전을 준비하는 거점을 만주에 수립하려 했고, 재정관계를 통해 만주를 일본 통제하에 두고 개발하는 경제정책이 시행되었다. 일본과 만주를 함께 포괄하는 경제블록 형성을 추진한 것은 대공황 이후 경제적 경쟁과 민족주의가 격화되던 국제 정세와 관련이 있었다. 유럽의 파시스트 모델의 진전은 일본의 군국주의자들 및 아시아주의자들에게도 영향을 미쳤다.

만주국에서는 근대 발전국가 형성이 목표로 설정되었다. 만주국은 당시 일본을 제외하고는 가장 산업화된 지역으로 부상했지만 경제발전의 이면에서는 억압과 통제, 저항세력에 대한 학살이 자행되었다. 이러한 근대국가의 이중성은 파시스트 이딸리아, 나치 독일, 스딸린의 소련, 군국주의 일본에도 공통적으로 존재하는 바였다.(두아라 2005)

2차대전이 끝난 후 동아시아는 자본주의와 사회주의의 양 진영으로 갈라졌다. 전쟁 수행을 위한 만주국의 중화학공업화 경험은 동아시아에서의 자본주의와 사회주의 경제체제 형성에 영향을 미쳤다. 만주의 전시경제체제는 국공내전 기간 중국공산당에 직접 이용되었으며 집권적 계획경제 수립의 기초가 되었다.[4] 만주국 모델은 전후 일본과 한국의

---

4 1930년대 초부터 45년까지 만주에서 일본 제국이 구축한 중화학공업은 전쟁 수행을 목적으로 한 군수생산으로 주도되었고, 인적·물적 자원의 상당 부분이 그에 집중되었다. 국공내전기에는 만주의 전시경제체제의 일부가 중국공산당에 이용되었고, 이는 공산당이 내전에서 승리하는 중요한 요인이 되었다.(阪口功 2012)

산업부흥정책에 골격을 제공하기도 했다.

2차대전 후에도 동아시아에서는 한국전쟁, 베트남전쟁과 같은 세계적인 전쟁이 이어졌다. 한국전쟁이 진행 중이던 1951년 9월 미국 등 연합국 48개국과 일본은 샌프란시스코강화조약을 체결했다. 강화조약은 일본을 사회주의 진영과 대치하는 전략적 요충지로 건설하기 위한 것이었다. 일본은 한국전쟁을 위한 전략기지 및 군수보급지의 역할을 수행하게 되었고, 패전 후 경제위기 상태에서 탈출했다. 1951~52년의 산업부흥 과정에서 일본 산업정책의 원형이 마련되었다. 국가는 자동차, 석유화학, 섬유 등을 전략산업으로 육성하는 기본 방침을 결정하고 적극적인 보호정책을 실시했다.[5]

한국전쟁 이후 중국과 북한에서는 집권적 사회주의 체제가 강화되었다. 한국은 미국의 원조에 의존하여 파괴된 생산시설을 복구하고 기간산업을 건설했는데, 원조에 의해 적립된 자금을 배분하는 과정에서 광범한 국가 개입이 이루어졌다. 1950년대 중반 이후 북한과 중국 등 사회주의권에서는 전후 복구와 함께 경제성장이 이루어졌다. 한국에서는 북한의 평화공세와 원조 삭감 등에 자극을 받아 자립경제를 달성하기 위한 경제계획과 수출진흥책을 구상하기 시작했다.

동아시아 차원에서 중공업화를 위한 산업정책이 본격화된 데에는 베트남전쟁의 영향이 크게 작용했다. 베트남전쟁은 동아시아 차원의 세계전쟁이었다. 전쟁을 통해 한국뿐만 아니라 동아시아 전체에 군수

---

5 1951~52년 시기에 일본 자동차공업에 대하여 산업정책의 골격이 수립되었다. 보호정책으로는 (1) 보호관세, (2) 국산차에 유리한 물품세, (3) 엔화 할당에 의한 수입제한, (4) 외화 규제 등이 실시되었고, 육성정책으로는 (1) 정부계 금융기관에 의한 저리자금 공급, (2) 기술 수입과 국산화 장려 등이 시행되었다.(이덕훈 1997)

공업과 결합된 중공업화가 진전되고 개발독재가 강화되었다. 한국에서
는 유신독재체제가 성립했고, 북한의 군사적 국가체제는 더욱 강화되
었다.[6]

2차대전 후에도 베트남에 프랑스가 잔류하고 있었지만 결국 패퇴하
고 미국이 대신 개입하게 되었다. 중국은 한국전쟁 정전 이후 북베트남
을 지원하여 1954년 프랑스를 패배시키는 데 크게 기여했다. 중국은 미
국이 베트남에 직접 개입한 이후 북베트남에 식량과 무기를 지원했다.
북한은 공군 조종사 부대를 파견하는 한편, 한반도에서 분쟁을 유발하
여 한국군을 적극 견제했다.

한국의 박정희정권은 미국 다음으로 많은 병력을 베트남전쟁에 파
병했다. 파병이 최고조에 달한 1968년 당시 베트남에 주둔한 한국군의
수는 5만여 명에 이르렀다. 1970년대 들어 미국은 데탕트 정책으로 전
환하여 미중관계를 개선하고 베트남전쟁을 휴전하는 방향으로 나아갔
다. 미국은 1971년 3월 한국에 주둔하던 미군 병력 2개 사단 중 1개 사
단을 철수했다. 이에 박정희정권은 1972년 10월 유신체제를 수립하고,
1973년 1월 '중화학공업 시대'를 선언했다. 방위산업을 중화학공업의
일환으로 육성하는 정책이 시행되면서 박정희 모델이 형성되었다. 그
것은 국가 활동을 경제발전에 집중시키는 개발독재체제였다.[7]

---

6 와다 하루끼(和田春樹)는 북한을 보통국가·정상국가와 대치되는 유격대국가·정규군국가
　로 개념화했는데, 유격대국가는 김일성(金日成) 유일지배체제가 시작된 1967년 6월 당 중
　앙위 전원회의에서부터 1972년의 헌법개정 기간 사이에 완성되었다고 한다(와다 하루끼
　2002).
7 1970년대의 박정희정권은 방위산업을 중화학공업의 일환으로 육성해야 한다고 강조했는
　데, 핵개발 능력의 추구는 1970년대에 시작된 방위산업과 중화학공업 시대의 중요한 목표
　였다(「김종필 증언록 '소이부답', 54, 사우쮘뱅시내 새믹」, 중앙일보 2015. 7. 8).

(2) 동아시아 생산네트워크의 진전과 지역적 편중성

1970년대에는 동아시아에서 발전모델이 확고한 골격을 형성하여 발전하면서도 내외적으로 위기적 요소도 함께 확대되었다. 동아시아 각국에서는 자본주의·사회주의 양 진영이 적대하는 전쟁체제 속에서 경제발전을 지상 목표로 하여 국가와 시장이 조합된 발전모델이 형성되었다. 그러나 세계적 차원에서는 다시 냉전체제가 이완되고 글로벌화가 진전되었다. 또한 개발독재의 권위주의 국가에 대한 민주화 압력이 증가하면서 종래의 발전모델과 경제시스템은 변형을 겪을 수밖에 없었다.

동아시아에서의 격렬한 전쟁체제의 구조를 바꾼 최대의 계기는 미중관계의 개선이다. 1971~72년의 미·중 데탕트는 동아시아 지역체계의 기본 골격을 바꾸어놓았다. 중소관계가 악화되면서 중국은 새로운 안보전략을 마련하고자 했고 미국은 베트남전쟁의 수렁에서 빠져나가고 싶어했다. 1971년 닉슨(Richard M. Nixon) 미국 대통령이 중국을 방문했고 1979년 1월 미국과 중국의 공식 외교관계가 수립되었다. 미중관계 개선을 계기로 중국은 시장경제체제로의 이행을 시작했다.(손열 2014)

동남아는 전쟁과 대결의 구조에서 벗어나자 가장 적극적으로 글로벌화를 지향했고 동아시아 차원의 글로벌 생산네트워크를 형성하는 데 중요한 역할을 하게 된다.[8] 아세안은 1990년대 초에 자체 내로 FTA체제를 수립했다. 동남아에 이어 중국도 동아시아 생산네트워크에 조립생산자로서 참여하였으며, 한국과 대만도 네트워크생산에 깊숙이 들어갔다. 1990년대 초반 이후 중국, 한국, 대만의 무역액이 급속히 증가했다.

---

8 동아시아 생산네트워크에 대한 서술은 이일영(2015)에 의거함.

동아시아 생산네트워크 속에서 상호간 무역이 증대하면서 참여 국가들의 경제성장을 견인하였다.

한편 북한은 동아시아 경제 및 국제관계에서 격리된 채로 고립이 심화되었다. 동아시아의 전쟁체제가 이완되면서 동아시아 생산네트워크가 진전했지만 북한은 이에 합류하지 못하고 오히려 군사경제를 강화하는 방향으로 나아갔다. 북한은 1985년 핵확산금지조약(NPT)에 가입하였으나 1993년 NPT 탈퇴와 유보, 2003년 NPT 재탈퇴에 이어, 2006년 이후 수차의 핵실험을 감행했다.

동아시아 생산네트워크는 세계적 차원에서 분업구조의 결정적 변화를 가져왔다. 그러나 그것은 북한을 공백 상태로 둔 채 진행되었고 산업적으로도 비대칭성·비완결성을 지니고 있다. 생산의 네트워크화는 생산분할의 이익이 뚜렷한 기계, 전자 등 특정 제조업이 분포한 지역을 중심으로 진전되었다. 그리고 중국의 산업구조가 고도화되면서 중국으로의 네트워크 집중성이 강화되었다.

동아시아 생산네트워크가 진전되었지만 그 전체적 모습을 보여주는 자료를 작성하기는 매우 어렵다. 거리에 기초한 생산과정의 분할과 기업 분해에 기초한 생산과정의 분할이 진전되면서 생산과 유통이 복합화되고 있다. 통계자료는 일국 단위에서 작성되는데, 일국 단위에서는 생산과 유통이 중간 단계의 과정에 있는지 최종 단계의 것인지를 파악하기 어렵고, 네트워크생산이 이루어지는 산품을 분리해내기도 어렵다. 거의 모든 산업에서 네트워크생산이 이루어지게 되었지만, 특히 전자·기계 산업의 생산분할이 더욱 진전되었고, 중국과 동남아가 이들 산업의 글로벌 생산네트워크에 참여한 것이 세계적 차원에서의 분업구조를 크게 변화시켰다.

동아시아 생산네트워크는 세계에서 가장 선진적이고 정교한 형태로 발전했지만, 이 네트워크는 매우 편중된 형태를 띠고 있다고 할 수 있다. 생산네트워크가 크게 진전된 전자·기계 부문만을 보면, 싱가포르, 필리핀, 말레이시아, 일본, 한국의 네트워크생산의 정도가 매우 높고, 태국과 홍콩을 포함한 중국이 그다음 수준이다. 반면 인도네시아, 베트남 등은 네트워크생산에의 참여도가 낮고, 인도는 더 낮은 수준이다.(Kimura and Obashi 2011)

한 국가 안에서도 생산네트워크의 집중도가 높다. 네트워크에 진입하면서 넘어야 하는 문턱이 높아서, 많은 지역이 네트워크에 연결되지 못하고 있다. 한국의 경우 수도권과 충청권 일부에 산업의 고차적 기능과 고부가가치 지식기반 제조업·서비스업의 상당 부분이 집적되어 있는데, 시·도 단위 생산력의 지역간 격차는 1990년대 중반 이후 심화되었다(정준호 2010). 1990년대 이후 진전된 동아시아 생산네트워크에 연결된 수도권과 그렇지 못한 나머지 지역 사이에 격차가 확대되고 있음을 의미한다.

한편 동아시아 생산네트워크에서 중국으로의 집중이 심화되고 있다. 중국의 주요 수출·수입품을 보면, 기계전자제품, 첨단기술제품, 자동계산설비 및 부품이 수출입 10대 품목에 공통적으로 포함되어 있고, 특히 기계전자제품, 첨단기술제품이 압도적 비중을 차지하게 되었다. 2004년과 2013년 수출액을 보면, 기계전자제품은 3234억 달러에서 1조 2647억 달러로, 첨단기술제품은 1655억 달러에서 6601억 달러로 증가했다.

또한 다른 지역에 비해 공업화가 지체되었던 중국 내륙지역의 공업화가 상대적으로 빠른 속도를 나타내고 있다. 중국의 성(省)별 생산총액 기준으로 상위 5개를 추려보면 동부 연해지역의 광둥(廣東), 장쑤(江蘇),

산둥(山東), 저장(浙江) 등이 포함되고 있다. 그런데 공업생산 증가액의 성장세를 기준으로 한 상위 5개 지역은 네이멍구(內蒙古), 장시(江西), 산시(陝西), 칭하이(靑海), 안후이(安徽) 등 내륙지역들인데, 이곳들은 전통적인 중공업 중심지가 아니라 새롭게 공업화가 진전되는 내륙지역들이다. 이는 중국의 공업화가 전국으로 확산되고 있음을 의미한다. 나아가 동부 연해지역을 중심으로 글로벌 생산네트워크에 참여했고 이 생산네트워크가 점차 내륙지역으로 확장되고 있음을 짐작케 한다.

한국의 경우에도 1990년대 이후 동아시아 생산네트워크에 연결되면서 국토공간이 새롭게 조직되었다고 할 수 있다. 생산네트워크와 연결되는 산업이 형성되는 지역에 생산력이 집중되었고 이들 지역을 중심으로 하는 글로벌 생산네트워크에 연결된 공간이 형성되었다. 생산네트워크에 연결된 정도를 반영하여 지역간 생산력 격차가 나타나게 되었다. 대기업이 주도한 전기전자, 자동차, 반도체, 석유화학, 조선산업 등 가공조립 및 기초소재 산업이 동아시아 생산네트워크에 연결되었고, 주요 생산력은 수도권을 중심으로 하고, 충남·북, 울산, 경남, 전남 등에도 일부 분포하게 되었다.

3 한국 서남권의 지역성장 전략

(1) 왜 서남권 지역인가

이하에서는 동아시아 발전모델의 혁신을 위한 실험적 거점이 될 서남권 지역의 성장모델을 논의해보고자 한다. 1990년대 이후의 성상세제는 동아시아 생산네트워크에 기반하고 있는데, 네트워크의 편중성과 위계성을 완화하고 성장의 한계에 대응하려면, 기존의 동아시아 생산 네트워크와 덜 중첩된 지역과 산업에 주목할 필요가 있다. 한반도 전체 공간 차원에서 보면, 수도권-충청권-영남권의 축을 보완하는 새로운 '네트워크 공간'이 새로운 발전모델의 핵심 요소가 된다.[9]

서남권 지역은 호남권이 주요한 구성요소지만, 경제적 네트워크로는 제주권이나 충청권, 영남권도 포함될 수 있다. 이 지역을 다극적·균형적 발전으로의 전략 변경을 위한 거점으로서 지역과 산업에 대한 실험 사례로 삼을 수 있다. 현 단계에서 중앙정부나 성숙한 산업 분야에서는 집중성과 보완성이 강해 시스템 해체나 변경이 이루어지기 어렵다. 서남권의 경우 기존의 모델에 입각해서는 여타 국내 지역이나 글로벌 차원에서 경쟁력을 확보하기가 어렵고, 다른 지역에 비해서는 새로운 발전모델을 실험할 수 있는 여지와 잠재력이 상대적으로 많은 편이다.

기존의 동아시아 발전모델에서는 수도권과 영남권을 중심으로 위계-집중형 시스템이 구축되었다. 그리고 수도권의 확대에 따라 충청권도 그러한 시스템 속에 편입되고 있다. 2000년대 들어서, 충남·경남의 인구가 매년 0.5~2.0% 성장했고,[10] 인구 성장세 속에서 제조업 인구 비중도 증가해서 2013년에 각각 12.5%, 12.9%를 나타냈다. 반면 서남권의 경우 지금까지의 조립형 제조업 모델 속에서 인구 감소·정체와 제조업 기반 격차의 확대 추세를 나타냈다. 2003~14년에 전북과 전남 인구는 각각 일곱번, 열번의 마이너스 성장률을 기록했고, 2013년 제조업 인구

---

9 '네트워크 공간' 개념의 구성 요소에 대해서는 이일영·김석현·장기복(2013) 참조.

10 충남의 2012년 인구증가율이 -3.46%인 것은, 세종시가 독립적으로 통계를 작성하는 단위가 되었기 때문이다.

표 1 인구증가율 추이 (%)

	충청남도	경상남도	전라북도	전라남도
2003	0.60	0.60	0.07	-1.71
2004	2.20	0.21	-2.40	-1.50
2005	0.50	0.58	-1.05	-0.88
2006	0.93	0.68	-0.72	-1.09
2007	1.26	0.95	-0.18	-0.50
2008	1.37	1.16	-0.21	-0.32
2009	1.04	0.81	-0.01	-0.23
2010	2.07	1.36	0.78	0.33
2011	1.47	0.79	0.36	-0.12
2012	-3.46	0.27	-0.03	-0.25
2013	1.09	0.57	0.03	-0.08
2014	0.92	0.74	0.03	0.12

- 출처: 한국 통계청.

비중은 각각 6.4%, 6.0%에 불과했다.(표 1, 표 2)

동아시아 발전모델에서는 국가가 주도하여 자원을 동원해서 특정 산업·기업·지역을 육성하는 방식을 취하였고 이들이 동아시아 생산네트워크에 연결되었다. 그러나 중국 안에서 네트워크가 확장되고 중국으로의 네트워크 집중이 심화되고 있다. 글로벌 저성장 조건 속에서 종래의 네트워크 전략의 효과는 약화될 수밖에 없다. 이제 기존의 성장전략을 변경하는 것이 중요한 과제가 되었는데, 여기에는 변화의 맹아를 지닌 니치(niche)를 형성·확장시켜 기존의 시스템을 대체하는 것이 유용한 전략이다. 그런데 문제는 니치가 제대로 뿌리를 내리지 못하고 중간에 사멸해버리는 경우가 많다는 것이다. 이때 일정 정도의 자원을 갖출 수 있는 니치의 규모를 확보하는 것이 중요하다. 한국의 실정으로 보면 중앙에서는 벗어나 있지만 어느정도의 자원을 모을 수 있는 범위는 광

표 2 거주 인구 및 제조업 인구 (명, %)

		2000	2005	2010	2013
충청남도	거주 인구(A)	1,879,274	1,918,481	2,075,612	2,059,746
	제조업 인구(B)	140,043	184,533	217,275	257,231
	B/A	7.5	9.6	10.5	12.5
경상남도	거주 인구(A)	3,035,571	3,108,192	3,208,167	3,254,871
	제조업 인구(B)	311,334	348,015	389,737	419,985
	B/A	10.3	11.2	12.1	12.9
전라북도	거주 인구(A)	1,927,005	1,816,566	1,794,335	1,798,047
	제조업 인구(B)	86,007	82,279	98,896	115,579
	B/A	4.5	4.5	5.5	6.4
전라남도	거주 인구(A)	2,034,970	1,852,119	1,777,067	1,761,195
	제조업 인구(B)	86,236	89,118	93,237	104,818
	B/A	4.2	4.8	5.2	6.0

- 출처: 한국 통계청.

역권 정도의 규모라고 생각된다.

현재의 도(道) 단위도 네트워크 공간의 규모로는 오히려 작고, 도 단위를 넘어서는 광역경제권 규모가 적절하다고 볼 수 있다. 하지만 도 단위를 넘어서는 연합을 형성하기에는 정치적·행정적인 비용이 너무 많이 소요된다는 문제가 있다. 기존 지자체 규모를 넘어서 광역경제권 형성을 도모하려면 현재의 낙후성을 벗어나려는 동기와 의지가 필요하다. 그런 점에서는 서남권 지역이 광역경제권 차원의 네트워크 공간 형성을 시도해볼 수 있는 조건에 있다고 할 수 있다. 기존 모델의 경로의 존성이 작동하는 한, 서남권이 새로운 성장지역으로 부상하는 것은 쉽지 않다. 그러나 동아시아 발전체제가 변동하는 시기에는 기존의 낙후지역이 네트워크에 연결될 기회가 생길 수 있다.

그리고 서남권 지역의 경우 니치로서의 혁신활동의 실험 사례가 비교적 많이 축적된 곳이다. 이 지역은 그간의 조립형 공업화에 대한 참여도가 낮았는데, 산발적인 혁신의 실험들이 새로운 네트워크와 연결될 경우 새로운 산업모델을 형성할 가능성이 있다. 조립형 공업 부문은 중국으로 더욱 집중될 것이므로 이와는 차별화된 지속가능형 산업·기업·지역으로 전환해야 하는데, 서남권 지역은 이러한 전환의 맹아를 지니고 있다. 서남권의 경우 농업·농촌의 혁신이 지역발전에 상당히 중요한 비중을 차지하고 있다. 농업·농촌이 도시와 연결되고 주민·시민 주도성과 결합하면서 새로운 네트워크 공간이 창출될 수 있는 가능성이 높은 곳이다.[11] 이하에서는 그간의 혁신 성과를 기반으로 서남권 지역의 새로운 네트워크 공간의 요소들을 검토해보기로 하자.

(2) 자동차·광(光)산업의 협력적 생산시스템

박근혜정부의 지역 산업정책은 대기업과 각 지역 창조경제센터를 연계시키는 전략을 핵심으로 하고 있다. 지역 창조경제센터가 지역 차원의 창업과 중소기업·벤처기업을 지원하도록 한다는 것이다. 여기에는 크게 두가지 문제가 있다. 첫째는 시·도별로 대기업이 센터를 만들도록 함에 따라 각 센터가 커버하는 범위와 품목이 너무 세분화되어 있다는 점이다. 둘째는 대기업이 센터 운영자금의 상당 부분을 담당하면서 특

---

11 기존에 논의된 서남권 개발전략은 서남권의 현실적 조건과 부합되지 않는 것들이 많았다. 중국과 가깝다는 점을 강조하는 논의가 많지만 중국과의 지리적 거리만으로 발전전략을 수립할 수 있는 것은 아니다. 서남권의 국내 산업적 위치를 감안할 때, 서남권을 관세자유지역·자유무역지대·국제자유도시로 육성한다거나, 특정 도시를 서남부 지역의 관문으로 만들어 홍콩과 싱가포르 같은 역할을 하게 한다거나, 동북아 정보네트워크의 허브로 만든다거나 하는 논의는 거의 현실성이 없다.(강경훈 2001)

정 대기업의 관련 사업에 중소·벤처 기업이 하위 파트너로 참여하는 수직적·위계적 시스템이 그대로 복제되고 있다는 점이다.

지역 산업정책의 시행 범위는 이명박정부에서 제시된 '5+2 광역경제권' 발전모델의 틀이 좀더 합리적이라 할 수 있다. '5+2 광역경제권'이란 전국을 인구 5백만명 이상의 수도권, 충청권, 호남권, 동남권, 대경권의 5대 광역경제권과 5백만명 미만인 강원권, 제주권의 2대 특별경제권으로 나눠 각 권역별 협력을 강화함과 동시에 글로벌 경쟁력을 최대로 끌어올리겠다는 것이다. 그러나 '5+2 광역경제권' 전략의 경우 중앙정부가 주도하여 각 지역의 숙원사업을 망라하는 방식의 정부주도형으로 지나치게 많은 품목들이 나열된다는 점에서 기존 산업정책 모델을 답습하고 있다고 할 수 있다.[12]

호남권 창조경제센터의 경우 광주는 현대차(자동차), 전남은 GS(건설·에너지), 전북은 효성(탄소섬유)이 운영하기로 했다. 이는 전국적으로 지역별로 대기업을 안배해서 나온 결과로 지역 특성이 일부만 반영되어 있다. 호남권 광역경제권의 비전은 '문화예술과 친환경 녹색산업의 창조지역'을 육성하는 것이었고, 선도산업으로는 신재생에너지와 친환경 부품소재 부문이 선정됐다.[13]

그런데 문제는 호남권이 어떻게 대경권의 그린에너지, IT 융·복합, 동남권의 수송기계, 융합부품소재 등과 차별화되는 특색 있는 산업발

---

12 이명박정부에서 제시된 '5+2 광역경제권'은 박근혜정부에서는 거의 동력을 상실했다. 그러나 박근혜정부의 창조경제센터 추진과정도 정부주도형으로 진행되고 있다는 점에서는 이명박정부의 스타일과 공통성이 있다.
13 '5+2 광역경제권'의 호남권 선도사업은, 광주의 경우 광(光)산업, 정보가전, 자동차부품, 디자인문화, 전북의 경우 자동차기계, 생물(발효식품), 대체에너지, 문화관광, 전남의 경우 신소재조선, 생물(기능성식품, 농업생물), 문화관광, 물류 등이다.

전 모델을 만들 수 있는가 하는 것이다. 예를 들면 자동차의 경우 호남권에서는 그린카 프로젝트를 시행하되 친환경 디젤, 전기 이동차량(E-mobility), 상용차·SUV·농업용 차량을 중심으로 하여 동남권 및 대경권과 차별화하겠다는 계획이 제안되기도 했다.(노상호 2012)

그러나 자동차산업을 포함하여 대부분의 산업이 계획을 세우고 정부 지원을 끌어온다고 해서 순조롭게 육성된다는 보장이 있는 것은 아니다. 이제는 어떻게 대기업, 중소부품기업, 노동자가 협력적 관계를 구축할 수 있는가가 핵심 과제라고 할 수 있다. 광주시는 국비와 시비·민자를 투입하여 자동차 전용 임대 국가산업단지와 친환경 자동차 혁신클러스터를 조성하여 현재 연 60만대의 생산 규모를 연산 100만대로 늘리는 계획을 추진 중이다(조선일보 2014. 11. 9).

그러나 산업단지를 조성하는 것만으로 기업·산업이 발전할 수 있는 것은 아니다. 그간 한국의 자동차산업은 '기민한 생산방식'을 발전시켰으나 최고의 관행에는 아직 미치지 못하고 있다. 기존의 국내 자동차산업의 생산방식은, 자동화 위주의 과도한 설비투자와 장시간 가동, 정규직 고용경직성으로 인한 사내하청 근로자 고용 증가, 생산직 근로자의 저숙련과 낮은 편성효율 그리고 이를 보완하는 엔지니어들의 부담 가중, 그럼에도 불구하고 지속적으로 상승하는 임금으로 인한 인건비 부담 증가, 부품업체의 재생산을 위협하는 모기업과 부품업체의 위계적·종속적 관계 등 내부적 문제를 지니고 있다. 이러한 생산방식은 고도성장 조건에서 형성되었으나, 저성장 조건에서 취약성이 나타날 가능성이 있다.(조형제 2015)

한국의 자동차산업은 미래자동차 분야에서는 후발주자 위치에 있다. 기존 자동차산업 부문에 대립적 노사관계가 징착되어 있는데, 이 상태로는 산업의 지속가능성이 보장되기 어렵다. 호남권의 경우 개혁적 정치문화의 리더십이 비교적 강하기 때문에 새로운 친환경 자동차산업 발전에 필요한 노사관계 환경을 마련하는 데 능력을 발휘할 여지가 있다. 기존의 관행과는 차별화되는 유연안전성 모델을 구축하는 혁신에는 대기업, 중소기업, 노동자, 지자체, 시민사회가 협력하노록 하는 인프라가 필요하나. 현재의 고용경직성과 임금 부담을 완화하면서 사내 하청을 축소하고 숙련을 축적하는 협력이 이루어져야 하는데, 이를 위해 중앙정부와 광역경제권 지역사회가 함께 우호적 환경을 조성하고, 대기업, 중소기업, 노동자가 상호 협력하는 관행을 만들어가야 한다.

호남권에서 발전 잠재력을 지닌 분야로는 자동차 이외에도 광(光)산업 분야가 거론되고 있다.[14] 광산업이란 빛의 생성·제어·활용과 관련된 소재·부품·기기·시스템 등 각종 제품을 생산하는 산업이다. 광주의 경우 LED, 광부품 분야에서 엔지니어링 역량을 발전시켜 광산업 육성에 성공적인 성과를 창출한 바 있다.[15] 그런데 광주 광산업의 도약을 위해서는 자동차, 가전산업 등과 연계한 광융합 분야의 신기술 및 신시장 창출이 필요하다. 대학, 연구소, 기업 등을 연결하는 연구개발 기반을 확

---

14 동아시아 생산네트워크의 진전에서 핵심적 역할을 한 것은 전기전자 분야이고, 한국도 전기전자의 수출 비중이 매우 높다. 그러나 전반적으로 볼 때 광주권의 전기전자 부문은 전기회로, 개폐기기 등 일부 품목을 제외하고는 거의 모든 국가에서 경쟁력이 전반적으로 약화되어왔다. 특히 미국·중국·일본 등 주요 수출국에서 경쟁력이 상대적으로 약화되어왔다. 전남의 경우 석유화학제품의 국제경쟁력은 다소 강화되었지만, 중국·베트남·필리핀에서는 약화되었다. 경쟁력이 강화된 품목이 유기화학품, 합성고무, 플라스틱 등 일부 제품군에 편중되었고, 중국·미국에서는 이 역시 경쟁력이 개선되지 않았다.(심재희·백형엽 2011)
15 광주 광산업 매출액은 육성 이전인 1999년 1136억원에서 2013년 2조 7105억원으로, 고용인원은 1896명에서 8445명으로, 기업 수는 47개사에서 360개사로 증가했다(광주광역시 홈페이지, 2015. 7. 30 검색, http://www.gwangju.go.kr/contents.do?S=S01&M=180102030000).

대하여 생산시스템을 뒷받침해줄 필요가 있다.

그린카 프로젝트나 광산업 분야가 지속가능한 발전을 이루기 위해서는 세계적인 수준의 제품개발 연구 역량이 갖추어져야 한다. 신규 첨단산업의 경우 연구개발 능력은 기업 차원에서만 확보하기 어려운 외부성 요소가 있다. 대학과 연구소 차원에서 특화 집중된 연구 거점을 만들고 이를 기업의 생산시스템과 연결되도록 해야 한다. 이를 추진하려면 산업, 행정, 교육제도 개편까지 이루어져야 하므로 광주시 차원에서 추진하기는 어렵고, 국가 및 광역경제권 지역과의 전략적 협력이 필요하다.

중소기업의 능력이 발전하지 않고서는 대기업이 중소기업을 위계적으로 지배하는 기업간 관계가 개선되기 어렵다. 지역 산업생태계의 지속가능한 발전을 위해서는 중소규모 부품소재장비 공급업체의 능력이 향상되어야 한다. 부품소재장비 공급업체는 매출액 대비 연구개발 투자의 비중이나 수출 비중이 낮은 편이다. 이들이 매출 증대와 기술능력 확대를 도모하려면 글로벌 생산네트워크의 가치사슬에 참여하도록 해야 한다. 이를 위해서는 중앙정부와 지역이 유기적으로 연계하여 성장동력 사업을 추진하는 스마트 거버넌스를 형성해야 한다. 이를 통해 지식생산과 산업화의 측면에서 공급업체의 글로벌화 역량 강화를 촉진할 수 있는 프로그램을 설계, 시행하고 지역 산업클러스터를 기반으로 한 글로벌 네트워킹 확대 지원 사업을 추진하도록 한다.(이정협 2011)

(3) 지역 중심의 식품클러스터와 유통시스템

서남권은 친환경적 산업과 농업·식품 분야의 발전에 비교우위를 지닌 곳이다. 현재 중앙정부 차원에서 조성 중인 '국가식품클러스터'는 서남권 네트워크 공간 형성에 중요한 역할을 담당해야 할 존재다.[16] 그런데 문제는 국가식품클러스터가 지역공간 형성이라는 관점을 갖추지 못한 채 중앙정부 주도로 이루어지고 있다는 점이다.[17]

국가식품클러스터는 국가 주도의 세계적 네트워크를 지향하고 있다. 농업을 기반으로 한 선진국의 식품클러스터는 내수에서 수출로 생산품의 판로가 발전했으나, 국가식품클러스터는 출발부터 식품수출 거점기지 구축을 통한 농식품 수출산업단지화라는 목표 아래 추진되고 있다. 국가식품클러스터가 전주농생명혁신도시, 대덕연구단지 클러스터(식품과학벨트)와 함께 이른바 '식품 R&D 삼각벨트'를 형성해 동북아의 허브 역할을 담당하게 한다는 것이다.(소순열·이소영 2012)

그러나 클러스터에서 중요한 것은 이해당사자 간에 네트워크 또는 가치사슬(value chain)이 만들어지는 것이다. 이는 경쟁과 협력을 통한 수평적 상호작용에 의해 이루어지는 것이다. 지역과 산업의 네트워크 기반이 형성되지 않는 곳에 중앙정부가 주도해 클러스터를 형성하려 하면 보조금과 지대 쟁탈을 매개로 한 집중적·위계적 관계가 고착화되고 혁신 활동은 뒤편에 밀릴 가능성이 높다.

---

16 국가식품클러스터는 2016년 말까지 전북 익산에 232만 평방미터 규모의 부지에 기업지원시설을 갖추어 조성될 예정이다. 기업지원을 위한 R&D시설(식품기능성평가센터·품질안전센터·패키징센터), 생산지원시설(파일럿플랜트·임대형공장), 종합지원시설이 세워진다. 산업단지를 뒷받침하기 위한 한옥마을·식품문화복합도시·교육시설 등 배후복합도시(126만 평방미터)도 생긴다. 농식품부는 CJ·동원F&B·하림·샘표식품 등 47개 국내 기업과 미국 웰스프링, 캐나다 썬옵타, 일본 자룩스 등 42개 외국기업 등 89개 기업과 투자협약을 맺었다. R&D 지원을 위해 글로벌 식품연구소인 니조식품연구소·TNO식품연구소 등 10개의 식품 전문 연구소와도 협약을 체결했다.(중앙일보 2014. 10. 1)

17 국가식품클러스터는 국가 차원의 추격 또는 모방 전략의 일환이라 볼 수 있다. 추격·모방의 대상은 네덜란드의 푸드밸리, 덴마크·스웨덴의 외레순, 미국의 나파밸리 등 세계적 식품클러스터이다.

국가식품클러스터는 지역 농업·농촌의 혁신활동과 연결되는 지역 중심의 식품클러스터를 지원하는 방향으로 재편되어야 한다. 국가식품클러스터의 전면 재편이 어렵다면, 그 산하에 상당한 정도의 자율권을 가진 '지역 농식품산업 생태계 형성을 위한 네트워크'가 마련될 필요가 있다. 여기서 정부 각 부문의 지원사업을 연결·조정하고 새로운 제안을 토론·결집하는 역할을 수행해주도록 한다.

광역지역 식품클러스터가 수행할 수 있는 사업의 예를 들어보자. 1990년대부터 형성된 순창 장류 밸리 클러스터는 전통 장류 식품산업의 활성화를 촉진하고 발효식품의 산업화 및 세계화를 추진해왔다. 클러스터에 참여하고 있는 주체는 원료농산물을 생산하는 농가, 작목반, 농협, 장류를 생산하는 가공업체, 제품연구를 수행하는 장류연구소, 행정을 담당하는 순창군청 등이 있다. 순창 장류산업에서 핵심적인 역할을 하고 있는 주체는 순창군청의 장류연구사업소다. 장류연구사업소는 군청 소속의 출연연구소인데, 군 예산만으로 운영되는 데는 한계가 있어 전라북도에서 일부 예산 지원을 받고 외부 위탁과제를 추진하여 운영되는 조직이다.

그간 순창군은 정부 각 부처의 관련 정책을 엮어서 장류 밸리 클러스터의 기반을 형성했다. 한데 신활력사업, 지역연고산업진흥사업, 지역특구사업, 지역특화사업, 중소기업기술연구회사업 등 여러 지원사업을 관리하는 데에는 많은 행정비용이 발생할 수밖에 없다. 이러한 지원사업들이 생긴 배경이 있기 때문에 이를 단기간에 통합하기는 어렵고, 우선은 이 사업들을 안정적으로 연결·조정해주는 것도 큰 도움이 될 것이다. 또 원료조달체계 형성, 제품개발 능력, 기업화 능력 등에 부족한 점이 있다. 순창 지역 내의 자원에만 의존해서는 기술개발 및 융·복합화의 기반이 취약할 수밖에 없으므로 광역경제권을 커버하는 식품클러스터와의 연계를 강화하는 전략이 필요하다.(황의식 외 2010 , 53~61면)

고창 복분자산업의 경우도 비교적 성공적인 지역클러스터의 사례로 거론되고 있다. 고창 복분자산업의 참여 주체는 농가, 지역농협, 복분자 연합사업단, 가공업체, 고창군 복분자전담팀 등이 있으며, 이 중 복분자 전담팀과 연합사업단이 복분자산업의 두 축을 담당하고 있다. 고창군의 복분자전담팀은 농식품부 5개 사업, 지식경제부 3개 사업, 전라북도 1개 사업 등 총 9개 사업의 지원을 받았다.[18] 전담팀이나 연합사업단의 네트워크의 범위가 군 지역 밖으로 확대되면 혁신활동의 효율성은 더욱 높아질 수 있다. 고창 복분자산업의 생산주체나 기능이 군 지역 내에 머무르고 있다는 점은 활동의 한계로 작용한다. 실제로 인근 정읍에서도 복분자 생산이 많지만 서로 협력관계를 형성하지 못하고 있다.(황의식 외 2010 , 62~66면)

로컬푸드 같은 경우도 광역지역 규모 정도의 네트워크를 통해 안정적인 수요를 조직하는 것이 바람직하다. 식품클러스터에서 제공하는 네트워크의 인프라를 이용할 수 있다. 완주군은 5천여가구의 경지면적 1ha 미만의 가족농, 고령농의 지속가능한 경영을 위해 로컬푸드 정착을 주요한 농정 목표로 설정하였다. 완주군은 이들 농가가 다품목 소량생산과 직거래 유통을 통해 안정적인 소득원을 창출할 수 있도록 로컬푸드 사업을 추진했다.

---

18 농림수산식품부 사업으로는 신활력사업, 향토산업육성사업, 지역특화품목육성사업, 지리적표시제, FTA과수산업지원사업 등이 있고, 지식경제부 사업으로는 지역연고산업진흥사업, 지역특화발전특구, 지자체연구소육성사업 등이 있으며, 전라북도 사업으로는 1시군 1프로젝트 사업이 있다.

그러나 이러한 커뮤니티 기반의 비즈니스는 지속가능성이 문제가 된다. 지속적인 발전을 위해서는 추진 주체의 역량을 고려한 단계적 지원, 시민단체 등 다양한 조직과의 협력적 네트워크 구축, 주민과 지역사회의 역량 제고 등의 과정이 필요하다(이수연 2013). 한편에서는 중앙정부 차원의 정책을 조율하면서 다른 한편에서는 지역 주민 차원의 능력 향상 활동을 수행해야 하는데, 기초지자체 범위에서 지닌 자원과 능력으로는 이런 복잡한 과제를 지속적으로 수행하는 데에 한계가 있다.

또 로컬푸드 개념에서 지역산 농산물의 생산과 소비라는 물리적 거리의 단축은 큰 의미가 없고, 대신 기존 농산물 유통시스템에서 가능하지 않던 생산과 소비의 사회적 거리를 단축시키는 일이 핵심이다. 농산물 유통 과정에서 그간 관심을 끌지 못하던 생산이나 식품안전성 정보를 제공하는 등 소비자가 신뢰하는 농산물 유통시스템을 구축하는 문제는 시·군 단위의 범위에서는 해결하기 어려운 문제다. 신뢰관계를 형성하면서 경제적 효율성을 확보할 수 있는 로컬푸드 유통 인프라는 광역경제권 정도의 범위에서 구축하는 것이 타당하다고 여겨진다.[19] 기존의 국가식품클러스터, 광역지자체, 시군 단위의 커뮤니티 사업체 등이 결합하여 유통시스템을 마련하는 방안을 모색할 필요가 있다.

---

[19] 소비자협동조합 중 빠른 성장세와 경영능력을 보여주는 것이 아이쿱생협이다. 아이쿱생협의 경우 물류센터를 경기도 군포시, 충남 금산군, 경북 칠곡군, 전남 구례군 등에서 운영하고 있다. 협동조합 기업 차원에서도 광역경제권이 경제적 효율성을 확보하는 데 적당한 지리적 범위라고 판단하고 있는 것으로 여겨진다.

(4) 바다-도시-내륙을 잇는 어메니티 공간

지역 차원의 네트워크 공간은 경제적 관계를 통해서만 형성되는 것은 아니다. 한국에서 농업·농촌이나 지역·지방이 침체한 것은 경제적 요인에 의한 것만이 아니라 거대한 문화적 변동 또는 정체성 변동과도 관련이 있는 것이나.[20] 최근 서울의 핫플레이스는 거대자본이 아니라 문화예술인이나 젊은 소규모 자영업자들에 의해 성장하고 있다. 젊은이들이 하숙집을 떠나면서 셰어하우스로 모이는 것, 작은 사치와 메이킹의 유행, 전통 기업과 IT 기업 직원들의 패션의 차이 등은 문화적 정체성과 주로 관련된 현상이다. 농업·농촌의 정체와 쇠퇴는 탈전통화에 실패한 '촌스러움'에 대한 문화적 반격이 상당한 정도로 작용했다고 볼수 있다.

전북 진안은 농촌의 마을만들기 사업으로 유명한 곳이다. 농민운동 출신의 단체장이 2001년부터 주민 주도의 상향식 마을만들기 사업을 전국 최초로 시도했고, 이후 진안군은 마을만들기의 '백화점'이라 불릴 정도로 최초의 시도들이 많이 이루어졌다. 진안군 마을만들기 사업은 민관파트너십(거버넌스)을 추진한 대표적인 사례로 소개되고 있지만, 그 성과에 대해서는 여러가지 평가가 있다. 마을만들기 활동이 행정지원을 매개로 양적 성장을 하고 있지만 행정과 민간의 갈등 사례는 오히려 빈번해지고 있다는 평도 있다.(구자인 2014, 33면)

---

20 이러한 현상을 사회과학적으로 표현하는 개념은 '개인화'이다. 세계화 또는 정보화의 환경 속에서 위험과 고통을 개인화하고 정체성을 다원화하는 현상이 나타난다는 것이다. 정치학 쪽에서는 노무현 현상이나 안철수 현상을 설명하기 위해, 여성학 쪽에서는 저출산 현상을 설명하기 위해 개인화 개념을 사용하기도 한다.(김정훈 2015; 오유석 2015)

좀더 근본적으로는 농촌 기초지자체 범위에서는 해당 지역주민은 물론 외지인의 경제적·문화적 수요를 감당하기 어렵다. 작은 규모의 커뮤니티에서는 주민 역량의 부족과 지역 차원의 인재 고갈이 항상 지적되는 문제다. 이에 대해 길게 보고 학습운동을 전개하는 것도 하나의 해결방안이겠으나, 좀더 넓은 범위에서 농촌과 도시를 연결하는 어메니티(amenity) 네트워크 공간을 형성하는 것도 필요한 방안이다.[21]

비수도권 지역에서 자생력을 가진 어메니티 공간이 형성될 수 있다는 충격을 준 것이 전주의 사례다. 2002년 월드컵을 계기로 전주의 전통문화를 모티브로 하는 관광개발사업이 추진되면서, 전주한옥마을이 지역성장의 핵심 축으로 등장했다. 전주한옥마을은 전주시 풍남동과 교동 일대의 한옥 밀집 지역인데, 경기전, 전동성당, 풍남문, 오목대, 전주향교 등 관광지와 전주비빔밥, 모주, 콩나물국밥 등 먹거리, 남부시장, 영화거리 등의 청년문화가 결합하여 폭발적으로 성장했다.[22]

전주의 한옥, 관광지, 먹거리는 이전부터 존재하던 것이었다. 그런데 이런 전통적 요소들을 탈전통적·탈지방적 어메니티 공간으로 재결합시킨 것은 전주 내외의 청년들이라고 할 수 있다. 전주가 어메니티 공간으로 재탄생하면서 한옥마을을 중심으로 자본과 외지인의 유입을 가져

---

21 '어메니티'는 매우 다양하고 복합적인 개념이다. 환경보전, 쾌적성, 여유, 정감, 평온 등과 같은 요소를 포함하는데, 인간과 자연이 연결되면서 발생하는 효과를 주로 의미한다. 이 글에서 어메니티 공간이라 말할 때는 자연이 제공하는 환경성보다는 자연과 인문이 어우러지는 문화성을 중시하는 입장에 있다. 그런 점에서 어메니티 공간은 문화공간이라고도 할 수 있는데, 이때 문화는 다양하고 개별화된 탈전통적·탈근대적 성향을 지닌 것이다.

22 어메니티 공간 형성의 주요 동력은 지역에 따라 매우 다양하게 나타난다. 제주도의 경우 중국인·은퇴자·셀리브리티의 유입이 중요한 계기가 되고 있다면, 전주는 청년들이 문화의 공급자와 수요자로서 공간 형성을 촉발했던 경우라고 할 수 있다.

왔고, 주거지에서 관광지로 되어가면서 원주민·이주민과 신이주민 사이의 구별짓기가 이루어지고 있음을 지적하기도 한다(문창현 2008; 이선희 2011). 그런데 주민들 사이의 정체성 분화가 전주 어메니티 공간의 미래를 규정하는 결정적 요인은 아니다. 향후 전주 어메니티 공간의 재편을 추진할 주체는 지자체, 청년, 상인, 관광객 등이다. 어메니티의 증대는 오히려 외부 주체를 혁신적으로 연결하는 데서 이루어질 수 있을 것이다.

그런데 전주만으로는 어메니티 공간으로서의 지속성이 충분하다고 볼 수는 없다. 적어도 광역권 정도의 규모에서 네트워크 공간이 형성되어야 세계와의 연결도 가능하다고 본다. 전주는 군산의 근대문화도시 프로젝트와 연결되면 더욱 풍부한 어메니티 요소를 갖출 수 있다. 군산은 구(舊)도심에 위치한 조선은행, 일본제18은행, 군산세관, 일본식 가옥 등으로 근대 역사경관을 조성하는 사업을 벌인 바 있다. 내륙의 덕유산 권역과 바다로 이어지는 변산해안권과도 연결되는 콘텐츠가 필요하다.

서남권이 활용해야 할 중요한 자원은 새만금 간척지다. 새만금 사업은 애초에는 만경·김제평야와 같은 우량 농지를 일구어내겠다는 목표하에 추진되었으나, 2011년 이후에는 글로벌 자유무역과 경제협력의 중심지를 지향한다는 목표를 공식화했다(새만금개발청 홈페이지). 그러나 방조제를 쌓는 토목사업과 무역 허브를 만드는 것은 차원이 다른 일이다. 세종시에 위치한 새만금개발청이 주도해 수년 내에 해외와 민간의 투자를 유치하고 한중 경제협력특구를 조성할 수 있을 것으로 기대하기는 어렵다. 최근에는 관광·레저 권역 개발에 좀더 주력하는 방안이 거론되고 있으나,[23] 중앙정부가 주도하여 매력적인 어메니티 공간을 만

---

23 새만금개발청 청장은 최근 언론 인터뷰에서 다음과 같이 말했다. "선도적으로 새만금을

드는 것도 실현될 가능성이 별로 높지 않다. 새만금개발청의 역할을 지자체들과 협력하여 서남권 전체의 어메니티 공간을 기획하도록 하는 방향으로 조정할 필요가 있다.

현 단계에서는 제한된 투자 규모를 전제로 지역의 잠재력과 연결하면서 어메니티를 제고하는 것을 기본 방향으로 잡는 것이 더욱 현실적이다. 국내외 자본을 투입하는 것을 바탕으로 무리하게 관광·레저시설을 건설하는 대신, 생태습지, 수목원 및 상징 숲, 환경용지 등의 비중을 늘려서 생태도시 개념을 갖도록 한다거나(김보국 2009), 다도해와 어촌의 문화콘텐츠와 연계된 어메니티를 개발하는 방안에 더 관심을 기울일 필요가 있다(김수관 외 2014).

문화콘텐츠의 개발은 그 자체로 그쳐서는 안 되고 그에 더하여 경제적·산업적 부가가치를 형성할 수 있어야 한다. 서남권은 전체적으로 환경적·생태적·문화적으로 차별화된 우위 요소를 지니고 있으나 이와 관련된 비즈니스 모델을 만들어내는 능력이 상대적으로 취약하다. 자연환경과 지역 전통문화의 체험 활동으로부터 만족을 추구하는 경향을 '슬로시티'라는 브랜드로 만들어낸 것은 좋은 시도라고 할 수 있다. 그러나 농촌·어촌형 소규모 공간만으로는 슬로시티를 지속적으로 발전시키기 어렵다. 농촌·어촌의 어메니티 요소를 도시형 비즈니스 모델로 재조직하고 네트워크화한다면, 도시·농촌이 연결되고 복합화된 글로벌한 지역공간을 형성할 수 있다.[24]

수준 높은 관광 거점으로 개발할 필요가 있다. 관광은 새만금에 대한 국내외 투자자의 관심을 높이는 콘텐츠가 될 것이다. 해양·레저, 휴양, 위락과 오락, 상업 시설이 먼저 마련돼야 관광객과 투자자가 새만금의 가치를 인식하게 될 것이다."(연합뉴스 2015. 3. 1)

24 1999년 국제슬로시티운동이 출범된 이래 2013년 6월까지 27개국 174개 도시로 확대되었

(5) '국토지역위원회'와 광역경제권 기구

그러면 농촌과 도시를 연결하는 거버넌스를 어떻게 마련할 것인가. 송위진(2015)이 참고를 위해 제시한 사례는 네덜란드 경제부의 에너지 전환 프로젝트다. 네덜란드 경제부는 2005년 정부와 산업계·학계·연구계·시민사회의 17명의 위원이 참여하는 태스크포스를 구성했고, 여기서 2006년에 구체화된 실행 계획을 작성했다. 에너지 전환 실험은 이 계획에 기초해 진행되었다. 부처 간 정책조정을 위한 부처 간 사무국(IPE)이 설치되어 6개 부처 30여명의 공무원이 참여했으며, 각종 프로젝트가 3~4년 동안 추진되었다.

그런데 한국에서라면 이런 네덜란드 방식이 유효할까. 한국에서도 이와 비슷한 시도가 이루어진 것이 노무현정부의 위원회 실험이다. 노무현정부의 위원회는 청와대 직속으로 설치되어 훨씬 강력한 추진체계를 지니고 있었으나 정부 부처 간 장벽을 뛰어넘는 집행력을 확보하기가 어려웠다. 한국의 국가부문과 관료제는 네덜란드와는 달리 훨씬 집중적·위계적인 성격을 지니고 있다. 정책조정 체계가 현재의 중앙정부 관료제와 동렬에 두어지면 견제와 공격을 받게 되어 그 기능이 무력화될 가능성이 높다. 따라서 중앙정부 기능과 중복되지 않으면서 일정하게 경쟁·협력하는 수준에서 거버넌스를 형성하는 것이 좋다고 본다.

으며, 2015년 7월 현재 한국은 11개의 슬로시티가 가입되어 있다. 그중 서남권에는 신안군 증도면, 완도군 청산면, 담양군 창평면, 전주 한옥마을 등이 슬로시티로 지정·인증되어 있다.(한국슬로시티본부 홈페이지, www.cittaslow.kr) 신안 증도나 완도 청산의 경우 농어촌형, 담양 창평은 광주권과 연결된 도농복합형, 전주 한옥마을은 도시형으로 분류해볼 수 있다.

한반도 전체 차원에서는 '국토지역위원회'를 구성하여 공간 및 지역 산업 전략을 수립하는 기능을 맡도록 한다. 노무현정부에서는 국내외 공간을 구분하여 동북아시대위원회와 국가균형발전위원회를 두었는데, 지역산업 발전에서 국내외 공간을 구분할 필요는 없다고 본다. 국토지역위원회는 한반도 전체 및 글로벌 차원에서 국토공간 및 지역산업 발전에 관한 최상위 계획을 수립하는 기능을 수행한다. 또한 토지이용에 관한 행정계획·규제에 대해 심의하고 대형 인프라 사업과 성장동력 지원 사업에 대한 사전 심의와 사후 모니터링을 수행하도록 한다.

이 기구는 범부처 차원에서 구성하고 경제성 검토를 포함한 다목적의 기준을 지닌 국민참여 의사결정시스템을 운영하도록 한다. 정부, 지자체, 전문가, 시민이 모두 참여하여 전문성을 집결함과 동시에 다양한 의견과 이해관계를 공평하게 조율하도록 하자는 것이다. 사업과제는 국가·지역 차원으로 구분하여 추진하도록 한다. 국가 차원의 과제는 국가가 주도하여 추진하고, 지방 차원의 과제는 지방이 주도하되 국가가 재정적으로 보조하도록 한다.

서남권의 경우 기존의 광역지자체의 규모에서는 글로벌 경쟁력을 지닌 기업·산업 생태계를 발전시키기 어렵다고 본다. 적어도 광주, 전북, 전남을 함께 모은 정도의 규모를 형성하는 것이 필요하다. 그러나 현재의 지방행정 단위를 통합·개편하는 것은 많은 시간과 비용이 소요될 것이므로, 지자체들이 합의하는 조건에서 중앙 단위에서 광역개발청을 두고 중앙과 지방이 협력하여 광역경제권 경제사업을 추진하는 것이 현실적인 방안이다.

영국의 경우 보수당은 소(小)지역주의를, 노동당은 대(大)지역주의를 선호하는 경향이 있다. 노동당 정부에는 대지역주의 정책의 산물로 9개의 지역개발청(RDA)을 설치하였는데, 이 광역기구가 포괄하는 지역의 평균 면적(14,491㎢)이 한국의 5+2 광역경제권 평균 면적(14,261㎢)과 유사하다. 2009년 보수당 정부가 출범한 이후에는 지역개발청을 30~40개의 로컬기업파트너십(LEP, 지방산업협의회)으로 전환하는 흐름을 보였지만, 독일, 프랑스, 일본, 미국 등 대부분의 선진국들은 광역경제권을 확대하는 추세에 있다.(김세홍 2011; 성준호 2008)

한국 현실에서 5+2 광역경제권에 일률적으로 추진기구를 설치하게 되면 또다시 하향식의 일률적인 개발 패턴이 반복될 가능성이 많다. 지역 특색에 맞고 권역 내 하위 경제권들 사이의 협력적 발전의 방향이 확립된 경우부터 지역개발청 설립을 추진하는 것이 소모적인 경쟁과 갈등의 여지를 줄일 수 있다. 서남권의 경우 광주·전북·전남 지자체들 간의 협의체를 만들고 기존의 새만금개발청을 기반으로 조직을 재구성하면 광역경제권 정부조직을 신속하게 갖출 수 있다.

광역경제권 기구는 광역지자체 간의 협력과 주민 참여를 기반으로 운영함으로써 지역 성장의 기반이 될 수 있다. 현재의 법체계하에서는 광역경제권 기구는 중앙정부에서 의결기관과 집행기관을 구성하는 특별 행정기관 형태로 구성할 수밖에 없어서 선거에 의해 주민 대표성을 갖는 광역지자체와 갈등을 빚을 요소를 지니고 있다. 이에 따라 광역경제권 기구 및 광역지자체와 독립하여 이들 사이에 발생할 수 있는 갈등을 완충하고 지역 차원의 과제를 제기하는 지역 산업 및 주민 차원의 거버넌스를 형성하는 것이 바람직하다.

지역 차원에서 스스로 과제를 제기하고 문제를 해결하는 방식으로는, 유럽의 리빙랩(Living Lab) 사례를 참조하여 한국형 혁신모델을 만들자는 제안이 나온 바 있다(성지은·송위진·박인용 2015). 일례로 스페인 꾸

디예로(Cudillero) 리빙랩은 사용자(어민)를 중심으로 커뮤니티를 형성하는 데에서 출발하여 점차 지역의 활동 그룹, 지역 내 타 분야, 타 지역에까지 활동의 폭을 확장했다. 한국에서는 미래부 등 중앙정부 차원에서 과학기술·ICT(정보통신기술)를 활용한 사회문제 해결형 혁신을 위한 방법론으로서, 그리고 서울, 대전 등 일부 지자체에서 일반 시민을 포함한 사용자주도형 사회혁신모델로서 리빙랩을 검토할 수 있다는 것이다.

문제는 사용자를 중심으로 한 그룹을 형성할 수 있을까, 능동적인 활동가 그룹을 찾을 수 있을까 하는 것이다. 한국에 맞는 적정 규모 단위와 주체를 찾아내는 것이 가장 중요한 문제라고 여겨진다. 지역에 사업 추진 인력이 부족하여 정부정책의 착근이 어렵고, 최근 농촌발전정책에서는 공간 범위를 농촌에 한정하지 않으며 도시와 상생하는 지역공동체로 파악하는 경향에 유의할 필요가 있다. 따라서 '농촌', '소규모 커뮤니티' 리빙랩으로 개념화할 필요는 없다고 본다.

유럽 리빙랩은 크게 보면 혁신생태계 구축과 지역문제 해결 두가지 유형으로 구분된다. 전자는 선진국에, 후자는 비유럽의 저개발 지역에 주로 분포하고 있다. 그런데 한국의 경우 지역 차원에서는 전근대·근대·탈근대의 과제가 한꺼번에 등장하고 소규모 지역 단위에서는 해결하기 어려운 문제가 많다. 따라서 한국에서는 적어도 기존의 시·군 지자체 범위를 넘어서는 규모에서 혁신생태계 구축과 지역문제 해결을 함께 다루는 것이 좋다고 본다.

한국의 리빙랩은 영국의 로컬기업파트너십과 유사한 방식으로 구성될 수 있을 것이다. 영국의 경우 중앙정부에서 지방정부와 산업계의 리더들에게 로컬기업파트너십 구성에 관한 제안서 제출을 요청하고, 제출된 제안서의 적절성을 심사하여 승인하는 절차를 밟았다. 로컬기업 파트너십에는 산업계 인사가 참여하는 한편, 대학, 평생교육기관, 사회적 경제 등 이해관계자와의 협력이 강조되었다.[25] 한국의 경우 중앙집권적 전통이 강해서 중앙정부 사무가 일거에 지자체로 이관되기가 어렵다. 우선 중앙정부가 서남권 지역산업과 새만금 개발 사업 관련 기능을 시범권 광역경세권 추진기구로 보으고, 광주·전북·전남 능 지자체와 함께 2개 이상의 시·군 단위에서 형성된 네트워크형 혁신 사업을 지원하는 거버넌스 체계를 실험해볼 수 있다.[26]

4 요약 및 결론

이 글의 문제의식은 동아시아 발전모델에서는 정책·산업·지역 차원에서 '위계·집중'의 구조가 형성되었고, 이 구조는 동아시아 생산네트워크의 성격을 규정했다. 동아시아 모델의 성장체제가 한계에 부딪힌 조건에서는 새로운 연결을 통해 성장과 다원적 가치를 제고하는 에너지를 부양해야 한다. 따라서 '위계·집중'의 구조에서 '수평·분산'의 구

---

25 영국의 로컬기업파트너십에서는 권역계획, 주택, 지방교통, 사회간접자본, 고용 증진, 인적 자본 개발, 중소기업 및 창업 지원, 저탄소 경제성장, 관광, 도시재생 등의 기능을 담당하며, 국제무역, 혁신, 부문별 리더십, 기업투자지원 등은 국가 주도로 전환되었다(김재홍 2011, 204~205면).

26 유럽에서는 '혁신'과 '사회혁신'을 구분하는 경향이 있지만, 한국에서는 아직 이들 개념이 명료하게 구분되지는 않는다고 본다. 유럽과 미국에서 사회혁신 개념은 혁신 개념에 대항해서 태동한 측면이 강하다. 혁신은 기술·시장·정책·거버넌스 체계 등에서 추진되었는데 그러한 혁신의 성과가 제대로 분배되지 않았다는 문제의식에서 사회혁신의 필요성이 제기된 것이다.(Jessop 2013)

조로 전환하는 것이 필요하고, 이를 위해서는 광역지역 차원의 성장 공간을 구축하는 실험을 전개해야 한다. 이러한 문제의식에 기초해서 이 글에서는, 첫째 지금까지 전개된 동아시아 발전모델의 성격과 한계, 둘째 이를 보완·개선하는 새로운 발전모델을 형성하기 위한 실험의 거점으로서의 서남권의 산업전략과 거버넌스에 관해 논의했다. 그 결과를 요약하면 다음과 같다.

현 단계 한국경제의 '수직·위계-네트워크'형 성장체제는 1990년대 초 이후 새롭게 확립된 글로벌 분업과 동아시아 생산네트워크에 기반을 두고 형성되었다. 동아시아 생산네트워크는 글로벌 분업구조의 결정적 변화를 가져왔으나, 그 생산네트워크는 비대칭적이고 비완결적인 형태로 전개되었다. 한국에서는 동아시아 생산네트워크와 연결되는 산업이 형성되는 지역에 생산력이 집중되었고 이들 지역을 중심으로 하는 네트워크 공간이 형성되었다. 동아시아 생산네트워크와 잘 연결되지 않는 산업과 지역은 혁신의 네트워크에서 소외되고 정체되었다.

그러나 네트워크를 좀더 수평적이고 대칭적인 형태로 개선하는 데에서 혁신과 전환의 기회를 만들 수 있다. 네트워크의 공백에 해당하는 산업과 지역을 광역경제권 단위로 재구성하는 과정에서 '수평·분권-네트워크'형 성장·발전의 동력이 마련될 수 있다. 네트워크형 산업과 지역공간으로의 전환을 위한 실험은 서남권과 같이 기존의 조립형 제조업 비중이 높지 않은 비수도권 광역지역을 거점으로 시행해볼 수 있다. 실험의 축은 중앙정부와 광역지역, 대기업과 중소기업이 협력하여 만드는 친환경 제조업 생산시스템과 식품클러스터, 농촌과 도시를 잇는 어메니티 공간, 다양한 수준에서 정부 기구와 경제주체가 함께 참여하는 광역경제권 거버넌스를 형성하는 것이다.

| 참고문헌 |

제1부 새로운 한반도체제의 길

제1장 한반도경제, 어디로?: 관점과 전략

김윤미 (2017), 「군항과 통상항의 마찰, 한반도 개항 둘러싼 제국의 갈등」, 『레디앙』 2017. 6. 16.

백낙청 (2018), 「어떤 남북연합을 만들 것인가」, 『창작과비평』 181호, 2018년 가을호.

이일영 (2009), 「하이브리드 조직 모델의 수정과 응용 — 격차문제에의 대응을 위하여」, 『새로운 진보의 대안, 한반도경제』, 창비.

이일영 (2015), 「글로벌 생산분업과 한국의 경제성장 — 동아시아 생산네트워크와 한반도 네트워크경제」, 『동향과전망』 93호, 2015년 봄호.

이일영 (2017), 「뉴노멀 경제와 한국형 뉴딜 — 동아시아 발전모델의 전환을 위한 전략」, 『동향과전망』 100호, 2017년 여름호.

이일영 (2018a), 「양국체제인가, 한반도체제인가」, 『동향과전망』 102호, 2018년 봄호.

이일영 (2018b), 「동아시아 지역구조와 한반도 경제협력 — 한반도경제의 네트워크 분석」, 『동향과전망』 104호, 2018년 가을호.

이일영·양문수·정준호 (2016), 『동아시아 생산네트워크를 고려한 남북경협방안』, 통일부 연구과제 보고서, 2016. 12. 9.

이일영 외 (2002), 『개방화 속의 동아시아 — 산업과 정책』, 한울.

정준호·이일영 (2017), 「분권형 발전을 위한 지역연합 전략 — 영국 사례의 검토와 한국에의 적용」, 『동향과전망』 101호, 2017년 가을호.

Dower, John W. (2017), *The Violent American Century: War and Terror since World War II*, Haymarket Books; 존 다우어 (2018), 『폭력적인 미국의 세기』, 정소영 옮김, 창비.

Mulhern, Francis (2018), "Critical Revolution," *New Left Review*, 110, March-April 2018; 프랜시스 멀헌 (2018), 「비평혁명의 정치사」, 『창작과비평』 182호, 2018년 겨울호.

Osterhammel, Jürgen und Niels P. Petersson (2012), *Geschichte der Globalisierung: Dimensionen, Prozesse, Epochen*, C. H. Beck; 위르겐 오스터하멜/닐스 P. 페테르손 (2013), 『글로벌화의 역사』, 배윤기 옮김, 에코리브르.

제2장 양국체제인가, 한반도체제인가

김명환 (2019), 「한반도 평화와 분단극복을 위하여」, 『녹색평론』 165호, 2019년 3-4월호.

김상준 (2017a), 「'독재의 순환고리' 양국체제로 끊어내자」, '한반도 평화를 위한 시나리오들 2nd: 한반도 양국체제와 동북아 데탕트', (사)다른백년, 2017. 12. 7.

김상준 (2017b), 「한반도 양국체제와 동아시아 데탕트」, '한반도 평화를 위한 시나리오들 2nd: 한반도 양국체제와 동북아 데탕트', (사)다른백년, 2017. 12. 7.

김상준 (2017c), 「누가 한반도의 빌리 브란트가 될 것인가」, 경향신문 2017. 12. 23.

김상준 (2017d), 「2016~2017년 촛불혁명의 역사적 위상과 목표」, 『사회와 이론』 31집, 한국이론사회학회.

김상준 (2018), 「양국체제론과 분단체제론」, 『문화과학』 96호, 2018년 겨울호.

김상준 (2019), 「분단체제론과 양국체제론」, 『녹색평론』 164호, 2019년 1-2월호.

백낙청 (2016), 「분단체제의 인식을 위하여」, 정현곤 엮음 『변혁적 중도론』, 창비.

백낙청 (2017), 「'촛불'이 한반도 평화를 만들어낼까」, 『창비주간논평』 2017. 9. 13.

백낙청 외 (2018), 『변화의 시대를 공부하다 — 분단체제론과 변혁적 중도주의』, 창비.

이일영 (2009), 『새로운 진보의 대안, 한반도경제』, 창비.

이일영 (2017a), 「뉴노멀 경제와 한국형 뉴딜 — 동아시아 발전모델의 전환을 위한 전략」, 『동향과전망』 100호, 2017년 여름호.

이일영 (2017b), 「커먼즈와 새로운 체제 — 대안을 찾아서」, 『창작과비평』 178호, 2017년 겨울호.

제3장 협동조합, 사회혁신, 체제혁신

김병권 (2017), 『사회혁신』, 서울연구원.

김은지 (2018), 「'사회혁신', 변화를 '제작'하는 사회운동의 등장」, 『문화와사회』 26권 2호.

백낙청 (2016), 「문명의 대전환과 종교의 역할」, 『문명의 대전환과 후천개벽』, 모시는사람들.

이일영 (2009), 『새로운 진보의 대안, 한반도경제』, 창비.

이일영 (2015), 『혁신가 경제학』, 창비.

이일영 (2016), 「협동조합은 사회혁신이다」, 『생협평론』 23호, 2016년 여름호.

이일영 (2017), 「커먼즈와 새로운 체제 ─ 대안을 찾아서」, 『창작과비평』 178호, 2017년 겨울호.

이일영 (2018a), 「동아시아 지역구조와 한반도 경제협력 ─ 한반도경제의 네트워크 분석」, 『동향과전망』 104호, 2018년 가을호.

이일영 (2018b), 「양국체제인가, 한반도체제인가」, 『동향과전망』 102호, 2018년 봄호.

이일영 (2018c), 「사회혁신은 체제혁신이다」, 『협동조합과 네트워크 생태계』, 아이쿱생협 20주년 기념 심포지엄, 2018. 11. 2.

정서화 (2017), 「사회혁신의 이론적 고찰 ─ 개념의 유형화와 함의」, 『기술혁신학회지』 20권 4호.

제프 멀건 (2011), 『사회혁신이란 무엇이며, 왜 필요하며, 어떻게 추진하는가』, 김영수 옮김, 시대의창.

피터 드러커 (2004), 『기업가정신』, 이재규 옮김, 한국경제신문사.

홍성태 (2011), 「리더십의 사회학」, 『경제와사회』 92호, 2011년 겨울호.

홍성태 (2017), 「한국의 사회변동과 운동리더십의 역사적 변환」, 『민주주의와 인권』 17권 1호.

Moulaert, F. et al., eds. (2013), *The International Handbook on Social Innovation: Collective Action, Social Learning and Transdisciplinary Research*, Edward Elgar.

Nye, Joseph (2008), *The Powers to Lead*, Oxford University Press; 조지프 나이 (2008), 『리더십 에센셜』, 김원석 옮김, 교보문고.

김종욱 (2015), 「냉전의 '이종적 네트워크'로서 '평화의 댐' 사건」, 동국대학교 분단/탈분단연구센터 엮음『분단의 행위자-네트워크와 수행성』, 한울아카데미.

박순성 (2015), 「천안함 사건의 행위자-네트워크와 분단체제의 불안정성」, 동국대학교 분단/탈분단연구센터 엮음『분단의 행위자-네트워크와 수행성』, 한울아카데미.

이선우 (2019), 「'제왕'과 '레임덕' ― 두 얼굴의 대통령을 읽는 하나의 새로운 이론적 시각」,『동향과전망』105호, 2019년 봄호.

이일영 (2016), 「개성공단 폐쇄 이후의 한반도경제」,『민주사회와 정책연구』 30호, 민주사회정책연구원.

이일영 (2018), 「동아시아 지역구조와 한반도 경제협력 ― 한반도경제의 네트워크 분석」,『동향과전망』104호, 2018년 가을호.

이일영 (2019a), 「북한의 원산을 바라보자」, 경향신문 2019. 1. 16.

이일영 (2019b), 「'성장률 쇼크' 대응 방향」, 경향신문 2019. 5. 15.

정예지·이수정·김문주 (2012), 「변혁적 리더 대 진성 리더 ― 변혁적 리더십의 재조명」,『경영학연구』41권 3호, 한국경영학회.

조영철 (2019), 「문재인정부 2년 경제성과 평가」,『동향과전망』106호, 2019년 여름호.

주상영 (2019), 「소득주도성장의 정책 프레임워크와 주요 정책」,『문재인정부 2년, 경제정책의 평가와 과제』, 제26차 서울사회경제연구소 심포지엄, 2019. 5. 10.

홍민 (2015), 「행위자-네트워크 이론과 분단 연구」, 동국대학교 분단/탈분단연구센터 엮음『분단의 행위자-네트워크와 수행성』, 한울아카데미.

Nye, Joseph (2008), *The Powers to Lead*, Oxford University Press; 조지프 나이 (2008), 『리더십 에센셜』, 김원석 옮김, 교보문고.

제2부 발전모델: 동아시아 발전모델의 혁신

제5장 '동아시아 자본주의'의 현재와 미래

마이클 맨 (2014), 「종말이 가까울지 모른다, 그런데 누구에게?」, 이매뉴얼 월러스틴 외 『자본주의는 미래가 있는가』, 성백용 옮김, 창비.

이매뉴얼 월러스틴 외 (2014), 『자본주의는 미래가 있는가』, 성백용 옮김, 창비.

이원재 (2011), 「네트워크 분석의 사회학 이론」, 『정보과학회지』 270호.

이일영 (2015a), 「글로벌 생산분업과 한국의 경제성장 — 동아시아 생산네트워크와 한반도 네트워크경제」, 『동향과전망』 93호, 2015년 봄호.

이일영 (2015b), 「'성장 엔진'이 꺼지지 않으려면」, 경향신문 2015. 2. 5.

전병유 (2013), 「한국사회에서의 소득불평등 심화와 동인에 관한 연구」, 『민주사회와 정책연구』 23호, 민주사회정책연구원.

조지프 슘페터 (2011), 『자본주의·사회주의·민주주의』, 변상진 옮김, 한길사.

Athukorala, Prema-chandra (2010), "Production Networks and Trade Patterns in East Asia: Regionalization or Globalization?" ADB Working Paper Series on Regional Economic Integration, No. 56, Asian Development Bank.

Burt, Ronald S. (2004), "Structural Holes and Good Ideas," *American Journal of Sociology*, 110 (2).

Economic Research Institute for ASEAN and East Asia (2010), *The Comprehen-*

sive Asia Development Plan, ERIA Research Project Report No. 2009-7-1.

Kimura, Fukunari and Ayako Obashi (2011), "Production Networks in East Asia: What We Know So Far," ADBI Working Paper Series, No. 320, Asian Development Bank Institute.

Summers, Lawrence (Larry) H. (2014a), "Secular stagnation: The long view," *The Economist*, Nov. 3rd (http://www.economist.com/blogs/buttonwood/2014/11/secular-stagnation).

Summers, Lawrence (Larry) H. (2014b), "U.S. Economic Prospects: Secular Stagnation, Hysteresis, and the Zero Lower Bound," *Business Economics*, 49 (2).

Thanh, V. T., D. Narjoko and S. Oum, eds. (2009), *Integrating Small and Medium Enterprises (SMEs) into the More Integrated East Asia*, ERIA Research Project Report No. 8.

제6장 체제전환기의 한반도 경제협력

김기봉 (2006), 『역사를 통한 동아시아 공동체 만들기』, 푸른역사.

김상배 (2011), 「네트워크로 보는 중견국 외교전략」, 『국제정치논총』 51권 3호.

김용학 (2011), 『사회연결망 분석』, 박영사.

김학재 (2018), 「이중과제론과 동아시아론에 대한 질문들」, 창비담론 아카데미 2기 6차모임, 2018. 6. 5.

김형기 (2018), 『새로운 한국 모델 — 박정희 모델을 넘어』, 한울아카데미.

동국대학교 분단/탈분단연구센터 엮음 (2015), 『분단의 행위자-네트워크와 수행성』, 한울아카데미.

라미령 (2017), 『RCEP 역내 생산·무역구조 분석과 시사점』, KIEP.

라미령 외 (2018),『한국과 호주·뉴질랜드의 대아시아 경제협력 현황과 시사점』, KIEP.

백낙청 (2010),「동아시아공동체 구상과 한반도」,『역사비평』92호, 2010년 가을호.

백낙청 (2018),「어떤 남북연합을 만들 것인가」,『창작과비평』181호, 2018년 가을호.

백영서 (2009),「동아시아론과 근대적응·근대극복의 이중과제」, 이남주 엮음『이중과제론』, 창비.

양문수 (2018),「판문점선언, 동해선·경의선, 그리고 남북 경협」,『동향과전망』103호, 2018년 여름호.

오윤아 외 (2017),『중국의 동남아 경제협력 현황과 시사점』, KIEP.

윤여일 (2018),「동아시아 담론의 이후, 이후의 동아시아 담론」, 박경석 엮음『연동하는 동아시아를 보는 눈』, 창비.

윤여준 외 (2017),『미국의 신정부 통상정책 방향 및 시사점 ― 미·중 관계를 중심으로』, KIEP,

이남주 (2018),「분단 해소인가, 분단체제 극복인가」,『창작과비평』179호, 2018년 봄호.

이일영 (2009),「하이브리드 조직 모델의 수정과 응용 ― 격차문제에의 대응을 위하여」,『새로운 진보의 대안, 한반도경제』, 창비.

이일영 (2018),「양국체제인가, 한반도체제인가」,『동향과전망』102호, 2018년 봄호.

이일영·양문수·정준호 (2016),『동아시아 생산네트워크를 고려한 남북경협방안』, 통일부 연구과제 보고서, 2016. 12. 9.

인텔리전스고 (2018),「남북정상회담 이후의 견인치로서 평화구기언합」,『동향과전망』103호, 2018년 여름호.

임수호 외 (2016), 『통일 후 남북한경제 한시분리운영방안 — 경제적 필요성과 법적 타당성』, KIEP.

임을출 (2015), 「김정은 시대의 경제특구 정책 — 실태, 평가 및 전망」, 『유라시아 시대의 동북아 경제와 한반도』, 2015 HK 국내학술대회(2015. 5. 22), 아대지역연구센터.

정준호·조형제 (2016), 「OECD 부가가치 기준 교역자료를 이용한 자동차산업 글로벌 생산네트워크의 특성 분석」, 『한국경제지리학회지』19권 3호.

홍순직 외 (2017), 『통일 후 남북한 산업구조 재편 및 북한 성장산업 육성방안』, KIEP.

KOTRA 엮음 (2016), 『2015 북한 대외무역 동향』, KOTRA.

Burt, Ronald S. (1992), *Structural Holes: The Social Structure of Competition*, Harvard University Press.

Burt, Ronald S. (2005), *Brokerage and Closure: An Introduction to Social Capital*, Oxford University Press.

Granovetter, Mark S. (1973), "The Strength of Weak Ties," *American Journal of Sociology*, 78.

Koopman, Robert, Zhi Wang, and Shang-Jin Wei (2014), "Tracing Value-Added and Double Counting in Gross Exports," *American Economic Review*, 104 (2).

OECD and WTO (2013), "Trade in Value Added: Concepts, Methodologies and Challenges," Joint OECD-WTO note, OECD.

OECD Inter-Country Input-Output (OECD-ICIO) Tables. http://www.oecd.org/sti/ind/inter-country-input-output-tables.htm.

OECD TiVA. https://stats.oecd.org/Index.aspx?DataSetCode=TIVA_2016_C1.

Wellman, Barry and S. D. Berkowitz, eds. (1988), *Social Structures: A Network Approach*, Cambridge University Press.

제7장 뉴노멀 경제와 한국형 뉴딜

강영문 (2014), 「아세안의 변화와 한아세안 통상협력에 관한 연구」, 『통상정보연구』 16권 2호.

김석철 (2012), 『한반도 그랜드 디자인』, 창비.

김세직 (2016), 「한국경제: 성장 위기와 구조개혁」, 『경제논집』 55권 1호, 서울대학교 경제연구소.

김원규 (2017), 「기업규모별 생산성 격차 분석과 해소 방안」, 『i-KIET 산업경제이슈』 9호, 산업연구원.

김재홍 (2011), 「잉글랜드 광역경제권 정책의 전환——RDA의 폐지와 LEP 창설을 중심으로」, 『지방정부연구』 15권 1호, 한국지방정부학회.

김태형 (2017), 「트럼프의 대외정책과 동아시아」, 세교포럼 120, 세교연구소.

데이비드 헬드 외 (2002), 『전지구적 변환』, 조효제 옮김, 창비.

박문수·이동희 (2017), 「4차 산업혁명 시대 산업간 연계성 강화 필요——제조업·서비스업 생산연계 네트워크 분석」, 『i-KIET 산업경제이슈』 6호, 산업연구원.

쉬 진위 (2016), 「중국 '일대일로'의 지정학적 경제학——포용적 천하인가, 예외적 공간인가?」, 『창작과비평』 173호, 2016년 가을호.

안중기 (2016), 『R&D 투자의 국제비교와 시사점』, VIP Report, 2016. 8. 1, 현대경제연구원.

양동휴 (2006), 『20세기 경제사』, 일소사.

윤우진 (2017), 「한국 무역, 뉴노멀 시대의 도전과 대응」, 『i-KIET 산업경제이슈』 6호, 산업연구원.

이명헌 (2016), 「중앙설계에서 지역혁신으로」, 『농정연구』 58호, 2016년 여름호.

이상국 (2015), 「대메콩지역 연계성의 이상과 현실 —도로교통을 중심으로」, 『공간과 사회』 54호.

이성우 (2014), 「아시아와 중국의 아시아 —아시아로 회귀와 신형대국관계의 충돌」, 『국제정치논총』 54집 2호, 한국국제정치학회.

이일영 (2012), 「87년체제와 네트워크국가 —경제민주화의 발전경제학」, 『동향과전망』 86호, 2012년 가을·겨울호.

이일영 (2015), 「동아시아 발전모델의 전환과 지역성장 전략 —서남권 지역을 중심으로」, 『동향과전망』 95호, 2015년 가을·겨울호.

이일영·강남훈·양재진·주현·정준호 (2017), 「4차 산업혁명을 준비하는 제도적 적응, 4차 산업혁명과 차기정부의 과제」, 여시재·바꿈·한국일보, 2017. 3. 13.

이일영·김석현·장기복 (2013), 「'네트워크 국토공간'의 비전과 정책」, 『동향과전망』 88호, 2013년 여름호.

이일영·양문수·정준호 (2016), 『동아시아 생산네트워크를 고려한 남북경협방안』, 통일부 연구과제 보고서, 2016. 12. 9.

이장원 (2017), 「양극화 극복을 위한 정책 방향, 사회자본 확충을 위한 중장기 정책대응방향」, KDI, 2017. 2. 9.

이희옥 (2007), 『중국의 국가 대전략 연구』, 폴리테이아.

이희옥 (2017), 「동아시아 판의 변화와 한중관계의 동태적 전환」, 『동향과전망』 99호, 2017년 봄호.

전병유 엮음 (2016), 『한국의 불평등 2016』, 페이퍼로드.

전병유 외 (2011),『지방정부 주도의 분권정책 실행 방안 ─ 분권자치형 국가발전 모델 연구』, 충청남도 여성정책개발원.

전병유·정준호 (2015),「한국경제 성장 체제의 재구성을 위한 시론」,『동향과전망』 95호, 2015년 가을·겨울호.

정영호·고숙자 (2014),『사회갈등지수 국제비교 및 경제성장에 미치는 영향』, 한국보건사회연구원.

지만수 (2015),「중국형 발전전략의 등장과 그 의미」, 서울사회경제연구소 심포지엄, 2015. 3.

추이 즈위안 (2014),『프티부르주아 사회주의 선언』, 김진공 옮김, 돌베개.

표명환 (2014),「미국과 독일헌법상의 공용수용과 보상에 관한 비교적 고찰」,『공법학연구』 15권 4호.

허완중 (2016),「한국 헌법체계에 비춘 헌법 제3조의 해석」,『저스티스』 154호, 한국법학원.

허진성 (2015),「지방분권 관련 헌법개정 논의에 대한 연구」,『공법학연구』 16권 2호, 한국비교공법학회.

米倉等·黑崎卓 (1995),「不完全市場下の制度適應」, 米倉等 編『不完全市場下のアジア農村 ─ 農業發展における制度適應の事例』, アジア經濟硏究所.

Arthur, B. (2011), "The second economy," *McKinsey Quarterly* (http://www.mckinsey.com/insights/strategy/the_second_economy).

Blanchard, O. and L. H. Summers (1986), "Hysteresis and the European Unemployment Problem," in S. Fischer, ed. *NBER Macroeconomics Annual*, Vol. 1, MIT Press.

Frey, Carl Benedikt (2016), "The Rise of the Robots," *Management Today*, June 2016, Issue 6.

Frey, Carl Benedikt and Michael A. Osborne (2013), "The Future of Employment: How susceptible are jobs to computerisation?" September 17, 2013.

Harvey, David (2010), *The Enigma of Capital: And the Crises of Capitalism*, Profie Books; 데이비드 하비 (2012), 『자본이라는 수수께끼 ─ 자본주의 세계경제의 위기들』, 이강국 옮김, 창비.

Hinssen, Peter (2010), *The New Normal: Explore the limits of the digital world*, Uitgeverij Lannoo; 피터 힌센 (2014), 『뉴노멀 ─ 디지털혁명 제2막의 시작』, 이영진 옮김, 흐름출판.

Katz, L. F. and R. A. Margo (2013), "Technical change and the relative demand for skilled labor: The United States in historical perspective," National Bureau of Economic Research.

Keynes, J. M. (1933), "Economic possibilities for our grandchildren" (1930), *Essays in persuasion*.

Kissinger, H. (2014), *World Order*, Penguin Press.

Mishel, Lawrence and Heidi Shierholz (2017), "Robots, or automation, are not the problem: Too little worker power is," Economic Snapshot, February 21, 2017, (http://www.epi.org/publication/robots-or-automation-are-not-the-problem-too-little-worker-power-is/)

Mokyr, J (2014), "Secular stagnation? Not in your life," in C. Teulings and R. Baldwin, eds. *Secular Stagnation: Facts, Causes and Cures*, A VoxEU.org eBook. CEPR Press.

Negnevitsky, Michael (2002), *Artificial Intelligence: A Guide to Intelligent Systems*, 3rd edn., Pearson Education Ltd.; 마이클 네그네빗스키 (2013), 『인공지능 개론』, 김용혁 옮김, 한빛아카데미.

Osterhammel, Jürgen von und Niels P. Petersson (2012), *Geschichte der Globalisierung: Dimensionen, Prozesse, Epochen*, C. H. Beck; 위르겐 오스터하멜/닐스 P. 페테르손 (2013), 『글로벌화의 역사』, 배윤기 옮김, 에코리브르.

Reich, Robert B. (2016), *Saving Capitalism: For the Many, Not the Few*, Vintage Books; 로버트 라이시 (2016), 『로버트 라이시의 자본주의를 구하라』, 안기순 옮김, 김영사.

Russell, Stuart and Peter Norvig (2014), *Artificial Intelligence: A Modern Approach*, 3rd edn., Pearson Education Ltd.; 스튜어트 러셀/피터 노빅 (2016), 『인공지능 — 현대적 접근방식』, 유광 옮김, 제이펍.

Schwab, Klaus (2016), *The Fourth Industrial Revolution*, WEF; 클라우스 슈바프 (2016), 『클라우스 슈밥의 제4차 산업혁명』, 송경진 옮김, 새로운현재.

Summers, Lawrence (2013), "Why stagnation might prove to be the new normal," *Finacial Times*, December 15, 2013.

Summers, Lawrence (2014), "U.S. Economic Prospects: Secular Stagnation, Hysteresis and the Zero Lower Bound," *Business Economics*, 49 (2).

Teulings, C. and R. Baldwin, eds. (2014), *Secular Stagnation: Facts, Causes and Cures*, A VoxEU.org eBook. CEPR Press.

Vivarelli, M. (2012), "Innovation, Employment and Skills in Advanced and Developing Countries: A Survey of the Literature," Institute for the Study of Labor.

제3부　조직·체제: 네트워크경제·국가로의 전환

제8장　2013년 이후의 '한반도경제': 네트워크 모델의 제안

김대호 (2011), 「2013년체제는 새로운 코리아 만들기」, 『창작과비평』 153호, 2011년 가을호.

김상배 (2008), 「네트워크 세계정치이론의 모색 ─ 현실주의 국제정치이론의 세가지 가정을 넘어서」, 『국제정치논총』 48집 4호, 한국국제정치학회.

김석철 (2005), 『희망의 한반도 프로젝트』, 창비.

김종엽 (2011), 「더 나은 체제를 향해」, 『창작과비평』 153호, 2011년 가을호.

노무현 (2009), 『진보의 미래 ─ 다음 세대를 위한 민주주의 교과서』, 동녘.

민병원 (2008), 「네트워크국가의 거버넌스 실험 ─ 유럽연합의 개방형 조정방식(OMC)을 중심으로」, 『국가전략』 145호, 2008년 가을호, 세종연구소.

백낙청 (2011), 「'2013년체제'를 준비하자」, 『실천문학』 102호, 2011년 여름호.

백낙청 (2012), 『2013년체제 만들기』, 창비.

백영서 (2011), 「동아시아 평화의 '핵심현장' 네트워크 ─ 진먼·오끼나와·서해 5도」, 『한반도 평화체제와 서해평화의 섬』, 10·4남북정상선언 4주년 국제학술회의.

안현효·류동민 (2010), 「한국에서 신자유주의의 전개와 이론적 대안에 관한 검토」, 『사회경제평론』 35호, 한국사회경제학회.

이일영 (2009), 『새로운 진보의 대안, 한반도경제』, 창비.

이일영 (2011), 「복지 논의가 헤쳐가야 할 삼각파도」, 『창비주간논평』 2011. 2. 16.

이일영 (2012), 「'김정일 이후'와 '한반도경제'」, 『창비주간논평』 2012. 1. 4.

이태수·김연명·안병진·이일영 (2010), 「복지국가는 진보의 대안인가」, 『창작과비평』 149호, 2010년 가을호

전병유 외 (2011), 『지방정부 주도의 분권정책 실행 방안 ─ 분권자치형 국가발전모델 연구』, 충청남도 여성정책개발원.

정준호 (2010), 「지역문제의 담론지형에 대한 비판적 검토」, 『동향과전망』 78호, 2010년 봄호.

한반도평화포럼 (2011), 「서해평화협력특별지대 구축 실행방안 연구 ─ 서해평화번영과 인천 이니셔티브」.

Arrighi, Giovanni (1994), *The Long Twentieth Century: Money, Power and the Origins of Our Times*, Verso Books; 조반니 아리기 (2008), 『장기 20세기 ─ 화폐, 권력, 그리고 우리 시대의 기원』, 백승욱 옮김, 그린비.

Podolny, Joel M. and Karen L. Page (1998), "Network Forms of Organization," *Annual Review of Sociology*, No. 24.

Wallerstein, Immanuel (2011), "The Social-Democratic Illusion," Commentary, No. 313, September 15 (http://www.iwallerstein.com/socialdemocratic-illu-sion/); 「복지국가 모델은 지속 불가능… 대안은?」, 『프레시안』 2011. 9. 16.

제9장   성장전략으로서의 한반도 네트워크경제

김계환 (2013), 『독일 제조업 경쟁력 요인과 시사점』, KIEP 유럽분과 전문가풀 세미나, 2013. 10. 17.

김미곤 (2014), 『빈곤·불평등 추이 및 전망』, 한국보건사회연구원.

김상배 (2012), 「정보화시대의 미·중 표준 경쟁 ─ 네트워크 세계정치이론의 시각」, 『한국정치학회보』 46집 1호, 2012년 봄호, 한국정치학회.

김석현 (2012), 「네트워크론의 이론지형과 실천적 함의」, 『동향과전망』 85호, 2012년 여름호.

심시중 (2013), 「새 지도부의 등장과 중국경제 ─ 평가와 전망」, 『현대중국연구』14집 2호, 현대중국학회.

김정민 (2014), 「신대륙주의 ── 문화적 시간에서 본 에너지 라인을 통한 새로운 연결」, 아리포럼 발표문, 2014. 9. 20.

김진영 (2007), 「동아시아 국제분업과 지역주의에의 함의」, 『한국정치외교사논 총』 29집 1호, 한국정치외교사학회.

김호기 (2009), 「87년체제인가, 97년세세인가」, 김종엽 엮음 『87년체제론 ── 민 주화 이후 한국사회의 인식과 새 전망』, 창비.

이상헌 (2014), 「소득주도성장 ── 이론적 가능성과 정책적 함의」, 『사회경제평 론』 43호, 한국사회경제학회.

이옥희 (2011), 『북·중 접경지역 ── 전환기 북·중 접경지역의 도시네트워크』, 푸른길.

이일영 (2013), 「중국 농업을 보는 제3의 관점」, 『시선집중 GS&J』 169호, 2013. 12. 4.

이일영 (2014a), 「동아시아 푸드 네트워크와 한국 농업의 비전」, 농정연구센터 엮음 『저성장·글로벌시대, 한국 농업의 진로』, 농정연구센터.

이일영 (2014b), 「한중 FTA 타결의 의미와 '한반도경제'」, 『창비주간논평』 2014. 11. 27.

이일영·김석현·장기복 (2013), 「'네트워크 국토공간'의 비전과 정책」, 『동향과 전망』 88호, 2013년 여름호.

이일영·정준호 (2007), 「한국형 발전모델의 모색 ── 점진적 개방-협력과 산업 혁신」, 최태욱 외 『한국형 개방전략』, 창비.

이정협 (2011), 『스마트전문화의 개념 및 분석틀 정립』, 과학기술정책연구원.

전병유 (2013), 「한국사회에서의 소득불평등 심화와 동인에 관한 연구」, 『민주 사회와 정책연구』 23호, 민주사회정책연구원.

정준호 (2010), 「지역문제의 담론지형에 대한 비판적 검토」, 『동향과전망』 78호, 2010년 봄호.

한국무역협회 (2014), 『중국자동차산업동향보고서』, Vol. 10.

한반도사회경제연구회 (2012), 『한국형 네트워크국가의 모색』, 백산서당.

Akamatsu, K. (1962), "A Historical Pattern of Economic Growth in Developing Countries," *Developing Economies*, 1 (1), March-August.

Ando, M. and F. Kimura (2009), *Fragmentation in East Asia: Further Evidence*, ERIA-DP-2009-20, ERIA.

Athukorala, Prema-chandra (2010), "Production Networks and Trade Patterns in East Asia: Regionalization or Globalization?" ADB Working Paper Series on Regional Economic Integration, No. 56, Asian Development Bank.

Burt, Ronald S. (2004), "Structural Holes and Good Ideas," *American Journal of Sociology*, 110 (2).

Calder, Kent E. (2013), *The New Continentalism*, Yale Univ. Press; 켄트 콜더 (2013), 『신대륙주의』, 오인석 외 옮김, 아산정책연구원.

Kimura, F. and M. Ando (2005), "Two-dimensional Fragmentation in East Asia: Conceptual Framework and Empirics," *International Review of Economics and Finance*, 14 (3).

Kimura, Fukunari (2010), "FTA Networking in East Asia and Asia-Pacific: Where Are We Going?" Policy Brief, Nov. 2010, SciencesPo.

Kimura, Fukunari and Ayako Obashi (2011), "Production Networks in East Asia: What We Know So Far," ADBI Working Paper Series, No. 320, Asian Development Bank Institute.

OECD (2012), "Draft Synthesis Report on Smart Specialisation for Innovation Driven Growth," 7 November 2012.

Yue, Chia Siow (2012), "Production Networks and Asia's Trade Performance," Production Networks and Trade Policy in Turbulent Times Workshop, ADB, 16-18 May 2012.

한국 통계청, 국가통계포털, http://kosis.kr/

中國 國家統計局, 國家數據, http://data.stats.gov.cn/index

UN Comtrade Database, http://comtrade.un.org/

UN ESCAP (2011), Asia-Pacific Trade and Investment Report 2011: Post Crisis Trade and Investment Opportunities.

U.S. Energy Information Administration, International Energy Statistics, http://www.eia.gov/cfapps/ipdbproject/IEDIndex3.cfm

제10장 체제혁신, 네트워크국가, 그리고 경제민주화

김석현 (2012), 「네트워크론의 이론지형과 실천적 함의」, 『동향과전망』 85호, 2012년 여름호.

김성구 (2012), 「경제민주화가 정체불명이라고? 전원책 원장의 무지와 억지」, 『미디어오늘』 2012. 8. 6.

김종엽 (2004), 「분단체제론의 궤적 — 회고와 전망」, 『동향과전망』 61호, 2004년 여름호.

김종엽 (2009), 「분단체제와 87년체제」, 김종엽 엮음 『87년체제론 — 민주화 이후 한국사회의 인식과 새 전망』, 창비.

김호기 (2009), 「87년체제인가, 97년체제인가」, 김종엽 엮음 『87년체제론 — 민주화 이후 한국사회의 인식과 새 전망』, 창비.

박상훈 (2009), 「민주화 이후 정당체제의 구조와 변화」, 김종엽 엮음 『87년체제론 — 민주화 이후 한국사회의 인식과 새 전망』, 창비.

박윤철 (2008), 「민주화 이후 대만 경제독점구조의 재구조화 — 국가, 자본 및 지방파벌의 삼각동맹」, 『중소연구』 119호, 2008년 가을호, 한양대학교 아태지역연구센터.

박찬억 (2012), 「일본형 경제시스템의 개혁에 대한 연구」, 『지역발전연구』 11권 2호, 한국지역발전학회.

박형중 (2012), 「이영호 해임과 개혁개방 문제」, 『긴급진단: 이영호 총참모장 해임 이후 북한정세』, 통일연구원, 2012. 8. 1.

백낙청 (1992), 「분단체제의 인식을 위하여」, 『창작과비평』 78호, 1992년 겨울호.

백승욱 (2008), 「중국 외환보유고 증가를 통해 본 중국 금융적 변신의 현황」, 『동향과전망』 73호, 2008년 여름호.

손광주 (2012), 「이영호 해임 배경과 향후 체제 및 정책 전망」, 『긴급진단: 이영호 총참모장 해임 이후 북한정세』, 통일연구원, 2012. 8. 1.

신동면 (2011), 「경제침체기의 일본형 복지체제 변화에 관한 연구 — 자본주의 다양성 관점의 적용」, 『한국사회정책』 18집 2호, 한국사회정책학회.

안병진 (2012), 「시민 네트워크 정치로의 가능성과 한계」, 『동향과전망』 85호, 2012년 여름호.

이일영 (2009), 『새로운 진보의 대안, 한반도경제』, 창비.

이일영 (2010), 「연합은 분단체제를 허무는 돌파구다」, 『창비주간논평』 2010. 5. 5.

이일영 (2012), 「'한반도경제'의 과제와 전략 — 네트워크 경제모델의 제안」, 『동향과전망』 84호, 2012년 봄호.

이일영 외 (2002), 「동아시아 산업정책의 유형 — 자유화와 산업정책의 변화」, 이일영 외 『개방화 속의 동아시아 — 산업과 정책』, 한울.

정준호 (2012), 「네트워크 실패에 기반한 신산업정책론의 가능성과 한계」, 『동향과전망』 85호, 2012년 여름호.

한반도사회경제연구회 (2012), 『'희망한국'을 위한 정책 비전 — 네트워크국가·네트워크경제로의 길』, 민주정책연구원.

한인숙 외 (1990), 「스카치폴의 사회혁명 비교연구」, 한국비교사회연구회 『비교사회학: 방법과 실제 2』, 열음사.

현대경제연구원 (2012), 『지속가능성장을 위한 경제주평』 492호, 2012. 6. 15.

岡岐哲二·奥野正寛 (1993), 『現代日本經濟システムの源流』, 日本經濟新聞社.

末廣昭 (2000), 『ギャッチアップ型工業化論 — アジア經濟の軌跡と展望』, 名古屋大學出版會.

靑木昌彦·奥野正寛 (1996), 『經濟システムの比較制度分析』, 東京大學出版会; 아오끼 마사히꼬, 오꾸노-후지하라 마사히로 (1998), 『기업시스템의 비교경제학』, 기업구조연구회 외 옮김, 연암사.

Amsden, Alice H. (1989), *Asia's next giant: South Korea and late industrialization*, Oxford University Press.

Arrighi, Giovanni (1994), *The Long Twentieth Century: Money, Power and the Origins of Our Times*, Verso Books; 조반니 아리기 (2008), 『장기 20세기 — 화폐, 권력, 그리고 우리 시대의 기원』, 백승욱 옮김, 그린비.

Henderson, Gregory (1968), *Korea, the Politics of the Vortex*, Harvard University Press; 그레고리 헨더슨 (2012), 『소용돌이의 한국정치』, 박행웅 외 옮김, 한울아카데미.

O'Riain, S. (2004), *The Politics of High Tech Growth: Developmental Network States in the Global Economy*, Cambridge University Press.

Stiglitz, Joseph E. and Shahid Yusuf, eds. (2001), *Rethinking the East Asian*

354

Miracle, World Bank Publication.

Weingast, Barry R. (1997), "The Political Foundations of Democracy and the Rule of Law," *American Political Science Review*, 91 (2), June 1997.

World Bank (1993), *The East Asian Miracle: Economic Growth and Public Policy*, World Bank Publication.

World Bank (2000), *East Asia: Recovery and Beyond*, World Bank Publication.

제4부 제도·거버넌스: 혼합적 체제와 지역발전

제11장 커먼즈와 새로운 체제: 대안을 찾아서

김종엽 (2017), 「촛불혁명에 대한 몇개의 단상」, 『분단체제와 87년체제』, 창비.

데이비드 하비 (2016), 「실현의 위기와 일상생활의 변모」, 『창작과비평』 173호, 2016년 가을호.

데이비드 하비 (2017), 「커먼즈의 미래─사유재산권을 다시 생각한다」, 『창작과비평』 177호, 2017년 가을호.

로버트 고든 (2017), 『미국의 성장은 끝났는가』, 이경남 옮김, 생각의힘.

박규호 (2017), 「생태계적 관점에서 본 한국경제의 혁신 활성화 여건에 관한 고찰」, 『동향과전망』 101호, 2017년 가을호.

박성원 (2017), 「'인간 2.0' 시각에서 본 4차 산업혁명의 의미」, 『동향과전망』 100호, 2017년 여름호.

백낙청 (2016), 「2013년체제와 변혁적 중도주의」, 정현곤 엮음 『변혁적 중도론』, 창비.

백영경 (2017), 「복지의 기면즈 돌봄의 위기와 공공성의 재구성」, 『창작과비평』 177호, 2017년 가을호.

서동진 (2017), 「지리멸렬한 기술유토피아──4차 산업혁명이라는 이데올로 기」, 『창작과비평』 177호, 2017년 가을호.

이일영 (2015a), 「동아시아 발전모델의 전환과 지역성장 전략──서남권 지역을 중심으로」, 『동향과전망』 95호, 2015년 가을·겨울호.

이일영 (2015b), 『혁신가 경제학』, 창비.

이일영 (2017a), 「뉴노멀 경제와 한국형 뉴딜──동아시아 발전모델의 전환을 위한 전략」, 『동향과전망』 100호, 2017년 여름호.

이일영 (2017b), 「화성시-서해안 도시연합의 구상」, 화성시·한신대 평화와공공 성센터 주최 세미나 '화성시 서해안권의 현재와 미래', 2017. 10. 12.

전은호 (2017), 「젠트리피케이션 넘어서기──사유에서 공유로」 『창작과비평』 177호, 2017년 가을호.

정병기 (2017), 「68혁명운동과 비교한 2016/2017 촛불 집회의 비판 대상과 참가 자 의식」, 『동향과전망』 101호, 2017년 가을호.

정준호·이일영 (2017), 「분권형 발전을 위한 지역연합 전략──영국 사례의 검 토와 한국에의 적용」, 『동향과전망』 101호, 2017년 가을호.

Fennell, Lee Anne (2009), "Commons, Anticommons, Semicommons," University of Chicago Public Law & Legal Theory Working Paper, No. 261.

Hinssen, Peter (2010), *The New Normal: Explore the limits of the digital world*, Uitgeverij Lannoo; 피터 힌센 (2014), 『뉴노멀──디지털혁명 제2막의 시 작』, 이영진 옮김, 흐름출판.

Pisano, Gary P. and Willy Shih (2012), *Producing Prosperity: Why America Needs a Manufacturing Renaissance*, Harvard Business Review Press.

Reich, Robert B. (2016), *Saving Capitalism: For the Many, Not the Few*, Vintage

Books; 로버트 라이시 (2016), 『로버트 라이시의 자본주의를 구하라』, 안
기순 옮김, 김영사.

Schwab, Klaus (2016), *The Fourth Industrial Revolution*, WEF; 클라우스 슈바프
(2016), 『클라우스 슈밥의 제4차 산업혁명』, 송경진 옮김, 새로운현재.

Shih, Willy (2015), "Innovation and Manufacturing: The Industrial Com-
mons," Harvard Business School.

Summers, Lawrence (2013), "Why stagnation might prove to be the new nor-
mal," *Financial Times*, December 15, 2013.

Zückert, Hartmut (2012), "The Commons: A Historical Concept of Property
Rights," David Bollier and Silke Helfrich, eds., *The Wealth Of The Com-
mons: A World Beyond Market & State*, Levellers Press.

제12장   분권형 발전을 위한 지역연합: 영국 사례의 검토와 한국에의 적용

국정기획자문위원회 (2017), 『문재인정부 국정운영 5개년 계획』, 2017. 7. 19.

권오혁 (2015), 「동남경제권 거버넌스와 지역발전 — 동남권광역경제발전위원
회를 중심으로」, 『한국지역지리학회지』 85호, 21권 3호, 한국지역지리학회.

송하율 (2015), 「혁신도시와 지역발전 — 이전공공기관의 지역연계 전략을 중
심으로」, 『한국지방정부학회 학술대회자료집』, 한국지방정부학회, 2015. 5.

안영진 (2011), 「우리나라 광역경제권 정책의 추진현황과 발전과제」, 『한국지
역지리학회지』 69호, 17권 5호, 한국지역지리학회.

이일영·김석현·장기복 (2013), 「'네트워크 국토공간'의 비전과 정책」, 『동향과
전망』 88호, 2013년 여름호.

임성일 (2002), 「영국의 지방재정제도」, 『주요선진국의 지방재정제도 비교연
구』, 한국지방행정연구원.

정건화 (2008), 「지역정책, 창대한 시작과 초라한 결실」, 한반도사회경제연구회
엮음 『노무현 시대의 좌절 ── 진보의 재구성을 위한 비판적 진단』, 창비.

조형제·김양희 (2008), 「노무현정부 평가 ── 예정된 실패?」, 한반도사회경제연
구회 엮음 『노무현 시대의 좌절 ── 진보의 재구성을 위한 비판적 진단』,
창비.

허진성 (2015), 「지방분권 관련 헌법개정 논의에 대한 연구」, 『공법학연구』
16권 2호, 한국비교공법학회.

Baker, M. and C. Wong (2015), "The English planning experiment: from stra-
tegic regional planning to 'localism'," Center for Urban Policy Studies,
Spatial Analysis and Policy Evaluation, Working Paper.

CLG (2010), *Functional Economic Market Areas: An Economic Note*, London:
HMSO.

Colomb, C. and J. Tomaney (2016), "Territorial Politics, Devolution and Spa-
tial Planning in the UK: Results, Prospects, Lessons," *Planning Practice
and Research*, 31 (1).

DLTR. (2002), *Your Region, Your Choice: Revitalizing the English Regions*, Lon-
don: HMSO.

Findley, C. (2015), "Greater Manchester Spatial Framework: Housing Greater
Manchester's Growing Population," GMCA, 1 December 2015.

GMCA (2014), *Greater Manchester City Deal, Greater Manchester Combined Au-
thority*, GMCA.

GMCA (2016), *GM Spatial Framework*, GMCA.

GMCA and AGMA (2014), "Greater Manchester Spatial Framework ── Stage 1:
Initial evidence on future growth," Consultation Document, September

2014.

Harding, A., B. Nevin, K. Gibb, N. Headlam, P. Hepburn, P. Leather and L. McAllister (2015), "Cities and Public Policy: A Review Paper," Future of Cities Working Paper, Foresight, Government Office for Science, London: HMSO.

HM Government (2007), *Planning For A Sustainable Future*, London: HMSO.

HM Treasury, BERR and CLR (2007), *Review of Sub-national Economic Development and Regeneration*, London: HMSO.

IFS (2014), *Response to the 2014 Budget*, London: Institute for Fiscal Studies.

Kickert, W. (2012), "State Responses to the Fiscal Crisis in Britain, Germany and the Netherlands," *Public Management Review*, 14 (3).

KPMG (2014), *Introducing UK City Deals: A Smart Approach to Supercharging Economic Growth and Productivity*, New South Wales, KPMG.

NAO (2012), *The Regional Growth Fund*, London: National Audit Office.

NAO (2015), *Devolving responsibilities to cities in England: Wave 1 City Deals*, HC 266, London: National Audit Office.

O'Brien, P. (2015), "Austerity, Deal-making and the Search for New Local and Regional Development Investment in the UK," 『지역정책』 2(2), 한국지역정책학회.

O'Brien, P. and A. Pike (2015), "City Deals, Decentralisation and the Governance of Local Infrastructure Funding and Financing in the UK," *National Institute Economic Review*, 233 (1).

Peel Group (2016), *Economic Development Needs Assessment: Greater Manchester Spatial Framework. Strategic Options Consultation*, Turley.

Pike, A. and J. Tomaney (2008), "The Government's Review of Sub-National Economic Development and Regeneration: Key Issues," *Regional Insights, CURDS Working Paper*, July 2008.

Pike, A., D. Marlow, A. McCarthy, P. O'Brien and J. Tomaney (2013), "Local Institutions and Local Economic Growth: The State of the Local Enterprise Partnerships (LEPs) in England —A National Survey," *SERC Discussion Paper*, No. 150, London: Spatial Economics Research Centre.

Pugalis, L. and A. R. Townsend (2012), "Spatial rescaling of economic planning: the English way," *SPATIUM International Review*, 27.

Robson, B., R. Barr, K. Lymperopoulou, J. Rees and M. Coombes (2006), *A framework for City-Regions: Working Paper 1 Mapping City-Regions*, London: Office of the Deputy Prime Minster.

Sandford, M. (2016a), "Combined Authorities," *Briefing Paper*, No. 06649, House of Commons Library.

Sandford, M. (2016b), "Devolution to Local Government in England," *Briefing Paper*, No. 07029, House of Commons Library.

Tomaney, J. and A. McCarthy (2015), "The 'Manchester Model'," *Town and Country Planning*, Town and Country Planning Association, May 2015.

제13장 지역혁신과 지역성장 전략: 서남권 지역을 중심으로

강경훈 (2001), 「21세기 한국 서남권 개발전략」, 한국무역학회 학술대회.

구자인 (2014), 「지역재생과 로컬 거버넌스 구축」, 『국토』 390호, 국토연구원.

김보국 (2009), 「새만금 녹색도시공간 구상과 발전방안」, 한국정책학회 하계학술대회, 2009. 8.

김수관 외 (2014), 「스토리텔링으로 본 고군산군도 어민들의 삶과 생활」, 『韓國 島嶼硏究』 45호, 25권 4호, 한국도서연구회.

김재홍 (2011), 「잉글랜드 광역경제권 정책의 전환—RDA의 폐지와 LEP 창설 을 중심으로」, 『지방정부연구』 15권 1호, 2011년 봄호, 한국지방정부학회.

김정훈 (2015), 「개인화의 양면성과 새로운 정치의 가능성」, 『동향과 전망』 94호, 2015년 여름호.

김형기 (2015), 「한국자본주의의 지속가능한 발전을 위한 사회적 합의」, 『경제 논집』 54권 1호, 서울대학교 경제연구소.

노상호 (2012), 「광역경제권 선도산업 소개 및 그린카 기술의 현황」, 한국자동 차공학회 광주호남지부 추계학술대회.

문창현 (2008), 「전통문화구역의 관광명소개발이 지역주민에 미치는 영향— 전주한옥마을을 중심으로」, 『관광연구저널』 22권 1호, 한국관광연구학회.

성지은·김종선 (2015), 「농촌사회 혁신의 길, 리빙랩」, 농정연구센터 월례포럼, 2015. 2.

성지은·송위진·박인용 (2014), 「사용자 주도형 혁신모델로서 리빙랩 사례 분석 과 적용 가능성 탐색」, 『기술혁신학회지』 17권 2호, 한국기술혁신학회.

소순열·이소영 (2012), 「국가식품클러스터 조성과 전북의 역할」, 『농업생명과 학연구』 43권 2호, 전북대학교 농업과학기술연구소.

손열 (2014), 「미중데탕트와 일본—1972년 중일국교정상화 교섭의 국제정치」, NSP Report 63, 동아시아연구원.

송위진 (2015), 「사회혁신과 시스템 전환」, 농정연구센터 월례포럼, 2015. 2.

심재희·백형엽 (2011), 「광주·전남 주요 산업의 국제경쟁력 변화에 대한 실 증분석—전기전자산업과 석유화학산업을 중심으로」, 『산업경제연구』 98호, 24권 6호, 한국산업경제학회

오유석 (2015), 「저출산과 개인화 ─ '출산파업론' vs '출산선택론'」, 『동향과전망』 94호, 2015년 여름호.

와다 하루끼 (2002), 『북조선 ─ 유격대 국가에서 정규군 국가로』, 서동만·남기정 옮김, 돌베개.

이근 (2015), 「성장, 분배, 그리고 21세기 한국 자본주의 ─ 월가의 포로가 될 것인가」, 『경제논집』 54권 1호, 서울대학교 경제연구소

이덕훈 (1997), 「일본의 자동차산업 발전과 산업정책」, 『한일경상논집』 13권, 한일경상학회.

이선희 (2011), 「전통문화구역 정책변화가 주민사회에 미친 영향 ─ 전주시 '한옥마을'을 사례로」, 『지역사회연구』 19권 1호, 한국지역사회학회.

이수연 (2013), 「협력적 거버넌스의 관점에서 본 커뮤니티 비즈니스 정책과정에 관한 연구 ─ 전북 완주군 사례를 중심으로」, 『한국거버넌스학회보』 20(2), 한국거버넌스학회.

이영훈 (2015), 「한국 시장경제의 특질 ─ 지경학적 조건과 사회·문화의 토대에서」, 『경제논집』 54권 1호, 서울대학교 경제연구소.

이일영 (2015), 「글로벌 생산분업과 한국의 경제성장 ─ 동아시아 생산네트워크와 한반도 네트워크경제」, 『동향과전망』 93호, 2015년 봄호.

이일영·김석현·장기복 (2013), 「'네트워크 국토공간'의 비전과 정책」, 『동향과전망』 88호, 2013년 여름호.

이정협 (2011), 『스마트전문화의 개념 및 분석틀 정립』, 과학기술정책연구원.

정성진 (2015), 「한국자본주의의 모순구조 ─ 마르크스경제학적 시각」, 『경제논집』 54권 1호, 서울대학교 경제연구소

정준호 (2008), 「영국 지역정책의 광역화 움직임에 대하여」, 『지역경제』 11호, 4권 1호, 산업연구원.

정준호 (2010), 「지역문제의 담론지형에 대한 비판적 검토」, 『동향과전망』 78호, 2010년 봄호.

조형제 (2015), 「현대자동차의 기민한 생산방식 — 또 하나의 베스트 프랙티스?」, 『동향과전망』 93호, 2015년 봄호.

찰스 P. 킨들버거(2004), 『경제강대국 흥망사 1500~1990』, 주경철 옮김, 까치.

프라센지트 두아라 (2005), 「제국주의와 민족국가 — 일본과 만주국」, 『만주연구』 2집, 만주학회.

황의식 외 (2010), 『농어촌 지역 농식품산업 활성화 전략』, 한국농촌경제연구원.

飯塚靖 (2012), 「滿洲國戰時經濟體制と國共內戰」, 『만주연구』 13집, 만주학회.

Athukorala, Prema-chandra (2010), "Production Networks and Trade Patterns in East Asia: Regionalization or Globalization?" ADB Working Paper Series on Regional Economic Integration, No. 56, Asian Development Bank.

Economic Research Institute for ASEAN and East Asia (2010), *The Comprehensive Asia Development Plan*, ERIA Research Project Report No. 2009-7-1.

Jessop, Bob et al. (2013), "Social Innovation Research: A New Stage in Innovation Analysis?" *The International Handbook on Social Innovation: Collective Action, Social Learning and Transdisciplinary Research*, Edward Elgar Publishing Inc.

Kimura, Fukunari and Ayako Obashi (2011), "Production Networks in East Asia: What We Know So Far," ADBI Working Paper Series, No. 320, Asian Development Bank Institute.

한국 통계청, 국가통계포털, http://kosis.kr/

中國 國家統計局, 國家數據, http://data.stats.gov.cn/index

| 수록글 출처 |

제1장 한반도경제, 어디로?—관점과 전략 (원제: 대전환 시대의 한반도경제, 어디로?—관점과 전략) 『동향과전망』 105호, 2019년 봄호

제2장 양국체제인가, 한반도체제인가 『동향과전망』 102호, 2018년 봄호

제3장 협동조합, 사회혁신, 체제혁신 「협동조합은 사회혁신이다」(『생협평론』 23호, 2016년 여름호)와 「사회혁신은 체제혁신이다」(아이쿱생협 20주년 기념 심포지엄 기조강연, 2018. 11. 2)를 합쳐서 수정 보완

제4장 정부 지지율과 경제정책 리더십 같은 제목으로 『행정포커스』 137호 (2019년 1-2월호)에 실린 글을 대폭 보완

제5장 '동아시아 자본주의'의 현재와 미래 『창작과비평』 167호, 2015년 봄호

제6장 체제전환기의 한반도 경제협력 (원제: 동아시아 지역구조와 한반도 경제협력—한반도경제의 네트워크 분석) 『동향과전망』 104호, 2018년 가을호

제7장 뉴노멀 경제와 한국형 뉴딜 (원제: 뉴노멀 경제와 한국형 뉴딜—동아시아 발전모델의 전환을 위한 전략) 『동향과전망』 100호, 2017년 여름호

제8장 2013년 이후의 '한반도경제'—네트워크 모델의 제안 『창작과비평』 155호, 2012년 봄호

뉴노멀 시대의 한반도경제

초판 1쇄 발행／2019년 7월 25일

지은이／이일영
펴낸이／강일우
책임편집／강영규 · 신채용
조판／박아경
펴낸곳／(주)창비
등록／1986년 8월 5일 제85호
주소／10881 경기도 파주시 회동길 184
전화／031-955-3333
팩시밀리／영업 031-955-3399 편집 031-955-3400
홈페이지／www.changbi.com
전자우편／human@changbi.com

ⓒ 이일영 2019
ISBN 978-89-364-8639-6 93300

＊이 책 내용의 전부 또는 일부를 재사용하려면
　반드시 저작권자와 창비 양측의 동의를 받아야 합니다.
▪책값은 뒤표지에 표시되어 있습니다